Kohlhammer

Der Herausgeber

Dr. Rolf Frankenberger ist Akademischer Oberrat am Institut für Politikwissenschaft der Eberhard Karls Universität Tübingen. Seine Schwerpunkte in der Lehre sind Grundlagen, Methoden, Theorien und Forschungspraxis der Politikwissenschaft. Er forscht zu Autokratien und Populismus sowie zu politischer Kultur und politischen Lebenswelten.

Rolf Frankenberger (Hrsg.)

Grundlagen der Politikwissenschaft

Forschungsmethoden und Forschendes Lernen

Verlag W. Kohlhammer

Umschlagabbildung: Royji Iwata.

1. Auflage 2023

Alle Rechte vorbehalten
© W. Kohlhammer GmbH, Stuttgart
Gesamtherstellung: W. Kohlhammer GmbH, Stuttgart

Print:
ISBN 978-3-17-040192-1

E-Book-Format:
pdf: ISBN 978-3-17-040193-8

Inhaltsverzeichnis

Teil I: Grundlagen der empirischen Forschung

Teil II: Forschungsmethoden und deren Anwendung

Vorwort

An dieser Stelle sei all denjenigen mein Dank ausgesprochen, die am Verfassen des Buches auf die eine oder andere Weise mitgewirkt haben: allen voran den Autor:innen der vier studentischen Beiträge, die die Mühe auf sich genommen haben, ihre schon abgeschlossenen Projekte erneut „in die Hand" zu nehmen, zu reflektieren und ihre Erfahrungen zu teilen. Sodann Isabell Sinner, die mich als wissenschaftliche Hilfskraft bei der Vorbereitung und Recherche tatkräftig unterstützt hat. Und die Generationen von Studierenden, die das Lehrforschungsprojekt in den letzten fast 20 Jahren besucht und mit ihren Projekten bereichert haben. Und natürlich die Kolleg:innen, mit denen ich selbst zusammen an den hier diskutierten Projekten forschen und diskutierten konnte, insbesondere Daniel Buhr und Patricia Graf sowie Tim Gensheimer, Josef Schmid, Gerd Meyer, Jörg Ueltzhöffer und Rainer Funk. Dem Kohlhammer Verlag mit Peter Kritzinger und Julius Alves für Ihre Geduld mit mir. Und meiner Familie, die mich motiviert und mir den Rücken für das wissenschaftliche Arbeiten freihält. Sie alle haben zum Gelingen beigetragen, alle eventuell noch verbliebenen Fehler und Ungenauigkeiten sind allein mein Verdienst.

1   Einleitung

„Lesen ist eine intelligente Methode, sich selber das Denken zu ersparen."
(Walter Moers 2006: 277)

Forschen bedeutet, Probleme zu lösen. Dies können wissenschaftliche oder gesellschaftliche Probleme sein. In der wissenschaftlichen Bearbeitung solcher Probleme stellen Theorien und Methoden wichtige Elemente der Problemlösung dar und sollten daher auch immer problemorientiert (vgl. Shapiro 2002: 597) oder, noch viel besser, problemlösungsorientiert sein. In der Wissenschaft sind Methoden neben Theorien von zentraler Bedeutung bei der Erzeugung neuer Erkenntnisse über die Welt. Sie dienen dazu, Informationen über die Welt zu sammeln und diese auszuwerten – nach klar formulierten, nachvollziehbaren Regeln. Sie ersparen der Forscher:in jedoch nicht das Denken, sondern sind im Gegenteil dazu da, das Denken in geordnete und im Forschungsprozess anwendbare Bahnen zu lenken, um zu Erkenntnissen zu gelangen, die empirisch verankert sind. Sie beruhen auf der Erfassung und Analyse der Welt, wie sie uns durch die Anwendung von Methoden erscheint. Forschungsmethoden in diesem Sinne sind daher auch ein Kernbestandteil der universitären Lehre. Denn um Wissenschaft betreiben zu können, ist Methodenkompetenz unerlässlich. Das bedeutet, Methoden zu kennen und sie dahingehend einschätzen zu können, wofür sie intelligente Werkzeuge darstellen – für die Beantwortung welcher Forschungsfragen sie geeignet sind. Und es bedeutet, Erfahrungen mit der Anwendung von Methoden, ihre Stärken und Schwächen zu sammeln.

Forschen und Lernen sind Prozesse. Prozesse, in denen die Beteiligten auf zweierlei Arten lernen. Sie erzeugen erstens neue Erkenntnisse über die Welt, und sie lernen und verbessern zweitens ihre Kompetenzen in der Anwendung von Theorien und Methoden zur Lösung von Problemen. Der Ansatz des Forschenden Lernens verbindet diese beiden Dimensionen des Lernens und formuliert die praktische Erfahrung als zentrales didaktisches Prinzip. Sich komplexe und mitunter abstrakte Inhalte und Themen in einem Forschungsprozess aktiv und in der alltäglichen Anwendung zu erarbeiten, ermöglicht nicht nur ein direktes Verständnis von Wissenschaft, Forschung und Forschungsmethoden, sondern auch ein Verständnis für die untersuchten politischen Probleme und deren Lösungen (vgl. Dewey 1938). Es ergibt sich also der angesprochene doppelte Erkenntnisgewinn.

Gerade in der politikwissenschaftlichen Methodenausbildung leistet die systematische Verknüpfung von Forschung und Lehre im „Learning by Doing" einen wertvollen Beitrag zur Vertiefung von Forschungskompetenzen. Im Unterschied zu anderen Einführungsbüchern in politikwissenschaftliche Forschungsmethoden ist dieses Buch daher dezidiert an den Prinzipien des Forschenden Lernens ausgerichtet und stellt in Teil I Forschungsprozesse im Allgemeinen und in Teil II die Anwendung von Methoden in Forschungsprozessen im Besonderen in den Mittelpunkt. Neben grundlegenden wissenschaftstheoretischen und methodologischen Überlegungen rekonstruieren und reflektieren die Autor:innen real durchgeführte Forschungsprojekte. Sie dienen der Anschauung, wie Theorien und Methoden als Handwerkszeuge zur Erzeugung wissenschaftlichen Wissens verwendet werden können und welche Bedeutung sie im konkreten Projekt hatten. Zudem reflektieren die Autor:innen, wie sie mit Herausforderungen im Forschungsprozess umgegangen sind und auftauchende Probleme gelöst haben.

Den Ausgangspunkt des Bandes bilden in Kapitel 2 die Etablierung des Gegenstandsbereichs der Politikwissenschaft als Erfahrungswissenschaft. Sie ist definiert als die systematische und regelgeleitete Beschäftigung mit politischen Phänomenen, Erfassung politischer Ereignisse, Analyse und Bewertung von Politik. In diesem Zusammenhang werden Voraussetzungen für ein Gelingen empirischer Forschung wie die Verwendung präziser Sprache, standardisiertes und regelgeleitetes Vorgehen, Einordnung der eigenen Forschung im Forschungsstand, der Umgang mit Quellen und die Reflexion von eigenen Interessen diskutiert.

In Kapitel 3 werden wissenschaftstheoretische Grundlagen, Positionen und Traditionen in der Politikwissenschaft vorgestellt. Da Theorien und Methoden in Forschungsprozessen eng verzahnt sind, spielen theoretische Überlegungen auch in der empirischen Forschung eine wichtige Rolle und sollten daher reflektiert werden. Als Ausgangspunkt dient die Unterscheidung der Grundpositionen von Positivismus und Konstruktivismus als wissenschaftliche Metatheorien. Diese unterscheiden sich hinsichtlich ihrer Annahmen bezüglich der Beschaffenheit der Welt und der Erkenntnisfähigkeit ebenso wie in den verwendeten Methoden. Empirische Forschung muss sich dementsprechend innerhalb eines dieser beiden Paradigmen situieren, was wiederum Rückwirkungen auf die Art und Auswahl der untersuchten Probleme oder Phänomene hat. Denn die metatheoretischen Grundannahmen bestimmen nicht nur das Erkenntnisinteresse, sondern auch die Gegenstände und Vorgehensweise bei der Verankerung von Erkenntnis in der Erfahrung. Dies spiegelt sich in der im Folgenden vorgestellten Unterscheidung zwischen qualitativen, rekonstruktiven und sinnverstehenden Ansätzen und quantitativen, erklärenden Ansätzen wider, die jeweils besondere Stärken, aber auch Limitationen aufweisen, die bei der Anwendung berücksichtigt werden müssen.

Nicht zuletzt werden die politikwissenschaftlichen Metatheorien (normativ-ontologische, empirisch-analytische, funktionalistische und kritisch-dialektische Ansätze) vorgestellt, die unterschiedliche Erkenntnisinteressen haben und Methodenaffinitäten aufweisen.

In Kapitel 4 werden die Grundsätze des forschenden Lernens dargelegt und systematisch mit der politikwissenschaftlichen Methodenausbildung verzahnt. Forschendes Lernen eignet sich für das Erproben von Forschungsmethoden als Bestandteil des wissenschaftlichen Arbeitens besonders gut, weil es aufbauend auf Grundlagenwissen die Möglichkeit bietet, ausgewählte Methoden im Rahmen eigener Projekte anzuwenden. Dabei geht es darum, realistische Probleme zu identifizieren, Lösungsansätze zu finden, bei denen das Lernen nicht Selbstzweck ist, Kooperation und Austausch zu besseren Problemlösestrategien führen und multiple Perspektiven auf das Gelernte eröffnet werden können. Das am Institut für Politikwissenschaft der Universität Tübingen entwickelte und seit über 15 Jahren im Bachelor of Arts erprobte zweisemestrige Projektseminar „Lehrforschungsprojekt" dient dabei als Beispiel der Umsetzung der Prinzipien des Forschenden Lernens. In diesem Kontext werden die Anforderungen an solche Lehr-Lern-Settings diskutiert.

Der Forschungsprozess und seine Elemente werden in Kapitel 5 idealtypisch vorgestellt und eingeordnet. Ausgangspunkt sind die Forschungsfrage und deren Engführung oder Präzisierung durch die Einbindung in den Forschungskontext, die Darstellung des Forschungsstands und eventueller Lücken. Die Veränderung von Fragestellung wird an einigen Beispielen illustriert, bevor Fragen und deren wissenschaftliche und gesellschaftliche Relevanz als Beurteilungskriterien und die Rolle des Forschungsstands diskutiert werden. Recherchestrategien und ein empirisches Beispiel ergänzen diese Diskussion. Der Ablauf idealtypischer Forschungsprozesse in der quantitativen und der qualitativen Tradition ist Gegenstand der folgenden Abschnitte. Dabei zeigen sich Unterschiede hinsichtlich der internen Reflexivität und Zirkularität, die gerade für qualitative Forschungsprozesse typisch sind. Diese idealtypischen Forschungsprozesse werden in der Forschungspraxis, wie die Kapitel 7–24 zeigen werden, immer wieder modifiziert und auf das Erkenntnisinteresse des eigenen Projekts angepasst werden – sie dienen daher eher als Orientierungshilfe denn als strikte Vorgaben. Entscheidend sind vielmehr zwei Dinge. Erstens muss das Forschungsdesign so gestaltet sein, dass die aufgeworfene Frage beantwortet werden kann, und zweitens müssen wissenschaftliche Gütekriterien im Forschungsprozess eingehalten werden. Die unterschiedlichen Vorschläge für allgemeingültige sowie spezifisch für quantitative und qualitative Ansätze entwickelte Kriterien werden vorgestellt und verglichen, wobei sich zeigt, dass sowohl die intersubjektive Nachvollziehbarkeit als auch die

Gültigkeit der Messung zentrale Qualitätsmaßstäbe darstellen. Die Dokumentation und Präsentation von Forschungsergebnissen sowie Überlegungen zu Forschungsethik und guter wissenschaftlicher Praxis schließen Kapitel 5 ab. Die Frage guter wissenschaftlicher Praxis ist im Kontext der Forschung mit Menschen von zentraler Bedeutung und eng mit der Wahl der verwendeten Methoden verknüpft. Sie sollte daher im Rahmen der Entwicklung und Durchführung von Forschungsprojekten und der Abwägung, welche Art von Forschung durchgeführt werden soll, immer eine zentrale Rolle spielen. Daher werden einige für die Politikwissenschaft relevante Standards und Kodizes vorgestellt und anhand von Beispielen diskutiert.

Den eigentlichen Kern des Bandes stellen die Fallbeispiele in Teil II dar. Die neun ausgewählten Projekte, die von Student:innen und Forscher:innen in unterschiedlichen Entwicklungsphasen durchgeführt wurden, werden entlang einer gemeinsamen Heuristik dargestellt. Jeweils vorangestellt sind kurze allgemeine Einführungen zu den Grundlagen der verwendeten Methoden der Datenanalyse. Dann wird zunächst das jeweilige Forschungsprojekt kurz zusammengefasst. In weiteren Schritten werden Erkenntnisinteresse und Fragestellung, Theorien und Konzepte, Daten und Methoden der Datenanalyse dargestellt und kritisch reflektiert. Abschließend fassen die Autor:innen ihre zentralen Erfahrungen und Einsichten bezüglich des Forschens mit der Methode selbst und des jeweiligen Forschungsprozesses zusammen.

Die Methode des Process Tracings diskutieren *Hafez Kerim Aslan*, *Philipp Fischer* und *Florian Seuffert* in Kapitel 8 anhand ihres studentischen Forschungsprojekts zum Überleben politischer Regime in kollabierten Staaten am Fallbeispiel Syrien. Neben der Bedeutung von Theorien und Konzepten im Rahmen von Fallstudien thematisieren sie vor allem die Dynamik der Entwicklung und Konzeption von Forschungsprozessen, die von den ursprünglichen Plänen deutlich abweichen und viel umfänglicher werden können als ursprünglich gedacht.

Vergleichende Fallstudien diskutieren *Rolf Frankenberger* und *Patricia Graf* in Kapitel 10 am Beispiel Wahlen und autoritärer Transformation in Russland und Venezuela: Besondere Herausforderungen ergaben sich bei der Begründung des Vergleichsdesigns und der Fallauswahl, der Übertragbarkeit von Konzepten und Theorien und dem interregionalen Vergleich. Sie schlagen daher eine Reihe von standardisierten Vorgehensweisen im Forschungsprozess entlang von theoriegeleitet gewonnenen Heuristiken vor.

Die Grounded Theory als Methode illustriert *Rolf Frankenberger* in Kapitel 12 an einem von ihm und Daniel Buhr durchgeführten Projekt zur Entwicklung einer empirisch fundierten vergleichenden Demokratietheorie aus Reden von Politikern. Die Datenauswahl und die Kontrolle des Vorwissens waren bei diesem Pro jekt ebenso zu reflektieren wie die Vorgehensweise der Grounded Theory bei der Typenbildung entlang des Kodierparadigmas und die Strategien der Konzeptbildung durch permanenten Vergleich.

Mit qualitativer Inhaltsanalyse arbeiteten zwei Projekte, die Rolf Frankenberger gemeinsam mit Daniel Buhr, Josef Schmid und Tim Gensheimer durchführte. Hier standen Demokratieverständnisse von Bürger:innen im Mittelpunkt des Interesses. *Rolf Frankenberger* und *Daniel Buhr* erläutern in Kapitel 14 die Herausforderungen der Kombination komplexer theoretischer Vorannahmen, deduktiver und induktiver Kategorienbildung anhand von größeren Datenmengen, die durch qualitative Interviews gewonnen wurden. Auch forschungsethische Fragen wurden bei dieser Forschung mit Menschen bearbeitet.

In Kapitel 16 zur Narrativen Diskursanalyse diskutieren *Lisa Becke, Annalena Sieß, Isabel Sinner* und *Verena Teuber* ihr studentisches Projekt „Wie wird Protest erzählt? Das Beispiel G20-Gipfeltreffen 2017". Bei der Analyse der Medienberichterstattung zeigte sich, dass sowohl die Formulierung des Erkenntnisinteresses als auch Datenerhebung und Datenanalyse einige theoretische und methodologische Vorarbeit erforderten, zumal die verwendete Methode nicht eindeutig spezifiziert war und die Operationalisierung zentraler Konzepte erst genauer definiert werden musste.

Anhand einer Varianzanalyse untersuchten *Maximilian Baar, Tim Fröhlich* und *Mirijam Zeitler* in ihrem Lehrforschungsprojekt, ob Autokratietypologien unterschiedliche ökonomische, soziale und ökologische Performanz von nichtdemokratischen politischen Regimen erklären können. In Kapitel 18 zeigen sie, dass neben der Notwendigkeit einer theoretischen Fundierung kausaler Mechanismen die Operationalisierung der abhängigen Variablen und das Erheben von Sekundärdaten eine Herausforderung darstellten, sodass der quantitative Forschungsablauf deutlich reflexiver war als im Idealmodell vorgesehen.

Warum deutsche Staatsunternehmen Steuerzahlungen vermeiden, analysierten *Leon Ninow, Georg Thunecke* und *Manuel Wagner* in ihrem in Kapitel 20 vorgestellten studentischen Projekt unter Verwendung von Varianten der Regressionsanalyse mit Random und Fixed Effects. Die zentralen Konzepte Steuervermeidung und Steuerhinterziehung mussten zunächst operationalisiert werden und Hypothesen aus verschiedenen Theorien abgeleitet werden. Aufgrund der begrenzten Verfügbarkeit an Daten waren einige Einschränkungen notwendig, und aufgrund der Struktur der Daten mussten angepasste Regressionsmodelle entwickelt werden.

Eine Faktorenanalyse verwendete *Rolf Frankenberger* in seiner Dissertation, um ein Messinstrument zur Erfassung postmoderner Persönlichkeitsstrukturen zu entwickeln, wie er in Kapitel 22 erläutert. Dazu musste ein schwer zu standardisierender theoretischer Ansatz operationalisiert und statistisch geprüft werden. Die konkrete Auswahl der faktorenanalytischen Verfahren musste wohl bedacht und begründet werden und die Ergebnisse interpretiert werden. Ähnlich wie bei anderen Projekten stellte sich die Arbeit in einem (hier interdisziplinären) Team als anspruchsvoll und gleichzeitig gewinnbringend heraus.

Produktionsregime und deren Unterschiede untersuchten Daniel Buhr und Rolf Frankenberger anhand einer Clusteranalyse. *Rolf Frankenberger* und *Daniel Buhr* stellen in Kapitel 24 heraus, dass die Operationalisierung durch Proxy-Variablen und die (Nicht-)Verfügbarkeit von Daten für erhebliche Probleme sorgten. Auch die Interpretation der Befunde der Clusteranalyse benötigte viele Ressourcen, da die Befunde zwar zu einem guten Teil extern valide waren, aber auch Fragen aufwarfen, die nur durch weitere Untersuchungen etwa mit Fallstudien eindeutig geklärt werden könnten.

Die Beispiele zeigen, dass die unterschiedlichen Herausforderungen, die sich im Forschungsprozess stellen können, nicht abhängig von der formalen Erfahrung der Forscher:innen sind – sie begegnen Student:innen ebenso wie Doktorand:innen und etablierten Forscher:innen. Einige davon sind spezifisch durch die verwendeten Methoden bedingt, etwa bei der Fallauswahl, der Datenerhebung und der Analyse. Andere sind übergreifend wie die Herausforderungen der Arbeit in Gruppen und der Umgang mit Reflexivität. Die meisten Probleme lassen sich jedoch lösen, und die Methodenanwendung „lohnt" sich zweifach: als Wissensgenerierung und als Lernerfahrung.

Da Wissenschaft nicht ohne präzise Begriffe auskommt und einige Begriffe im Buch häufiger auftauchen, ohne jedes Mal definiert werden zu können, werden 141 dieser Begriffe und Konzepte in Kapitel 25 in Form eines Glossars kurz erläutert. Eine umfangreiche Bibliografie in Kapitel 26 schließt den Band ab.

Teil I

Grundlagen der empirischen Forschung

2 Politikwissenschaft als Erfahrungswissenschaft

2.1 Gegenstand und Methoden

Wenn Menschen in einer Gemeinschaft zusammenleben (wollen), müssen sie Entscheidungen über die Art und Weise des Zusammenlebens, über die Regeln der Entscheidungsfindung und deren Durchsetzung festlegen. Diese Regeln auszuhandeln, festzulegen und durchzusetzen ist die Aufgabe der Politik. Politik und politische Prozesse zielen damit auf die Frage ab, wie Wertekonflikte bearbeitet werden, wer auf welcher Basis entscheidet, wenn bestimmte materielle oder immaterielle Werte verteilt werden sollen. Dementsprechend definiert David Easton (1953) Politik als autoritative Wertallokation für eine Gesellschaft.

Der Gegenstand der Politikwissenschaft ist die systematische und regelgeleitete Beschäftigung mit politischen Phänomenen, die Erfassung politischer Ereignisse, die Analyse und Bewertung von Politik. Sie untersucht politische Ereignisse, deren Ursachen und Folgen und zielt dabei auf verallgemeinerbare Erkenntnisse, etwa unter welchen Bedingungen demokratische Herrschaft entsteht, überdauert und zusammenbricht.

Als empirische Wissenschaft arbeitet die Politikwissenschaft erfahrungsbasiert und geht von der Annahme aus, dass eine Wirklichkeit existiert und unter Verwendung von wissenschaftlichen Methoden erfassbar ist. Ihre Erkenntnisse beruhen also auf dem, was wir um uns herum erfahren, erleben und erkennen. Ziel einer Erfahrungswissenschaft ist es dann, die gewonnenen Erkenntnisse in der Erfahrung, also in Beobachtungen der Wirklichkeit, zu verankern. Sie dient dazu, über den einzelnen untersuchten Fall hinaus möglichst Gesetzmäßigkeiten zu etablieren, also allgemein oder zumindest für eine Gruppe von Ereignissen oder Fällen geltende Erkenntnisse. Das Ergebnis sind empirisch wahre und möglichst allgemeingültige Aussagen über die Wirklichkeit, die in einem nächsten Schritt handlungsleitend für das Treffen politischer Entscheidungen sein können.

Ausgehend vom Alltagswissen, das in der Regel nicht objektiv, sondern durch verschiedene Verzerrungen geprägt ist (vgl. Westle 2009: 32–34), wird durch systematische, methodische Erfassung der Wirklichkeit wissenschaftliches empirisches Wissen erzeugt. Dieses hat aufgrund der methodischen, systematischen, kontrollierten und regelgeleiteten Vorgehensweise den Vorteil, dass es leichter überprüfbar und allgemeingültiger ist als Alltagswissen.

Einen zentralen Stellenwert in den Erfahrungswissenschaften nehmen daher Methoden ein. Methoden als Regelwerke für das Vorgehen zur Beantwortung wissenschaftlicher Fragen dienen dazu, mögliche Fehlerquellen im Erkenntnisprozess zu minimieren, zu kontrollieren und idealerweise ganz auszuschalten (vgl. dazu Kap. 4). Dabei existiert eine Vielfalt verschiedener Methoden, die sich für die Beantwortung unterschiedlicher Arten von Fragestellungen eignen. Und je nach wissenschaftlicher Grundposition, nach Erkenntnisinteresse und nach Fragestellung besteht die Aufgabe darin, die dafür geeignete Forschungsmethode auszuwählen. Dabei gibt es keine richtigen oder falschen Methoden. Es geht vielmehr darum, ob Forschungsmethoden dafür geeignet sind, die für die Forschungsfrage relevanten Daten zu erheben bzw. die Daten so auszuwählen, dass die jeweilige Forschungsfrage beantwortet werden kann und dass ein Beitrag zum wissenschaftlichen Erkenntnisstand geleistet werden kann.

Die gesammelten wissenschaftlichen Erkenntnisse über einen Gegenstandsbereich oder ein Forschungsfeld werden als State of the Art oder Forschungsstand bezeichnet und bilden eine wichtige Grundlage erfahrungsbasierter Forschung. Ausgehend vom Forschungsstand werden neue Fragen aufgeworfen und mit der Empirie abgeglichen, um bestehende Erkenntnisse zu überprüfen oder neue Erkenntnisse zu erlangen. Denn Wissenschaft ist ein fortwährender Prozess, und wissenschaftlich gewonnene Erkenntnis ist weder unfehlbar noch endgültig. Sie ist immer vorläufig und nie absolut. Sie ist nachvollziehbar in ihrer Entstehung, überprüfbar in ihren Ergebnissen und veränderbar in ihrer Interpretation.

Erkenntnisgewinn erfolgt jedoch nicht zum Selbstzweck, auch wenn dies mitunter und insbesondere im Bereich der sogenannten Grundlagenforschung den Anschein erweckt. Denn Wissenschaft als ein funktionales Subsystem moderner Gesellschaften (vgl. Luhmann 1990) hat die Aufgabe, die Wirklichkeit zu erforschen, alte, etablierte Erkenntnis und deren Grundannahmen zu prüfen und bei Bedarf zu korrigieren, neue Erkenntnisse zu gewinnen und somit das Wissen über die Wirklichkeit zu mehren. Die Fragen, die dabei adressiert werden, sollen wissenschaftlich und gesellschaftlich relevant sein. Es geht nicht nur darum, den Wissensbestand über die Wirklichkeit auszubauen, sondern auch darum, Handlungsempfehlungen geben zu können, um die Wirklichkeit und damit das Leben der Menschen in dieser Wirklichkeit besser zu machen. Die Entscheidung darüber, was als „gut" und mithin „besser" verstanden wird, ist Gegenstand von politischen und gesellschaftlichen Aushandlungsprozessen und sollte sich im Idealfall an der Lebensqualität der Menschen orientieren. Wissenschaft und Gesellschaft sind somit eng funktional miteinander verbunden und reflexiv. Einerseits haben Wissenschaft und Forschung eine intendierte oder nicht intendierte Wirkung in

17

die Gesellschaft hinein. Andererseits hat die Gesellschaft Ansprüche an Wissenschaft, die sich an der Problemlösekompetenz für Schwierigkeiten des alltäglichen Lebens orientieren. Dieses Wechselspiel ist für eine moderne, empirisch ausgerichtete Politikwissenschaft von besonderer Bedeutung, beschäftigt sie sich doch von Berufs wegen mit der Analyse derjenigen Prozesse, Strukturen und Akteur:innen, die mit dem Herstellen und Durchsetzen allgemeinverbindlicher Entscheidungen in einem Staat, einer Gesellschaft, einer Gemeinschaft oder Gruppe befasst sind.

2.2 Voraussetzungen für das Gelingen empirischer Wissenschaft und Forschung

Um wissenschaftlich akkurat und gesellschaftlich relevant sein zu können, muss Wissenschaft intersubjektiv sein. Die im wissenschaftlichen Prozess formulierten Aussagen und Erkenntnisse müssen unabhängig von den Personen nachvollziehbar und überprüfbar sein. Um dieses Ziel zu erreichen, muss eine Reihe von Voraussetzungen erfüllt sein.

Präzision in der Verwendung von Sprache: Die verwendeten Begriffe müssen in ihrer Bedeutung oder Intension so definiert sein, dass klar ist, was mit dem Begriff gemeint ist, und sich damit der Gegenstandsbereich, die Extension, der Begriff ergibt. So definiert Karl Rohe beispielsweise Institutionen als „relativ dauerhafte Einrichtungen und relativ beständige Regelungen, die der Durchführung politischer Prozesse in einer Gesellschaft dienen" (Rohe 1994b, 34). Damit ist klar, dass alle kurzfristigen oder gar einmaligen Phänomene in der Politik nicht als Institution gelten können, z. B. ein Militärputsch, wohl aber all diejenigen Regeln, die formal verankert sind, wie etwa Wahlen. Begriffsarbeit und das Aufstellen von Definitionen sind damit wichtige Elemente jeglicher wissenschaftlicher Forschung. Nur durch möglichst präzise Formulierung und eine übersichtliche, strukturierte und logisch stringente Argumentation werden Andere in die Lage versetzt, Forschung und deren Gegenstand nachzuvollziehen.

Standardisierte Vorgehensweise: Die in einer wissenschaftlichen Forschung verwendeten Methoden der Datenerhebung und der Datenanalyse, die der Verankerung von Erkenntnis in der Wirklichkeit dienen, müssen so detailliert wie möglich dargelegt werden. Die Vorgehensweise umfasst dabei etwa, wie die definierten Begriffe so in ein Werkzeug umgesetzt wurden, das es ermöglicht, die Begriffe und Konzepte zu messen, die Gegenstand der Untersuchung sind. Dies nennt man Operationalisierung. Auch die Art und Weise, wie die Wirklichkeit dann im Zuge der Datenerhebung in relevante Daten „übersetzt" wird (Messung), sowie die Vorgehensweise bei der Auswertung dieser Daten (Analyse) sind darzulegen.

Verortung der eigenen Forschungsperspektive in der Forschungslandschaft: In der Politikwissenschaft gibt es verschiedene Strömungen und Schulen, die von sehr unterschiedlichen Prämissen über die Beschaffenheit der Welt und des Seins (Ontologie) sowie die Beschaffenheit von Wissen und der Möglichkeit, Erkenntnis zu gewinnen (Epistemologie), ausgehen. Ohne eine Einordnung wissenschaftlicher Studien ist die Nachvollziehbarkeit von Befunden schwierig. Dies liegt daran, dass unterschiedliche Schulen verschiedene Perspektiven auf den jeweiligen Gegenstandsbereich entwickeln und unterschiedliche Begrifflichkeiten verwenden. So untersuchen etwa Varieties-of-Capitalism-Ansätze (Hall und Soskice 2001) ebenso wie die Regulationstheorie (Becker 2009) die Ausgestaltung von kapitalistischen Produktionsregimen. Während erstere Kapitalismus als grundsätzlich positiv betrachten und in der Tradition der klassischen Ökonomie verortbar sind, sehen letztere ihn als krisenhaft an und gehören zur Strömung der (post-)marxistischen Ökonomie. Erstere fragen nach verschiedenen „erfolgreichen" Varianten und sprechen von institutionellen Komplementaritäten, letztere danach, wie die krisenhaften Systeme stabilisiert werden können, und sprechen von Regulation.

Zusammengenommen bilden diese drei Kriterien die Grundlage für wissenschaftliches Arbeiten, denn „Wissenschaft steht und fällt damit, dass ihre Aussagen mitteilbar, nachvollziehbar und zugleich kritisierbar sind" (Mols 2019: 25). Hinzu kommen weitere Kriterien wissenschaftlichen Arbeitens, die unabdingbar sind, wenn Intersubjektivität hergestellt werden soll.

Interessen: Forscher:innen haben als handelnde Personen immer auch eigene Interessen. Dies können erstens Erkenntnisinteressen sein, die sich von Person zu Person unterscheiden, weil sie unterschiedliche Annahmen über die Beschaffenheit der Wirklichkeit haben und sich verschiedenen Theorieschulen zuordnen. Zweitens können auch hinsichtlich der Frage der gesellschaftlichen Relevanz Unterschiede bestehen. Während einerseits wissenschaftliche Erkenntnis und damit sogenannte Grundlagenforschung im Vordergrund stehen, kann andererseits eine praktische Orientierung an der Verbesserung konkreter gesellschaftlicher Umstände von Interesse sein. Damit verändert sich jedoch meist der methodische und auch theoretische Zugriff auf den Gegenstandsbereich. Drittens kann Forschung durch materielle oder ideelle Interessen getrieben sein, wenn Forschung im Auftrag Dritter, z. B. Unternehmen, Ministerien oder NGOs, erfolgt. Diese verfolgen mit der Forschung in der Regel eigene Interessen und Ziele, die sie mit den Forschungsergebnissen verbinden, und nehmen daher manchmal auch Einfluss auf den Forschungsprozess. Nicht zuletzt haben Forscher:innen ein Interesse an der eigenen Karriere und entscheiden sich daher womöglich für Forschungsfragen, die als besonders prestigeträchtig gelten. Zumindest über die materiellen Interessen und die Gründe für die Entscheidung hinsichtlich der Ausrichtung der Forschung muss Auskunft erteilt werden.

Quellen und Verweise kennzeichnen: Zur guten wissenschaftlichen Praxis gehört es, dass offengelegt wird, woher Gedanken, Argumente und Daten kommen. Die Quellen dafür müssen entsprechend gekennzeichnet werden. Dies geschieht durch die vollständige Angabe von Materialien und Quellen, die in der eigenen Forschungsarbeit eine Rolle gespielt haben. Dazu gehört nicht nur, direkt übernommene Textstellen zu zitieren und mit einer Quellenangabe zu versehen und bei nicht selbst erhobenen Daten die Quellen anzugeben, sondern auch der Verweis auf indirekt zitierte oder paraphrasierte Argumente und Textstellen. So beruhen beispielsweise Teile von in diesem und anderen Kapiteln formulierten Abschnitten neben den genannten Zitaten auf einem von mir selbst verfassten Buch (Frankenberger 2021) und den weiteren genannten Quellen.

Immunisierungsverbot: Wissenschaft muss überprüfbar sein. Das bedeutet, dass keine unklaren Formulierungen verwendet werden sollen, die eine unterschiedliche Interpretation nahelegen und so immer auch den Ausweg des „da hat man mich falsch verstanden" aus einer Überprüfung eröffnen. Ebenso sind Zirkelschlüsse zu vermeiden, bei denen die Voraussetzungen dessen, was bewiesen werden soll, schon das zu Beweisende enthalten. Vereinfacht kann die Existenz der Demokratie als Herrschaftsform nicht dadurch bewiesen werden, dass die Herrschaftsform als Demokratie bezeichnet wird. Auch der Bezug auf Autoritäten ist keine hinreichende Begründung für ein Argument oder einen Befund. Um im Beispiel zu bleiben: Nur weil der Altkanzler eines Landes den Präsidenten eines anderen Landes, dem er ökonomisch und persönlich verbunden ist, als „lupenreinen Demokraten" bezeichnet,[1] muss dies nach wissenschaftlichen Standards noch lange nicht so sein. Eine Voraussetzung für Intersubjektivität und Wissenschaftlichkeit ist daher die Akzeptanz logischer und empirischer Kontrolle nicht nur der Befunde, sondern des gesamten Forschungsprozesses.

Je komplexer der Forschungsgegenstand, desto schwieriger ist auch das Herstellen möglichst genereller, empirisch und logisch wahrer Aussagen. So kann die empirische Berufung auf einen Einzelfall unvollständige oder falsche Schlussfolgerungen zur Folge haben. Daher müssen Aussagen an so vielen Fällen wie möglich geprüft werden, um zu generellen oder Gesetzesaussagen zu gelangen. Zudem benötigt man für die Formulierung genereller Aussagen Hilfsmittel. In einem ersten Schritt werden Annahmen über die Zusammenhänge von Ereignissen formuliert. Diese können aus dem Alltagsverständnis und dem sogenannten gesunden

---

1   Vgl. z. B. https://www.abendblatt.de/politik/deutschland/article106930893/Schroeder-Putin-ist-lupenreiner-Demokrat.html; zuletzt besucht am 29.09.2022.

Menschenverstand heraus formuliert werden. Oder sie werden aus schon gesicherten Erkenntnissen abgeleitet, die in Form von Theorien über den Zusammenhang von Ereignissen vorliegen. Erfolgt diese Ableitung aus einer Theorie, nennt man die Annahmen Hypothesen. Zur Überprüfung der Hypothesen werden die in einen Zusammenhang gebrachten Ereignisse in Form von Begriffen oder Konzepten exakt definiert und dann in untersuchbare Größen übersetzt. Dieser Forschungsschritt wird Operationalisierung genannt. Erst dann erfolgt die Auswahl oder Entwicklung einer Methode bzw. eines Messinstruments, mit der die Hypothese in der Wirklichkeit untersucht wird.

Auch die Herstellung von Intersubjektivität ist bei hochkomplexen Forschungsgegenständen und Methoden nicht immer einfach. Meist sind nur Expert:innen im gleichen oder einem angrenzenden Forschungsfeld in der Lage, diese nachzuvollziehen. Daher hat die Wissenschaft eigene Verfahren entwickelt, um die Qualität von Forschung zu prüfen. Von der Antragsphase bis zur Publikation werden Forschungsprojekte durch Expert:innen begutachtet, um mögliche Schwachstellen oder Fehler zu finden. Besonders etabliert sind sogenannte Peer-Review-Verfahren, bei denen sowohl Forschungsanträge als auch Publikationen meist in anonymisierter Form von mehreren Gutachter:innen gelesen und beurteilt werden.

Ein weiteres Verfahren der Prüfung ist die Replikationsstudie, bei der Forscher:innen eine Studie auf der Basis der verwendeten Methoden und Daten nochmals durchführen. Bei gleicher Vorgehensweise sollten dann auch identische Ergebnisse erzielt werden. Ist dies nicht der Fall, so sollte dem genauer auf den Grund gegangen werden. Zudem können Metaanalysen der Qualitätssicherung dienen. Sie untersuchen mehrere Studien zu einem Themenbereich und vergleichen die Vorgehensweisen und Befunde der einzelnen Studien systematisch, um Gemeinsamkeiten und Abweichungen zu identifizieren. Gerade abweichende Befunde weisen auf einen erhöhten Prüfungsbedarf hin. Nichtsdestotrotz sollte eine Erfahrungswissenschaft, die zudem vielleicht noch einen gesellschaftlichen Anspruch hat, sich immer um Verständlichkeit auch für eine breitere Öffentlichkeit bemühen. Denn nur dann können in der Erfahrung verankerte Erkenntnisse auch rückgebunden werden und Wirkung entfalten.

3   Wissenschaftstheoretische Grundlagen, Positionen und Traditionen

Grundfragen der Wissenschaftstheorie sind: Wie ist Erkenntnis möglich? Wie entsteht Wissen? Einheitliche Antworten auf diese Fragen gibt es tatsächlich nicht, sind sie doch Gegenstand von fortwährenden Auseinandersetzungen, wie beispielsweise Moses und Knutsen (2019) in ihrem Band *Ways of Knowing* beschreiben. Denn es gibt unterschiedliche Wege des Wissens, die auf verschiedenen ontologischen, epistemologischen und methodologischen Annahmen aufbauen. Die Ontologie als die Lehre vom Sein beschäftigt sich mit Vorstellungen über die Natur, die Beschaffenheit und Struktur der Objekte und mit der Frage, was eigentlich Untersuchungsgegenstand sein kann. Die Epistemologie als die Lehre von der Beschaffenheit des Wissens beschäftigt sich mit den Fragen, wie wir eigentlich Wissen über die Welt generieren können und welche Formen dieses Wissen annehmen kann (vgl. dazu auch Marsh und Furlong 2002: 17–19). Die Methodologie als die Lehre von den Methoden und deren Beschaffenheit untersucht, wie und anhand welcher Methoden wir Daten über die Welt erheben können. Dabei hängen die drei Lehren wie schon angedeutet eng miteinander zusammen.

Die Unterschiede zu kennen ist gerade in Hinblick auf Forschungsmethoden wichtig. Denn Forschungsmethoden sind untrennbar mit den Grundannahmen über die Welt und die Möglichkeit der Erkenntnis verbunden. Entsprechend sind sie auch nur für bestimmte Formen von Erkenntnisinteressen nutzbar. Will man beispielsweise verstehen, warum eine Person eine bestimmte Partei gewählt hat, dann ist man an deren Beweggründen und tieferen Gedankengängen interessiert. Diese sind kaum mit einem standardisierten Fragebogen, viel besser jedoch anhand eines offenen Interviews erfassbar. Will man herausfinden, welche Bevölkerungsgruppen welche Partei gewählt haben, dann bietet sich an, die unterschiedlichen Aspekte, nach denen Bevölkerung eingeteilt werden kann, wie etwa Bildung oder Einkommen, ebenso standardisiert zu erfassen wie die Wahlentscheidung. Hierfür wäre ein standardisierter Fragebogen besser geeignet. Die beiden Vorgehensweisen beruhen auf unterschiedlichen Annahmen hinsichtlich grundlegender Erkenntnismöglichkeiten und methodologischer Herangehensweisen und erlauben daher auch unterschiedliche Arten von Aussagen. Beide jedoch sind in der Erfahrung verankert und zielen darauf ab, empirisch gesättigte

Theorien über die Wirklichkeit zu formulieren. Die unterschiedlichen Herangehensweisen schließen sich nicht gegenseitig aus, sie können im Gegenteil häufig komplementär und sich ergänzend eingesetzt werden. Umso wichtiger ist es auch im Rahmen von Forschungsprojekten, die grundlegenden Unterschiede zwischen den verschiedenen Positionen und deren Möglichkeiten und Begrenzungen zu kennen.

3.1 Positivismus und Konstruktivismus

In den Sozialwissenschaften sind Positivismus und Konstruktivismus von zentraler Bedeutung (vgl. Moses und Knutsen 2019: 6 f.). Diese beiden wissenschaftlichen Metatheorien unterscheiden sich hinsichtlich ihrer ontologischen, epistemologischen und methodologischen Positionen.

Der Positivismus oder Naturalismus geht davon aus, dass es eine reale Welt gibt, in der Regelmäßigkeiten und Muster existieren, die unabhängig von etwaigen Beobachter:innen sind. Diese Muster können beobachtet werden, und diese Beobachtungen können objektiv beschrieben werden. Es lassen sich auf der Basis der beobachteten Regelmäßigkeiten Beobachtungs- oder Experimentalaussagen bzw. Hypothesen über Ereignisse und Zusammenhänge formulieren, die empirisch überprüft werden können. Dies geschieht nach dem Prinzip der Falsifikation, bei dem versucht wird, die Hypothesen anhand von Beobachtungen zu widerlegen. Grundlage ist eine Korrespondenztheorie des Wissens, welche besagt, dass die Wirklichkeit durch Sprache exakt und objektiv abgebildet werden kann. Der Positivismus unterscheidet zudem strikt zwischen faktischen Aussagen und normativen Aussagen, also Aussagen, die ein Werturteil enthalten. Ziel ist es, generelle und gesetzesartige (nomothetische) Aussagen zu formulieren und das Besondere (das Idiografische) zu vernachlässigen (vgl. Moses und Knutsen 2019: 15–44).

Der Konstruktivismus nimmt eine andere Position ein. Er geht davon aus, dass die Welt, die wir untersuchen, nicht singulär und unabhängig von ihren Beobachter:innen existiert. Sie enthält soziale Fakten. Beobachtung und Erfahrung sind abhängig von der Perspektive der forschenden Person. Diese Perspektive wiederum ist geprägt von individuellen Erfahrungen, Interessen und Werten im sozialen Umfeld. Damit ist die Perspektive von Forscher:innen auch nicht neutral und nicht notwendigerweise konsistent über verschiedene Forscher:innen hinweg. Das bedeutet auch, dass Beobachtungsaussagen verzerrt sein und auf unterschiedliche Weise verstanden und interpretiert werden können. Somit sind auch faktische Aussagen stets von Werten durchdrungen. Diese müssen im Forschungsprozess offengelegt werden. Konstruktivistische Studien sind oftmals am

Besonderen interessiert. Wissen, welches aus Studien des Besonderen, des Idio-
grafischen entstanden ist, hat in diesem Verständnis seinen eigenen Wert – auch
oder eben weil es nicht zur Formulierung von Gesetzmäßigkeiten verwendet werden kann. Es gewinnt seinen Wert aus dem Verstehen des Besonderen, das an sich
wertvoll und wichtig ist (vgl. Moses und Knutsen 2019: 168–201). Die Gegenüber-
stellung in Tab. 1 verdeutlicht die unterschiedlichen Positionen.

Tab. 1: Ontologische, epistemologische und methodologische Positionen:
Positivismus und Konstruktivismus

	Positivismus	Konstruktivismus
Ontologische Position	Die Welt existiert in und durch sich selbst.	Die Welt existiert nur in der und durch die subjektive Wahrnehmung und Interpretation.
Epistemologische Position	Alle Dinge sind erkenntnisfähig auf der Basis von unhintergehbaren Annahmen über die menschliche Natur.	Alles Wissen ist kulturell gebunden und damit abhängig vom Kontext.
Methodologische Position	Standardisierte, quasi-experimentelle Methoden erlauben das Testen von Theorien.	Methoden müssen den Besonderheiten von Fällen Rechnung tragen. Sie müssen intersubjektiv nachvollziehbar und gegenstandsangemessen sein.

Quelle: Frankenberger 2021; eigene Darstellung nach Landman und Carvalho 2017; Moses und Knutsen 2019.

3.2   Abduktion, Induktion und Deduktion

Gerade in einer Erfahrungswissenschaft wie der Politikwissenschaft ist es wichtig
aufzuzeigen, von welchen Grundannahmen man ausgeht. Diese bestimmen nicht
nur das Erkenntnisinteresse, sondern auch die Gegenstände und Vorgehenswei-

sen bei der Verankerung von Erkenntnis in der Erfahrung. Hinzu kommen unterschiedliche Verfahren des Schlussfolgerns und der Einbindung von Beobachtungen in den Erkenntnisprozess.

Abduktion ist die grundlegende Form des logischen Schließens. Sie beruht auf einer einzelnen Beobachtung vor dem Hintergrund eines vortheoretischen Wissensschatzes. Aufgrund der singulären Beobachtung als Grundlage der Schlussfolgerung ist diese besonders fehleranfällig, und den Schlussfolgerungen mangelt es an Zwangsläufigkeit, da von der einzelnen Beobachtung eines Resultats auf zwei Unbekannte geschlossen wird: die zugrunde liegenden Regeln oder Gesetze sowie die Fälle. Die Stärke der Abduktion liegt darin, dass Neues in Form von erklärenden Ursachen für das Resultat formuliert werden kann – und damit neue Hypothesen der Überprüfung zugeführt werden können. Aus der Beobachtung „Deutschland hat Wahlen und Deutschland hat eine moderne Gesellschaft" kann die Regel „Länder mit Wahlen haben eine moderne Gesellschaft" aufgestellt werden. Dass dies hochspekulativ ist, weil auf einem Einzelfall beruhend, und zudem falsch, wird unmittelbar klar, wenn man beispielsweise Länder wie Oman oder Jemen betrachtet, in denen zwar Wahlen stattfinden, deren Gesellschaften jedoch traditionell organisiert sind.

Durch den Vergleich mit anderen Fällen kann eine abduktive Schlussfolgerung überprüft werden. Hier kommt in einem weiteren Schritt die Induktion als Verfahren des logischen Schließens zur Anwendung. Hier wird nicht auf der Basis einer, sondern auf der Basis mehrerer Beobachtungen versucht, Gesetzmäßigkeiten zu formulieren. Das Übliche dient hier dazu, das Allgemeine zu identifizieren. Zur Beobachtung „Deutschland ist eine moderne Gesellschaft und hat Wahlen" gesellen sich weitere analoge Beobachtungen: „Italien, Belgien, Frankreich und Finnland sind moderne Gesellschaften und haben Wahlen." Im Unterschied zur Abduktion basiert die induktive Schlussfolgerung nicht auf einer einzelnen Beobachtung, sondern auf beobachteten Regelmäßigkeiten, die eine empirisch besser gesicherte Schlussfolgerung ermöglichen: In allen modernen Gesellschaften gibt es Wahlen.

Anders geht Deduktion als Verfahren des logischen Schließens vor. Hier wird von zwei als gegeben betrachteten Prämissen auf einen zu erklärenden Sachverhalt, vom Allgemeinen auf das Besondere geschlossen, Die beiden Prämissen bestehen aus einer allgemeinen Gesetzmäßigkeit „In allen modernen Gesellschaften gibt es Wahlen" und einer Aussage, die einen Fall der Gesetzmäßigkeit zu- und unterordnet, einer Randbedingung „Deutschland, Frankreich und Großbritannien sind moderne Gesellschaften". Wenn das Gesetz nun stimmt und die Aussage der Randbedingung mit der Wirklichkeit übereinstimmt, kann man daraus ableiten (deduzieren), dass es in Deutschland, Frankreich und Großbritannien Wahlen gibt. Diese Schlussfolgerung lässt sich nun an der Wirklichkeit überprüfen, z. B. indem man in den jeweiligen Verfassungen oder Gesetzen nachschaut, ob dort Wahlen vorgesehen sind. Ist dies nicht der Fall, ist entweder die Randbedingung nicht gegeben oder das Gesetz fehlerhaft. Beide wären daher zu überprüfen, und auf der Basis der Überprüfung wäre entweder die Theorie oder die Gegenstandsbeschreibung zu verbessern.

Bei genauer Betrachtung wird deutlich, dass die drei Verfahren des Schließens eng miteinander zusammenhängen: Durch Abduktion werden neue Aspekte der Wirklichkeit als Thesen über Zusammenhänge in den Forschungsprozess eingespeist. Durch Induktion werden diese Thesen anhand von weiterer Beobachtungen zu Hypothesen über Zusammenhänge in der Wirklichkeit verdichtet, während diese Hypothesen durch Deduktion überprüft werden.

3.3 Qualitative und quantitative Ansätze

Die Unterscheidung zwischen konstruktivistischen und positivistischen Grundpositionen sowie zwischen induktiven und deduktiven Vorgehensweisen spiegelt sich auch in der Unterscheidung von qualitativen und quantitativen Ansätzen. Qualitative Ansätze gehen weitgehend interpretierend und verstehend vor, quantitative Ansätze verwenden meist statistische Methoden zur Analyse von Daten (vgl. Brühl 2015: 96). Gerade in den Sozialwissenschaften finden sich beide Ansätze, die jeweils entsprechend ihrer Grundannahmen und Erkenntnisinteressen unterschiedliche Methoden verwenden.

Qualitative Methoden basieren meist auf einem konstruktivistischen Weltbild und sind interpretativ. Sie erheben Informationen standardisiert oder nicht standardisiert und werten diese dann nach festgelegten Regeln in der Vorgehensweise aus. Dabei gehen sie nicht von theoretischen Vorannahmen und Hypothesen über Zusammenhänge aus, sondern sind offen gegenüber den Forschungsgegenständen und Forschungssubjekten. Sie gewinnen Erkenntnis durch die Rekonstruktion oder den verstehenden Nachvollzug aus den Forschungsgegenständen selbst. Es handelt sich daher auch um abduktive, vor allem aber um induktive Ansätze, die von den Phänomenen ausgehen und dann vom Üblichen auf das Allgemeine schließen. Dementsprechend lassen sich einige Charakteristika qualitativer Forschung hervorheben. Qualitative Forschung will nachvollziehen und verstehen, warum etwas passierte oder jemand in einer spezifischen Art und Weise handelte. Es geht also darum, Sinn und Bedeutung von Ereignissen oder Handlungen zu rekonstruieren (Rekonstruktionslogik). Das Vorgehen ist dabei in der Regel induktiv, beschreibend und explorierend, da es auf eine umfassende Betrachtung und

Analyse einzelner Fälle und ihrer Eigenlogik zielt und/oder auf das Entdecken von neuen Zusammenhängen und Gesetzmäßigkeiten ausgerichtet ist. Neue Theorien sollen formuliert werden (Abduktion und Induktion). Daten werden meist in natürlichen Situationen erhoben, etwa in offenen Interviews oder durch (teilnehmende) Beobachtung. Die Fälle stehen dabei im Zentrum des Interesses, weil sie das die Forscher:in interessierende Phänomen (die abhängige Variable) aufweisen (theoretisches Sampling). Dementsprechend ist auch das Realitätsverständnis der Beforschten Gegenstand des Forschungsinteresses, und Forscher:innen und Beforschten kommt gleichermaßen eine aktive Rolle im Prozess der Datenerhebung, oft auch bei der Analyse, zu, in deren Rahmen sie interagieren. Die Analyse der Daten erfolgt hermeneutisch- interpretierend oder kodierend und generalisierend und wird idealerweise an das Realitätsverständnis der Beforschten rückgekoppelt.

Quantitative Ansätze gehen in der Regel von einem positivistischen Weltbild aus und arbeiten manchmal induktiv, meist jedoch deduktiv auf der Basis von Theorien und darin formulierten Gesetzmäßigkeiten. Sie gehen also vom Allgemeinen aus und formulieren spezifische Vorannahmen über die Beschaffenheit der Welt, vor deren Hintergrund sie den Forschungsobjekten und -subjekten begegnen. Diese Vorannahmen sollen deduktiv am Besonderen überprüft werden. Quantitative Ansätze erheben Daten auf standardisierte Weise durch Messen und Zählen und analysieren diese Daten mithilfe von mathematisch-statistischen Methoden. Quantitative Forschung will Ereignisse erklären – also Ursache-Wirkungs-Zusammenhänge untersuchen. Sie geht dabei testend und deduktiv vor. Im Unterschied zu qualitativer Forschung ist sie an einzelnen (unabhängigen) Variablen und ihren Effekten auf das zu untersuchende Phänomen (abhängige Variable) interessiert und versucht, diese Effekte durch Experimente oder Quasiexperimente zu isolieren. Dabei erhebt sie ihre Daten in künstlichen und standardisierten Situationen, etwa im Rahmen von Experimenten oder anhand von standardisierten Fragebögen. Dabei stehen nicht die Fälle selbst im Mittelpunkt des Interesses, sondern die zugrunde liegenden Theorien, welche als theoriekonform oder widersprechend eingestuft werden (Subsumptionslogik). Die möglichst zufällig ausgewählten Fälle der Untersuchung stehen daher auch nicht nur für sich selbst, sondern stellvertretend für eine größere Menge an Fällen (statistisches Sampling). Die Vorgehensweise ist dabei messend und zählend, es werden also den zuvor operationalisierten Merkmalsdimensionen Zahlenwerte als symbolische Abbildungen der Merkmalsausprägungen zugeordnet. So können auch komplexe Merkmale quantifiziert und statistisch analysiert werden. Die Analyse fokussiert dabei auf Häufigkeiten, Korrelationen und Kausalitäten. Weil quantitative Ansätze in der Regel theorietestend sind, überprüfen sie gleichzeitig das Realitätsverständnis der Forscher:innen, das in der jeweils ausgewählten Theorie Ausdruck findet. Eine Interaktion mit den Beforschten, seien es Personen oder kollektive Akteure, sollte in dieser Tradition so weit wie möglich vermieden werden, weil sie zu Verzerrungen der Messung und der Analyse führen kann.

Qualitative und quantitative Ansätze können somit unterschiedlichen Phasen im Erkenntnisprozess zugeordnet werden. Qualitative Ansätze und Methoden kommen meist zum Einsatz, wenn es um die Beobachtung oder den Fall selbst geht. Ebenso ist der Einsatz qualitativer Ansätze sinnvoll, wenn das schon vorhan-

Tab. 2: Wann verwendet man idealerweise welche Art von Ansätzen?

Forschungsgegenstand	Qualitative Ansätze und Methoden	Quantitative Ansätze und Methoden
Wissen	Rudimentär. Es gibt allenfalls Alltagsannahmen.	Ausreichend. Es gibt Theorien.
Verfasstheit	Meist kompliziert und komplex. Wirkungszusammenhänge sind unbekannt.	Meist weniger kompliziert und komplex. Variablen können isoliert werden.
Interesse	Realitätsverständnis der Untersuchungseinheiten.	Realitätsverständnis der Forscher:innen.
Stellung der Untersuchungseinheiten	Forscher:in und Untersuchungseinheit als gleichrangige Akteure. Interaktion als Bestandteil des Verstehens	Analytische Trennung von Forscher:in und Untersuchungseinheit. Keine Interaktion.
Realitätserfassung	Offen / ohne vorstrukturierende Modelle und Muster.	Begrenzt / theoretisch vorstrukturiert, Modelle.
Ergebnisdarstellung	Verbal und detailliert ausformuliert, ggf. auch zu Schaubildern und Zahlen verdichtet.	Zahlen, Formeln und Schaubilder.

Quelle: eigene Darstellung modifiziert nach Dreier 1997: 343.

dene Wissen über einen Gegenstandsbereich gering ist und es daher auch keine etablierten Theorien gibt. Sie können also der ersten Phase des Erkenntnisprozesses, der Theoriegenerierung, zugeordnet werden. Sie entfalten zudem jedoch ihre analytische Stärke, wenn Theorien an besonders bedeutsamen Einzelfällen überprüft werden sollen, bei denen es auf ein tiefes Verständnis des Falls ankommt. Quantitative Ansätze kommen zum Einsatz, wenn es ausformulierte Theorien zum Forschungsgegenstand gibt. Daraus werden dann Hypothesen über die Beschaffenheit des Untersuchungsgegenstandes abgeleitet und anhand von Daten überprüft. Sie sind damit der zweiten Phase, dem Theorietest, zuzuordnen. In Abhängigkeit davon kann auch die Entscheidung für die eine oder die andere Tradition getroffen werden, wie Tab. 2 zusammenfasst.

3.4   Metatheorien in der Politikwissenschaft

Neben diesen methodologischen und epistemologischen Aspekten spielen in der Politikwissenschaft auch ontologische Überlegungen und Positionen eine wichtige Rolle. Theorien existieren nicht in einem leeren Raum, sie knüpfen an vorherige Forschung an und sind theoretisch wie historisch situiert. Sie gehen dabei von bestimmten Annahmen über die Beschaffenheit der Wirklichkeit und die Natur des Menschen aus (Prämissen), die sie als gegeben voraussetzen und die im Unterschied zu den formulierten Gesetzen und Hypothesen einer empirischen Prüfung nur bedingt zugänglich sind. Dies fängt bei der Vorstellung über die Beschaffenheit der menschlichen Natur und der Möglichkeiten der Erkenntnis an und hört bei sehr spezifischen Aspekten von Forschungsgegenstand und -interessen auf. So geht beispielsweise der Liberalismus davon aus, dass Menschen rationale und egoistische Individuen sind, die ihren individuellen Nutzen maximieren wollen. Ausgehend von der Überlegung, dass die Menschen nicht verändert werden sollen, besteht die Notwendigkeit, Regeln zu etablieren, die eine Eskalation von Konflikten zwischen egoistischen Menschen verhindern. Hiermit rücken dann Institutionen der Interessenverregelung ins Zentrum des Interesses. Dieser Vorstellung diametral gegenüber formuliert der Marxismus die Entfremdungsdynamik egoistischer Gesellschaften, indem er von einem positiven Menschenbild ausgeht, in dem die Menschen solidarisch, selbstbestimmt und schöpferisch sind. Aufgrund der kapitalistischen Wirtschaftsordnung sind die Menschen jedoch sich selbst entfremdet, weswegen die Gesellschaftsordnung umgestaltet werden muss, damit die Menschen selbstbestimmt leben können. Hier rücken dann gesellschaftliche Ungleichheitsdynamiken und deren Institutionalisierungen in das Zentrum ƒ Interesses. Die Ansätze untersuchen zwar beide das Phänomen der Staatsorganisation, gehen dabei jedoch von unterschiedlichen Prämissen aus und wählen sehr verschiedene Blickwinkel.

Etwas anders gelagert sind die Gegensätze zwischen Rational-Choice-Ansätzen und normativen Ansätzen. Rational-Choice-Ansätze gehen davon aus, dass Menschen ihren individuellen Nutzen maximieren wollen und daher immer rational in Bezug auf dieses Ziel handeln. Menschen sind dieser Position zufolge in der Lage, ihre eigenen Präferenzen zu erkennen, Informationen zu sammeln, diese mit Bezug auf ihre Präferenzen abzuwägen und daraus diejenigen Handlungsoptionen zu entwickeln, die den Eigennutz maximieren. Andere, normativ geprägte Ansätze gehen hingegen davon aus, dass Menschen sich bestimmte Normen und Werte zu eigen machen und ihre Abwägungen und Handlungen unbedingt an diesen Normen und deren Bewahrung ausrichten, auch wenn dadurch persönliche Nachteile entstehen. Beiden Ansätzen gemein ist es, menschliches Handeln und gesellschaftliche Prozesse und Strukturen erklären zu wollen. Sie unterscheiden sich jedoch in der Erkenntnisperspektive und den Erklärungsansätzen deutlich. Keiner von beiden ist jedoch grundlegend falsch oder richtig, sondern kann jeweils bestimmte Handlungen erklären, andere jedoch nicht oder nur teilweise. Sie untersuchen unterschiedliche Ausschnitte der Realität.

Wie aus den Beispielen klar wird, können (politik-)wissenschaftliche Theorien entlang ihrer Grundgedanken Erkenntnisinteresse und Vorgehensweisen in verschiedene Denktraditionen einteilen und aus metatheoretischer Perspektive beschreiben. Metatheorien beschäftigen sich mit genau diesen Fragen, nämlich damit, welche Gegenstände, Methoden und Motive der Realität Theorien oder Theorieströmungen teilen und was sie von anderen Strömungen unterscheidet. Metatheorien sind Werkzeuge, um eine Theorie jenseits der Empirie zu prüfen. Sie dienen dazu, die Widerspruchsfreiheit und Konsistenz von Theorien zu testen, den Prozess der Wissenschaft zu ordnen und gegebenenfalls dahingehend zu steuern, dass auf Widersprüche aufmerksam gemacht wird und Vorschläge zur Überprüfung und Weiterentwicklung von Theorien unterbreitet werden (vgl. Becker 2003; Beyme 2000). Idealtypisch können in der Politikwissenschaft vier Theorieströmungen unterschieden werden. Dabei wird die klassische Trias der Ansätze (vgl. Beyme 2000; Westle 2009: 22) um funktionalistische Ansätze erweitert: Normativ-ontologische, kritisch-dialektische, empirisch-analytische und funktionalistische Ansätze. Diese entwickeln jeweils eigene Politikbegriffe und Problemdefinitionen – und damit auch eigene Zugriffe auf das Empirische, sodass sie unterschiedliche Methoden präferieren oder benötigen, um zu Erkenntnis zu gelangen. Die Ansätze werden im Folgenden kurz vorgestellt und in Tab. 3 zusammengefasst.

Normativ-ontologische Ansätze haben ein wertgeleitetes, deduktives, apriorisches (aus der Vernunft gewonnenes) und praktisches Erkenntnisinteresse. Es geht ihnen darum, wie eine gute Ordnung des Politischen aussehen kann und inwieweit diese gute Ordnung in real existierenden politischen Systemen umgesetzt ist. Daraus abgeleitet werden dann oftmals Vorgaben für gute Politik. Das methodische Vorgehen ist zumeist am Einzelfall orientiert, historisch-genetisch und verstehend ausgerichtet. Es kommen historisch vergleichende, hermeneutische (auslegende und sinnverstehende) und phänomenologische (das Sichtbare, Erscheinende analysierende) Ansätze zum Einsatz. Analyseschwerpunkte sind Staat und Institutionen, Verfassungen und Politiken vor dem Hintergrund normativer Konzepte.

Kritisch-dialektische Ansätze werden gelegentlich als eine besondere Spielart normativer Theorien angesehen, die sich jedoch durch mehrere Aspekte von anderen normativen Ansätzen abhebt. Erstens ist dies die streng materialistische Ausrichtung, bei der die Besitzverhältnisse und damit die ökonomischen Rahmenbedingungen in einer Gesellschaft den entscheidenden Faktor darstellen. Zweitens ist dies die historisch-dialektische Herangehensweise an die Analyse von Politik. Das Erkenntnisinteresse ist ein ideologie-, wissenschafts- und gesellschaftskritisches wie praxisorientiertes: Es geht um die Analyse von durch die Besitzverhältnisse geformten Macht- und Herrschaftsverhältnissen in Gesellschaften, die kritisch hinterfragt und überwunden werden sollen. Dabei kommen vor allem historische, dialektische und hermeneutische, meist auf Einzelfälle bezogene Methoden zum Einsatz, wenngleich sich kritisch-dialektische Ansätze auch statistischer Methoden bedienen – wie das wohl prominenteste Beispiel jüngster Zeit, *Das Kapital im 21. Jahrhundert* von Thomas Piketty (2014), zeigt.

Empirisch-analytische Ansätze orientieren sich überwiegend an positivistischen Grundpositionen und dem kritischen Rationalismus. Ihr Erkenntnisinteresse ist rational, szientistisch (wissenschaftsorientiert), aposteriorisch (auf der Erfahrung beruhend) und eher technischer Natur. Es geht vorwiegend um das Beschreiben, Erklären und Vorhersagen von politischen Phänomenen sowie die Formulierung allgemeingültiger Gesetze. Politik wird als Prozess aufgefasst und möglichst wertfrei analysiert. Dabei stehen politische Systeme als Sets institutioneller Regelungen, Politikprozesse und Politikinhalte ebenso im Zentrum des Interesses wie gesellschaftliche Kräfteverhältnisse. Methodisch sind diese Ansätze relativ breit aufgestellt, denn neben quantitativen statistischen Methoden kommen auch Fallstudien zum Einsatz (vgl. Westle 2009).

Funktionalistische Ansätze können als Spielart empirisch-analytischer Ansätze aufgefasst werden, insofern sie deren positivistische Grundpositionen ebenso teilen wie das Erkenntnisinteresse. Sie weisen jedoch die Eigenart auf, dass sie vor

Tab. 3: Theorieströmungen in der Politikwissenschaft

Wissenschaftstheoretische Position	Prämissen	Erkenntnisgegenstand, -ziel, -interesse	Wertbezug	Methoden/ Vorgehensweise	Grobe Zuordnung politikwissenschaftlicher Positionen
Normativ-ontologische Theorien	- Existenz einer objektiven Wahrheit - Wahres und Gutes durch Wissenschaft zu finden	- Sinn und Wesen von Staat und Gesellschaft - gute Ordnung des Gemeinwesens - allgemeingültige, praktische Anweisungen	- zentrale Bedeutung von Werten - konstante und überzeitliche (ahistorische) Werte	- Hermeneutik - Phänomenologie - Topik - Begriffsrealismus - historisch orientierte Betrachtungsweise - Ideengeschichte	Vor allem konservative Positionen; bewahrende Konzeptionen
Kritisch-dialektische Theorien	Gesellschaftliche Wirklichkeit gekennzeichnet durch: Geschichtlichkeit, Totalität, Dialektik (Widersprüche)	- kritische Analyse der Gesamtgesellschaft - Erkennen der historischen Entwicklungsgesetze - Veränderung der Gesellschaft	- Einschluss der Werte in die wissenschaftliche Analyse - Werte als Ausdruck historisch-materieller Interessen	- Kritik an der verkürzten Rationalität der anderen Ansätze - Dialektik - historischer Materialismus - neuerdings auch Methoden der empirischen Sozialforschung	Vor allem Positionen der politischen Krisentheorie, des Neomarxismus; Konzeptionen des Systemwechsels und z. T. verändernde Konzeptionen
Empirisch-analytische Theorien	- Wirklichkeit nur durch Erfahrung und Beobachtung erfassbar - keine absolute Wahrheit (Neopositivismus)	- Beschreibung, Erklärung und Voraussage der Wirklichkeit - Analysen von abgegrenzten Teilbereichen der Gesellschaft - Auffinden von Gesetzmäßigkeiten - Sammlung und Ordnung von sozialen Fakten	- Werte können Gegenstand und Voraussetzung, aber nicht Ergebnis der Wissenschaft sein - kein wertfreies Herangehen, aber wertfreie Ergebnisse	- Sammeln von Fakten, Bildung von Hypothesen, Operationalisierung und Überprüfung an der Wirklichkeit - empirisch deduktiv oder empirisch induktiv	Vor allem rechtfertigende und kritische Positionen: verbessernde und z. T. verändernde Konzeptionen
Funktionalistische Theorien	Wirklichkeit nur durch Erfahrung und Beobachtung erfassbar	- Beschreibung, Erklärung und Voraussage der Wirklichkeit - Analysen der Funktion von und kausalen Zusammenhänge zwischen gesellschaftlichen Teilbereichen - funktionale Äquivalente und Mechanismen des Zusammenspiels von Institutionen - Ziele und Zwecke von Funktionssystemen	- Werte können Gegenstand und Voraussetzung, aber nicht Ergebnis der Wissenschaft sein - kein wertfreies Herangehen, aber wertfreie Ergebnisse - Ziele und Zwecke von Funktionssystemen	- kausalanalytische, rekonstruktive, vergleichende Methoden - Orientierung an Fällen und Fallvergleichen	Vor allem rechtfertigende und kritische Positionen: verbessernde und z. T. verändernde Konzeptionen

Quelle: eigene Darstellung auf der Basis von Becker 2003, Beyme 2000 und Westle 2009.

allem an den Funktionen einzelner Teile des politischen Systems und deren Zusammenspiel im Allgemeinen interessiert sind. Funktionen sind „dauerhafte Einrichtungen zur Lösung der Probleme von Systemen" (Czerwick 2015: 203). Ähnlich wie bei empirisch-analytischen Ansätzen ist das Erkenntnisinteresse ein kausales, an Ursachen, aber darüber hinaus auch an Zielen und Zwecken orientiertes. Dabei kommen kausalanalytische, rekonstruktive, meist an Fällen orientierte oder vergleichende Methoden zum Einsatz, die es ermöglichen, Funktionen, funktionale Äquivalente und Mechanismen des Zusammenspiels insbesondere von Institutionen herauszuarbeiten (vgl. Czerwick 2015).

Zusammenfassend gilt, dass politikwissenschaftliche Theorien Komplexität reduzieren, indem sie die Beschäftigung mit der Wirklichkeit durch bestimmte Vorannahmen einschränken und lenken. Theorien und daraus abgeleitete Modelle und Hypothesen beschäftigen sich daher immer mit einem Ausschnitt der Wirklichkeit. Diesen muss man kennen, um die Befunde, die auf der Basis der entsprechenden Theorien entstanden sind, einordnen zu können. Aus den Grundannahmen über die Beschaffenheit der Wirklichkeit und den Erkenntnisinteressen ergeben sich in der Regel auch andere Herangehensweisen an die Untersuchung der Wirklichkeit – und damit auch die Verwendung unterschiedlicher Methoden zur Prüfung der jeweiligen Theorien.

Diese Realitätsprüfung von Theorien wird von einigen Wissenschaftlern als der Maßstab für Wissenschaftlichkeit von Theorien schlechthin erhoben (King et al. 1994), da Forschung Fakten über die reale Welt ermitteln sollte. Daher müssen Hypothesen erst geprüft werden. Die Methoden, die in der Erfahrungswissenschaft Politikwissenschaft verwendet werden, nehmen in diesem Kontext eine zentrale Position ein. Zwar handelt es sich beim Gegenstand der empirischen Politikforschung streng genommen nicht um Theorien, sondern um die Erfassung politischer Wirklichkeit. Da diese jedoch einerseits meist theoriegeleitet ist und ernst zu nehmende Theorien andererseits nicht ohne empirische Überprüfung auskommen, sind beide Bereiche eng miteinander verwoben (vgl. Lenk 1991), was sich auch in der Entwicklung und Durchführung von Forschungsprojekten zeigt (vgl. Kap. 5 und 6 sowie Teil 2) und in der Lehre und Anwendung von Methoden eine zentrale Rolle spielt. Kurz, wenn wir davon ausgehen, dass epistemologische und methodologische Unterschiede hinsichtlich der Erfassung und Untersuchung der Wirklichkeit bestehen, dann müssen diese im Forschungsprozess berücksichtigt werden (vgl. Moses und Knutsen 2019: 4 ff.).

4 Forschungsmethoden und Forschendes Lernen

Forschungsmethoden als Handwerkszeuge zur Erfassung der Realität sind ein zentraler Bestandteil der politikwissenschaftlichen Lehre. Ausgehend von der Vermittlung grundlegender Methodenkenntnisse ist das „Learning by Doing" ein wichtiges Element der Ausbildung von Nachwuchsforscher:innen. Denn die Anwendung von Methoden birgt vielfältige Herausforderungen, die durch (angeleitetes) Ausprobieren gemeistert werden können. Das Konzept des Forschenden Lernens (z. B. Huber 2009) stellt einen didaktischen Rahmen für Erfahrungslernen dar, der gerade in der Methodenausbildung fruchtbar eingesetzt werden kann, wie in diesem Kapitel aufgezeigt wird. Als Beispiel dient das am Tübinger Institut für Politikwissenschaft seit nunmehr 20 Jahren eingesetzte und weiterentwickelte „Lehrforschungsprojekt", in dem die Student:innen des Bachelorstudiengangs Politikwissenschaft einen kompletten Forschungsprozess durchlaufen – von der Formulierung der Forschungsfrage bis hin zur Präsentation der Ergebnisse.

4.1 Methoden in der Politikwissenschaft

Der Begriff Methode kann definiert werden als das regelgeleitete Vorgehen zur Beantwortung von wissenschaftlichen Fragestellungen und damit zur Gewinnung von wissenschaftlichen Erkenntnissen. Im Rahmen des Forschungsprozesses kommen Methoden der Datengewinnung und der Datenanalyse zum Einsatz und bilden so einen zentralen Bestandteil des wissenschaftlichen Erkenntnisprozesses. Wenn diese Forschungsmethoden auf einem möglichst exakt formulierten Regelwerk basieren und die Anwendung diesem Regelwerk folgt, wird das ermöglicht, was den wissenschaftlichen Erkenntnisprozess ausmacht: die Überprüfbarkeit der Erkenntnisse an der Realität, unabhängig von der Person und deren Erfahrungen, Einstellungen und Meinungen. Denn so können die einzelnen Schritte der Forschung nachvollzogen und einer kritischen Prüfung unterworfen werden. Dies ist umso wichtiger, als dass in der Politikwissenschaft als Erfahrungswissenschaft inzwischen eine Vielfalt unterschiedlicher Methoden zum Einsatz kommt (vgl. Frankenberger 2021; Pickel und Pickel 2018), mit denen unterschiedliche Aspekte und Ausschnitte der Wirklichkeit untersucht werden können (vgl. Behnke et al. 20106).

Je nachdem, welche grundlegenden Annahmen über die Welt getroffen werden, können diese Methoden sehr unterschiedlich sein (vgl. Kap. 3) und erfordern meist spezifische Kenntnisse und Kompetenzen, wenn sie zur Anwendung gebracht werden sollen. Die allen diesen Ansätzen gemeinsamen Grundannahmen sind: erstens, dass die Welt tatsächlich existiert und sie prinzipiell erforschbar ist; und dass diese Welt zweitens exakt und den festgelegten Regeln entsprechend abgebildet werden kann. Vor diesem Hintergrund wird eine Beschäftigung mit der Realität möglich und zielführend und die Methodenlehre zu einem zentralen Bestandteil der (politik-)wissenschaftlichen Ausbildung.

4.2 Wie kann Methodenkompetenz vermittelt werden?

Wenn Studierende und interessierte Laien sich also mit Methoden auseinandersetzen und eine eigene Methodenkompetenz entwickeln wollen, müssen sie sich zunächst mit den verschiedenen wissenschaftstheoretischen Grundannahmen zwischen Positivismus und Konstruktivismus auseinandersetzen, die in der Politikwissenschaft vertreten werden (vgl. Kap. 3) und auf deren Basis die jeweiligen Methoden entwickelt wurden. Darauf aufbauend sollten Kenntnisse über die verschiedenen Methoden und deren Anwendungsmöglichkeiten erlernt werden. In einem dritten Schritt ist es wünschenswert, dass die Anwendung von ausgewählten Methoden eingeübt und darüber eine vertiefte Methodenkompetenz erreicht wird. Denn auch in der Wissenschaft gilt: Übung macht den Meister. Die Methodenausbildung als zentraler Bestandteil in grundständigen Studiengängen (vgl. DVPW 2003) ist dementsprechend mehrstufig aufgebaut. In einführenden Vorlesungen zu Datenerhebung und Datenanalyse werden grundlegende Kenntnisse über Methoden und deren Anwendbarkeit vermittelt. In Tutorien und/oder begleitenden Seminaren werden diese Kenntnisse zudem meist anwendungsorientiert vertieft. Nicht zuletzt sollen Studierende ihre Methodenkompetenz in Abschlussarbeiten unter Beweis stellen.

Am Institut für Politikwissenschaft der Universität Tübingen beispielsweise erfolgt die Methodenausbildung in vier Schritten: Im ersten Semester besuchen die Student:innen des Bachelor-Studiengangs Politikwissenschaft ein Seminar zur Einführung in die Politikwissenschaft mit begleitendem Tutorium. Im Seminar selbst lernen die Student:innen unter anderem wissenschaftstheoretische Grundlagen und Forschungsperspektiven des Fachs kennen. Im begleitenden Tutorium eignen sie sich grundlegende Kompetenzen des wissenschaftlichen Arbeitens, etwa das Aufarbeiten von Forschungsständen und Recherchestrategien, Zitationsweisen und deren Bedeutung an. Auch entwickeln die Student:innen unter Anleitung eine eigene Fragestellung für die abschließend anzufertigende Hausarbeit. In den Methodenvorlesungen zu qualitativen und quantitativen Methoden in der Politikwissenschaft in den Semestern 3 und 4 vertiefen die Student:innen wissenschaftstheoretische Begriffe und Konzepte der empirischen Forschung, lernen grundlegende qualitative und quantitative Forschungsmethoden und Beispiele für deren Verwendung kennen und können diese auf der Basis wissenschaftstheoretischer Annahmen kritisch einschätzen. Neben Methoden der Datenerhebung wie Literatur- und Dokumentenrecherchen, qualitatives Interview, Fragebögen, Experiment und Beobachtung werden Methoden der Datenanalyse wie Fallstudien, Vergleichsdesigns, QCA, Hermeneutik, Grounded Theory, Qualitative Inhaltsanalyse und Diskursanalyse, deskriptive und schließende Statistik inklusive Varianz-, Regressions-, Cluster- und Faktorenanalyse behandelt und in Übungen vertieft. Damit verfügen die Student:innen über ein Überblickswissen über die gängigsten Analysemethoden und deren Anwendungsmöglichkeiten. Ein spezifisch entlang dieser Logik der Anwendungsorientierung formuliertes konzises Einführungsbuch ergänzt die Vorlesung seit 2021 als Handbuch für die Student:innen (Frankenberger 2021).

Die eigentliche Anwendung ausgewählter Methoden erfolgt im sogenannten „Lehrforschungsprojekt", welches die Student:innen in den Semestern 5 und 6 besuchen, sowie in der das grundständige Studium abschließenden Bachelorarbeit. Mit dem Lehrforschungsprojekt setzt das Institut für Politikwissenschaft seit nunmehr fast 20 Jahren die Idee des Forschenden Lernens um (vgl. Kap. 4.3; vgl. Huber 2003; 2009; für die Politikwissenschaft: Freise 2018; Frankenberger 2013). Dieses lebt „vom aktiven Erproben realer Handlungsabläufe unter Bezugnahmen auf persönliche Erfahrung und wissenschaftliche Theorien" (Euler 2005). Daher sammeln Studierende aufbauend auf ihren Kenntnissen und Kompetenzen, Fähigkeiten und Fertigkeiten eigene Erfahrungen beim Anwenden von Methoden, indem sie ein Forschungsprojekt entwickeln und umsetzen.

4.3　Forschendes Lernen in der Methodenlehre

In der Hochschuldidaktik gibt es verschiedene Ansätze, die die Erfahrung als Prinzip des Lernens in den Vordergrund stellen. Aktives oder erfahrungsbasiertes Lernen zeichnet sich durch eine Reihe von Grundprinzipien aus, die allesamt auf Ideen des Pragmatismus (Dewey 1938) und der konstruktivistischen Lerntheorie basieren, dass Lernen ein interaktiver und konstruktiver Prozess ist, der an individuelle Erfahrungen anknüpft. Dazu gehören Aktivität und Begeisterung sowie Kooperation in Lerngemeinschaften. Dieses führt, so die Annahme, zu effizienterem Lernen von Fachwissen, dem Erwerb von Schlüsselqualifikationen sowie mehr Motivation und Selbstständigkeit. Die Verwirklichung der Grundsätze erfahrungsbasierten Lernens ist in der Konzeption des Lehrforschungsprojekts verankert. Schlüsselt man die einzelnen Lernziele entlang des didaktischen Sechsecks in Abb. 1 auf, so rücken hinsichtlich der Methodenausbildung vor allem die kognitiven, affektiven und psychomotorischen Ziele, die Methoden sowie die Ziele, Kompetenzen und Motivationen der Student:innen in den Vordergrund hochschuldidaktischer Überlegungen.

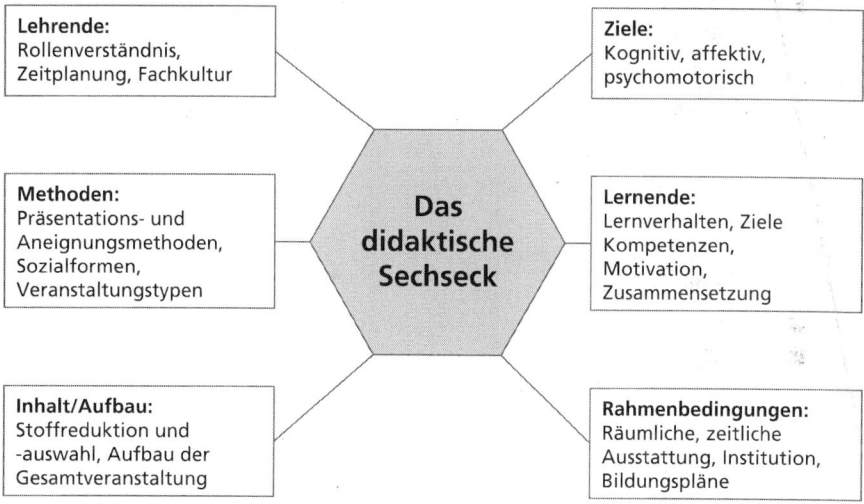

Abb. 1: Didaktisches Sechseck (Quelle: Frankenberger 2013a).

Kognitive Ziele umfassen neben dem Erwerb von Wissen die Anwendung und Umsetzung von Wissen sowie die Bewertung und Einschätzung von Problemen und Sachverhalten auf der Basis von Wissen. Praktische bzw. psychomotorische Ziele sind das Erlernen von Forschungstechniken und Methoden wissenschaftlichen Arbeitens, sowie je nach Fach Laborabläufe und Versuchsanordnungen, musische und künstlerische Fähigkeiten. Affektive Ziele sind neben Engagement und Lernbegeisterung vor allem wissenschaftliche Sorgfalt, ein kooperatives Sozialverhalten und das Ausbilden ethischer Überzeugungen.

All diese Ziele lassen sich bei geeigneter Anleitung und unter geeigneten Rahmenbedingungen sehr gut im Ausprobieren bei der Durchführung eines konkreten Forschungsprojekts üben und erfahren.

Hinsichtlich der Methodenkompetenzen kann dabei auf vorhergehende Lernerfahrungen und Kompetenzen aus Methodenvorlesungen und (Einführungs-) Seminaren aufgebaut werden. Es geht also hier zunächst um das Ausprobieren fachspezifischer Techniken und in einem zweiten Schritt um deren sicheres Beherrschen.

Ähnliches gilt für Wissensmanagement, Planungs- und Organisationsfähigkeit, Zeitmanagement und Strukturierungsfähigkeit. Hier kann das Lehrforschungsprojekt wichtige Erfahrungen bereitstellen, da die Student:innen mit Selbstständigkeit und wissenschaftlicher Problemorientierung konfrontiert werden und damit ein unmittelbarer Bezug zur Berufspraxis von Wissenschaftler:innen besteht. Der Vorteil aktiven Lernens als didaktisches Konzept ist es, dass es unabhängig vom Kontext vielfältig einsetzbar ist – vom Kindergarten bis zur Universität.

Im Unterschied zum aktiven Lernen ist forschendes Lernen sehr viel voraussetzungsvoller. Zwar zeichnet es sich ebenso wie aktives Lernen durch Interdisziplinarität, Vernetzung von Wissen und Projekt- und Problemorientierung aus. Im Unterschied dazu liegt jedoch der Schwerpunkt beim forschenden Lernen auf der Wissenschaftlichkeit. In diesem Sinne ist es ein in der Wissenschaft situiertes Lernen (vgl. Reinmann und Sippel 2009) und nimmt dezidiert Bezug auf wissenschaftliche Theorien und Methoden. So definiert etwa Euler (2005): „Das forschende Lernen lebt vom aktiven Erproben realer Handlungsabläufe unter Bezugnahmen auf persönliche Erfahrung und wissenschaftliche Theorien", und Reinmann weist darauf hin, dass Forschendes Lernen stattfindet, wenn Student:innen „eine eigene Forschungsarbeit durchführen, angeleitet und übend Forschung praktizieren" (Reinmann 2009:10).

> Dazu gehört dann auch der wissenschaftliche Alltag, zu dem auch die Recherche, das Lesen und Erfassen von wissenschaftlichen Texten und das Verfassen selbiger sowie die Anwendung von Methoden und die empirische Erhebung von Daten (Reinmann 2009:10).

Forschendes Lernen eignet sich daher für das Erproben von Forschungsmethoden, die ein Kernbestandteil des wissenschaftlichen Alltags sind. Durch das in der Wissenschaft situierte Lernen können die Student:innen ihre Methoden- und Problemlösekompetenzen erproben und vertiefen. Hier greifen die Grundsätze des aktiven Lernens, denn diese Grundhaltung können Lernende insbesondere bei der selbstständigen Bearbeitung konkreter Problemstellungen einüben. Hilfreich ist dabei zudem eine Kombination von intrinsischer und extrinsischer Motivation, indem eigene, freilich wissenschaftlich relevante Themen und Fragestellungen der Student:innen zum Gegenstand der Forschung gemacht werden.

Forschendes Lernen geht jedoch über inhaltliche und methodische Erkenntnisinteressen hinaus, indem es eine „kritisch-reflexive Grundhaltung und individuelle Autonomie" und die „Ausbildung von handlungsbezogenen Kompetenzen" als Ziele anstrebt (Duernberger und Hofhues 2010:5). John Dewey formuliert dies wie folgt:

> Students should be introduced to scientific subject-matter and be initiated into its facts and laws through acquaintance with everyday social applications. Adherence to this method is not only the most direct avenue to understanding of science itself, but as the pupils grow more mature it is also the surest road to the understanding of the economic and industrial problems of present society (Dewey 1938: 80).

Forschendes Lernen zielt also auch auf die Entwicklung der personalen und sozialen Kompetenzen, die für Wissenschaftler:innen von zentraler Bedeutung sind, wenn ihre Forschung nicht nur von wissenschaftlicher, sondern auch von gesellschaftlicher Relevanz sein und zur Verbesserung der Lebensbedingungen der Menschen in der Gesellschaft beitragen soll (vgl. Kap. 5.5).

Um Forschendes Lernen in der wissenschaftlichen Praxis zu situieren und alle Lernziele gleichermaßen zu fördern, bietet es sich gerade in der Methodenausbildung an, es als Forschungsprojekt entlang dem idealtypischen Ablauf eines Forschungsprozesses zu gestalten. Dies basiert auf der Idee von David Kolb (1984: 26), dass „learning is best conceived as a process, not in terms of outcomes". So lernen die Student:innen, Methoden und Theorien auf konkrete Beispiele anzuwenden. Sie beantworten die selbst identifizierten und ausformulierten Forschungsfragen und erfahren dabei, dass Forschungspraxis häufig nicht so linear und problemlos abläuft, wie dies der idealtypische Plan vorsieht. Zur Illustration dient im Folgenden ein für die Sozialwissenschaften typischer Forschungsablauf, wie er etwa von Bettina Westle (2009: 117 f.) vorgeschlagen wird (vgl. Abb. 2). Dieser steht stellvertretend für die verschiedenen Varianten von Forschungsabläufen, wie sie in Kapitel 5.3 entlang epistemologischer und methodologischer Traditionen ausdifferenziert werden.

Der idealtypische Forschungsprozess besteht aus sieben Stufen. Den Ausgangspunkt bildet hier die Auswahl der Forschungsfrage (vgl. Kap. 5.1). Diese geschieht zunächst entlang der Interessen der Student:innen, wird jedoch im Verlauf des Forschungsprozesses auf der Basis der theoretischen Vorannahmen und des Forschungsstands (vgl. Kap. 5.2) modifiziert werden. Hier spielt die Konzeptspezifikation, also das Erläutern der Vorannahmen, das Darstellen des schon existenten Wissens, eine wesentliche Rolle. Die Auswahl der für die Beantwortung der Fragestellung geeigneten Methoden der Datenerhebung und der Datenauswertung erfolgt im Rahmen der konkreten Formulierung des Forschungsdesigns und in enger Verbindung mit der Operationalisierung der Kernkonzepte, die für das Projekt relevant sind. Es geht hier darum, die eigentliche Erhebung der Daten zu ermöglichen, indem festgelegt wird, welche Bedeutung theoretische Begriffe ha-

Auswahl der Forschungsfrage

Konzeptspezifikation
Explikation theoretischer Vorannahmen, deskriptive,
klassifikatorische oder fallrekonstruktive Vorgehensweise

Forschungsdesign
Bestimmung der Erhebungsmethoden und Untersuchungsmethoden

Operationalisierung
Übersetzen der theoretischen Begriffe in messbare Größen

Datenerhebung und Datenanalyse

Typenbildung, Strukturgeneralisierung,
theoretische Verallgemeinerung

Forschungsbericht

Abb. 2: Ein idealtypischer sozialwissenschaftlicher Forschungsablauf (Quelle: eigene Darstellung modifiziert nach Westle 2009: 118).

ben und wie diese gemessen werden können. Sodann erfolgen Datenerhebung und -analyse. Aus der Analyse werden theoretische, idealerweise verallgemeinerbare Ergebnisse abgeleitet. In einem Forschungsbericht wird der Forschungsprozess dokumentiert und der Öffentlichkeit zur Verfügung gestellt.

Kombiniert man diesen Ablauf mit dem „learning cycle" nach Kolb (1984) und dem Ablaufplan Forschenden Lernens nach Schneider und Wildt (2009) beziehungsweise Wildt (2009), welche John Deweys (1938) Idee des aktiven und situierten Lernens aufgreifen und umsetzen, ergibt sich daraus das in Abb. 3 dargestellte Ablaufmodell Forschenden Lernens.

Während Kolb (1984) von den vier Phasen der konkreten Erfahrung (1), der reflektiven Beobachtung (2), der abstrakten Konzeptentwicklung (3) und des aktiven Experimentierens (4) ausgeht, untergliedern Wildt (2009) sowie Schneider und Wildt (2009) acht Phasen des Forschungszyklus: a) Themenfindung und -aushandlung; b) Formulierung von Fragestellung und Hypothesen; c) Untersuchungskonzept; d) Entwurf eines Forschungsdesigns; e) Durchführung; f) Auswertung; g) Anwendung und Vermittlung sowie h) Eintauchen in die Praxis.

Schreibt man in dieses Modell zusätzlich die zentralen Schritte des wissenschaftlichen Arbeitens ein, so entsteht ein komplexes Prozessmodell Forschenden Lernens, das handlungsleitend für die Arbeit im Lehrforschungsprojekt ist. Entscheidend dabei ist, dass sozialwissenschaftliche Forschungsstrategien in den Prozess Forschenden Lernens eingebettet werden und letzteres den gesamten Zyklus des Forschungsvorhabens von der Entdeckung des Problems über das Forschungsdesign, die Operationalisierung und die Durchführung der eigentlichen Forschung bis hin zur Auswertung und Kommunikation der Ergebnisse durchlaufen wird (vgl. Schneider und Wildt 2002). Dazu gehören dann unabdinglich:

—   Reflektierte Problemgenese: Die Identifikation des zu untersuchenden Problems muss vor dem Hintergrund sozialer, politischer und wissenschaftlicher Ereignisse und Erkenntnisse reflektiert werden.

—   Exploration des Gegenstandsfelds: Anhand der Aufarbeitung des Forschungsstands muss die zu untersuchende Fragestellung in das Forschungsfeld eingebettet werden.

—   Hypothesen entwickelndes und/oder prüfendes Design: Der Forschungsprozess muss so organisiert sein, dass er entweder auf Verallgemeinerung zielende neue Erkenntnisse und Hypothesen generiert oder theoriegeleitet formulierte Hypothesen überprüft.

—   Quantitative und/oder qualitative Erhebungsmethoden: Zunächst ist zu prüfen, welche Art von Daten erforderlich ist, um die Forschungsfrage beantworten zu können. Es müssen dann aus dem Werkzeugkasten der Forschungsmethoden die geeigneten Methoden der Datengewinnung ausgewählt und eingesetzt werden.

—   Analytische und/oder hermeneutische Auswertungsverfahren: Die erhobenen Daten müssen mit einer geeigneten Methode analysiert werden. Dazu muss entschieden werden, welche Methoden die Möglichkeit bieten, die Forschungsfrage zu beantworten und die Hypothesen zu generieren bzw. zu testen.

—   Reflexion der Relevanzen und Kontextualisierung der Befunde in wissenschaftliche, soziale, praktische und persönliche Referenzrahmen: Die Ergebnisse der Forschung sollen so aufbereitet werden, dass klar wird, welchen wissenschaftlichen und/oder gesellschaftlichen Beitrag die Forschung zur Weiterentwicklung von Wissensbeständen und/oder Formen des Zusammenlebens leistet und welche weiteren Fragen offenbleiben oder neu aufgeworfen werden. Dies ist kritisch zu reflektieren.

Ausgehend vom vorgegebenen größeren Forschungsbereich, z. B. Internationale Beziehungen, Vergleichende Politikwissenschaft, Politische Ökonomie etc., sollen die Student:innen ein konkretes Erkenntnisinteresse formulieren, dann in einem zweiten Schritt den Forschungsstand (State of the Art) mittels einer Literaturrecherche rekonstruieren, um darauf aufbauend konkrete Forschungsfragen und Hypothesen zu generieren. Diese werden dann wiederum – und gerade hier bedarf es eines vermehrten fachlichen Mentorings – operationalisiert, also messbar gemacht und in eine überprüfbare Struktur überführt. Dann erfolgt die eigentliche

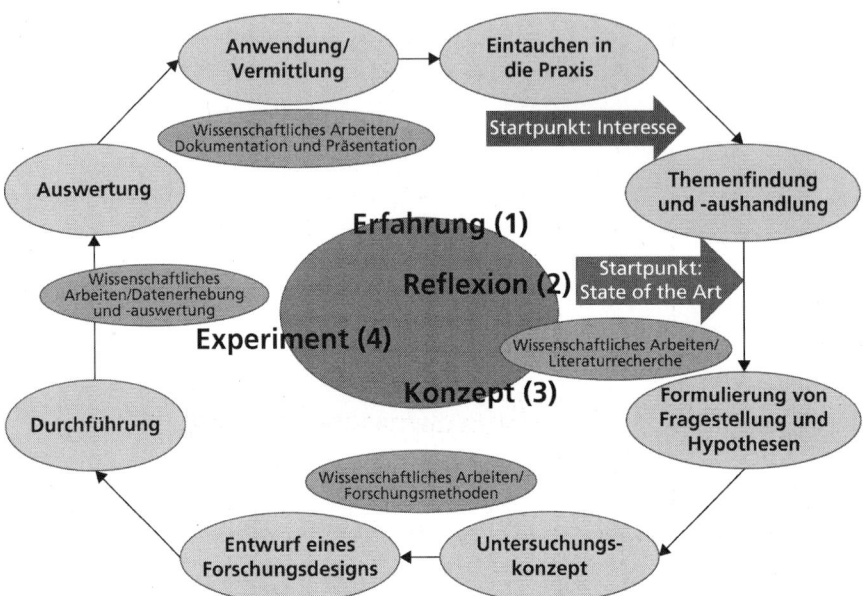

Abb. 3: Forschendes Lernen und der Forschungszyklus (Quelle: eigene Darstellung nach Frankenberger 2013a; modifiziert nach Dewey 1938, Kolb 1984, Wildt 2009, Schneider und Wildt 2009).

Durchführung der Untersuchung, welche ausgewertet, interpretiert, dokumentiert und präsentiert wird. Im Unterschied zu dem von Dewey, Scheider und Wildt geforderten Eintauchen in die Praxis steht hier jedoch am Ende eine wissenschaftliche Arbeit in Form eines Fachartikels.

Mit Schneider (2012) geht es dabei vor allem darum, realistische Probleme zu identifizieren, Lösungsansätze zu finden, bei denen das Lernen nicht Selbstzweck ist, Kooperation und Austausch zu besseren Problemlösestrategien führen und multiple Perspektiven auf das Gelernte eröffnet werden können. Dabei wird entsprechend der Vorkenntnisse der Student:innen ein vergleichsweise hoher Grad an Freiheit und Komplexität gewählt, da dieser den realen Forschungsbedingungen am nächsten kommt. Wichtig ist jedoch die beratende Begleitung durch eine Dozent:in in allen Phasen des Forschungsprojekts, das Bereitstellen von zentralen Materialien und Literatur zu Theorien, Methoden und Forschungsprozess sowie Arbeits- und Organisationsformen. Gerade an den wissenschaftlich komplexen Stellen der Rekonstruktion des State of the Art und der Operationalisierung von Fragestellungen entstehen häufig Probleme, weil die Fragestellungen selbst viel zu weit gefasst sind. Auch tauchen immer wieder Probleme bei der korrekten Anwendung von Analysemethoden auf. Hier muss der oder die Dozent:in beratend eingreifen.

4.4 Das Lehrforschungsprojekt am IfP als Beispiel Forschenden Lernens

Das zweisemestrige Lehrforschungsprojekt ist ein Pflichtbestandteil des Bachelor-Studiums der Politikwissenschaft an der Universität Tübingen. Es wird von den Student:innen im fünften und sechsten Fachsemester belegt. Das Lehrforschungsprojekt bildet in der Lehre das besondere Forschungsprofil des Instituts für Politikwissenschaft ab: theoriegeleitete, problemorientierte Analyse politikwissenschaftlich relevanter Forschungsfragen. Die Lernziele sind dementsprechend formuliert:

— Eine Fragestellung und einen Forschungsplan selbstständig entwickeln und ausarbeiten können.
— Methoden und Methodenprobleme erkennen und reflektieren können.
— Theorien und Methoden der Politikwissenschaft zielgerichtet einsetzen können.
— Im Team arbeiten und mit Problemen umgehen können.
— Präsentations-, Schreib- und sprachliche Kompetenzen verbessern.

Die starke Forschungsorientierung und Ausrichtung am Berufsfeld Wissenschaft führt dazu, dass auch schon in der grundständigen Lehre ein Fokus auf eigenständiges wissenschaftliches Arbeiten gelegt wird. Studierende haben in Kleingruppen von in der Regel drei Personen im Rahmen des Lehrforschungsprojekts die Möglichkeit, über zwei Semester ein relevantes Forschungsproblem selbst zu identifizieren und nach allen Regeln des wissenschaftlichen Arbeitens zu bearbeiten: von der Formulierung einer Fragestellung über das theoriegeleitete Entwickeln eines Forschungsdesigns und einer schlüssigen Operationalisierung bis hin zur analytisch-empirischen Ausarbeitung und der Präsentation. Dabei werden parallel drei, zumeist vier Lehrforschungsprojekte mit inhaltlichen Schwerpunkten in den Bereichen Internationale Beziehungen, Comparative Politics, Deutschland und die EU, Politische Ökonomie und Policy Analyse angeboten. Den Student:innen werden damit Wahlmöglichkeiten entlang ihrer Interessen eröffnet.

Diese Art des wissenschaftlichen Arbeitens qualifiziert auch für das Berufsleben, in dem Absolvent:innen häufig vor der Herausforderung stehen werden, zusammen mit anderen unter Zeitdruck belastbare Ergebnisse und Erkenntnisse zu produzieren und zu präsentieren. Die Dozent:innen begleiten die Student:innen in ihrem Arbeitsprozess als Mentor:innen. Die Mitstudent:innen werden ebenso in den Beratungs- und Entwicklungsprozess eingebunden. Diese Kombination aus Mentoring und Peer-Review bietet einen höchst effektiven und lernintensiven Rahmen für die Projekte.

Um allen Phasen des Forschungsprozesses genug Raum zu geben, ist das Seminar „Lehrforschungsprojekt" über zwei Semester konzipiert. In beiden Semestern umfasst das Lehrforschungsprojekt zwei organisatorische Formen wissenschaftlichen Lehrens und Lernens. Die Student:innen besuchen erstens regelmäßig Seminarsitzungen, in denen sie theoretischen und methodischen Input erhalten sowie Arbeitsfortschritte und Inhalte präsentieren. Zweitens arbeiten die Student:innen selbstständig inhaltlich in Projektgruppen à drei Personen. Hier organisieren sie ihre Arbeit eigenverantwortlich und dokumentieren ihre Arbeitsfortschritte wöchentlich, z. B. in einem Protokoll oder Lerntagebuch.

Die inhaltliche Arbeit im Lehrforschungsprojekt gliedert sich analog zu den beiden Semestern in zwei Teile. Im Lehrforschungsprojekt 1 erarbeiten die Projektgruppen eine Fragestellung, den theoretischen Analyserahmen, das Forschungsdesign und die Operationalisierung ihrer Arbeit. Die Ergebnisse werden in Form eines Forschungsplans bzw. Forschungsantrags als Gruppenhausarbeit im Umfang von maximal 30 Seiten schriftlich festgehalten. In den Seminarsitzungen wird der Entwicklungsprozess begleitet. Die Sitzungen bieten einerseits Denkanstöße und Perspektiven für die Entwicklung der Forschungsprojekte, andererseits eröffnen sie die Möglichkeit, Probleme und Herausforderungen in der größeren Gruppe zu diskutieren. Zusammen mit der für die einzelnen Arbeitsschritte ausgewählten Literatur dienen die Sitzungen der Themenfindung, der Erarbeitung des Forschungsdesigns sowie der Ausarbeitung der Ergebnisse. Der eingereichte Forschungsplan wird von der Dozent:in begutachtet. Die Studierenden erhalten schriftliche Rückmeldung analog zum wissenschaftlichen Review-Prozess und überarbeiten den Forschungsplan.

Im Rahmen von Lehrforschungsprojekt 2 beantworten die Student:innen ihre Forschungsfrage. Das heißt, sie arbeiten ihren Forschungsplan empirisch aus. Dies kann je nach Konzeption, Fragestellung und Forschungsdesign unterschiedlich sein. Als Endprodukt und Dokumentation des Forschungsprozesses und der Forschungsergebnisse verfassen die Student:innen eine Hausarbeit in Form eines wissenschaftlichen Artikels mit dem Umfang von maximal 10.000 Wörtern und präsentieren die zentralen Ergebnisse auf einer studentischen Konferenz, an der alle Projektgruppen aus den verschiedenen Lehrforschungsprojekten teilnehmen und sich gegenseitig kommentieren.

Am Ende von Lehrforschungsprojekt 2 haben die Student:innen zusammen mit ihrer Projektgruppe also eine politikwissenschaftliche Fragestellung bearbeitet, einen kompletten Forschungsprozess durchlaufen und dessen Ergebnisse praxisgerecht dokumentiert. Beispiele solcher studentischer Forschungsprojekte finden sich in Teil II des Bandes. Es hat sich zudem als hilfreich erwiesen, dass die

Student:innen Synergieeffekte nutzen und in Anschluss an das Lehrforschungs-projekt ihre Bachelorarbeit verfassen. Als Themen kommen dafür z. B. For-schungsdesiderate, andere Samples, Fallstudien o. Ä. infrage.

4.5 Herausforderung für Lehrende und Lernende

Forschendes Lernen erfreut sich auch in der politikwissenschaftlichen Hoch-schullehre zunehmender Beliebtheit (vgl. Freise 2018). Es zeichnet sich ähnlich wie aktives und situiertes Lernen durch eine Vernetzung von Wissen und Projekt- und Problemorientierung aus. Der Schwerpunkt liegt dabei auf der Wissenschaft-lichkeit des Vorgehens. Euler (2005) definiert Forschendes Lernen als das „aktive Erproben realer Handlungsabläufe unter Bezugnahmen auf persönliche Erfah-rung und wissenschaftliche Theorien". Das Durchlaufen eines vollständigen For-schungsprozesses konfrontiert Studierende unmittelbar mit der wissenschaftli-chen Praxis und bietet so unschätzbare Lernerfahrungen. Aus der Erfahrung mit mittlerweile 16 zweisemestrigen Lehrforschungsprojekten, die ich in den letzten Jahren an der Universität Tübingen (an)geleitet habe, zeigt sich jedoch auch, dass Forschendes Lernen in der praktischen Umsetzung eine Reihe von Herausforde-rungen an alle Beteiligten stellt, denen man sich als Lehrende und Lernende stellen muss. Die in den Kapiteln 8, 16, 18 und 20 vorgestellten und aus Lehrforschungs-projekten hervorgegangenen studentischen Forschungsprojekte illustrieren eben-so wie die von Dozent:innen durchgeführten Forschungsprojekte (Kap. 10, 12, 14, 22 und 24) die verschiedenen Herausforderungen, die sich im Forschungsprozess selbst ergeben könnten. Hier diskutiere ich exemplarisch fünf didaktische Her-ausforderungen und skizziere den einen oder anderen Lösungsansatz.

   Das Rollenverständnis als Dozent:in verbunden mit den didaktischen und fachlichen Fähigkeiten und Fertigkeiten sowie den zur Verfügung stehenden zeit-lichen Ressourcen ist entscheidend für den Einsatz forschenden Lernens. For-schendes Lernen erfordert von der:dem Dozent:in den Verzicht auf vollständige Kontrolle des Lernprozesses durch das Gewähren von Autonomie und Delegieren von Verantwortung an die Student:innen. Die oder der Dozent:in wird eher als Mentor denn als „Lehrer:in" agieren müssen. Bei offenen und prozessorientierten Lehr-/Lernformen ist es zudem hilfreich, ein didaktisches Handwerkszeug zur Verfügung zu haben, das indirekte Steuerung, Ergebnissicherung und Diskurs sys-tematisch ermöglicht. Nicht zuletzt stellt sich die Frage nach den zeitlichen Res-sourcen. Denn der Zeitaufwand für die Umsetzung forschenden Lernens in einem Seminar liegt deutlich über dem für „normale" Seminare. Insbesondere der Be-treuungs- und Beratungsaufwand ist stark erhöht. Eine Möglichkeit ist es, Student:innen in Gruppen arbeiten zu lassen. Und es empfiehlt sich eine Eingrenzung der Thematik auf die eigenen Schwerpunkte, was beispielsweise im Tübinger Modell nur bedingt möglich ist.

Entscheidet man sich für eine Lehrveranstaltung im Format des Forschenden Lernens, stellt sich die Frage der Strukturierung. Als Leitfaden kann die weiter oben dargestellte Kombination des politikwissenschaftlichen Forschungsablaufs (vgl. z. B. Westle 2009) und des Forschungszyklus forschenden Lernens (vgl. Wildt 2009) dienen. Diese ist lerntheoretisch mit dem Learning Cycle nach Kolb (1984) unterfüttert, der vier Phasen des Lernens unterscheidet: konkrete Erfahrung (1), reflektive Beobachtung (2), abstrakte Konzeptentwicklung (3) und aktives Experimentieren (4). In meiner eigenen Lehrpraxis hat sich das zweisemestrige Format als sehr positiv erwiesen, da genug Zeit für die Entwicklung des Forschungsplans und seine Reflexion zur Verfügung steht (Semester 1) und auch für die empirische und Präsentationsphase (Semester 2).

Lernende bringen in der Regel unterschiedliche Kenntnisse mit in Lehrveranstaltungen. Wenn ein Forschungsprozess weitgehend selbstständig durchlaufen werden soll, müssen die Student:innen ein Mindestmaß an inhaltlichen, theoretischen und methodischen Kenntnissen und Fertigkeiten mitbringen, um dies gewinnbringend zu tun. Soll forschendes Lernen im Bachelor-Studium eingesetzt werden, ist es daher ratsam, dass die Student:innen aus ein und demselben Studiengang kommen und möglichst fortgeschritten sind, d. h., über ein Set an Grundkenntnissen zu Methode und Methodologie sowie dem gewählten Forschungsbereich verfügen. In Tübingen ist das Lehrforschungsprojekt daher ein Seminar für das 5. und 6. Semester im Bachelor Politikwissenschaft. Voraussetzung ist die vorherige erfolgreiche Teilnahme an den Pflichtmodulen des Studiengangs, sodass hier zumindest formal möglichst gleiche Startbedingungen herrschen und die Unterschiede zwischen den Studierenden möglichst gering sind.

Auch hinsichtlich des Rollenverständnisses unterscheiden sich Student:innen. Während es einerseits eine Gruppe gibt, die sich als angehende Wissenschaftler:innen definiert, sehen sich andere in einer wie auch immer anders gearteten Berufspraxis. Einige sehen das Studium als Selbstzweck und stellen den Lernprozess und den Wissenserwerb als solchen in den Vordergrund, während andere an verwertbaren „Skills" oder einem raschen und möglichst ökonomischen Scheinerwerb interessiert sind. Eine Möglichkeit der Integration solch unterschiedlicher Zielgruppen universitärer Lehre ist über die Abfrage von Erwartungshaltungen und die daran anschließende Reflexion über die Funktion wissenschaftlicher Lehre und das mit Wissenschaft und wissenschaftlichem Arbeiten verbundene Praxisverständnis. Dass forschendes Lernen letztlich wissenschaftliche Praxis ist, liegt dabei auf der Hand, sollte aber dennoch expliziert werden – auch unter Rückgriff auf mögliche Berufsfelder. Dies erhöht nach meiner Erfahrung in der Regel das Verständnis und die Akzeptanz für die Lehr-/Lernform und deren Besonderheiten.

Nicht zuletzt müssen die institutionellen Rahmenbedingungen beachtet werden. Dies betrifft insbesondere die geltenden Prüfungsordnungen und Studienpläne (vgl. Freise 2018). So ist z. B. zu klären, welche Lernziele in den entsprechenden Prüfungsordnungen und Modulhandbüchern formuliert sind, ob Gruppenleistungen als Prüfungsleistungen möglich sind und die personellen Ressourcen und Kompetenzen für die Durchführung forschenden Lernens vorhanden sind. Am Institut für Politikwissenschaft haben wir uns beispielsweise bewusst dafür entschieden, die Lehrforschungsprojekte als verpflichtenden Bestandteil des Studiums aufzunehmen und in die Prüfungsordnungen zu schreiben. Damit erhöht sich einerseits die Verbindlichkeit, und andererseits wird der rechtliche Rahmen auch etwa für Lernziele und Prüfungsformen fixiert. Zudem lehren mit den akademischen Rät:innen und Professor:innen auf Dauerstellen etatisierte Dozent:innen, die einerseits über die Fachexpertise und andererseits über Erfahrung in der Durchführung von Forschungsprojekten, Lehrveranstaltungen und Beratungsformaten verfügen.

4.6 Forschendes Lernen als Erfolgsmodell in der Methodenausbildung

Auch wenn das Lehrforschungsprojekt herausfordernd, mitunter anstrengend und ressourcenintensiv ist, so ermöglicht es den Student:innen doch eine intensive Lernerfahrung. Gerade im Bereich der Forschungsmethoden ist es ein wertvoller Baustein der Ausbildung. Denn hier werden Situationen geschaffen, die das individuelle und kollektive Lernen fördern. Sie bauen erstens auf vorhergehende Erfahrung aus Vorlesungen und Seminaren auf. Zweitens versetzen sie die Student:innen in die Lage, ihre Erfahrungen in einem Forschungsprozess zu nutzen. Sie konfrontieren die Student:innen drittens mit Problemen, die innerhalb ihres Handlungs- und Kompetenzbereichs liegen, und ermöglichen es ihnen, den Gegenstandsbereich selbstständig zu organisieren und selbstständig zu forschen. Im Zusammenspiel der einzelnen Bausteine der Methodenausbildung entsteht die von Dewey geforderte Kontinuität und Interaktion von Erfahrung: „every experience both takes up something from those which have gone before and modifies in some way the quality of those which come after" (Dewey 1938: 35). Diese wiederum ermöglicht individuelles Wachstum. Die Student:innen können durch die intensive Beschäftigung mit in der Regel einer, zum Teil auch mehreren Forschungsmethoden eine Expertise in der Anwendung und Bewertung aufbauen, die im Rahmen von „normalen" Seminaren und Vorlesungen nicht denkbar ist. Hinzu kommt, dass sie durch das Peer-Mentoring anderer Projektgruppen vertiefte Einblicke in weitere Methoden erhalten. In letzter Konsequenz werden die Student:innen in die Lage versetzt, von der eigenen Erfahrung zu abstrahieren, ihre Erfahrungen und Erkenntnisse auf andere Forschungskontexte zu übertragen und eigenständig wissenschaftlich zu arbeiten.

5 Forschungsprojekt und Forschungsprozess

Um wissenschaftliche Rätsel oder Probleme zu lösen, führen Forscher:innen in der Regel Forschungsprojekte durch. Das heißt, sie bearbeiten innerhalb eines bestimmten Zeitraums eine spezifische Forschungsfrage. Es handelt sich bei einem Forschungsprojekt um eine zeitlich begrenzte Arbeit, deren theoretische und methodische Fundierung sowie Datenerhebung und Datenanalyse spezifisch für diesen Kontext formuliert, ausgewählt und eingesetzt werden. Forschungsprojekte können dabei unterschiedliche Zielsetzungen haben. Sie können auf das Aufstellen und Prüfen allgemeingültiger Aussagen über die Wirklichkeit und ihre Zusammenhänge abzielen und damit in der Grundlagenforschung angesiedelt sein, welche wiederum vor allem auf das Kriterium der Wahrheit abzielt. Oder sie können konkrete (empirische) Probleme adressieren und damit im Bereich der angewandten Forschung situiert sein, die sich am Kriterium der (gesellschaftlichen) Nützlichkeit orientieren.

Forschungsprojekte sind nicht nur zeitlich begrenzt, sondern oft auch drittmittelfinanziert. Das bedeutet, dass Wissenschaftler:innen zunächst einmal einen Forschungsplan erarbeiten müssen, den sie zur Antragstellung bei Institutionen der Forschungsförderung nutzen. Neben der Deutschen Forschungsgemeinschaft sind dies insbesondere Stiftungen der Privatwirtschaft, wie die Bosch-, die Volkswagen- oder die Thyssen-Stiftung sowie im politikwissenschaftlichen Kontext die parteinahen politischen Stiftungen, Ministerien und die EU, welche für eine Antragstellung infrage kommen. Forschungsanträge beinhalten in der Regel die Fragestellung, den Stand der Forschung, Vorarbeiten der Antragsteller, Theorien und Annahmen, Methoden und Untersuchungseinheiten, die verwendet werden sollen, um die Forschungsfrage zu beantworten. Je angewandter die Forschung orientiert ist, desto wichtiger werden hier auch erwarteter Nutzen zur Lösung konkreter Probleme, Fragen der Dissemination, also der Verbreitung und Implementierung der Forschungsergebnisse, und Praxispartner.

Die Entwicklung eines Forschungsprojekts beginnt eigentlich immer mit einem oder mehreren Problemen, die sich aus der Beschäftigung mit der Wirklichkeit ergeben. Anders ausgedrückt: Forschen bedeutet, Rätsel zu lösen und Fragen zu beantworten – Fragen, auf die es bisher noch keine oder nicht ausreichend gesicherte Antworten gab, aber auch Fragen, die sich aus bisherigen Antworten ergeben. Aus diesen Fragen heraus wird dann das gesamte Projekt entlang der einzelnen Schritte eines Forschungsprozesses (vgl. Kap. 5.2 und Kap 5.3.) entwickelt: Der Forschungsstand bezüglich des definierten Problems wird aufgearbeitet und geprüft, welche theoretischen Ansätze und empirischen Erkenntnisse es gibt. Auf der Basis des Forschungsstands wird, wenn notwendig, die Fragestellung präzisiert und ein Forschungsdesign entwickelt, in dem die genaue Vorgehensweise zur Beantwortung der Forschungsfrage festgelegt wird. Erst dann werden entlang dieses Designs die Datenerhebung und -analyse durchgeführt und schließlich die Ergebnisse dokumentiert und der Öffentlichkeit vorgestellt. Mit Reichenbach (1983) und Friedrichs (1999) kann der Forschungsprozess in drei Phasen eingeteilt werden. Der Entdeckungszusammenhang bezeichnet das soziale oder wissenschaftliche Problem und dessen theoretische Bezüge. Als Begründungszusammenhang bezeichnet man alle konkreten Schritte und Elemente, die zur Beantwortung der Forschungsfrage unternommen und benötigt werden – von der Aufarbeitung des Forschungsstands über die Darstellung theoretischer Grundlagen und die Formulierung von forschungsleitenden (Hypo-)Thesen bis hin zur Definition und Operationalisierung der zentralen Begriffe und Konzepte sowie den Methoden von Datenerhebung und -auswertung. Als Verwertungszusammenhang bezeichnet man alle Aspekte der Verwendung und Wirkung von Forschungsergebnissen, etwa welche Auswirkungen sie auf die zugrunde liegenden Theorien haben, welche Lösungsvorschläge für soziale Probleme unterbreitet werden und für wen die Anwendung oder Umsetzung positive oder negative Folgen hat.

Bei der Entwicklung und Durchführung eines Forschungsprojekts sind in allen Phasen Entscheidungen zu treffen, die zunächst das „Was", dann aber vor allem das „Wie" der Forschung betreffen. Denn je nach Entdeckungszusammenhang und Stand des Wissens hinsichtlich der Fragestellung sind womöglich schon Anpassungen beim „Was" der Forschung angezeigt. So könnte ein:e Forscher:in beispielsweise auf das Phänomen stoßen, dass ein Land sehr viele natürliche Rohstoffe hat, die Bewohner:innen jedoch vergleichsweise arm sind. Daraus entwickelt er oder sie erstens die Fragestellung: „Warum sind die Bewohner:innen des reichen Lands X so arm?" Bei der Ausarbeitung der theoretischen Bezüge stellt sie fest, dass es schon mehrere etablierte Theorien A, B und C zur Erklärung des Phänomens gibt, sodass die Fragestellung in der Form kein neues Phänomen zum Gegenstand hat. Sie modifiziert daher ihre Fragestellung und fragt zweitens: „Kann Theorie A das Phänomen in Land X erklären?" Damit verbunden sind in einem zweiten Schritt auch Entscheidungen hinsichtlich der methodologischen Vorgehensweise. Während die Fragestellung 1 ein exploratives, auf den Fall und das Phänomen bezogenes und damit eher qualitatives Vorgehen nahelegt, ist Fragestellung 2 stark theorietestend und damit deduktiv, was je nach Datengrundlage quantitative oder qualitative Herangehensweisen erfordert. Die Entscheidung für qualitative oder quantitative Ansätze ist einzig und allein dem Forschungsgegenstand, der Problemstellung und dem Erkenntnisziel geschuldet, und die zentrale Frage ist dann, welche Vorgehensweise und Methode sich zur Beantwortung der Forschungsfrage eignet.

Ist das Erkenntnisziel und damit meist auch das methodologische Vorgehen festgelegt, wird im Begründungszusammenhang ein konkretes Forschungsdesign entwickelt. Hier spielen die Zielsetzung, der theoretische Rahmen und die konkrete Fragestellung erneut eine wichtige Rolle (vgl. Flick 2007: 53). Die Zielsetzung der Studie sollte so formuliert sein, dass sie auf der Basis der eigenen Ressourcen und Erfahrungen der Forscher:innen auch erreicht werden kann. Dies würde für das Beispiel Land X die Kenntnisse der Landessprache betreffen, wenn Interviews geführt werden oder Dokumente analysiert werden sollen. Ebenso betrifft dies zeitliche und finanzielle Ressourcen, was insbesondere für studentische Forschungsprojekte eine entscheidende Limitation darstellt. Es muss geprüft werden, ob das Forschungsziel überhaupt innerhalb der vorgegebenen Zeit erreicht werden kann und welche Ressourcen überhaupt zur Verfügung stehen. Während das Durchführen von Interviews über digitale Plattformen relativ kostenneutral ist, sind Reisen teuer und mitunter gefährlich, wenn beispielsweise in Land X ein Bürgerkrieg herrscht. Oft sind die formulierten Zielsetzungen und Forschungsfragen zu breit, es fehlen Zeit, Ressourcen oder Theorie- und Methodenkenntnisse, um die Frage umfassend aufarbeiten zu können. Soll beispielsweise mit fortgeschrittenen Methoden der Statistik gearbeitet werden, sind entweder solide Kenntnisse vorauszusetzen oder es muss Zeit eingeplant werden, sich diese anzueignen und zu erproben. Auch muss in diesem Kontext geklärt werden, ob die Zielsetzung eher praktisch oder theoretisch orientiert ist, ob sie theoriegenerierend oder theorietestend ist. Je praxisorientierter, desto eher ist Feldarbeit zwingend erforderlich – bei der Datenerhebung ebenso wie bei der Implementierung der Ergebnisse. Je stärker theoriegenerierend, desto offener muss das Forschungsdesign gestaltet werden, und desto mehr und detailliertere Daten werden benötigt usw.

Gerade die Auswahl des empirischen Materials und der verwendeten Methoden erfordert Sorgfalt (vgl. Flick 2007: 253 f.). Je nach Zielsetzung kann die Fall- oder Materialauswahl vorab oder im Prozess erfolgen. So können beispielsweise relevante Dokumente oder statistische Daten für viele Hypothesen testende, quantitative Fragestellungen vorab in Form amtlicher Dokumente oder Statistiken erfasst werden. Denn hier ist schon durch die Theorieauswahl und die Hypothesenformulierung festgelegt, welche Daten in welchem Umfang benötigt werden, während etwa Daten für Theorie generierende Vorgehensweisen im Rahmen eines Grounded-Theory-Ansatzes im Laufe des Forschungsprozesses und auf der Basis erster Auswertungen erhoben werden können und müssen, da sich die Forschung am Kriterium der empirischen Sättigung orientiert: Solange Neues bei der Datenauswertung entdeckt wird, sollten weitere Daten erhoben werden.

Auch stellt sich die Frage nach der Standardisierung von Forschung. Dabei gilt, dass, je enger eine Fragestellung und je klarer das Auswahlverfahren für Material und/oder Personen, desto standardisierter das Design und desto einfacher die Kontrolle des Forschungsprozesses. Je offener eine Fragestellung ist und je neuer das Forschungsfeld, desto offener muss die Forschung angelegt sein. Dies bedeutet jedoch auch, dass unterschiedliche Reichweiten von Aussagen erzielt werden können. Je repräsentativer und umfangreicher das untersuchte Material und die Fälle, die betrachtet werden, desto größer ist auch die Verallgemeinerbarkeit der Ergebnisse. Je spezieller und außergewöhnlicher das untersuchte Phänomen, desto fallspezifischer und damit geringer sind die Reichweite und die Verallgemeinerbarkeit.

In den folgenden Abschnitten werde ich auf einige Aspekte und Phasen des Forschungsprozesses näher eingehen, um für die damit verbundenen Herausforderungen zu sensibilisieren. Die in Teil II des Bandes vorgestellten Beispiele von Forschungsprojekten reflektieren dann die im jeweiligen Fall spezifisch aufgetretenen Probleme und Lösungsstrategien und ermöglichen so einen vertieften Einblick in die Forschungspraxis. Zunächst gehe ich auf die Forschungsfrage und den Forschungsstand als Ausgangspunkte des Forschungsprozesses ein, stelle dann idealtypische Ablaufmodelle und Kriterien der Qualitätsprüfung sowie Formen der Präsentation von Forschungsergebnissen vor. Abschließend diskutiere ich Fragen der Forschungsethik, der guten wissenschaftlichen Praxis und der Relevanz von Forschung. Diese Fragen spielen über den gesamten Forschungsprozess hinweg eine zentrale Rolle und sollten bei der Planung und Durchführung von Anfang an mitgedacht und berücksichtigt werden, da sie in jeder Phase einen Einfluss auf das Forschungsdesign haben können. So ist es beispielsweise schon bei der Auswahl der Forschungsfrage von Bedeutung, welche ethischen Implikationen die Durchführung der Forschung haben könnte. Ist man beispielsweise an der Motivation von Dissident:innen oder Widerstandskämpfer:innen in einem autoritären Regime interessiert, so rücken Fragen der Sicherheit der interviewten Personen in den Vordergrund. Denn in den Händen von Sicherheitsdiensten sind Informationen über diese Personen und deren Aufenthaltsorte buchstäblich lebensbedrohend.

5.1 Der Ausgangspunkt: die Forschungsfrage

Die Forschungsfrage ist der Ausgangspunkt für jedes weitere Vorgehen im Forschungsprozess. Daher sollte ihrer Formulierung auch ausreichend Aufmerksamkeit und Zeit gewidmet werden. Doch wie kommen wir zu Forschungsfragen? Patrick White (2017: 1) argumentiert in seinem sehr lesenswerten Buch *Developing Research Questions*, dass die wichtigste Quelle für Forschungsfragen die Neugierde der Forscher:innen ist. Diese Neugierde wird insbesondere dann geweckt, wenn wir entweder auf politische oder soziale Probleme stoßen, die wir vor dem Hintergrund unseres Erfahrungs- und Wissensschatzes nicht direkt beantworten können, oder wenn wir in der wissenschaftlichen Literatur auf mehr oder weniger offensichtliche Lücken in der Empirie oder der theoretischen Argumentation stoßen. Die Beschäftigung mit bestimmten Themenbereichen ist wiederum geprägt durch die individuellen wissenschaftlichen und/oder politischen Interessen der Forscher:innen. Dieses Interesse am Forschungsgegenstand ist ein zentrales Element nicht nur bei der Formulierung, sondern auch bei der Umsetzung der Forschungsfrage in ein Forschungsdesign und dessen Durchführung, da es die Forscher:innen motiviert und antreibt. Dabei sollte jedoch unterschieden werden zwischen dem Interesse an dem Forschungsfeld und dem Interesse und der Motivation, Antworten zu finden. Denn wenn man, wie White argumentiert, durch die Beantwortung der Forschungsfrage etwas zu gewinnen oder zu verlieren hat, so sollte man die Thematik besser nicht untersuchen, da man womöglich bestimmte Ergebnisse besser finden würde als andere und die Objektivität verloren gehen kann (White 2017: 1). Also: Neugierde ja, materielle Interessen nein.

Aus dem Interesse an einem bestimmten noch ungelösten wissenschaftlichen oder politischen Problem ergibt sich jedoch nicht notwendigerweise unmittelbar eine konkrete Forschungsfrage, die sich für die Entwicklung eines Forschungsprojekts eignet. So ist beispielsweise die Frage „Warum sind manche Autokratien stabil und andere nicht?" sehr breit und offen formuliert. Sie wird in dieser Form kaum beantwortbar sein und müsste präzisiert werden. Dazu später mehr. Zunächst gibt es sehr unterschiedliche Typen von Forschungsfragen, die für ein Forschungsprojekt infrage kommen.

Beschreibende Fragen zielen darauf ab, die Wirklichkeit zu erfassen, meist vor dem Hintergrund überraschender neuer Beobachtungen, die als ersten Schritt eine genaue und wissenschaftliche Beschreibung erfordern: Was ist der Fall? Wie sieht die Realität aus? Wenn es beispielsweise neue Protestphänomene wie die Querdenken-Proteste gibt, ist es hilfreich zu fragen: „Wer demonstriert hier?", oder: „Welche Forderungen werden gestellt?", um überhaupt erst eine genauere Vorstellung des Phänomens zu erhalten.

Erklärende Fragen bauen meist auf der Beschreibung neuer Phänomene auf, gehen aber einen Schritt weiter, denn sie haben eine kausale Orientierung und zielen darauf ab zu untersuchen, warum etwas der Fall ist. Es geht um Ursachen, Motive und Beweggründe: „Warum demonstrieren die Querdenker gegen Corona-Maßnahmen?"

Prognose-Fragen wiederum richten sich nicht auf die Gegenwart oder die Vergangenheit, sondern fragen nach Veränderungen eines Phänomens in der Zukunft. Um Prognosefragen beantworten zu können, bedarf es in der Regel vertiefter Kenntnisse der Mechanismen und Ursachen, warum ein bestimmtes Phänomen aufgetreten ist. Die Frage „Wie werden die Proteste der Querdenker im nächsten Winter aussehen?" kann letztlich nur auf der Basis der Beantwortung der Frage nach den Ursachen und Beweggründen der Demonstrationen erfolgen. Wenn eine Ursache die wahrgenommene oder reale Beschränkung individueller Freiheiten ist, dann hängt die Prognose z. B. davon ab, wie sich Wahrnehmung und reale Maßnahmen entwickeln, wie sich also die unabhängigen Variablen verändern.

Gestaltungsfragen zielen darauf ab, welche Maßnahmen ergriffen werden können, um ein bestimmtes Ziel zu erreichen: „Wie kann eine Eskalation der Proteste der Querdenker verhindert werden?" Es geht also darum, auf der Basis der Kenntnisse kausaler Zusammenhänge, Einstellungen und Forderungen, Interessen und Bedürfnisse von Gruppen und Gesamtgesellschaft Maßnahmen zu finden, die geeignet sind, das formulierte Ziel zu erreichen. Solche Fragestellungen sind gerade im Bereich der angewandten Forschung häufig, da es um die Gestaltung von Politik geht.

Evaluations- oder Kritik-Fragen zielen auf die Bewertung eines Zustands anhand von explizit formulierten Kriterien. Sie sind ebenso wie Gestaltungsfragen besonders in der angewandten Forschung zu finden. So könnte beispielsweise gefragt werden, wie gut Maßnahmen des Ausgleichs von pandemiebedingten Einkommensverlusten bestimmter Branchen dazu beitragen, Betriebe vor der Insolvenz zu bewahren.

Der Fragetypus, der sinnvollerweise für ein bestimmtes Forschungsinteresse gewählt werden kann, ergibt sich unter anderem aus dem bisherigen Wissensstand. Es muss also zunächst einmal geprüft werden, welche Erkenntnisse bereits bezüglich des angesprochenen Problems oder Phänomens bestehen. Je weniger Erkenntnisse bestehen und je weniger theoretische Ansätze formuliert sind, desto wahrscheinlicher werden beschreibende Fragestellungen den Ausgangspunkt der Forschung bilden. Erst darauf aufbauend können erklärende Fragen gestellt werden. Denn zunächst müssen grundlegende (Wissens-)Fragen beantwortet werden, und erst im Anschluss daran können detailliertere Fragen beantwortet werden. Je umfangreicher der Erkenntnisstand, desto detaillierter und kleinteiliger werden Forschungsfragen sein, da hier die Forschungslücken in der Regel nicht grundsätzlicher Natur sind, sondern auf sehr spezifische Fälle oder Zusammenhänge abzielen. Ausgehend von den bestehenden Erkenntnissen müssen gegebenenfalls zusätzliche Annahmen getroffen und Hypothesen formuliert werden. Sodann stellt sich die Frage, welches Forschungsdesign dem Forschungsproblem angemessen sein könnten, welche Vorkenntnisse auf Seite der Forscher:innen bestehen sowie welche Methoden der Informationsgewinnung und -verarbeitung geeignet und zweckmäßig sind. Aus diesen Überlegungen heraus kann sich die Notwendigkeit der Umformulierung der Forschungsfrage ergeben. Darüber hinaus gibt es eine Reihe von Kontrollfragen, die dabei helfen können, die eigene Forschungsfrage präziser und damit praktikabler zu machen (vgl. auch White 2017: 39 ff.).

Was wollen Sie mit der Forschung erreichen? Je genauer die Interessen und Ziele der Forschung formuliert sind, desto leichter wird die Formulierung der eigentlichen Forschungsfrage. Ist das Ziel herauszufinden, ob die Querdenker eine Gefahr für die Demokratie sind, dann ergeben sich daraus mehrere Fragen: Wer sind die Querdenker? Welche Einstellungen und Meinungen haben sie? Was sind ihre Motivationen? Was wollen sie erreichen?

Welche Aspekte interessieren Sie genau? Je spezifischer eine Forschungsfrage formuliert ist, desto einfacher kann sie in ein Forschungsdesign übersetzt werden und desto einfacher können die Konzepte und Begriffe operationalisiert, Daten gesammelt und analysiert werden.

Welche Aspekte stecken in einer Forschungsfrage? Idealerweise umfasst eine Forschungsfrage nur eine Dimension und ist daher sehr exakt in dem, was sie erfassen möchte. Mehrdimensionale Fragen sollten daher auch in mehrere Einzelfragen aufgeteilt werden. Die Frage „Wer sind die Querdenker?" kann beispielsweise in Fragen nach dem Bildungsgrad, dem Alter, dem sozioökonomischen Status, der politischen Orientierung oder Parteiaffinität aufgeteilt werden.

Ist die Forschungsfrage widersprüchlich oder tautologisch? Eine Forschungsfrage sollte keine Gegensätze wie „Sind Querdenker links oder rechts?" oder „Sind Querdenker reich oder gebildet?" beinhalten. Hier fällt einerseits die Beantwortung schwer, andererseits werden zum Teil Aspekte miteinander vermengt, die nicht zusammenhängen. Auch sollte eine Forschungsfrage nicht tautologisch sein, sich also quasi selbst beantworten, wie dies in der Frage „Sind Querdenker extremistisch, weil sie extreme Einstellungen vertreten?" der Fall ist.

Kann die Forschungsfrage anhand von empirischen Daten beantwortet werden? Für eine Erfahrungswissenschaft ist dieser Aspekt zentral, denn nur, wenn Daten erhoben und ausgewertet werden können, ist eine empirische Überprüfung möglich. Die Frage „Hat der Liebe Gott Corona als Strafe für die Sünden der Menschen auf die Erde geschickt?" lässt sich beispielsweise nicht empirisch beantworten, da sie in den Bereich des Metaphysischen gehört

Bezieht sich die Forschungsfrage auf Werturteile? In der empirischen Forschung sind solche Forschungsfragen letztlich nur möglich, wenn es um Daten bezüglich der Wertorientierungen von Befragten geht, denn eine empirische Prüfung normativer Grundsätze und Ansprüche ist nicht möglich bzw. deren Geltung kann nicht empirisch bewiesen oder widerlegt werden. „Sind Corona-Leugner schlechtere Menschen?" ist eine Frage, die empirisch nicht entschieden werden kann, da die Definition dessen, was schlecht ist, nicht objektiv, sondern an ein Werturteil gebunden ist. Die Frage „Werden Corona-Leugner als schlechte Menschen angesehen?" hingegen kann, weil sie auf Einstellungen zielt, empirisch sehr wohl beantwortet werden.

Ein Problem, das sehr oft auftaucht, besteht darin, dass Forschungsfragen zu breit oder zu allgemein formuliert sind. Diese müssen dann eingegrenzt und präzisiert werden (vgl. auch Botzen 2012; White 2017). Dafür stehen mehrere Möglichkeiten zur Verfügung, die eine einfachere Bearbeitung ermöglichen, jedoch auch unterschiedliche Limitationen der Forschung mit sich bringen.

Klassischerweise erfolgt die Engführung der Fragestellung zunächst über Forschungsstand und den theoretischen Bezug der Fragestellung. So kann die Untersuchung von Corona-Protesten beispielsweise in der Partizipationsforschung allgemein oder genauer in Feldern wie der Protestforschung, der Forschung zu sozialen Bewegungen oder gar in der Extremismusforschung verankert werden. Die dort jeweils etablierten Theorien, Ansätze und Erkenntnisse können zur Schärfung der Forschungsperspektive genutzt werden. Sie bewirken jedoch auch eine Engführung der Perspektive auf vorher festgelegte Aspekte und Ausschnitte der Wirklichkeit, sodass gegebenenfalls die Sensitivität für Neues verloren gehen kann.

Eine weitere Möglichkeit der Themeneingrenzung wurde schon angesprochen. Je präziser das Thema oder das Phänomen benannt ist, das untersucht werden soll, desto präziser können auch das Erkenntnisziel und die Forschungsfrage der Arbeit formuliert werden. Geht es beispielsweise um Proteste oder konkreter um Demonstrationen oder noch konkreter um Querdenken-Demonstrationen?

Dieses Beispiel zeigt eine weitere Möglichkeit der Themeneingrenzung über den (zumindest 2021/2022) aktuellen politischen und gesellschaftlichen Bezug der Fragestellung. Auch die sich daraus ergebende gesellschaftliche Relevanz kann ein wichtiges Kriterium zur Fokussierung der Forschungsfrage darstellen. Damit können jedoch unter Umständen grundlegendere Fragen des theoretischen Bezugs und des Beitrags zum Forschungsstand aus dem Blick geraten. So ergibt sich der aktuelle Bezug bei der Untersuchung der Corona-Proteste automatisch, da es sich um kontemporäre Ereignisse handelt. Zudem haben diese eine enorme gesellschaftliche Relevanz, wenn man davon ausgeht, dass diese Proteste Ausdruck einer tieferliegenden Unzufriedenheit mit dem politischen System sind.

Die Einschränkung von Untersuchungszeiträumen oder Untersuchungsräumen, die Fokussierung auf eines oder wenige Fallbeispiele sowie die Verwendung bestimmter ausgewählter Daten sind pragmatische Vorgehensweisen bei der Eingrenzung der Fragestellung. So könnte beispielsweise eine Einschränkung auf das Protestgeschehen im Jahr 2021 in Süddeutschland oder gar nur in Stuttgart oder auf die Großkundgebungen von Querdenkern eine leichter bearbeitbare Fragestellung ergeben als die Untersuchung von Querdenkern-Protesten an sich. Hinsichtlich der Daten könnte eine Einschränkung auf Befragungsdaten von Teilnehmer:innen ebenso erfolgen wie auf die Berichterstattungsdaten in den deutschen Leitmedien.

Nicht zuletzt kann über die Verwendung bestimmter methodologischer Herangehensweisen und die daraus resultierenden Methoden eine Begrenzung der Forschungsfrage erreicht werden. Wenn beispielsweise eine quantitative Herangehensweise für die Untersuchung der Protestierenden gewählt wird, dann wird eine standardisierte und möglichst repräsentative Befragung als Methode der Datenerhebung ebenso zielführend sein wie eine statistische Analyse. Dadurch werden Aussagen mit größerer Reichweite ermöglicht, die jedoch in ihrer Erkenntnistiefe limitiert sind, da sie weitgehend auf in der Forschung schon etablierte Aspekte und für andere Befragungen entwickelte geschlossene Fragen zurückgreifen wird. Wird eine qualitative, verstehende Perspektive gewählt, so sind offene Interviews als Methode der Datenerhebung zielführend, welche die Erfassung der Perspektiven und Meinungen der Befragten ermöglichen, aber zeitintensiv in der Erhebung und Auswertung sind. Die Auswertung wird dann beispielsweise hermeneutisch erfolgen, wenn das Verstehen des Sinns im Vordergrund steht, oder mit einem Grounded-Theory-Ansatz, wenn kausale Handlungsmodelle erstellt werden sollen. Die Tiefe der Analyse geht jedoch zulasten der Reichweite und der Verallgemeinerbarkeit, da vergleichsweise wenige Fälle untersucht werden können.

Es gibt vielleicht keine dummen Fragen, sehr wohl aber für ein Forschungsprojekt ungeeignete Fragen. Ungeeignet sind solche Fragen, die inhaltlich unklar oder widersprüchlich sind, welche unsinnige Wörter oder Konzepte verwenden, die von falschen Vorannahmen ausgehen, die verkleidete Behauptungen und damit Scheinfragen sind und die beeinflussend oder tendenziös sind. „Sind Querdenker nicht böse Extremisten?" und „Wird die Menschheit von Reptiloiden aus dem Erdinneren fremdgesteuert?" sind nur zwei Beispiele für ungeeignete Fraugen. Geeignete Fragen hingegen sollten – ganz nach dem Motto des altbekannten Sesamstraßen-Songs aus den 1970er-Jahren – als „W-Fragen" formuliert sein: Wer, wie, was, wieso, weshalb, warum sind Frageworte, die geeignete Fragen einleiten. Fragen sollten zudem die Richtung und das Ziel der Forschung aufzeigen und Unterfragen ermöglichen, sodass zur Beantwortung der Forschungsfrage einzelne Frageschritte bearbeitet werden können. In Anlehnung an Shona McCombes (2019) können die Eigenschaften geeigneter Forschungsfragen wie folgt zusammengefasst werden. Sie ...

– fokussieren auf ein einziges Problem oder Thema. Ergeben sich mehrere Fragen und Unterfragen, sollten sie auf das Kernthema bezogen bzw. davon abgeleitet sein.
– sind anhand von Primär- und/oder Sekundärquellen überprüfbar. Die Forscher:innen müssen in der Lage sein, qualitative oder quantitative Daten zu erheben oder in der Sekundärliteratur zu finden, die sie in die Lage versetzen, die Beantwortung der Forschungsfrage in der Erfahrung zu verankern.
– vermeiden wertende Aussagen wie „gut", „besser" oder „schlechter". Stattdessen kann eine vergleichende Perspektive mit klaren Bewertungsmaßstäben formuliert werden.
– sind innerhalb des vorgegebenen Zeitrahmens mit den zur Verfügung stehenden Mitteln bearbeitbar.
– sind spezifisch genug, um die Frage gründlich beantworten zu können. Hier spielt die Verwendung klar definierter Begriffe und Konzepte eine herausragende Rolle.
– sind gleichzeitig komplex genug, um wissenschaftlich bearbeitet werden zu können. Sie können nicht mit einem einfachen Ja oder Nein beantwortet werden, sondern erfordern eine differenziertere Analyse und Abwägung. Ebenso sind sie im Normalfall nicht anhand von wenigen, einfach recherchierbaren Informationen zu beantworten, sondern erfordern den Einsatz wissenschaftlicher Methoden.
– sind relevant für die Forschung, indem sie zur Erweiterung des Forschungsstands durch das Schließen einer Forschungslücke beitragen, und/oder für die Gesellschaft im weiteren Sinne, indem sie zur Lösung sozialer und politischer Probleme beitragen.

Fragestellungen und wie sie sich verändern – drei Beispiele

Unabhängig von der Qualifikationsstufe der Forscher:innen kommt es immer wieder vor, dass Forschungsfragen anfänglich zu breit oder zu unspezifisch formuliert sind. Die folgenden Beispiele aus studentischen Projekten zeigen die Evolution von der ersten Forschungsidee hin zur dann schließlich bearbeiteten Forschungsfrage auf.

Krauß, Pfaff und Schreiber (2020) starteten in ihr Forschungsprojekt mit einem noch sehr vagen Forschungsinteresse. Sie interessierten sich für Rechtspopulismus im deutschen Sprachraum und Unterschiede im öffentlichen Umgang mit Populist:innen in Deutschland und Österreich. In einem ersten Konzeptpapier formulierten sie dann eine etwas anders gelagerte, aber auch präzisere Fragestellung: „Gibt es einen kausalen Zusammenhang zwischen der großen Koalition 2013–2017 und den Wahlerfolgen der AfD?" Im Laufe der Beschäftigung mit der Forschungsliteratur gaben sie diese wieder auf und formulierten ein zunächst allgemeineres Erkenntnisinteresse: „Wodurch lassen sich die Wahlerfolge erklären?", und spezifizierten dies hin auf eine theoriegeleitete Analyse der Wahlerfolge unter Berücksichtigung des Wandels im deutschen Parteiensystem und fragten, welche der ausgewählten Theorien (Cleavage, Rational-Choice, Kartellparteien) geeignet ist, die Wahlerfolge der AfD in Deutschland zu erklären. Eine Folgefrage ergab sich dann darin, welcher der Ansätze eine größere Erklärungskraft hat. Die finale Fragestellung lautete schließlich: „Welche der drei ausgewählten Theorien kann die Wahlerfolge der AfD erklären?" Krauß, Pfaff und Schreiber (2020) fassen ihre Arbeit wie folgt zusammen:

> Innerhalb der Politikwissenschaft erheben vielfältige Forschungsansätze und Theorien einen Anspruch darauf, die Erfolge populistischer Parteien erklären zu können. Dieser Artikel möchte hierzu einen Beitrag leisten, indem die Erklärungskraft ausgewählter Ansätze analysiert wird. Hierzu werden die Entwicklungen der letzten Jahre innerhalb des deutschen Parteiensystems mittels der Cleavage-Theorie, der Rational-Choice-Theorie und der Kartellparteitheorie diskutiert. Durch einen Vergleich der Theorien soll der Frage nachgegangen werden, welcher der drei Ansätze am besten das Erstarken der stark rechts ausgerichteten AfD erklären kann. In einem Theorientest legen wir mithilfe der Kongruenzanalyse dar, welche der aus den Theorien abgeleiteten Annahmen die größte Deckungsgleichheit mit der empirisch beobachtbaren Wirklichkeit aufweisen. Daraus werden Rückschlüsse auf die jeweilige Erklärungskraft für das Phänomen AfD gezogen. Abschließend werden in einem zusammenfassenden Vergleich die herausgearbeiteten Stärken und Schwächen der Theorien dargelegt. Im Ergebnis liefert vor allem die Cleavage-Theorie in Verbindung mit der Rational-Choice-Theorie relevante Hinweise für die Erklärung der Wahlerfolge der AfD.

Schlotthauer und Köninger (2020) liefern mit ihrer Arbeit ein Beispiel dafür, dass Forschungsfragen auch schon in einer frühen Phase des Entdeckungszusammenhangs recht präzise formuliert werden können. Ihre erste Idee zielte auf die populistische Rhetorik im Geschlechtervergleich am Beispiel der AfD und ließ noch an Präzision vermissen. Im ersten Konzeptpapier hatten sie die Frage schon deutlich klarer gefasst, wenngleich sie (bis zum Schluss) zwei Fragen in einem Satz formulierten: „Welche Geschlechter- und Familienbilder konstruiert die AfD und wie setzt sie diese für eine populistische Argumentation ein?" In der näheren Auseinandersetzung mit dem Fall und der Forschungsliteratur musste die Frage noch etwas nachgeschärft werden, da die AfD als Partei zu heterogen zusammengesetzt ist, als dass sie einheitliche Geschlechter- und Familienbilder konstruieren würde. Die Fragestellung des Forschungsplans war dann jedoch schon mit der endgültigen Fragestellung identisch: „Welche Geschlechter- und Familienbilder werden in der AfD konstruiert und wie nutzt die Partei diese für eine populistische Argumentation?" Die Arbeit fassen sie wie folgt zusammen:

> „Man wird nicht als Frau geboren, man wird zu einer gemacht." Dieser Ausspruch Simone de Beauvoirs begründete die konstruktivistische Geschlechterforschung, in deren Tradition auch diese Forschungsarbeit steht. Insbesondere die Genderstudies zeigen, dass Geschlechter- und Familienbilder diskursiv konstruiert werden, dass Gesellschaften also immer wieder neu aushandeln, was Frauen*, Männer* und Familien sind oder zu sein haben. Mit der Gründung der „Alternative für Deutschland" (AfD) 2013 und spätestens seit ihrem Einzug in den Bundestag 2017 hat eine bundesweit erfolgreiche rechtspopulistische Partei diesen Diskursraum betreten. Dieser Beitrag fragt daher: Welche Geschlechter- und Familienbilder existieren innerhalb der Partei? Und wie fügen sie sich in ihre populistischen Argumentationsmuster ein? Mithilfe einer qualitativen Inhaltsanalyse wurden Parteiprogramme, Reden und Anfragen der AfD-Bundestagsfraktion mit Blick auf das Geschlechter- und Familienbild analysiert. Die Auswertung zeigt ein recht homogenes Verständnis mit einer klaren Ausrichtung für ein traditionelles Familienverständnis und eine dem binären Geschlechterverständnis entsprechende Rollenzuweisung. Den „Fortbestand der Nation" zum Ziel habend, werden Bedrohungsszenarien aufgeführt, die diesem Fortbestand entgegenstehen: die demographische Krise, zu hohe Einwanderung, Überfremdung, Gendermainstreaming, geringer werdende Bedeutung des traditionellen Familienbilds.

Die Arbeit von Andert, Potthoff und Schrade (2021) ist ein Beispiel dafür, wie aus einer zwar relevanten, aber noch etwas vagen Forschungsidee ein hochdifferenziertes System von Forschungsfragen entwickelt wurde. Ausgangspunkt war die Frage, wie Verschwörungsmystiker:innen Menschen mobilisieren, die an Verschwörungstheorien glauben. Im ersten Konzeptpapier wurde die Perspektive hin zu den sogenannten „Verschwörungsgläubigen" verschoben und gefragt, welche Faktoren bedingen, dass Verschwörungsgläubige sich mobilisieren lassen, auf Corona-Demos zu gehen. Im Forschungsplan wurde die Frage noch einmal reformuliert: „Welche Faktoren bedingen, dass Verschwörungsgläubige sich mobilisieren lassen, auf Querdenken-Demonstrationen zu gehen?" Die abschließend bearbeitete übergeordnete Fragestellung lautete dann: „Welche Faktoren können die Protestmotivation der ‚Querdenker*innen' erklären?" Aus der Beschäftigung mit dem Forschungsstand und einschlägigen Studien wurde diese Frage um vier Unterfragen ergänzt: (1) Wirkt Verschwörungsmentalität direkt auf die Motivationsstärke der Protestierenden (Imhoff et al. 2021)? (2) Kann das Brückenkonzept von

Ardèvol-Abreu et al. (2020) den Zusammenhang zwischen Verschwörungsmentalität und der Motivationsstärke erklären? (3) Kann das integrative Mobilisierungsmodell (van Stekelenburg et al. 2011) durch die Hinzunahme von Verschwörungsmentalität als neues Brückenmodell die „Querdenken"-Proteste als Beispiel für Proteste, die von Verschwörungserzählungen geprägt sind, erklären? (4) Welche mediierenden Effekte gibt es zwischen Verschwörungsmentalität und Motivationsstärke, *identity*, *ideology*, *instrumentality* und GBA? Andert, Potthoff und Schrade fassen ihre Arbeit wie folgt zusammen:

> Im Zuge der Coronapandemie sind in Deutschland die sogenannten „Querdenken"-Proteste entstanden, die Verschwörungserzählungen eine neue Öffentlichkeit verliehen haben. Aktuell ist der Zusammenhang zwischen Protest und Verschwörungsglauben kaum erforscht. Mit unserer explorativen empirischen Analyse verknüpfen wir deshalb Forschungsstränge aus der Protest- und Mobilisierungsforschung mit Forschung zu Verschwörungserzählungen, um das Phänomen besser zu erklären. Wir testen vorhandene und eigene Ansätze und Überlegungen mit Daten, die wir durch Fragebögen auf „Querdenken"- Protesten in Darmstadt und Stuttgart im Frühjahr 2021 erhoben haben. Wir gehen davon aus, dass der Glaube an Verschwörungserzählungen das verbindende Element der „Querdenken"-Protestteilnehmenden ist und auf deren Motivationsstärke wirkt, die wir erklären wollen. Forschungsansätze stellen bisher nur direkte und indirekte Zusammenhänge zwischen Verschwörungsglaube und politischem Engagement her. Diese Forschungsansätze wenden wir auf Protest an. Außerdem integrieren wir Verschwörungsglaube in ein etabliertes Modell der Protest- und Mobilisierungsforschung, das identity, ideology, instrumentality und group-based anger als Faktoren erfasst. Bei dieser Analyse haben sich identity und die Verschwörungsmentalität als starke direkte Effekte auf die Motivationsstärke erwiesen. Die im Modell angenommenen indirekten Effekte wurden stets von direkten Effekten überlagert. Als stärkste Einflussvariable hat sich darüberhinausgehend das Institutionenvertrauen erwiesen, auch im Zusammenspiel mit der identity und der Verschwörungsmentalität. Unsere Analyse legt offen, dass bisherige Konzepte keine Erklärungskraft für die „Querdenken"-Proteste besitzen. Dies wirft die Frage auf, ob Proteste im Verschwörungskontext nicht grundsätzlich andere Dynamiken in der Motivation der Teilnehmenden aufweisen.

Die vorgestellten Beispiele zeigen, dass eine Beschäftigung mit dem Forschungsstand fast immer zu einer Reformulierung der ursprünglichen Forschungsidee führt, die unter Einbezug schon formulierter Erkenntnisse und Theorien wesentlich konkreter, in der Terminologie klarer und auf eine tatsächliche Forschungslücke zugeschnitten sind. Die Aufarbeitung des Forschungsstands ist daher von großer Bedeutung für die Entwicklung eines Forschungsprojekts.

5.2 Der Forschungsstand: wissenschaftliche und gesellschaftliche Relevanz

Forschung findet nicht im luftleeren Raum statt. Sie ist situiert im Forschungskontext, den Wissens- und Theoriebeständen der jeweiligen Disziplin und Teildisziplin. Um einen Beitrag zur Forschung leisten zu können, müssen die Forscher:innen den Forschungsstand kennen und bei der endgültigen Formulierung der Forschungsfrage und des Forschungsplans berücksichtigen. Ansonsten laufen sie Gefahr, schon längst geklärte Fragen zu bearbeiten oder eine parallele Terminologie ohne Anbindung an den tatsächlichen Forschungsstand zu formulieren. Giovanni Sartori (1991) nennt dieses Problem „Parochialism", was in etwa mit „Kirchturmkultur" übersetzt werden kann. Es handelt sich dabei um Studien, die sich nur mit dem eigenen Phänomen beschäftigen und Kategorien einfach ignorieren, die durch generelle Theorien und/oder vergleichende Perspektiven schon in der Forschung etabliert sind. Solche Studien, die den Forschungsstand ignorieren, bilden eine auf das jeweilige Beispiel zugeschnittene Ad-hoc-Terminologie, welche zu mehr Verwirrung denn Klarheit führt.

Ist eine erste Fragestellung formuliert, gilt es, die wissenschaftlichen Theorien und Befunde zum Gegenstandsbereich zu recherchieren und zusammenzufassen. White (2019: 25 f.) nutzt das Bild eines Trichters zur Beschreibung der Vorgehensweise bei der Literaturrecherche und dem Verfassen des Forschungsstands. Die Forschungsfrage sollte aus seiner Sicht immer am Ende des Literaturberichts vorgestellt werden, sozusagen als Ergebnis einer Engführung der Perspektive. Ausgehend vom größeren sozialen und wissenschaftlichen Kontext einer Forschungsidee werden die dazu in Bezug stehenden Theorien, Diskurse und Themen recherchiert und entlang ihrer Hauptlinien dargestellt. In einem zweiten Schritt werden dann Kernthemen, Debatten und Forschungsergebnisse herausgearbeitet, die für das Forschungsfeld besonders relevant sind. Im letzten Schritt wird dann die spezifische Forschungsfrage in dieser Debatte verortet. Diese Vorgehensweise dient dazu herauszufinden, welche Erkenntnisse im Forschungsfeld bereits bestehen, und solche Aspekte und Fragestellungen herauszufiltern, die noch nicht oder nicht ausreichend untersucht wurden.

Dieser idealtypischen Vorgehensweise gegenüber steht die problemorientierte Herangehensweise, bei der der Ausgangspunkt ein aus der wissenschaftlichen Neugierde oder einem entdeckten politischen Problem heraus entwickeltes Forschungsinteresse ist. Ausgehend von der Forschungsfrage werden zunächst Studien gesucht, die sich mit dem konkreten Problem beschäftigen, und erst dann wird eine noch breitere Suche zur Einordnung in den größeren Forschungskontext durchgeführt. Ein häufiges Problem dabei besteht darin, dass bei neuen Phänomenen häufig keine oder nur sehr wenig spezifische Literatur zum Thema zu finden ist, was sich dann in einem sehr knappen Literaturbericht niederschlägt. Bleibt man an dieser Stelle stehen, so wird das eigene Forschungsprojekt nicht oder nur unzureichend in die Forschung eingebettet und die Forscher:innen laufen Gefahr, eine unterkomplexe Arbeit zu schreiben, die den Forschungsstand nicht ausreichend berücksichtigt, weil es in angrenzenden Feldern oder in der allgemeineren Debatte sehr wohl relevante Literatur gibt. Entscheidend ist dann herauszuarbeiten, zu welchen größeren Forschungsfeldern Bezüge bestehen, und zu fragen, ob dort etablierte Konzepte und Befunde auf die eigene Forschung übertragen werden können. Interessiert man sich beispielsweise für die Wahlerfolge einer neuen Partei A, so wird es diesbezüglich zunächst nur sehr wenige Arbeiten geben, eben weil das Phänomen neu ist. Sehr wohl gibt es aber in der Wahl- und Parteienforschung etablierte Theorien und Befunde zu Erfolgsursachen, -bedingungen und -chancen, die anhand von historischen Fällen aufgestellt wurden. So kann etwa die sogenannte Cleavage-Theorie (Lipset und Rokkan 1967; Sartori 2005) zeigen, dass Parteien und Parteiensystem sich entlang gesellschaftlicher Konfliktlinien ausrichten. Parteien vertreten bestimmte Positionen bezüglich dieser Konfliktlinien, und wenn sich diese Konfliktlinien verändern oder neue entstehen, dann sollte das auch Auswirkungen auf das Parteiensystem haben. Anhand der Cleavage-Theorie könnte die eigene Forschungsfrage zum Erfolg der neuen Partei A spezifiziert und situiert werden: „Inwiefern ist der Erfolg von Partei Ausdruck einer neuen Konfliktlinie B?" Hier wurde also ausgehend vom Phänomen die Recherche erweitert auf ähnliche Phänomene und damit zusammenhängende Erklärungsmodelle.

Döring und Bortz (2015: 157–179) sowie Kolle (2012) erläutern detaillierte Strategien der wissenschaftlichen Literaturrecherche und der Darstellung des Forschungsstands. Beide Beiträge sind sehr zu empfehlen für eine weitere Beschäftigung mit dem Thema. Hier werden die wesentlichen Strategien kurz vorgestellt. Eine systematische Suche wird anhand von jeweils für das eigene Thema zu definierenden Schlagwörtern und Suchbegriffen in wissenschaftlichen Literaturdatenbanken durchgeführt. Die Güte einer solchen Suche steht und fällt mit den verwendeten Suchbegriffen und Begriffskombinationen. Sucht man zu eng, werden möglicherweise relevante Texte nicht angezeigt; ist die Suche zu weit, wird die Anzahl der Treffer zu umfangreich und unübersichtlich. Döring und Bortz (2015: 160 f.) unterschieden hier zwischen einer breiten und einer eingegrenzten Recherche. Die breite Recherche verwendet verschiedene Datenbanken und Suchmaschinen, um primäre und sekundäre Suchbegriffe abzufragen. Sie empfehlen die Verwendung von Trunkierungen (populis* anstatt Populismus, da dann alle Variationen des Wortstammes in die Suche einbezogen werden) sowie die Suche im Fließtext zusätzlich zur Suche in Titeln oder Abstracts. Diese Vorgehensweise ist insbesondere bei noch wenig beforschten Fragen und Themen empfehlenswert. Die eingegrenzte Recherche hingegen kommt vor allem dann zum Einsatz, wenn zum untersuchten Thema bereits zahlreiche Publikationen existieren und die Literatur eingegrenzt werden soll. Döring und Bortz (2015: 160) empfehlen hier die Verwendung von Suchbegriffskombinationen und eine Beschränkung auf Titel, Schlagworte und Abstracts, um die relevantesten Treffer herauszufiltern. Auch eine Eingrenzung des Suchzeitraums auf wenige Jahre kann hier hilfreich sein, wenn es um aktuelle Themen geht.

Grundsätzlich sollte zudem beachtet werden, dass neue Forschungsergebnisse in der Regel in etablierten Fachzeitschriften veröffentlicht werden. Diese Publikationen wurden zudem im Rahmen von Begutachtungsverfahren vor der Veröffentlichung überprüft und sind daher qualitativ hochwertig und wissenschaftlich abgesichert. Eine Suche in den thematisch relevanten Fachzeitschriften ist daher unbedingt angezeigt, wenn die aktuellste und zentralste Literatur zu einem Thema gefunden werden soll. Sind solche wichtigen Publikationen identifiziert, können sie für eine weitere Suchstrategie genutzt werden, das sogenannte Schneeballsystem. Wissenschaftliche Artikel beinhalten zwingend eine Situierung der eigenen Forschung in der Forschungslandschaft, sodass sie auch Aufschluss darüber geben, welche Publikationen im Zusammenhang mit der jeweiligen Forschungsfrage relevant sind. Daher kann man sich das Literaturverzeichnis von wissenschaftlichen Aufsätzen zunutze machen, um wichtige Erkenntnisse und deren Zusammenhänge in breiteren Diskursen zu rekonstruieren. Man arbeitet sich im Schneeballsystem von einer Publikation zeitlich zurück zu anderen zentralen Arbeiten und Befunden. In der Forschungspraxis werden beide Vorgehensweisen meist miteinander kombiniert, um einen möglichst vollständigen Literaturbericht erstellen zu können.

Neben Aufsätzen in Fachzeitschriften kann auf weitere Literaturtypen zurückgegriffen werden, um den Forschungsstand zu rekonstruieren (vgl. Kolle 2012: 33 f.). Zu vielen Themen gibt es beispielsweise Handbücher, in denen renommierte Autor:innen aktuelle theoretische Grundlagen und Perspektiven, Debatten und Erkenntnisse zusammenfassen. Die meisten renommierten Wissenschaftsverlage haben solche Handbücher im Programm, die wie etwa die *Oxford Handbooks* regelmäßig in aktualisierten Auflagen erscheinen und so wertvolle Quellen für einen grundlegenden Überblick über ein Forschungsfeld darstellen. Ähnlich hilfreich sind Aufsätze, deren Gegenstand ein Literatur-Review ist, in dem der aktuelle Stand der Forschung zu einem Thema zusammengefasst wird. Solche Beiträge finden sich von Zeit zu Zeit in den einschlägigen Fachzeitschriften und insbesondere zu neueren Forschungsfeldern, aber auch, um Bilanz zu ziehen über Entwicklungen in den letzten Jahren oder Jahrzehnten. Monografien sind insbesondere dann wichtige Quellen, wenn umfassendere Studien genauer nachvollzogen werden sollen. Während Fachaufsätze meist thematisch und inhaltlich beschränkt auf einzelne Aspekte sind, werden Forschungsergebnisse in Monografien sehr viel detaillierter und breiter verortet und dargestellt. Zudem enthalten sie meist einen sehr viel umfangreicheren Literaturbericht. Besonders hervorzuheben sind in diesem Zusammenhang neben aktuellen Forschungsarbeiten sogenannte „Klassiker", also Werke, die eine Forschungsrichtung begründet oder bahnbrechende Erkenntnisse formuliert haben. Für die schon erwähnte Cleavage-Theorie ist beispielsweise das Werk von Rokkan und Lipset (1967) ein solcher Klassiker. Auch Internetquellen können nach sorgfältiger Prüfung der Seriosität und der Qualität der Quellen- und Literaturverweise in die Recherche mit einbezogen werden. Sie haben den Vorteil, dass sie ebenso wie sogenannte graue Literatur (Vorabpublikationen, Arbeitspapiere etc.) meist sehr aktuell und leicht zugänglich sind.

Während die Recherche in analogen Zeiten vor allem auf die jeweils vorhandenen Bibliotheksbestände beschränkt war, sind durch die Digitalisierung ungeahnte und umfassende Möglichkeiten der Recherche entstanden. Einerseits wurden Bibliotheksbestände digitalisiert und miteinander vernetzt, sodass über Suchportale, Verbundkataloge und Fachdatenbanken national und international recherchiert werden kann. Beispiele für Verbundkataloge sind etwa der Gemeinsame Verbundkatalog GVK als der frei zugängliche Ausschnitt der Verbunddatenbank K10plus (https://kxp.k10plus.de/DB=2.1), in dem die Nachweise der GBV- und SWB-Bibliotheken und die Zeitschriftennachweise der subito-Bibliothek hinterlegt sind. Dieser umfasst mehr als 78 Millionen Titel. Viele elektronisch zugängliche Fachzeitschriften sind zudem in der Elektronischen Zeitschriftenbibliothekendatenbank EZB recherchierbar und je nach Universitätslizenz auch downloadbar (http://www.bibliothek.uni-regensburg.de/ezeit/ezb.phtml).

Mit Google Scholar (http://scholar.google.com) steht zudem ein inzwischen sehr leistungsfähiger Internetsuchdienst zur Verfügung, der insgesamt sehr brauchbare und umfassende Treffer liefert, die Datenbank- und Katalogrecherche aber nicht gänzlich ersetzen kann. Auch das soziale Netzwerk Researchgate (https://www.researchgate.net), in dem Forscher:innen ihre Arbeiten dokumentieren und hinterlegen können, ist eine interessante Quelle für Aufsätze und weitere Literatur. Ein besonderer Vorteil besteht darin, dass Forscher:innen im Zweifel bei Fragen direkt kontaktiert werden können (auch wenn die Response Rate mancher Kolleg:innen durchaus verbesserungsfähig ist). Darüber hinaus gibt es zahlreiche Fachportale und Datenbanken wie Web of Science und SciVerse Scopus (https://www.scopus.com/home.uri), die zur Recherche verwendet werden können. Besonders hilfreich für die Recherche von Forschungsdaten sind sogenannte Sekundärdatenbanken. Im deutschsprachigen Raum ist dies vor allem die GESIS Datenbank (https://www.gesis.org/home), die Zugriff auf eine Vielzahl von Sekundärdaten bietet. Nach Erstellung eines Accounts sind die Daten teilweise frei auf der Homepage zugänglich, teilweise muss deren Nutzung beantragt werden. Das Harvard Dataverse (https://dataverse.harvard.edu) der Universität Harvard ist ein offenes Datenrepositorium für Forscher:innen aller Disziplinen, auf dem man Daten teilen, archivieren, zitieren und recherchieren kann. Die Datensätze sind teilweise frei verfügbar und teilweise zugangsbeschränkt.

Da die Literaturrecherche zu einem Thema schnell sehr umfangreich wird und wichtige Literaturen zudem als Quellen für die eigene Arbeit verwendet werden müssen, bietet es sich an, in einem Forschungsprojekt von Anfang an mit Literaturverwaltungsprogrammen zu arbeiten. Diese ermöglichen je nach Leistungsumfang nicht nur die Organisation von Literaturangaben, sondern auch von Zusammenfassungen und Zitaten, die so schnell und systematisch wieder auffindbar und editierbar sind. Viele Universitäten halten für ihre Studierenden Lizenzen für einschlägige kostenpflichtige Literaturverwaltungsprogramme mit hoher Funktionalität wie etwa Citavi (https://www.citavi.com/de) oder EndNote (https://endnote.com), um nur zwei Beispiele zu nennen. Alternativ stehen auch kostenfreie Programme wie Zotero (https://www.zotero.org) zur Verfügung. Zur Arbeitsorganisation und Projektmanagement auch in Teams eignet sich beispielsweise das kostenlose Programm Notion (https://www.notion.so).

Bei der Darstellung des so erhobenen Forschungsstands sollte eine Reihe von Punkten berücksichtigt werden (vgl. Döring und Bortz 2016: 163; White 2019), um sowohl einen Überblick über die Forschung als auch eine Einordnung der eigenen Fragestellung zu gewährleisten. Erstens sollten zentrale Befunde und Entwicklungslinien der Forschung zusammengefasst werden und dabei auch berücksichtigt werden, wie sich die Forschung zum Thema über die Zeit entwickelt hat. Dazu gehört unter anderem aufzuzeigen, welche Aspekte beforscht wurden, welche Theorien und Methoden dazu verwendet wurden und welche gesicherten Erkenntnisse zum Thema existieren. Ebenso wichtig ist zweitens die Frage, welche Kontroversen und Forschungslücken bestehen, denn genau diese Auseinandersetzungen und Lücken sind es, welche die Relevanz der eigenen Forschungsfrage begründen. Idealerweise dient sie dazu, eine dieser Forschungslücken zu schließen. Daher sollte die eigene Forschungsfrage drittens im Forschungsstand situiert werden, also dargestellt werden, an welche Theorien angeknüpft wird, welche methodologischen Ansätze verfolgt werden und welche Forschungslücken bearbeitet werden. Abschließend können auch die praktische Relevanz und Anwendbarkeit des Themengebiets und des eigenen Beitrags diskutiert werden.

5.2.1 Ein Beispiel für die Darstellung eines Forschungsstands

Das folgende Beispiel aus einem Artikel in einer Fachzeitschrift zu Fragen der Untersuchung von Demokratieverständnissen (Frankenberger und Buhr 2020) zeigt, dass die Grundfragen zwar beantwortet werden, die gesamte Diskussion jedoch nicht erschöpfend ist, sondern entlang zentraler Publikationen erfolgt. Dies ist insbesondere bei begrenztem Platz eine Strategie, den Forschungsstand prägnant zu fassen. Nach einer Diskussion und Einordnung der Bedeutung von Demokratieverständnissen in die Demokratie- und politische Kulturforschung und deren zentrale Forschungsstränge wird der Forschungsstand zum Thema Demokratieverständnisse aufgearbeitet. In dem insgesamt 11.500 Wörter umfassenden Beitrag macht die Diskussion des Forschungsstands im englischsprachigen Original mit etwas mehr als 1.600 Wörtern etwa 15 % des Beitrags aus. Nimmt man die allgemeine Literaturdiskussion des Kontextes hinzu, sind es etwas mehr als 20 %:

> Es existiert umfangreiche Literatur und empirische Forschung zu politischer Kultur und Demokratie. Ausgehend von der bahnbrechenden Arbeit von Almond und Verba zur Civic Culture (1963) hat sich ein differenziertes Forschungsfeld entwickelt. Aufgrund der methodischen Entwicklungen in der Umfrageforschung und deren intensiver Nutzung werden heute fast alle Gesellschaften der Welt untersucht, unabhängig davon, ob sie demokratisch sind oder nicht. Umfragen wie der World Value Survey, das International Social Survey Project, regionale Erhebungen wie das Afrobarometer, das Eurobarometer, die European Value Study oder das Latinobarometro sowie unzählige nationale und lokale Studien bilden heute eine riesige Datenbasis für die politische Kultur- und Demokratieforschung. Diese Studien verwenden in der Regel strenge quantitative Methoden, einschließlich geschlossener Fragebögen mit standardisierten Items, und bieten daher viele Möglichkeiten für länderübergreifende und regionale Vergleiche. Um den Grad der Unterstützung für die Demokratie zu untersuchen, wenden sie unterschiedliche Strategien an. In einigen Studien werden geschlossene Fragen verwendet, um direkt nach der Unterstützung für demokratische Regeln zu fragen. In anderen werden die Befragten gebeten, Elemente von Demokratie und Autokratie zu bewerten, und aus den Antwortmustern wird auf die Art der Unterstützung und das Verständnis von Demokratie geschlossen. In einigen wenigen Umfragen werden auch offene Fragen zur Bedeutung der Demokratie gestellt. Ronald Inglehart (2003: 54) beispielsweise verwendet einen Demokratie/Autokratie-Index, der aus vier Items besteht, um die Unterstützung für die Demokratie zu messen, und aus weiteren neun variablen Items, um die Bewertungen der Befragten hinsichtlich vordefinierter Merkmale der Demokratie zu messen. Die meisten Erhebungen verwenden ähnliche Strategien, um das Verständnis von Demokratie zu messen. Zu diesem Zweck wurden Taxonomien entwickelt, um „substanzielle Unterscheidungsmerkmale des Demokratieverständnisses" (Shin und Kim

2018: 229) zu messen. So bietet Lu (2013) ein verfahrensbasiertes liberales und ein substanz-
basiertes „Minben"-Demokratieverständnis an; Fuchs (1999) verwendet die drei Kategorien
libertär, liberal und sozialistisch; Dalton et al. (2007) verwenden politische Freiheit, politischen Prozess und sozialen Nutzen als Kategorien; Canache (2012) unterscheidet Freiheit
und Freiheit, politische Gleichheit, Partizipation, Rechtsstaatlichkeit, wirtschaftliche und
soziale Ergebnisse und negative Bedeutung; und Ferrin und Kriesi (2016) verwenden elektorale, liberale, soziale, direkte, inklusive und repräsentative Konzepte von Demokratie als
Kategorien. Auch wenn diese Kategorien in der Regel mit Item-Sets in Umfragen verknüpft
sind, die eine detailliertere Analyse individueller Bedeutungen von Demokratie ermöglichen, so sind sie doch in den Vorstellungen der Forscher über Demokratie verwurzelt. Und
je vager die Formulierungen zur Erfassung von Demokratie sind, desto mehr erlauben sie
„unterschiedliche und sogar kontroverse Bedeutungen, die dem Konzept zugeschrieben
werden. Einige empirische Belege deuten darauf hin, dass die explizite Unterstützung für
Demokratie kein gemeinsames Verständnis des Konzepts der Demokratie widerspiegelt"
(Ariely 2014: 624; vgl. Schedler und Sarsfield 2007; Jamal und Tessler 2008). Um diese Schwächen rein quantitativer Studien auszugleichen und subjektive Bedeutungen von Demokratie genauer zu erfassen, werden in einigen Umfragen auch offene Fragen verwendet (z. B.
Bratton et al. 2005; Dalton et al. 2007; Dalton 2010; Diamond und Plattner 2008; Canache
2012; Canache et al. 2012; Shi 2009; Shin und Kim 2018). Die daraus resultierenden Befunde
verdeutlichen einige der methodischen Probleme von Umfragestudien und zeigen, dass offene Fragen erhebliche Verbesserungen bieten, um ein vollständiges Bild der subjektiven
Bedeutungen von Demokratie zu zeichnen. Gleichzeitig wirft die Verwendung von offenen
Fragen jedoch weitere methodische Fragen auf. Canache (2012: 1134) argumentiert, dass
wir subjektive Bedeutungen von Demokratie nur verstehen können, wenn wir ihren Inhalt
und ihre Komplexität berücksichtigen. Denn wir können nicht davon ausgehen, dass theoretische Überlegungen und Konzepte von Demokratie mit lebensweltlichen Bedeutungen
von Demokratie übereinstimmen (Canache 2012: 1136; Dalton et al. 2007). Anhand von offenen Fragen als Kontrollvariablen in Umfragen zeigen Canache et al. (2012: 518), dass sich
die Bedeutungen von Demokratie nicht nur auf politische Bereiche beziehen, sondern auch
wirtschaftliche, politisch-institutionelle und soziale Themen umfassen. So gaben beispielsweise in Studien zu Rumänien und El Salvador mehr als 50 % der Befragten an, dass sie
soziale und/oder wirtschaftliche Aspekte mit Demokratie verbinden. Daher „besteht die
Gefahr, dass länderübergreifende Vergleiche zu irreführenden Ergebnissen führen, wenn
sich die Analyse auf Daten konzentriert, die an verschiedenen Orten unterschiedliche Dinge
darstellen" (Canache et al. 2012: 524). In einer anderen Analyse von Umfragedaten zeigt
Canache (2012: 1149), dass „Struktur und Inhalt von Demokratiekonzepten für die Einstellungen der Bürger und die Muster der politischen Beteiligung von großer Bedeutung sind".
Aber auch die Verwendung offener Fragen in Umfragen ist methodisch problematisch und
kann zu einem verzerrten Bild der subjektiven Bedeutungen von Demokratie führen, wie
Schaffer (2014) argumentiert. Anhand von qualitativen und quantitativen Daten über die
Bedeutung von Demokratie auf den Philippinen zeigt er, dass die Ergebnisse offener Umfragen ebenfalls ungeeignet sind, um subjektive Bedeutungen von Demokratie zu erfassen,
denn „Komprimierung, Abschottung und Homogenisierung mögen dem Leser als notwendige Zugeständnisse erscheinen, die man machen muss, um Daten über die Bedeutung von
Demokratie zu generieren, die global vergleichbar sind. Der kombinierte Effekt dieser drei
Probleme stellt jedoch den Wert solcher Daten infrage" (Schaffer 2014: 326). Seiner Ansicht

nach sind die Ergebnisse der globalen Konvergenz bei der Bedeutung und Bewertung von Demokratie das Ergebnis bestimmter Mess- und Bewertungsstrategien. Ähnlich äußert sich Bratton (2010), wenn er sagt, dass „wir nicht wissen, ob alle Befragten Freiheit auf die gleiche Weise verstehen … Daher scheint es vermessen, die vergleichende Untersuchung der öffentlichen Einstellungen zur Demokratie auf die Annahme zu stützen, dass alle Menschen Demokratie einfach als Freiheit verstehen" (Bratton 2010: 107). Schaffer argumentiert daher, dass es stattdessen eine breite Palette sehr komplexer und mehrdimensionaler Bedeutungen von Demokratie gibt, die die Bewertung der Politik beeinflussen: „Die Multivalenz, Verwirrung, Ambivalenz und Widersprüchlichkeit, die das Verständnis solcher Begriffe charakterisieren, können nur dann gewinnbringend erforscht werden, wenn man den Menschen umfassende Möglichkeiten bietet, ihre Gedanken auszudrücken und über die Komplexität dessen, was sie sagen, nachzudenken" (Schaffer 2014: 328). Um diese Komplexität zu erfassen, bedarf es qualitativer Methoden, die es den Befragten ermöglichen, „dichte Beschreibungen" ihrer individuellen Bedeutungen von Demokratie zu erstellen. Abgesehen von Schaffers Arbeiten zu Demokratieverständnissen im Senegal (Schaffer 2010) und auf den Philippinen (Schaffer 2014) gibt es vergleichsweise wenige Studien zu lokalen Demokratieverständnissen, die sich interpretativer oder ethnografischer Methoden und Instrumente bedienen. Dazu gehören Studien über die Bedeutung der Demokratie in der arabischen Welt (Browers 2006), in Russland (Carnaghan 2011) und in der Region Buganda in Uganda (Karlström 1996). Alle diese Studien beruhen auf Varianten qualitativer Interviews zur Datenerhebung und interpretativ-induktiven phänomenologischen, hermeneutischen oder diskursanalytischen Verfahren zur Datenanalyse. Sie offenbaren eine Vielzahl von Bedeutungen von Demokratie bei den Befragten. Diese Bedeutungen unterscheiden sich oft stark in Komplexität, Dimensionalität und Inhalt. Wie Schaffer (2014) sagt, haben diese Befunde Auswirkungen auf die Plausibilität und Validität der Ergebnisse von standardisierten und international vergleichenden Erhebungen, die diese Komplexität nicht abbilden oder gar erfassen können. Allerdings unterscheiden sich die Studien im Hinblick auf den Grad der Systematisierung der Befunde und die Anforderungen an die Erstellung von Taxonomien für die weitere Forschung. Letzteres ist besonders systematisch in Studien, die die Q-Methodik verwenden, wie die Studien zu den USA von Dryzek und Berejikian (1993), 13 postkommunistischen Staaten in Europa (Dryzek und Holmes 2002) oder Estland (Andersen et al. 2018). Andersen et al. (2018) analysieren die Unterschiede zwischen definierter und gelebter Demokratie. Ihre Arbeit zeigt, dass es in Estland drei verschiedene Diskurse über Demokratie gibt: „eine libertäre Demokratie als Freiheit; eine partizipatorische Demokratie als Ermächtigung; und eine populistische Demokratie als Utopie einer guten Politik" (Andersen et al. 2018: 4). Sie nutzen Fokusgruppeninterviews, aus denen sie Aussagen über Demokratie ableiten, die dann von den Befragten in einer Q-Methodology Survey bewertet werden. Sie betonen den induktiven Charakter und die Verlässlichkeit als besondere Vorteile ihrer Methode, die es erlaubt, individuelle Bedeutungen von Demokratie zu Diskursen zu aggregieren, ohne deren Komplexität zu reduzieren. Sie argumentieren, dass „konventionelle quantitative und qualitative Methoden (...) nur einen begrenzten Spielraum für Überraschungen zulassen. Ob implizit oder explizit, sie verlassen sich unweigerlich auf vorherige Konzepte als Leitfaden bei der Spezifizierung des empirischen Inputs und als Bezugspunkte bei der Interpretation des analytischen Outputs" (Andersen et al. 2018: 16). Auch wenn wir die Stärken dieses Ansatzes sehen, stimmen wir mit dieser letzten Einschätzung nicht überein. Wir argumentieren, dass narrative Interviews und hermeneutische Auswertungsmethoden sehr wohl neue und überraschende Ergebnisse zutage fördern können und dass die Befunde trotz aller Heterogenität auf einer höheren Stufe der Abstraktionsleiter strukturiert werden können, ohne an Komplexität zu verlieren. Eine phänomenologische Analyseperspektive kann helfen, die eigenen Annahmen zu überprüfen, individuelle Bedeutungen von Demokratie zu erfassen und zu kontextualisieren sowie komplexere Taxonomien zu erstellen. Zur Veranschaulichung werden wir die Daten und Ergebnisse zweier qualitativer Studien zu Demokratie und Partizipation (Frankenberger et al. 2015; Frankenberger und Buhr 2019) heranziehen, für die wir 275 persönliche qualitative Interviews im Zeitraum von Januar bis Juli 2014 und 114 qualitative Telefon- und persönliche Interviews im Zeitraum von März bis September 2017 mit Einwohnerinnen und Einwohnern des Landes Baden-Württemberg geführt haben. (Frankenberger und Buhr 2020, eigene Übersetzung.)

Neben der Diskussion von Ansätzen und Fragestellungen werden am Ende die zentralen Argumente und Forschungslücken thematisiert sowie der eigene Beitrag zur Forschung und die Vorgehensweise dargelegt. In den folgenden Abschnitten des Beitrags werden die theoretische Perspektive der Analyse, die Operationalisierung, Datenerhebung und Analyse, vorgestellt und die Befunde eingeordnet, also die weiteren Schritte des Forschungsprozesses dokumentiert.

5.2.2 Forschungsstand und Relevanz

Die Darstellung des Forschungsstands dient auch der Begründung der Relevanz der eigenen Arbeit. Diese sollte schon allein deswegen aufgezeigt werden, weil Wissenschaftler:innen oft mit öffentlichen Mitteln gefördert werden und daher die Gesellschaft erwarten kann, dass die Ergebnisse wissenschaftlicher Arbeiten ihr direkt oder indirekt zugutekommen (Follesdal et al. 1988: 348). Wissenschaftsintern kann die Relevanz beispielsweise über die wissenschaftliche Methode begründet werden: „The trick is to make social science speak to problems that we care about without sacrificing the rigor that qualifies it as a science" (Gerring 2001: 251). Dies gewährleistet, dass der wissenschaftliche Forschungsprozess abgesichert und überprüfbar ist, sodass die Ergebnisse dem Erkenntnisgewinn dienlich sind. Die wissenschaftliche oder theoretische Relevanz bezieht sich nämlich auf den Beitrag, den ein Forschungsprojekt zur einschlägigen wissenschaftlichen Diskussion und zum Kenntnisstand leistet. Dieser wird durch die Verortung im Forschungsfeld dargelegt und transparent gemacht. Ein theoretischer relevanter Beitrag entwickelt für die jeweilige Disziplin, hier die Politikwissenschaft, neue oder verbesserte Instrumentarien zur Beschreibung und Erklärung von politischen Prozessen, Strukturen und Inhalten (vgl. King et al. 1994 sowie Lehnert et al. 2007: 42). Dies kann die Entwicklung theoretischer Konzepte oder Methoden, das Testen von Hypothesen, die Untersuchung von bislang nicht erklärten Fällen, die Übertragung und Anwendung von Theorien auf neue Forschungsfelder oder eine Synthese von Ansätzen sein.

Die gesellschaftliche Relevanz von Forschung lässt sich mit Lehnert et al. (2007: 39) als den Beitrag zum Verständnis politischer Phänomene definieren, das sich auf das Wohlergehen einer Gruppe von Menschen oder ganzer Gesellschaften auswirkt. Daher sollte die Politikwissenschaft solche Themen und Probleme untersuchen, die von Bedeutung für die Bürger:innen und Entscheidungsträger:innen sind. Entscheidend sind dabei der Unterschied oder die normativ bewertbare Verbesserung, die sich aus der Anwendung der Forschungsergebnisse in der politischen Praxis ergeben. Forschung sollte aus dieser Position heraus immer auch eine gesellschaftsverändernde Perspektive einnehmen, die der Verbesserung der Lebensverhältnisse der Menschen dienen kann.

5.3 Forschungsprozesse – idealtypische Modelle und Abläufe

Forschungsprozesse sind strukturierte und systematische Abfolgen von Handlungen zur Beantwortung einer Forschungsfrage. Das Forschungsdesign als die „logical structure of the research inquiry that the political scientist is engaged upon" (Burnham et al. 2008: 39) legt diese Struktur fest: „It is the plan, the structure and the strategy of investigation, so conceived as to obtain answers to research questions or problems" (ebd.). Mit dem Forschungsdesign als Ablaufmodell von Forschung werden Forschungsfragen in Projekte transformiert und festgelegt, welche Methoden die bestmöglichen Daten und Belege zur Überprüfung der Forschungshypothese oder der Beantwortung der Forschungsfrage erbringen. Mit Burnham et al. (2008: 53) erfüllen Forschungsdesigns einige grundlegende Funktionen. Sie sind erstens eine Handlungsanweisung zur Strukturierung und Durchführung eines Forschungsprojektes. Sie stellen zweitens sicher, dass die einzelnen Forschungsschritte angemessen sind, um valide, intersubjektive und genaue Antworten auf die Forschungsfrage zu erzeugen. Drittens dienen sie dazu, Forschungsfragen zu präzisieren, sie in Hypothesen zu übersetzen und ein konsistentes theoretisches Analyseraster zu entwickeln, dessen Kernkonzepte klar und eindeutig definiert sind. Viertens wird sichergestellt, dass die gesammelten Daten die Beantwortung der Forschungsfrage ermöglichen. Es wird hier die Art der Daten festgelegt, die dafür notwendig sind und wie diese erhoben und ausgewertet werden können. Das Forschungsdesign legt also fünftens fest, welche Forschungsmethoden und Techniken zur Gewinnung und Analyse der Daten eingesetzt werden.

Dabei können entlang der verschiedenen epistemologischen und methodologischen Traditionen zwei idealtypische Ablaufmodelle formuliert werden: qualitative und quantitative Forschungsprozesse.

5.3.1 Der Forschungsprozess in quantitativen Ansätzen

Quantitative Ansätze zielen auf die „Überprüfung von Annahmen über kausale Zusammenhänge zwischen Phänomenen in der Realität" (Westle 2009: 116). Sie sind hypothesentestend. Die Forschungsfrage wird zu Beginn klar eingegrenzt, ausformuliert und gegebenenfalls in Unterfragen differenziert. Da diese Fragestellung auf dem Wissen aufbaut, das in Theorien bereits aufgehoben ist und formuliert wird, finden sich häufig sehr detaillierte und kleinteilige Fragen. Eine Forschungsfrage sollte noch nicht hinreichend getestete Zusammenhänge, Lücken oder Widersprüche zum Gegenstand haben. Daher dient die Konzeptspezifikation zur Eingrenzung des Forschungsproblems. Das bedeutet, dass zunächst die relevante Forschungsliteratur recherchiert und gesichtet werden muss. Diese Erarbeitung des Stands der Forschung kann je nach Themenfeld sehr aufwendig sein (beispielsweise gibt es zum Thema Wahlen oder zum Thema Demokratie eine Vielzahl an Literatur), hat jedoch entscheidende Bedeutung. Denn nur so kann man herausfinden, welche Befunde vorliegen und welche davon als gesichert oder umstritten gelten können. Man kann auf dieser Basis entscheiden, ob man einen gesicherten oder einen umstrittenen Befund testen möchte. Und man kann sich einen Überblick darüber verschaffen, mit welchen Methoden bisher gearbeitet wurde. Häufig wird man sich dafür entscheiden, die Reichweite und den Geltungsbereich einer Theorie zu erweitern, indem man neue Fälle oder Zeiträume hinzunimmt.

Zur Konzeptspezifikation gehört es auch, dass zentrale Begriffe und Variablen definiert werden und dass Hypothesen aus den Theorien abgeleitet werden. Die Frage nach dem Forschungsdesign bezieht sich auf das Wie der Durchführung der Studie. Dazu gehört die Entscheidung, welche Methoden der Datenerhebung verwendet werden. In quantitativen Studien werden häufig schon erhobene objektive statistische Daten (z. B. sozioökonomische oder Strukturdaten wie Einkommen, Einwohner:innenzahl, Anzahl der Ärzt:innen pro 1.000 Einwohner:innen) verwendet oder selbst erhoben. Werden Menschen befragt, erfolgt dies anhand von standardisierten Fragebögen mit vorgegebenen Antwortmöglichkeiten. Auch die Auswertungsmethoden werden in diesem Schritt festgelegt. In der quantitativen Tradition sind dies in der Regel statistisch-mathematische Verfahren der beschreibenden (deskriptiven) oder von Stichproben auf Grundgesamtheiten schließenden Statistik. Nicht zuletzt werden die Untersuchungseinheiten festgelegt. Anzustreben wäre idealerweise eine Vollerhebung (z. B. alle Länder oder alle Einwohner:innen). Wenn dies nicht möglich ist, dann soll die Auswahl (das Sampling) so erfolgen, dass die ausgewählten Untersuchungseinheiten repräsentativ für die gesamte Gruppe sind.

Abb. 4: Quantitative Forschung – ein ideales Ablaufschema (Quelle: eigene Darstellung modifiziert nach Westle 2009: 117).

Unter Operationalisierung wird die Zuordnung konkreter, in der Realität beobachtbarer Phänomene oder Indikatoren, welche die Phänomene anzeigen (z. B. Antworten in einem Test als Indikatoren für Intelligenz), zu den theoretisch präzisierten Begriffen und Konzepten verstanden. Die Wahl der Indikatoren hängt dabei von der Methode ab. Man übersetzt die theoretischen Konstrukte in messbare Größen. Wenn man beispielsweise standardisierte Befragungen zu politischen Einstellungen durchführt, dann wird man als Indikatoren für Einstellungen das Antwortverhalten auf bestimmte Fragen verwenden. In der quantitativen Forschung werden die so gebildeten Messinstrumente (z. B. ein Fragebogen in den Sozialwissenschaften, in den Naturwissenschaften auch komplexe Anlagen wie ein Teilchenbeschleuniger) einer Tauglichkeitsprüfung unterzogen, dem sogenannten Pre-Test, der Aufschluss über die Gültigkeit (Validität) und Verlässlichkeit (Reliabilität) der Messung sowie die Verständlichkeit und Anwendbarkeit des Instruments geben soll. Sollte sich dabei beispielsweise herausstellen, dass bestimmte Fragen eines Fragebogens von den Befragten nicht verstanden werden, dann müssten diese neu formuliert und getestet werden.

Die Phase der Datenerhebung umfasst dann die eigentliche Feldphase, also die Durchführung der Messung mit der gewählten Methode und dem dafür konstruierten Messinstrument. Das kann das Sammeln von Statistiken, das Auswerten von Dokumenten oder das Befragen von Menschen sein. In der quantitativen Forschung wird in der Regel mit einer großen Menge an solchen Daten gearbeitet, sodass einzelne Forscher:innen die Daten oft nicht allein erheben können. So werden beispielsweise Befragungen von mehreren Tausend Menschen an geeignete Dienstleister:innen übertragen. Datenerfassung bedeutet, dass die erhobenen Daten in einer für die Auswertung geeigneten Form dokumentiert werden müssen. Für statistische Analysen von Befragungen bedeutet dies, dass Antworten auf Fragen mit Zahlenwerten versehen werden. Lautet die Frage etwa: „Wie bewerten Sie die Demokratie in Deutschland?", und die Antwortmöglichkeiten: „Sehr gut", „Eher gut", „Eher schlecht" und „Sehr schlecht", müssen die Antworten in Zahlen übersetzt werden, die die Relationen zwischen den Antworten widerspiegeln. Im Rahmen der Operationalisierung würde daher z. B. „Sehr gut" die Zahl 1 zugeordnet, „Eher gut" die Zahl 2, „Eher schlecht" die Zahl 3 und „Sehr schlecht" die Zahl 4. Bei der Datenerhebung wird also die Antwort „Eher gut" notiert und bei der Datenerfassung als Zahl 2 in einen Datensatz eingetragen.

Im Rahmen der Datenanalyse werden die eingangs formulierten Hypothesen überprüft. Das heißt, es wird analysiert, ob diese anhand der Daten widerlegt oder vorläufig bestätigt werden können. Hat man aus einer Theorie etwa einen positiven Zusammenhang zwischen der Bewertung von Demokratie und dem Einkommen einer Person abgeleitet („Je höher das Einkommen einer Person, desto zufriedener ist sie mit der Demokratie"), dann sollte sich dieser Zusammenhang auch in den Daten zeigen, beispielsweise darin, dass die beiden Variablen miteinander kovariieren, also sich parallel zueinander verändern.

Die Befunde der Datenanalyse werden abschließend in einem Forschungsbericht festgehalten und – meist in Form eines wissenschaftlichen Artikels – der Wissenschaft und der Öffentlichkeit zur Verfügung gestellt. Sie gehen dann ein in das gesammelte und dokumentierte Wissen eines Fachs und werden wiederum zur Grundlage weiterer Forschung, wie der Pfeil von Forschungsbericht zu Forschungsfrage (Abb. 4) illustriert.

5.3.2 Der Forschungsprozess in qualitativen Ansätzen

Qualitative Ansätze zielen auf das Erzeugen neuen Wissens über die Wirklichkeit und suchen nach bislang nicht oder wenig untersuchten Aspekten oder Zusammenhängen, um im Anschluss auf der Basis der Befunde Hypothesen über diese Zusammenhänge formulieren zu können. Dabei teilen diese Ansätze die Annahme, dass Sprache bei der Suche nach Wahrheit und Wirklichkeit eine zentrale Rolle spielt. Denn erst Sprache und sprachliche Äußerung ermöglicht und vermittelt die Konstruktion von Wirklichkeit. Der französische Philosoph Jacques Derrida argumentiert daher in Abgrenzung zu positivistischen Positionen: „Nichts ist irgendwo einfach anwesend oder im Wort selbst. Es gibt lediglich überall Unterschiede und Spuren von Spuren" (Derrida 1981: 31). Im Kern bedeutet das, dass sich die „Begriffe, mit denen wir die Welt und uns selbst verstehen, [...] nicht zwangsläufig aus dem, was ist, [ergeben]. Für jeden Sachverhalt existiert eine unbegrenzte Zahl an Beschreibungen und Erklärungen" (Gergen 2002: 66). Qualitative Forschung ist immer auch Forschung über den Sprachgebrauch und dessen Regeln. Das Ziel des Verstehens „spezifischer Einstellungen, Handlungsweisen und Praktiken" (Westle 2009: 50), von Sinn- und Erlebniszusammenhängen, setzt Offenheit gegenüber den Daten voraus. Das gilt auch für die Auswertung der Daten, die stark interpretativ ist, weshalb man qualitative Ansätze auch unter dem Begriff „interpretatives Paradigma" (Blatter et al. 2007: 32) zusammenfasst.

Dementsprechend ist die Herangehensweise an den Forschungsgegenstand in der Planung möglichst strukturfrei, und Hypothesen oder Annahmen werden nach und nach aus dem Material entwickelt. Somit zeichnet sich qualitative Forschung auch durch Offenheit und Exploration aus. Fragestellungen werden oftmals erst im Laufe der Forschung selbst anhand erster Daten präzisiert. Im Unterschied zu quantitativer Forschung ist qualitative Forschung aber nicht nur offener, sondern auch stärker durch Reflexivität (sie wirkt auf sich selbst zurück, und Forscher:innen hinterfragen die eigene Vorgehensweise im Prozess der Forschung) und durch Feedbackschleifen im Forschungsprozess (Abb. 5) gekennzeichnet. Qualitative Forschung versucht zudem, sich von theoretischen Vorannahmen freizumachen, diese aber zumindest explizit darzulegen und im Hinblick auf die eigene Forschungstätigkeit zu kontrollieren. Nur so kann Erkenntnis aus den Daten selbst entstehen. Dies geschieht in der Konzeptspezifikation, aber auch während des Forschungsprozesses. Konzeptspezifikation bedeutet daher in erster Linie, den zu erklärenden Fall zu konkretisieren und herauszuarbeiten, welche Aspekte relevant sein könnten. Dabei spielen Begriffsdefinitionen eine wichtige Rolle, denn über sie wird das theoretische Vorwissen dargelegt. Aber es werden

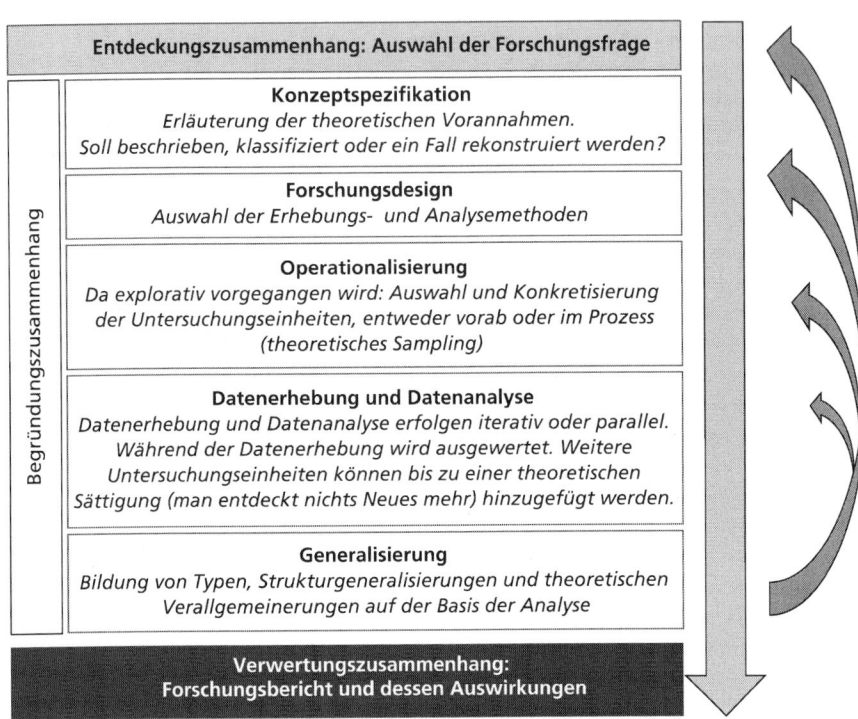

Abb. 5: Qualitative Forschung – ein ideales Ablaufschema (Quelle: eigene Darstellung modifiziert nach Westle 2009).

daraus keine spezifischen Hypothesen und Variablen abgeleitet, sondern lediglich offen formulierte forschungsleitende Fragen.

Auch in der qualitativen Forschung müssen sich Forscher:innen für ein Forschungsdesign und konkrete Methoden entscheiden. Auch wenn die konkrete Fallzahl meist aus der Fragestellung und der Intensität der gewählten Methode hervorgeht, sind es meist Einzelfallanalysen oder einige wenige Fälle, die untersucht werden. Meist geschieht dies anhand von (fixierten) sprachlichen Äußerungen (Texte), die z. B. über offene Interviews erfasst werden und nicht standardisiert sind. Daher benötigt man Methoden, die es ermöglichen, Texte zu untersuchen. Idealtypisch lassen sich dabei zwei Gruppen von Verfahren unterscheiden: „textkodierende und kategorisierende sowie hermeneutische und sequenzanalytische Verfahren" (Krumm 2009: 105; vgl. Kelle und Kluge 1999: 9). Die kodierenden Verfahren dienen dabei vor allem der Beschreibung des Forschungsgegenstands, da sie die Texte strukturieren und auf die wesentlichen Inhalte reduzieren. Auch lassen sich auf der Basis kodierender Methoden, wie beispielsweise der qualitativen Inhaltsanalyse oder Grounded Theory, die Charakteristika von Fällen und die Gemeinsamkeiten und Unterschiede zwischen Fällen – das Typische – herausarbeiten. Auf dieser Basis können dann Hypothesen gebildet werden. Hermeneutische Verfahren dienen hingegen dazu, den Sinn einzelner Äußerungen – das Gemeinte – zu verstehen und Fälle zu rekonstruieren. Hermeneutische Vorgehensweisen werden daher meist in Einzelfallstudien verwendet. Eine besondere Herausforderung bei der Formulierung von solchen Forschungsdesigns besteht darin, den Zugang zu relevanten Informationen zu erhalten. Beschäftigt man sich beispielsweise mit Extremist:innen und deren Motivationen, Gedankengebäuden und Handlungen, so wird unmittelbar klar, worin die Schwierigkeit liegt: (glaubwürdige) Informationen zu erhalten. Daher ist die Interaktion zwischen Forscher:innen und Beforschten wichtig, und es muss ein gewisses Maß an Vertrauen hergestellt werden.

Da Datenerhebung und Datenanalyse bei qualitativen Ansätzen oft parallel ablaufen, kann es zu Modifizierungen sowohl der Analysemethoden als auch der Gruppe der untersuchten Fälle kommen. Denn mit jedem Fall können neue und andere Befunde entdeckt werden, auf die man bisher nicht geachtet hat. Das würde dazu führen, dass schon analysiertes Material erneut untersucht werden muss oder dass weitere Fälle untersucht werden. Dies geschieht in der qualitativen Forschung so lange, bis die Daten empirisch und theoretisch gesättigt sind, sodass es bei Hinzunahme weiterer Informationen zu keinen neuen Befunden und Erkenntnissen mehr kommt. Durch diese reflexive Art und Weise des Forschens entsteht ein erheblicher Dokumentationsaufwand, da alle Schritte des Forschungsprozesses so dokumentiert werden müssen, dass Andere sie nachvollziehen (Intersubjektivität) und entscheiden können, ob die daraus entstandenen Strukturen, Typen und theoretischen Generalisierungen plausibel und dem Material angemessen sind.

5.3.3 Gütekriterien für Forschung und Forschungsprozesse

Wissenschaft lebt von der Qualität und Nachvollziehbarkeit der Studien. Daher wurden für die Überprüfung der Qualität verschiedene Kriterien entwickelt, die im Rahmen der Forschung sowie am Ende der Forschung einer Überprüfung unterzogen werden. Da sich, wie aufgezeigt, die Vorgehensweisen quantitativer und qualitativer Studien durchaus unterscheiden, sind die für die quantitative Forschung entwickelten Kriterien auch nicht automatisch auf andere Arten der Forschung übertragbar, auch wenn einige Wissenschaftler:innen (vgl. King et al. 1994) dies postulieren. Daher werden zunächst die Gütekriterien quantitativer Forschung dargestellt und im Anschluss verschiedene Möglichkeiten der Anpassung oder Ergänzung dieser Kriterien für qualitative Studien diskutiert.

5.3.3.1 Gütekriterien für quantitative Ansätze

Will man die Qualität oder Güte quantitativer Studien überprüfen, so greifen erstens die allgemeinen Grundsätze wissenschaftlichen Arbeitens und zweitens die Gütekriterien wissenschaftlichen Arbeitens – Validität und Reliabilität.

Die Validität (Gültigkeit) von Forschung bemisst sich daran, wie exakt die untersuchte Realität abgebildet wird. Dabei geht es insbesondere um die Frage der Gültigkeit von Begriffsdefinitionen und Forschungsoperationen. Die Kernfrage ist: Wird mit der Forschung das gemessen, was gemessen werden soll? Gültigkeit ist dann erreicht, wenn „der Transfer von der theoretischen Ebene zum Gegenstandsbereich gelingt" (Kromrey 2009: 182).

Zunächst einmal geht es darum, die semantische (auch als intern bezeichnete) Validität zu überprüfen: Wird eine Begriffsdefinition korrekt operationalisiert, sodass auch alle Aspekte der Definition gemessen werden? Vollkommene Gültigkeit ist dann erreicht, wenn eine operationale Definition eines Begriffs denselben Inhaltsbereich hat wie die nominale Definition. Wenn man beispielsweise Demokratie definiert als ein politisches System, in dem freie, gleiche und faire Wahlen abgehalten werden, um die Exekutive (die Regierung) auszuwählen, dann müssen alle vier Teile der Definition in messbare Größen übersetzt werden: 1. Wahlen als individuelle Abgabe von Präferenzen bezüglich der Besetzung der Regierung, z. B. per Stimmzettel; 2. frei in dem Sinne, dass Stimmberechtigte nur nach ihren Präferenzen entscheiden und nicht beeinflusst werden; 3. gleich, indem jede Stimme gleich viel wert ist und alle abstimmen können und dürfen; sowie 4. fair in Bezug auf den Wettbewerb zwischen mehreren wählbaren Kandidat:innen, die die gleichen Chancen (z. B. bezüglich ihrer Sendezeit im Fernsehen) erhalten. Werden all diese Bedeutungsdimensionen erfasst, spricht man von vollständiger Validität. Werden beispielsweise nur zwei oder drei Teile erfasst, ist die Operationalisierung zu eng, da der Bedeutungsumfang der Definition weiter ist als die Messung. Das hat in der Praxis mitunter verheerende Folgen. Misst man beispielsweise das Kriterium „fair" nicht, würde man bei Vorliegen der drei anderen Kriterien auch ein Land als demokratisch bezeichnen, in dem ausschließlich ein:e Kandidat:in Zugang zu den Medien hat. Das führt dann aber zu Verzerrungen bei der Freiheit der Entscheidung, da nur über eine Wahloption Informationen zur Verfügung stehen. Wird mehr gemessen als nur die vier Kriterien, z. B. Wohlstand, dann ist die Operationalisierung zu weit. Wird nur ein Teilbereich, z. B. die Existenz von Wahlprozeduren, gemessen und zusätzlich weitere Aspekte, wie etwa Wohlstand oder Ungleichheit, die im Sinne der Definition aber keine Rolle spielen, dann ist die Operationalisierung nicht trennscharf. Im schlimmsten Fall weisen Definition und Messung sogar keine Schnittmengen auf. Im Unterschied zu den zuvor beschriebenen Fällen, die zumindest teilweise gültig sind, besteht hier keine semantische Validität.

Wenn semantische Validität gegeben ist, stellt sich immer noch die Frage der empirischen (externen und internen) Validität: Wird durch die Erhebung auch genau das gemessen, was mit dem Konstrukt bezeichnet worden ist? Dies kann auf drei Arten geprüft werden. Inhaltsvalidität fragt, ob die Untersuchungsergebnisse im Lichte schon bestehender Forschung, des State of the Art, und hinsichtlich der Erfassung untersuchungsrelevanter Dimensionen plausibel erscheinen. Kriteriumsvalidität hat einen höheren Anspruch und zieht unabhängige Vergleichswerte heran, um eine Untersuchung zu überprüfen. Dafür werden weitere Daten über den untersuchten Sachverhalt herangezogen, die inhaltlich mit dem untersuchten Konzept stark zusammenhängen und als externe Prüfkriterien verwendet werden können. Kriteriumsvalidität ist in dem Maße gegeben, wie die externen Daten mit den eigentlichen Daten zusammenhängen (korrelieren). So hängen Demokratie und Rechtsstaatlichkeit beispielsweise eng zusammen. In Ländern, die gute Werte bei den Kriteriumsdaten zur Rechtsstaatlichkeit haben, sollten auch die Werte für Demokratie hoch sein. Konstruktvalidität ist eine Form der Prüfung, bei der der zu untersuchende Begriff bei einer Reihe von Hypothesen als Ursache (Wenn-Komponente, unabhängige Variable) verwendet wird, bei der die Wirkung (Dann-Komponente, abhängige Variable) variiert. Wenn man zeigen kann, dass die Dann-Komponenten hinreichend miteinander zusammenhängen und dieser Zusammenhang der Dann-Komponenten mit der Ausprägung der unabhängigen Variablen konsistent ist, dann deutet das auf eine valide Messung hin. Empirisch zeigt sich beispielsweise ein sehr starker statistischer (und kausaler) Zusammenhang zwischen Rechtsstaatlichkeit und Korruption. Wenn Rechtsstaatlichkeit hoch ist, ist Korruption gering (und umgekehrt). Rechtsstaatlichkeit bedeutet die Einhaltung und Durchsetzung von Gesetzen. Korruption ist das Umgehen dieser Regeln durch den Austausch von Gefälligkeiten, Geld oder anderen Gütern mit dem Ziel, eigene Interessen durchzusetzen bzw. Vorteile zu erhalten. Da Demokratie mit Rechtsstaatlichkeit zusammenhängt, sollte sie auch mit Korruption zusammenhängen: wenn Demokratie, dann Rechtsstaatlichkeit, und wenn Demokratie, dann keine Korruption. Verhalten sich die Befunde entsprechend, dann deutet das auf das Vorliegen von Konstruktvalidität hin.

Reliabilität bezeichnet die Zuverlässigkeit einer Messung: Funktioniert ein Messinstrument fehlerfrei und ohne Verzerrungen? Mit Esser et al. (1977: 193) kann Zuverlässigkeit als „intertemporale, intersubjektive und interinstrumentelle Stabilität erhaltener Messwerte" definiert werden. Intertemporale Stabilität bedeutet, dass ein Messinstrument bei wiederholter Messung desselben Phänomens die gleichen Ergebnisse hervorbringt. Wenn man mit einem Meterstab die

Länge eines Holzbretts mehrmals misst, sollte das Ergebnis immer identisch sein. In den Sozialwissenschaften ist es im Unterschied zu solchen naturwissenschaftlichen Messungen etwas schwieriger, da man sich nicht sicher sein kann, dass der untersuchte Fall zu beiden Messzeitpunkten identisch ist. Befragt man beispielsweise ein und dieselbe Person zu zwei Zeitpunkten zur Zufriedenheit mit der Demokratie, kann es durchaus sein, dass man aufgrund veränderter Einstellungen unterschiedliche Antworten erhält. Daher kann es sein, dass auch große Differenzen in der Messung kein Hinweis auf mangelnde intertemporale Stabilität sind. Nur wenn die Gleichheit der Untersuchungssituation gegeben ist, ist intertemporale Stabilität abhängig von der Präzision des Messinstruments.

Intersubjektive Stabilität ist dann gegeben, wenn ein Messinstrument unabhängig von der Person, die es verwendet, die gleichen Ergebnisse erzeugt. Auch hier treten in den Sozialwissenschaften Probleme bei der Überprüfung auf, da nicht unbedingt gewährleistet ist, dass Situationen der Anwendung gleich sind. Wenn zwei Personen die Länge ein und desselben Bretts mit dem gleichen Meterstab messen, sollte das Ergebnis gleich sein – vorausgesetzt, niemand hat inzwischen einen Teil des Bretts abgesägt. In den Sozialwissenschaften würde beispielsweise eine Person von zwei verschiedenen Forscher:innen die gleiche Frage gestellt bekommen und sollte idealerweise die gleiche oder zumindest eine sehr ähnliche Antwort geben. Das gilt allerdings nur, wenn sich zwischen den Zeitpunkten der Befragung kein Einstellungswandel ergeben hat.

Interinstrumentelle Stabilität lässt sich überprüfen, wenn die gleiche Merkmalsdefinition mit unterschiedlichen Instrumenten untersucht wird und die Ergebnisse identisch bzw. kongruent sind. Die Länge eines Bretts könnte mit einem Meterstab oder mit einem Lasermessgerät erfasst werden. Die Zufriedenheit der Demokratie kann mit geschlossenen Frage- und Antwort-Items (also vorgegebenen Fragen und vorgegebenen Antwortmöglichkeiten) oder mit offenen Fragen, die Raum für eigene Ausführungen der Befragten lassen, erfasst werden. Wenn eine Person in einer geschlossenen Frage „Sehr zufrieden" als Antwort ankreuzt, sollte sie in einer offenen Frage Ähnliches zum Ausdruck bringen, z. B.: „Ich finde, dass die Demokratie die beste Regierungsform ist, und bin sehr glücklich, in einer Demokratie zu leben."

Zwischen den beiden Gütekriterien Validität und Reliabilität bestehen Zusammenhänge. Die Gültigkeit der Realitätserfassung kann dabei niemals höher sein als die Zuverlässigkeit des Instruments. Denn in dem Ausmaß, wie unterschiedliche Messwerte nicht Unterschiede des gemessenen Merkmals ausdrücken, sondern das Ergebnis von mangelnder Reliabilität sind, sind auch die Forschungsergebnisse ungültig. Zuverlässigkeit ist eine notwendige, aber keine hinreichende Bedingung für Gültigkeit – Messinstrumente können sehr zuverlässig sein, aber einen falschen Indikator messen und sind damit nicht gültig in Bezug auf die Bedeutung des jeweiligen theoretischen Begriffs.

Verwendet man die Grundsätze wissenschaftlicher Forschung, insbesondere den der Intersubjektivität und die beiden Gütekriterien Validität und Reliabilität, um quantitative Forschung zu überprüfen, kann man sich ein relativ gutes Bild darüber machen, ob man den Ergebnissen vertrauen sollte.

5.3.3.2 Gütekriterien für qualitative Forschung

Eine in den Sozialwissenschaften durchaus gängige Vorstellung von Gütekriterien qualitativer Forschung ist die, dass man die Kriterien für quantitative Forschung einfach übernimmt (vgl. King et al. 1994). Diese Position fasst die Kriterien Objektivität, Validität (Gültigkeit) und Reliabilität (Verlässlichkeit) als Einheitskriterien auf, die an quantitative wie qualitative Forschung anzulegen seien. Andere Autoren schlagen vor, diese drei Kriterien für den qualitativen Kontext anzupassen, indem sie Gütekriterien für die qualitative Forschung formulieren und diese den drei quantitativen Gütekriterien zuordnen (vgl. Miles und Huberman 1994: 227). Der Objektivität wird das Kriterium der Bestätigbarkeit qualitativer Untersuchungen zugeordnet. Der Reliabilität wird das Kriterium der Nachvollziehbarkeit *(auditability)* zugeordnet. Interne Validität wird entsprechend als Glaubwürdigkeit oder Authentizität und externe Validität als Transferierbarkeit übersetzt.

Qualitative und quantitative Ansätze unterscheiden sich jedoch in vielerlei Hinsicht und insbesondere im Grad der Offenheit der Erfassung der Wirklichkeit. Einige Forscher:innen vertreten daher die Auffassung, dass quantitative Gütekriterien prinzipiell nicht einfach übertragbar sind, sondern dass eine eigene Forschungslogik auch eigene Gütekriterien benötigt. Beispiele hierfür wären die kommunikative Validierung (Rückkopplung der Forschungsergebnisse an die Untersuchungsobjekte) oder die Triangulation von Forschungsergebnissen, bei der durch komplementäre Methoden, Daten, Theorien und Forscher:innen mögliche Probleme der Subjektivität ausgeglichen werden sollen. So können beispielsweise Demokratieverständnisse erforscht werden, indem man Fragebögen, Interviews und experimentelle Methoden der Untersuchung miteinander kombiniert und die Befunde miteinander vergleicht. Einen gut ausgearbeiteten Kriterienkatalog für qualitative Forschung schlägt Ines Steinke (2007: 323–331) vor. Sie geht dabei von drei Annahmen aus. Erstens kann qualitative Forschung nicht ohne Bewertungskriterien bestehen, da sonst Beliebigkeit und Willkür die Glaubwürdigkeit offener Forschung untergraben würden. Zweitens sind quantitative Kriterien nicht geeignet, da sie auf anderen erkenntnistheoretischen Annahmen basieren und für stark formalisierte Verfahren entwickelt wurden. Daraus folgt drittens, dass Kriterien zur Beurteilung qualitativer Forschung entlang deren methodologischen und epistemologischen Grundlagen entwickelt werden müssen. Die folgenden von Steinke hervorgehobenen Kriterien entsprechen diesen Annahmen:

Intersubjektive Nachvollziehbarkeit als zentrales Kriterium bedeutet, dass andere Forscher:innen den Forschungsprozess nachvollziehen und beurteilen können müssen. Dies wird ermöglicht durch eine genaue Dokumentation des Forschungsprozesses, die Interpretation von Ergebnissen in Gruppen sowie die Vereinheitlichung und Festlegung des methodischen Vorgehens. Durch Regeln, Explikationen und systematische Analyse des Vorgehens wird der Nachvollzug einer Studie erleichtert.

Indikation bezieht sich auf die Prüfung der Angemessenheit des gesamten Forschungsprozesses in Hinblick auf die Forschungsfrage. Dabei wird geprüft, ob die verwendeten Methoden geeignet sind, ob die Fallauswahl oder die Regeln der Dokumentation von Daten angemessen sind.

Unter *empirischer Verankerung* versteht Steinke die systematische Bildung und Prüfung von Theorien und Hypothesen anhand der Daten. Dies kann durch die Verwendung kodifizierter, also genau definierter Methoden erreicht werden. Es wird geprüft, ob es ausreichend empirische Belege für Theorien gibt.

Kohärenz: Sind die formulierten Annahmen widerspruchsfrei und wie wurde mit Widersprüchen in den Daten umgegangen? Wichtig ist dabei die Offenlegung von ungelösten Fragen und Widersprüchen.

Reflektierte Subjektivität bezieht sich auf die Rolle der Forscher:innen im Forschungsprozess, welche bei qualitativen, interpretativen Ansätzen von zentraler Bedeutung ist. Es wird danach gefragt, wie die Subjektivität kontrolliert wurde, etwa durch Selbstbeobachtung und Reflexion der eigenen Grundannahmen.

Zusammengenommen ermöglichen diese Kriterien eine mit den epistemologischen Grundannahmen in Einklang stehende Überprüfung qualitativer Studien.

5.3.3.3 Verallgemeinerbare Gütekriterien

Einen Vorschlag allgemeingültiger Kriterien zur Prüfung der Güte qualitativer und quantitativer wissenschaftlicher Studien präsentieren Susanne und Gert Pickel (2018: 46). Für sie sind Nachvollziehbarkeit, Replizierbarkeit, intersubjektive Überprüfbarkeit und Gültigkeit die allgemein anwendbaren Gütekriterien wissenschaftlicher Forschung.

Nachvollziehbarkeit fragt, ob die Leser:innen verstehen können, wie eine Studie durchgeführt wurde. Dieses Kriterium erfordert eine ausführliche Dokumentation des Forschungsprozesses. Replizierbarkeit zielt darauf ab, dass eine Wiederholung der Studie unter gleichen Rahmenbedingungen zu gleichen oder zumindest sehr ähnlichen Ergebnissen führen muss. Dies kann durch die Kontrolle der Durchführung der Studie sowie die Kontrolle der Rahmenbedingungen bei der Durchführung geschehen. Intersubjektive Überprüfbarkeit bedeutet, dass andere Forscher:innen unter den gleichen oder ähnlichen Rahmenbedingungen bei der Anwendung der gleichen Methoden zu gleichen oder ähnlichen Ergebnissen kommen. Dazu müssen das Datenmaterial und die genauen Regeln der Durchführung der Forschung anderen Forscher:innen zugänglich gemacht werden. Die Gültigkeit ist dann gewährleistet, wenn tatsächlich auch das gemessen wird, was gemessen werden soll. Zur Feststellung der Gültigkeit muss die Abbildung der Realität geprüft werden, beispielsweise durch die Triangulation von Methoden und Daten. Das zudem vorgeschlagene Kriterium der logischen Stringenz und Kohärenz wurde bereits bei den Grundmerkmalen von Wissenschaftlichkeit angesprochen und daher hier nicht aufgenommen. Logisch nicht stringente Argumentationen müssen erst gar nicht anhand von wissenschaftlichen Gütekriterien geprüft werden.

Idealtypische Forschungsabläufe dienen der Orientierung der Forscher:innen im Forschungsprozess. Gleichwohl gibt es zahlreiche Unwägbarkeiten in einem Forschungsprozess, die dazu führen können, dass die ursprünglich formulierten Abläufe modifiziert oder gar verworfen werden müssen. Die Realität eines Forschungsprojekts besteht daher immer wieder auch darin, Lösungen für Probleme bei der Formulierung von Begriffen, der Operationalisierung, der Erhebung von Daten und der Auswertung von Daten zu finden und das Forschungsdesign an die Alltagsherausforderungen anzupassen.

Die Fallbeispiele in Kapitel 6 zeigen deutlich, dass kaum ein Forschungsprojekt ohne Herausforderungen und Hindernisse abläuft und dass die Anpassung von Elementen des Forschungsdesigns eher die Regel als die Ausnahme darstellt. Dies wird aus den Publikationen, insbesondere wenn es sich um Artikel in Fachzeitschriften handelt, nicht immer klar, schon allein aufgrund des oft beschränkten Platzes. Dennoch sind diese Erfahrungen ein zentraler Bestandteil des wissenschaftlichen Lern- und Forschungsprozesses.

5.4 Dokumentation und Präsentation von Forschungsergebnissen

Die Ergebnisse wissenschaftlicher Forschung sollten umfassend dokumentiert werden, um eine intersubjektive Nachprüfbarkeit der Befunde zu ermöglichen. Dies betrifft einerseits die im Forschungsprozess erhobenen und analysierten Daten selbst. Diese können entweder in Forschungsdatenbanken wie der GESIS oder entsprechend auf eigenen Repositorien von Universitäten oder Fachbereichen hinterlegt werden. Andererseits betrifft dies die Darstellung des kompletten Forschungsprozesses als solchem, inklusive Fragestellung, Forschungsstand, Theorien, Methoden und Ergebnissen. In den Sozialwissenschaften hat sich in den letzten Jahrzehnten der wissenschaftliche Aufsatz als das zentrale Kommunikationsmedium für Forschungsergebnisse gegenüber anderen Formaten wie etwas Monografien oder Beiträgen in Sammelbänden durchgesetzt und ist auch für die Besetzung von Professuren zu einer zentralen Währung geworden. Wer also eine Karriere in der Wissenschaft anstrebt, sollte sich möglichst frühzeitig mit einer geeigneten Publikationsstrategie auseinandersetzen. Dass auch studentische Forschungsprojekte publikabel sind, zeigt etwa das in Kapitel 20 vorgestellte Projekt von Ninow, Thunecke und Wagner (2020), von dem Teilerkenntnisse 2021 in der renommierten Fachzeitschrift *German Politics* veröffentlicht wurden (Ninow et al. 2021). Und auch die Publikation von Kiefer et al. (2016) zu radikalisierenden Inhalten der IS-Propaganda, das im *Journal for Deradicalization* veröffentlicht wurde, geht auf ein Lehrforschungsprojekt zurück.

Wissenschaftliche Aufsätze sind in der Regel zwischen 6.000 und 10.000 Wörtern lang und präsentieren zentrale aktuelle Forschungsergebnisse. Der Vorteil davon ist, dass sie vergleichsweise schneller und konziser als Monografien wissenschaftliche Erkenntnisse für die Fachgemeinschaft und die Öffentlichkeit zur Verfügung stellen. Seriöse Fachzeitschriften arbeiten mit sogenannten Peer-Review-Verfahren, um die Qualität der wissenschaftlichen Aufsätze sicherzustellen. Daher werden die eingereichten Manuskripte – in der Regel in anonymisierter Form – von zwei oder mehreren Gutachter:innen überprüft. Auf der Basis dieser Gutachten werden Beiträge akzeptiert, zur Überarbeitung an die Autoren zurückgegeben oder abgelehnt. Über die Qualität und die Reichweite von Fachzeitschriften geben verschiedene Indizes wie der Journals Citations Report (https://jcr.clarivate.com/jcr/browse-journals) oder der Scimago Journal & Country Rank (https://www.scimagojr.com/journalrank.php) Auskunft. Verlässlich sind auch die Empfehlungen von Expert:innen im jeweiligen Forschungsfeld und die Autor:innen, die in den jeweiligen Zeitschriften veröffentlichen, sowie die Verlage, welche die Zeitschriften herausgeben. Vorsicht ist immer dann geboten, wenn eine Begutachtung und Publikation innerhalb weniger Wochen angeboten wird und/oder eine Veröffentlichungsgebühr verlangt wird. Ausnahmen sind anerkannte Open-Access-Optionen etablierter Zeitschriften, die meist auch von Universitäten und Forschungseinrichtungen gefördert und mitfinanziert werden. Die Open-Access-Option erhöht nicht nur die Reichweite, sondern beschleunigt auch den Publikationsprozess, der in einem gründlichen Verfahren der Begutachtung und Überarbeitung auch einmal ein Jahr und mehr dauern kann.

Es gibt eine Reihe von Aufsätzen und Büchern, die detaillierte Hilfestellungen zum Erstellen von wissenschaftlichen Artikeln geben. Auf diese sei hier anstatt einer ausführlichen Diskussion verwiesen. Gary King (2006) zeigt anhand eines Beispiels einer Replikationsstudie, wie ein Aufsatz aufgebaut wird, welche Elemente er beinhalten sollte und welche Strategie bei der Publikation verfolgt werden sollte. Blair, Rashkova und Stockemer (2020) betonen die zentrale Rolle der Veröffentlichung in akademischen Fachzeitschriften als Bestandteil der eigenen akademischen Karriere. Als Herausgeber der Fachzeitschrift European Political Science geben sie Einblicke in den Publikationsprozess, zeigen diejenigen Faktoren auf, die zur Ablehnung einer Arbeit führen, und erläutern Strategien, die sicherstellen, dass Aufsätze hohe Erfolgschancen haben, begutachtet und publiziert zu werden. Zudem geben sie wichtige Tipps, wie mit den Ergebnissen von Begutachtungsverfahren umgegangen werden sollte und wie man sich als Gutachter:in verhalten sollte. Keith Dowding (2003) gibt in seinem Beitrag praktische Hilfestellungen, wie in Politikwissenschaft publiziert werden kann, was man bei der Auswahl der Zeitschriften beachten sollte, wie ein Review-Prozess abläuft und wie man damit umgehen sollte, wenn man Gutachten erhält. Einen Klassiker zum Thema wissenschaftliches Schreiben hat Umberto Eco (2015) mit seinem Band *How to write a thesis* verfasst, und Gruber et al. (2009) bieten mit ihrem Band *Wissenschaftliches Schreiben* umfangreiche Informationen zum wissenschaftlichen Schreibprozess. Auch Anleitungen zum Verfassen von Seminararbeiten können hilfreich sein, bereiten sie Student:innen doch auf das Verfassen wissenschaftlicher Aufsätze vor.

Neben Aufsätzen in Fachzeitschriften sind Monografien und Beiträge zu Sammelbänden weitere wichtige Formate zur Publikation wissenschaftlicher Erkenntnisse für ein Fachpublikum. Darüber hinaus sollten Wissenschaftler:innen sich auch damit auseinandersetzen, wie sie ihre Befunde einer breiteren Öffentlichkeit zugänglich machen können. Hier bieten vor allem die sozialen Medien und Netzwerke zahlreiche Möglichkeiten. Neben wissenschaftsnahen Netzwerken und Plattformen wie Researchgate, Academia.edu oder Google Scholar können Blogposts oder Beiträge auf Twitter oder Instagram eine große Reichweite erzeugen und auf die eigene Forschung aufmerksam machen. Dies macht jedoch eine Reformulierung und Kondensierung der zentralen Befunde ebenso wie eine den jeweiligen Medien angepasste Form notwendig.

Nicht zuletzt sollten Wissenschaftler:innen mit Multiplikator:innen und Entscheidungsträger:innen in Kontakt treten. Dies können Medienschaffende und Journalisten sein, aber auch Lehrer:innen und Erwachsenenbildner:innen sowie Verantwortliche und Amts- und Mandatsträger:innen in Politik und Verwaltung. Dies wiederum erfordert Formate, die an die Logik von Medien und Politik angepasst sind, wie etwa sogenannte Policy Briefs. Diese haben die Aufgabe, komplexe

Forschungsergebnisse für ein in der Regel fachfremdes Publikum in sehr konden-
sierter Form (meist 1–2 Seiten) so aufzubereiten, dass dieses die Erkenntnisse in
den politischen Entscheidungsfindungsprozess einbeziehen kann. Sie bieten objektive Zusammenfassungen relevanter Forschungsergebnisse, schlagen mögliche Politikoptionen vor oder vertreten bestimmte Positionen und Handlungsalternativen. In der Regel folgen sie einem Aufbau, der ausgehend von Titel und
Kurzzusammenfassung der wichtigsten Punkte den Kontext oder die Reichweite
des bearbeiteten Problems darstellt und die Notwendigkeit politischer Entscheidungen aufzeigt, verschiedene Handlungsalternativen benennt und Empfehlungen gibt. Auch werden empfohlene und verwendete Quellen angegeben und zentrale Argumente und Befunde durch Grafiken oder Tabellen visualisiert.
Hilfreiche Anleitungen und Beispiele zum Verfassen finden sich exemplarisch auf
der Seite des Writing Center der University of North Carolina at Chapel Hill
(https://writingcenter.unc.edu/tips-and-tools/policy-briefs), der Food and Agri-
culture Organization of the United Nations FAO (https://www.fao.org/3/i21
95e/i2195e03.pdf), bei Smith (2016) sowie Young und Quinn (2019).

5.5 Forschungsethik und gute wissenschaftliche Praxis

Wissenschaftler:innen sind wie andere Menschen auch verantwortlich für ihr
Tun. Aufgrund der besonderen Ausbildung, der Zielsetzung von Wissenschaft und
der potenziellen Reichweite der Ergebnisse ihrer Arbeit tragen sie jedoch eine besondere Verantwortung. Denn sozialwissenschaftliche Forschung ist eben nicht
nur eine Suche nach Wahrheit, sondern immer eingebettet in soziale Beziehungen, wie Curran (2006: 198) betont: „Research is not a solo enterprise, and social
relationships are inevitably imbued with many different meanings entailing
responsibilities, obligations, and entitlements that may or may not be obvious at
any one time and certainly evolve as a research project progresses." Aus dieser
sozialen Situiertheit von Forschung erwächst die besondere Verantwortung der
Forscher:innen für die Konsequenzen ihrer Arbeit.

Insbesondere die Erfahrungen mit der Rolle der Wissenschaft und vor allem
der medizinischen Forschung im Dritten Reich und den dort verübten Verbrechen
gegen die Menschlichkeit haben dazu geführt, dass sich nicht nur Wissenschaft-
ler:innen Gedanken um systematische Standards für die Forschung an und mit
Menschen gemacht haben. Denn im Namen der Forschung wurde hier Menschen
in Konzentrationslagern und Forschungseinrichtungen unsägliches Leid zuge-
fügt. Im Rahmen der Nürnberger Prozesse wurden daher vor allem für Mediziner

ethische Standards zur Planung und Durchführung medizinischer Experimente festgelegt und im Nürnberger Kodex[2] festgehalten. Dieser umfasst zehn Punkte:

— Die Freiwilligkeit der Teilnahme an Studien als unhintergehbare Grundbedingung.

— Studienergebnisse sollen dem Wohl der Gesellschaft dienen und nur durchgeführt werden, wenn die Ergebnisse nicht auf einem anderen Weg erzielt werden können.

— Die zu erwartenden Ergebnisse und deren Nutzen rechtfertigen die Durchführung.

— Unnötige körperliche oder seelische Verletzungen müssen vermieden werden.

— Studien dürfen keine absehbaren dauerhaften Schäden oder den Tod der Beforschten zur Folge haben.

— Die Risiken dürfen niemals größer als der erwartete Nutzen der Studie sein.

— Studien müssen sorgfältig vorbereitet werden und in einer geschützten Umgebung stattfinden.

— Studien dürfen nur von wissenschaftlich qualifizierten Personen durchgeführt werden, die über die nötigen Fachkenntnisse verfügen.

— Den Beforschten muss jederzeit ermöglicht werden, ihre Teilnahme an einer Studie zu beenden.

— Die Forscher:innen müssen eine Studie abbrechen, wenn sie vermuten, dass die Fortsetzung eine Verletzung, bleibende Schädigung oder den Tod der Beforschten zur Folge hat.

Für die Sozialwissenschaften spielen Experimente und Versuche, insbesondere solche, die in den Körper der Menschen eingreifen, eine im Vergleich zur Medizin untergeordnete Rolle, dafür sind psychische und soziale Risiken durchaus greifbar. Denn gerade hier ist Forschung immer auch eine soziale Beziehung, in der Interessen, Macht und Einfluss die Beziehungen zwischen Menschen prägen. Aus diesen Konstellationen ergeben sich dann spezifische Risiken, die zu beachten und in Vorgaben zur Forschungs- und Wissenschaftsethik zu inkludieren sind.

So verweisen etwa Burnham et al. (2008: 288 ff.) und Curran (2006: 208 ff.) auf die Bedeutung von Machtbeziehungen und Interessenskonflikten im Rahmen von Forschung. So bestehen etwa unterschiedliche Zugänge zu Ressourcen und Wis-

---

2 Die englische Originalfassung findet sich in *Trials of War Criminals before the Nuremberg Military Tribunals under Control Council Law* No. 10, Vol. 2, 181 f. und ist im Internet abrufbar unter https://collections.nlm.nih.gov/ext/dw/01130400RX2/PDF/01130400RX2.pdf. Die deutsche Fassung ist im Internet abrufbar unter http://www.ippnw-nuernberg.de/aktivi taet2_1.html.

sen, bei denen Forscher:innen gegenüber den Beforschten in einer privilegierten Situation sind und daher über mehr Macht verfügen als die Beforschten. Ebenso sind die Beziehungen zwischen Forscher:innen und Auftrag- oder Geldgeber:innen oftmals ungleich oder von unterschiedlichen Erwartungshaltungen in Bezug auf das Forschungsprojekt. Interessenskonflikte entstehen immer dann, wenn innerhalb einer sozialen Beziehung unterschiedliche Vorstellungen über Zweck und Ziele einer Interaktion, hier der Forschung, bestehen. Diese grundlegenden Aspekte sollten in der Planung und Durchführung von Forschungsprojekten reflektiert und angemessen beachtet werden. Denn ethische Probleme entstehen insbesondere dann, wenn verschiedene Interessen in sozialen Beziehungen aufeinandertreffen und in einem konflikthaften Verhältnis zueinander stehen. Sie können definiert werden als Probleme, die dabei entstehen, wenn wir versuchen, zwischen zwei Handlungsweisen auf der Basis von und in Bezugnahme auf Normen des moralisch Richtigen oder Falschen und nicht auf der Basis von Zweckmäßigkeit oder Effizienz zu entscheiden (vgl. Burnham et al. 2008: 283).

Dabei lassen sich entlang des sogenannten Belmont-Reports (U.S. Department of Health, Education, and Welfare 1979) drei Dimensionen von Forschungsethik identifizieren: Forschungssubjekte, Daten und Mitarbeiter. Erstens sind die Forschungssubjekte zu nennen, also diejenigen Personen, die als Träger:innen von relevanten Informationen für die Forschung interessant sind und daher im Rahmen der Forschung an Befragungen, Interviews, Experimenten oder anderen Formen der Datenerhebung teilnehmen. Hier werden die Kriterien „Respect for Persons", „Beneficence" und „Justice" formuliert. Der Respekt gegenüber den Versuchspersonen wird vor allem dadurch gewährleistet, dass sie als autonome Akteure angesehen werden und diejenigen Personen mit eingeschränkter Autonomie (Schutzbefohlene wie Minderjährige oder Menschen mit Beeinträchtigungen) unter besonderen Schutz gestellt werden. Dies wird dadurch erreicht, dass die Beteiligten an einem Forschungsprojekt über die Ziele, Methoden und Verwendungszwecke der Studie aufgeklärt werden und somit auf der Basis einer umfassenden Information ihre Zustimmung zur Teilnahme an der Studie geben können. Dies heißt im Englischen *Informed Consent*.

Beneficence bezieht sich auf die Abwägung von Risiken und Nutzen der Forschung für die Beteiligten. Hier sollte der Nutzen immer größer sein als die Risiken, sodass die Forschung zur Steigerung der Wohlfahrt oder des Wohlergehens beiträgt. Die möglichen Risiken und Nutzen müssen daher in ihrer Art und Reichweite sorgfältig und systematisch abgewogen werden, um eine Entscheidung hinsichtlich der Rechtfertigung der Durchführung der Forschung treffen zu können. Risiken und Nutzen können dabei körperlicher, psychischer, sozialer und ökonomischer Natur sein, wenngleich die individuellen Risiken meist höher sind als die sozialen. Nicht gerechtfertigt sind Brutalität und Unmenschlichkeit, Risiken sollten immer so klein wie möglich gehalten werden, und wenn gefährdete oder verletzliche Personen in die Forschung involviert sind, muss dies gesondert gerechtfertigt werden. Dies würde beispielsweise auf die Befragung von Flüchtlingen zutreffen, da diese grundsätzlich in einer schwachen Position sind und ggf. Traumata der Flucht durch eine Befragung erneut durchleben müssen. Mögliche Risiken müssen daher auch immer Bestandteil der Herstellung des *Informed Consent* sein.

Justice oder Gerechtigkeit wird so hergestellt, dass die Beteiligten an der Forschung so ausgewählt werden, dass ihnen die Ergebnisse auch zugutekommen. Es ist zu vermeiden, dass Testpersonen die Risiken der Forschung tragen, aber am Ende nicht davon profitieren. Es geht vor allem darum zu reflektieren, warum bestimmte Gruppen oder Personen für die Forschung ausgewählt werden. Die Auswahlkriterien sollten strikt auf Forschungsinteresse ausgerichtet sein und nicht etwa leichte Erreichbarkeit, Beeinflussbarkeit oder ähnliche Kriterien umfassen. Grundsätzlich sollte öffentlich geförderte Forschung zudem auch der gesamten Öffentlichkeit zugutekommen. Zweitens sind dies die im Forschungsprozess entstandenen Daten und der Umgang mit diesen Daten. Hier geht es vor allem darum, dass Daten nicht manipuliert werden dürfen, um zu den gewünschten Ergebnissen zu kommen. Im Gegenteil spiegeln die erhobenen Daten die Realität wider und müssen dementsprechend auch verarbeitet werden. Ebenso ist das Erfinden von Ergebnissen verboten. Nicht zuletzt muss das geistige Eigentum Anderer respektiert werden. Daten dürfen nicht plagiiert und ohne Erlaubnis und Angabe von Quellen verwendet werden. Nur unter Einhaltung dieser Kriterien ist die Wahrhaftigkeit und die Nachvollziehbarkeit von Forschung gewährleistet. Drittens sind die im Forschungsprozess mitarbeitenden Student:innen, Mitarbeiter:innen und Kolleg:innen und deren Positionen und Interessen zu berücksichtigen. Das Ausnutzen von Abhängigkeitsverhältnissen ist dabei ebenso untersagt wie der Missbrauch der eigenen Position und der Diebstahl geistigen Eigentums.

Burnham et al. (2008: 286 ff.) fassen diese Aspekte nochmals etwas anders in fünf grundlegende ethische Prinzipien, die im Rahmen von Forschung unbedingt zu beachten sind:

— Nützlichkeit von Forschung und Schadensvermeidung im gesamten Forschungsprozess: Forscher:innen sollen danach streben, Gutes zu tun, und jegliche Art von Schaden zu vermeiden.

— Wahrhaftigkeit und Vermeidung von Täuschung: Forscher:innen sollen die Wahrheit sagen und ihre Versprechen einhalten.

- Datenschutz und Autonomie: Alle Menschen und insbesondere Teilnehmer:innen in Forschungsprojekten haben das Recht, den Zugang zu Daten über sie selbst zu beschränken.
- Vertraulichkeit: Beforschte haben das Recht, zu kontrollieren und zu beschränken, wie und von wem ihre Daten verwendet werden.
- Zustimmung: Beforschte müssen ihr Einverständnis zur Teilnahme an Studien auf der Basis umfassender Information über Ziel und Zweck der Forschung geben.

Diese Dimensionen und Prinzipien werden in verschiedenen Richtlinien für die ethisch korrekte Durchführung von Forschungsprojekten adressiert und sind in der Forschungspraxis meist eng miteinander verbunden. Die Gewährleistung der Anonymität von Beforschten ist beispielsweise eng mit der Sicherheit der erhobenen Daten und dem verantwortungsvollen Umgang der Projektmitarbeiter:innen mit diesen Daten verbunden.

Die politikwissenschaftlichen Fachgesellschaften haben sich Ethik-Codizes gegeben, welche viele der diskutierten Aspekte aufgreifen und für das Fach anpassen. Sie dokumentieren die wissenschafts- und forschungsethischen Regeln des Fachs. Der *Guide to Professional Ethics in Political Science* der American Political Science Association[3] dokumentiert die ethischen Standards, nach denen Politikwissenschaftler:innen ihre Arbeit ausrichten sollen. Die zentralen Prinzipien sind:

- Die Wahrung der Autonomie und des Wohlbefindens von Personen, die von der eigenen Forschung getroffen sind.
- Die Übernahme individueller Verantwortung bei der Abwägung ethischer Aspekte der eigenen Forschung.
- Die Sensibilität für Machtunterschiede zwischen Forscher:in und Beforschten und deren Auswirkungen auf die Freiwilligkeit einer Studienteilnahme sowie die Abwägungen zwischen Nutzen und Risiken von Studien.
- Die wissentliche und informierte Zustimmung von Beforschten muss eingeholt werden, insbesondere dann, wenn mit der Forschung Risiken für die Beforschten einhergehen können.
- Täuschung sollte möglichst nicht in der Forschung verwendet werden, wenn diese nicht notwendig ist, um die Integrität der Forschung beizubehalten.
- Die Risiken körperlicher Schäden und psychischer Traumata müssen abgewogen werden und sind so weit wie möglich zu vermeiden, insbesondere wenn

---

3   https://apsanet.org/Portals/54/diversity%20and%20inclusion%20prgms/Ethics/APSA%2
0Ethics%20Guide%20-%20Final%20-%20February2022_Council%20Approved.pdf; zuletzt besucht am 03.10.2022.

sie nicht mit einem Nutzen verbunden sind. Auch sozialer und ökonomischer Schaden ist in die Abwägungen mit einzubeziehen.

– Vertraulichkeit muss gewährleistet und die Anonymität der Beforschten gewahrt werden. Dies ist insbesondere dann wichtig, wenn es sich um sensible oder politisch umstrittene Themen handelt.

– Die größeren sozialen und politischen Auswirkungen der eigenen Forschung müssen abgewogen werden.

– Geltendes Recht muss in jedem Fall berücksichtigt werden.

– Die Verantwortung für die Wahrung ethischer Standards ist eine Querschnittsaufgabe aller an der Forschung beteiligten Personen.

– Darüber hinaus werden professionelle wissenschaftliche Standards formuliert, die unter anderem Integrität, Transparenz und Wahrung der Menschenwürde beinhalten.

– Forscher:innen wahren ihre Integrität, indem sie verantwortlich für ihre Publikationen zeichnen, alle Interessenkonflikte und finanziellen Quellen sowie Vorgaben von Auftraggeber:innen und Unterstützung von Anderen offenlegen. Auch sind sie verpflichtet, bei der Replikation der Ergebnisse im Streitfall mitzuwirken.

– Transparenz als wichtiger Baustein der Überprüfung der Forschung wird durch die Offenlegung von Quellen und Methoden, Bereitstellung der Forschungsdaten und Einhaltung wissenschaftlicher Standards gewährleistet.

– Die Menschenwürde aller an der Forschung beteiligten Personen wird gewahrt, indem Vertraulichkeit und Anonymität hergestellt werden, Daten geschützt werden und geltendes Recht (in Deutschland insbesondere die Datenschutzgrundverordnung) eingehalten wird.

Der Ethik-Kodex der Deutschen Vereinigung für Politikwissenschaft[4] hat die Aufgabe, Politikwissenschaftler:innen für ethische Probleme zu sensibilisieren. Dabei wird die Einhaltung der Regeln guter wissenschaftlicher Praxis als zentral für die wissenschaftliche Integrität von Politikwissenschaftler:innen erachtet. In der Forschung werden daher die Aspekte Integrität und Objektivität der Forscher:innen sowie die Rechte der Untersuchten wie Risikovermeidung, Wahrung der Persönlichkeitsrechte, Freiwilligkeit, Anonymität, Datenschutz und Informant:innenschutz formuliert. Im Rahmen von Publikationen sind alle Autor:innen zu nennen, alle Quellen zu zitieren, Begutachtungen fair und objektiv durchzuführen. Begutachtungen sind im Falle von Interessenskonflikten abzulehnen und ansonsten möglichst objektiv und zeitnah durchzuführen. Im Umgang mit Student:innen, Mitarbeiter:innen und Kolleg:innen haben Forscher:innen eine Ver-

---

4 https://www.dvpw.de/wir/profil/ethik-kodex; zuletzt besucht am 03.10.2022.

antwortung für die gute Ausbildung der Student:innen, für die Nichtdiskriminierung sowie dafür, dass andere nicht ausgenutzt oder deren Arbeit ungefragt verwertet wird. Das Erwarten oder Erzwingen von persönlichem, sexuellem, beruflichem oder sonstigem Entgegenkommen und Vorteilnahme sind schwerwiegende Verstöße gegen ethisches Verhalten. Nicht zuletzt sind wahrheitswidrige Anschuldigungen wissenschaftlichen oder anderen Fehlverhaltens zu unterlassen.

Zusammenfassend kann ethisch korrektes Verhalten als geleitet durch die Verpflichtung zur Wahrheit, die Transparenz in Methode und Dokumentation, die Reflexion des eigenen Tuns, den Schutz der Menschenwürde von an der Forschung Beteiligten sowie wissenschaftlichen Austausch und Interaktion mit sachkundigen Anderen definiert werden.

Zwei Beispiele können die Notwendigkeit ethischer Überlegungen und Risikoabwägungen in verschiedenen Forschungskontexten illustrieren. Eine Studie von Johannes Gerschewski (2013) untersucht, welche Faktoren zur Stabilität von Diktaturen beitragen, und findet heraus, dass Repression, Legitimation und Kooptation und die Art und Weise, wie sie eingesetzt werden, ausschlaggebend dafür sind, ob autoritäre Regime stabil sind. Diese auf der Makroebene angesiedelte Studie arbeitet nicht mit Menschen als Datenquellen, sondern mit Sekundärdaten verschiedener Art. Insofern stellen sich Fragen der Anonymität und Vertraulichkeit zum Schutz von Befragten beispielsweise nicht. Dennoch wäre zu prüfen, ob eine solche Forschung nicht möglicherweise schwerwiegende soziale Risiken birgt. Denn erstens könnten die Erkenntnisse von lernwilligen Diktatoren dazu genutzt werden, gezielt politische Kampagnen zur Legitimierung der eigenen Herrschaft zu entwickeln, oder die dem System treuen Sicherheitskräfte dazu aufzufordern, körperliche Gewalt möglichst zu vermeiden und auf „mildere" Formen der Repression zurückzugreifen, da legitimierende Erzählungen die Stabilität steigern und gewalttätige Repression diese gefährden. Anders ausgedrückt, sollte gefragt werden, ob hier nicht die Risiken bestehen, dass ein Handbuch zur Stabilisierung von Diktaturen entstehen könnte, das auf wissenschaftlichen Erkenntnissen fußt. Das soziale Risiko vor dem Hintergrund des moralisch schlechten Guts Unfreiheit wäre daher die Steigerung oder zeitliche Ausdehnung von Zuständen der politischen Unfreiheit für die Bevölkerung des entsprechenden Landes. Zweitens könnten die Forschungsergebnisse auch dazu genutzt werden, die Menschen über die Zusammenhänge autoritärer Herrschaft aufzuklären und ihnen Wege aufzuzeigen, wie sie sich davon emanzipieren und die Diktatur überwinden können. Dies wäre aus der moralischen Perspektive, dass individuelle politische Freiheit ein positives Gut ist, ein enormer Nutzen. Solche Abwägungen erscheinen auf den ersten Blick künstlich, sind aber nicht von der Hand zu weisen und sollten zumindest grundlegend reflektiert werden.

Eine Studie von Holger Albrecht und Kevin Koehler (2018) beschäftigt sich mit der Frage, unter welchen Bedingungen Militärs in Bürgerkriegen desertieren, und allgemeiner, welche Ursachen für militärischen Ungehorsam und Desintegration von Streitkräften in gewaltsamen Konflikten ausgemacht werden können. Diese untersuchen sie anhand von Interviews mit Deserteuren aus der syrischen Armee, die nach Libanon, Jordanien und der Türkei geflüchtet sind. Sie zeigen dabei, dass weniger moralische Bedenken als die Angst um die eigene Sicherheit auslösende Faktoren sind. Die Interviews wurden zwischen 2014 und 2015 in syrischen Flüchtlingsgemeinschaften durchgeführt und Befragte durch Weiterempfehlung im Schneeballsystem innerhalb der Netzwerke gewonnen. Es handelt sich hierbei um Forschung mit Menschen, die als Befragte einen wesentlichen Beitrag zum Erkenntnisgewinn leisten. Daher sind alle ethischen Prinzipien, die den Umgang mit Menschen betreffen, von besonderer Relevanz. Erstens ist die Sicherheit der Beteiligten zu gewährleisten (was bei solchen Feldstudien in Krisengebieten auch die Forscher:innen selbst betrifft). Im hier gegebenen Forschungszusammenhang ist die Anonymität der Befragten von entscheidender Bedeutung, da sie bei einer Entdeckung durch syrische Kräfte im Extremfall mit einer Verurteilung zum Tode rechnen müssten. Auch die Frage nach psychischen Traumata ist hier relevant, denn durch ein Interview könnten traumatisierende Erfahrungen im Bürgerkrieg und bei der Flucht erneut getriggert werden. Darüber müssen sich Forscher:innen und Beforschte bewusst sein, und die Forscher:innen sollten gegebenenfalls Hilfsangebote, z. B. psychologische Betreuung und in jedem Fall ein De-Briefing, bereitstellen. Umso wichtiger ist das Kriterium der informierten Zustimmung zur Forschung seitens der Befragten, die auch über die möglichen Risiken und den Umgang mit den gewonnenen Informationen aufklärt. Auf der sozialen Ebene stellt sich auch die Frage nach gesellschaftlichen Auswirkungen der Ergebnisse dieser Forschung. Werden dadurch Erkenntnisse geschaffen, die von Nutzen für die Verbesserung von Lebensverhältnissen sind, und überwiegen diese die möglichen Risiken?

Grundsätzlich gilt, dass die in verschiedenen Codizes festgelegten Prinzipien guter wissenschaftlicher Praxis und Forschungsethik in eigenen Forschungsprojekten von Anfang an mitgedacht und berücksichtigt werden sollen. Entsprechende Vorgaben machen unter anderem auch Fördereinrichtungen, die entsprechende Erklärungen zu forschungsethischen Aspekten zunehmend einfordern.

6 Von der Theorie zur Praxis

In der Politikwissenschaft werden zahlreiche und sehr unterschiedliche Methoden der Datenerhebung und Datenauswertung verwendet. Diese beruhen auf unterschiedlichen epistemologischen Annahmen und haben unterschiedliche methodologische Voraussetzungen. In der Datenerhebung werden beispielsweise verschiedene Formen von Experimenten, Beobachtung und teilnehmender Beobachtung sowie Befragungen mit unterschiedlichen Graden an Standardisierung und Offenheit verwendet. Hinzu kommen Methoden der Datengewinnung im Internet durch automatisches oder semiautomatisches Filtern und Abgreifen von Daten von Webseiten, die Nutzung von Archiven und Dokumenten sowie Sekundärdaten als Grundlage der Datenanalyse. Und auch die Methoden der Datenauswertung sind vielfältig. In der Tradition verstehender, sinnerfassender Methoden stehen die verschiedenen Ansätze der Hermeneutik, der Grounded Theory, der qualitativen Inhaltsanalyse, der Diskursanalyse und der Netzwerkanalyse. Auch Fallstudien, vergleichende Fallstudien und makroqualitative Ansätze stehen in dieser Tradition. Darüber hinaus ist die Politikwissenschaft offen für ethnografische, visuelle, linguistische und kommunikationswissenschaftliche Methoden, die zum Teil in der interpretativ-konstruktivistischen Tradition, zum Teil in der positivistischen Tradition stehen. Hier sind auch die in der Politikwissenschaft breit verwendeten statistischen Methoden zu verorten, wie etwa die deskriptive und bivariate Statistik, Kontingenz-, Varianz-, Regressions-, Cluster- und Faktorenanalysen.

Einen ersten konzisen Überblick über wissenschaftstheoretische Grundlagen, Methoden und Fragestellungen, die damit beantwortet werden können, findet sich bei Frankenberger (2021). Darüber hinaus gibt es zahlreiche Lehrbücher für methodologische und wissenschaftstheoretische Fragen (z. B. Alemann und Forndran 2005; Brühl 2015; Carrier 2006; Føllesdal et al. 1988; Moses und Knutson 2019; King et al. 1994; Lowndes et al. 2018), breitere Methodeneinführungen (z. B. Kromrey 2009; Pickel und Pickel 2018; Burnham et al. 2008) sowie Lehrbücher für qualitative (z. B. Lamnek und Krell 2016; Flick et al. 2007; Prainsack und Pot 2021) und quantitative Methoden (z. B. Wagschal 1999; Backhaus et al. 2021). Spezifische Literatur zu einzelnen Methoden kann z. B. über die genannten Werke im Schneeballsystem oder über eine gezielte Katalogrecherche erschlossen werden. Diese bieten eine systematische Einführung und je nach Beitrag einen tiefen Einstieg in die jeweiligen Methoden, indem sie die Grundlagen und Vorgehensweisen darstellen und diskutieren.

Im Rahmen dieses Buches habe ich einen anderen, dezidiert an der Idee des forschenden Lernens und des Anschauungslernens ausgerichteten Zugriff auf neun ausgewählte Methoden der Datenanalyse gewählt. In den folgenden Kapiteln des Teil II des Bandes erfolgt die Vorstellung ausgewählter Methoden in einem Zweischritt. In einem kürzeren Kapitel wird jeweils die Logik und Funktionsweise der Methode sowie typische mit der Methode beantwortbare Fragestellungen vorgestellt. Im Anschluss stellen angehende und fortgeschrittene Wissenschaftler:innen Forschungsprojekte vor, in denen sie mit der entsprechenden Methode gearbeitet haben, und reflektieren diese kritisch, sodass die Leser:innen einen praktischen und pragmatischen Einblick in den jeweiligen Forschungsprozess und die Verwendung der jeweiligen Forschungsmethoden erhalten. Die Beiträge zu den Forschungsprojekten sind weitgehend analog aufgebaut. Einführend wird die jeweilige Studie zusammenfassend vorgestellt. Dann werden Erkenntnisinteresse und Fragestellung sowie deren Entwicklung im Forschungsprozess sowie die Bedeutung von Theorien und Konzepten für die Studie dargestellt. Auch die Methoden der Datenerhebung und die Art der verwendeten Daten werden intensiv diskutiert und Herausforderungen und Probleme bei der Definition und Erhebung reflektiert. Den Kern bildet die jeweils verwendete Methode der Datenanalyse. Dabei werden Aspekte wie die Auswahl der Methode in Bezug auf die Fragestellung, die epistemologischen Grundannahmen, die Stärken und Schwächen sowie das eigentliche Vorgehen bei der Datenanalyse vor dem Hintergrund der eigenen Forschungserfahrungen erläutert. Dabei erfolgt auch eine Reflexion der Ergebnisse der Studien, welche Fragen beantwortet werden konnten, welche Lücken bestehen bleiben und welche Grenzen der Forschung sich gezeigt haben. Abschließend fassen die Autor:innen die *Lessons learned*, ihre zentralen Erfahrungen und Einsichten bezüglich des Forschen mit der Methode selbst und des jeweiligen Forschungsprozesses zusammen.

Dies soll den Leser:innen nicht nur einen in der Forschungspraxis verankerten Einblick in die Forschungsmethoden geben, sondern auch und vor allem zeigen, dass Forschung in der Regel kein linearer Prozess ist, sondern immer wieder Entscheidungen getroffen und Vorgehensweisen justiert werden müssen, um letztlich die aufgeworfenen Forschungsfragen beantworten zu können. Dies ist ganz normal, und diese Einsicht soll die Leser:innen ermutigen, sich der Herausforderung zu stellen, in das forschende Lernen einzutauchen und eigene Erfahrungen mit Forschungsmethoden und deren Stärken zu sammeln. Wenn die Methoden so ausgewählt werden, dass sie zu den Forschungsfragen „passen" und ggf. auch im Prozess der Forschung an die Bedürfnisse angepasst werden, so kann

Neues entstehen – neue Erfahrungen und neues Wissen. Denn „with methods as with people: if you focus only on their limitations you will always be disappointed" (Shapiro 2004: 35).

Teil II

Forschungsmethoden und deren Anwendung

7 Fallstudien und Process Tracing

Ein Fall kann definiert werden als eine räumlich abgegrenzte Einheit, die zu einem bestimmten Zeitpunkt oder über eine Zeitspanne hinweg beobachtet wird. Was als Fall in Betracht kommt, bestimmt sich aus der Fragestellung und Forschungsperspektive. Je nach Erkenntnisinteresse kann es sich dabei um ein Land, ein politisches System, eine Institution oder Organisation, einen kollektiven oder individuellen Akteur, einen Prozess, ein Ereignis oder ein Problem handeln. Fallstudien haben das Ziel, genaue Rekonstruktionen oder Beschreibungen von Fällen herzustellen. Je nach Beschaffenheit des Falles und der für seine Analyse relevanten Daten können unterschiedliche Methoden der Datenerhebung und Datenanalyse zum Einsatz kommen. Fallstudien verwenden die unterschiedlichsten Daten – von Statistiken bis zu Gesetzestexten, von Interviews bis zu Fotografien –, um Fälle zu rekonstruieren. Neben Einzelfallstudien werden oft auch Vergleiche mit wenigen Vergleichsobjekten („small-n") unter dem Begriff Fallstudien geführt. Daher werden Fallstudien meist auch eher der Methodologie als der Methode zugerechnet.

Hauptfragen, die im Rahmen von Fallstudien beantwortet werden können, sind: „Was ist in einem konkreten Fall passiert?", „Welche kausalen Zusammenhänge gibt es?", „Kann eine Theorie erklären, was in einem konkreten Fall passiert ist?" „Wie verhält sich ein Fall in Vergleich zur Lehrmeinung, zur Theorie, zu anderen Fällen?"

Grundsätzlich lassen sich entlang des Erkenntnisinteresses drei verschiedene Arten von Fallstudien unterscheiden (vgl. Gerring 2007; Lijphart 1971; Eckstein 1975). Theoriegenerierende Fallstudien legen das Hauptaugenmerk auf die Rekonstruktion eines Einzelfalls und gehen abduktiv oder induktiv vor. Es geht ihnen um das Besondere und Einzigartige des spezifischen Falls und um das Verstehen der Prozesse und Ereignisse in einem Fall. Die Fallauswahl erfolgt daher in der Regel vom Ereignis, vom Phänomen selbst her, und mögliche Erklärungen können das Ergebnis der Fallstudie sein. Theorietestende Fallstudien stehen in engem Bezug zum schon existierenden Wissen und haben ein deduktives Erkenntnisziel. Hypothesen sollen getestet werden. Das Erkenntnisziel solcher Fallstudien reicht immer über den Einzelfall hinaus. Die Auswahl der zu untersuchenden Fälle erfolgt daher auf der Basis theoretischer Überlegungen, und der Fall selbst steht für eine Klasse von Fällen. So können beispielsweise Fälle ausgewählt werden, die für die Variablenbeziehungen besonders repräsentativ sind oder die im Hinblick auf die Theorie überraschende Werte aufweisen. Darüber hinaus können Fallstudien auch beiden Zwecken dienen, indem deduktive und induktive Elemente kombiniert werden. Solche Fallstudien sind jedoch von vornherein komplex.

Eine besondere Herausforderung bei Fallstudien ist die Fallauswahl. Die Auswahl ergibt sich aus der jeweiligen erkenntnistheoretischen Position und aus der untersuchten Fragestellung. Positivistische, deduktiv orientierte Forscher:innen wählen Fälle streng nach deren Bedeutung für den theoretischen Bezugsrahmen aus und orientieren sich dabei in erster Linie an den Werten für die erklärenden, unabhängigen Variablen, während konstruktivistische Forscher:innen Fälle auf der Basis des Phänomens und damit der abhängigen Variablen auswählen.

Fälle bilden die Grundlage für Fallvergleiche. Fälle liefern reichhaltige Informationen und können Hinweise auf bestimmte Muster, Mechanismen und Kausalitäten geben. Da sie von der Reichweite der Aussagen her begrenzt sind, werden bei der Verallgemeinerung von Forschungsergebnissen aus Fallstudien und zur Entwicklung belastbarer Hypothesen meist erst einmal wenige Fälle verglichen. Dabei werden Fälle nicht mehr in ihrer Gesamtheit betrachtet, sondern im Hinblick auf bestimmte Eigenschaften, Strukturen oder andere Merkmale verglichen. Auch hier ist die Auswahl der zu vergleichenden Fälle eines der Kernprobleme. Zudem stellt sich die Frage, inwieweit es notwendig und möglich ist, bestimmte Rahmenbedingungen konstant zu halten wie etwa bei den Mill'schen Herangehensweisen der *Method of Agreement* und der *Method of Difference*. Diese nomothetisch-deduktiv orientierten Methoden erfordern systematische Kontrolle, um Regeln und Muster durch den Vergleich weniger Fälle identifizieren zu können. Problematisch ist hierbei, dass es möglicherweise nicht ausreichend Fälle gibt, die die Anforderungen erfüllen, oder dass die Variablenausprägungen nicht eindeutig einem Forschungsdesign zugeordnet werden können. Fallstudien und Vergleiche weniger Fälle sind nichtsdestotrotz zentrale Methoden der Theoriengenerierung und -überprüfung in der Politikwissenschaft, und sie entfalten ihre Stärken immer dann, wenn es um vertieftes Wissen etwa bei der Rekonstruktion von kausalen Zusammenhängen von Ereignissen geht.

Process Tracing oder Prozessanalyse ist eine Fallstudienmethode, deren Ziel es ist, einen kausalen Prozess, eine kausale Kette und damit die Ursache-Wirkungs-Beziehung zwischen einer oder mehreren unabhängigen Variablen und einem Outcome, einer bestimmten Ausprägung der abhängigen Variablen, zu identifizieren. Damit soll gezeigt werden, welche von verschiedenen möglichen Erklärungen konsistent ist mit einer nicht unterbrochenen Beweiskette von hypothetischer Ursache zu beobachtetem Effekt. Im Unterschied zu statistischen Methoden, die in der Regel auf probabilistischen (auf Wahrscheinlichkeiten beruhenden) Zusammenhängen basieren, müssen beim Process Tracing Kontinuität und Vollständigkeit bei der Erklärung gegeben sein.

Die Fragen im Rahmen von Prozessanalyse sind spezifischer gefasst als die Fragen für Fallstudien im Allgemeinen: Wie kam es zu einem Ergebnis x? Welche Ursache-Wirkungs-Ketten können wir entdecken? Welche einzelnen kausalen Schritte brauchte es, um von Situation 1 zu Situation 2 zu kommen? Lässt sich die formulierte Kausalerklärung bestätigen oder muss sie verändert werden?

Es finden sich verschiedene Varianten von Process Tracing. Erstens sind dies detaillierte Beschreibungen von Fällen – je genauer die Beschreibung, desto eher sind Aussagen über kausale Zusammenhänge möglich. Zweitens zu nennen sind analytische Erklärungen, bei denen die Beschreibungen theoretisch fundiert werden, indem Hypothesen und Gesetze formuliert werden. Generalisierende Erklärungen bilden eine dritte Variante, sie abstrahieren von den Fällen. Alle Varianten erfordern eine Kontinuität und Vollständigkeit bei der Erläuterung eines Falls. Wenn nur ein einzelner Schritt in einer Kausalkette nicht aufgezeigt werden kann, dann ist nach alternativen Erklärungen zu suchen. Prozessanalysen können sowohl theorietestend als auch theorieentwickelnd eingesetzt werden. Im ersten Fall wird ausgehend von einer aus der Theorie abgeleiteten Hypothese an einem Fall untersucht, ob der vermutete Zusammenhang aufzufinden ist. Im zweiten Fall ist das Ergebnis der Fallanalyse eine Hypothese über einen solchen kausalen Zusammenhang.

Mit Prozessanalysen können einzelne oder mehrere Pfade zu einem Outcome oder Ergebnis (Äquifinalität) ebenso identifiziert werden wie Ursachenbündel (Multikausalität) und unechte Zusammenhänge (Spuriousness). Gegebenenfalls können auch abweichende Fälle erklärt werden. Allerdings hat die Methode auch einen Haken, denn es ist nicht immer einfach, die fallangemessene Variante der Methode auszuwählen.

Ähnlich wie bei anderen Formen der Fallstudie können unterschiedliche Methoden der Datenerhebung und -analyse als Hilfsmethoden zum Einsatz kommen, um an relevante Informationen zu gelangen. Die Schwierigkeit liegt hier vor allem in der Auffindbarkeit von Daten, die eine Etablierung von Kausalketten ermöglichen. Zudem stellt sich die Frage, welche Art von Test für einen kausalen Zusammenhang durchgeführt werden kann. Es geht darum zu testen, ob ein Phänomen eine notwendige oder hinreichende Bedingung für das Auftreten des zu untersuchenden Ergebnisses ist. Hinreichend ist eine Bedingung dann, wenn sie für jeden untersuchten Fall zu dem zu untersuchenden Outcome führt. Notwendig ist eine Bedingung, wenn sie immer dann, wenn der Outcome vorliegt, ebenfalls vorliegt. In der Literatur werden dafür vier Arten von Tests vorgeschlagen, die unterschiedlich stark sind: Der sogenannte „Straw-in-the-Wind-Test" ist der schwächste und bezieht sich auf weder notwendige noch hinreichende Bedingungen. Wird er bestanden, so wird die Relevanz der Hypothese gestützt, aber nicht bestätigt. Der „Smoking-Gun-Test" bezieht sich auf hinreichende, aber nicht notwendige Bedingungen. Ein Bestehen bestätigt die Hypothese, bei Nichtbestehen wird sie jedoch nicht eliminiert. Der „Hoop-Test" bezieht sich auf notwendige, aber nicht hinreichende Bedingungen. Ihn zu bestehen, stützt die Relevanz der Hypothese, das Nichtbestehen eliminiert die Hypothese. Der „Doubly-Decisive-Test" bezieht sich auf eine notwendige und hinreichende Bedingung. Nichtbestehen eliminiert die Hypothese, Bestehen bestätigt sie und eliminiert alternative Hypothesen. Es ist bei Fallstudien jedoch meist schwierig, entsprechend eindeutige Daten aufzufinden. Dies kann methodisch, aber auch empirisch bedingt sein.

Die Stärken von Fallstudien liegen vor allem darin, dass sie in die Tiefe gehen und dabei insbesondere auch kausalanalytische Untersuchungen ermöglichen. Durch Prozessanalysen kann ein tiefes Verständnis für den Einzelfall entwickelt und gleichzeitig theoriegenerierend oder theorietestend – und damit auf die Verallgemeinerung zielend – gearbeitet werden. Denn Prozessanalysen ermöglichen die Rekonstruktion von kausalen Zusammenhängen. Dazu wird jedoch schon vorab eine Expertise bezüglich des Falls benötigt, und gerade das Studium von Fällen jenseits des eigenen sozialen und kulturellen Erfahrungshorizonts erfordert besondere Sorgfalt.

8 Process Tracing: Das Überleben politischer Regime in kollabierten Staaten am Beispiel Syriens

Hafez Kerim Aslan, Philipp Fischer, Florian Seuffert

Die diesem Kapitel zugrundeliegende Forschungsarbeit beschäftigte sich mit dem Thema, warum politische Regime in kollabierten Staaten überleben können. Als Ausgangslage für diese Fragestellung haben wir uns den Fall Syrien angeschaut. Seit 2011 herrscht dort ein internationalisierter bewaffneter Konflikt. Im Verlauf des Kriegs hat das Assad-Regime zeitweise die Kontrolle über mehr als zwei Drittel des Territoriums Syriens an aufständische Gruppen verloren und dennoch den Konflikt überleben können. Daraus folgt, dass der syrische Staat und das Assad-Regime nicht deckungsgleich sind, da der Staat zerfiel, während das Assad-Regime dennoch bestehen blieb.

Das Überleben Assads wollten wir daher sowohl anhand verschiedener innenpolitischer Theorien testen als auch die internationale Dimension berücksichtigen. Innerhalb Syrien verfolgte das Assad-Regime mehrere Strategien, um seine Macht zu erhalten. Die von uns getesteten innenpolitischen Theorien umfassen Sekterianismus, Repression, Coup-Proofing und strategische Kontraktion sowie die internationale Patron-Klienten-Beziehung, da wir den Einfluss des Iran und Russlands als entscheidend vermuten. Letztere postuliert, dass Staaten/Regime eine besondere Art von Beziehung eingehen, wobei der Klient eindeutig in der schwächeren Position ist und der Unterstützung seines Patrons bedarf, um seine Position zu verbessern oder sein Überleben zu sichern. Im Gegenzug geht der Klient auf einige Forderungen seiner Schutzherren ein, ist aber keine bloße Marionette und verfolgt dabei die eigenen Interessen. In Syrien unterstützten im Laufe der Jahre Iran und Russland das Assad-Regime in militärischer, diplomatischer und ökonomischer Hinsicht. Das Vorhandensein von zwei Patronen verkompliziert die Patron-Klient-Theorie, da der Klient die Möglichkeit hat, zwischen seinen Patronen zu manövrieren, und sich damit mehr Handlungsmöglichkeiten bieten. Dieser Umstand wurde von Carney nicht berücksichtigt, da er von einer dyadischen Beziehung zwischen einem Klienten und einem Patron ausging. In Anbetracht des iranischen und russischen Einflusses auf das Assad-Regime schlagen wir zudem einen neuen Regimetypus namens *externally patronaged authoritarianism* vor.

Um den Einfluss der verschiedenen Theorien auf das Überleben des Assad-Regimes zu überprüfen, entschieden wir uns für ein Process Tracing. Dementsprechend haben wir Erwartungen aus den verschiedenen Theorien formuliert, um diese anhand der Empirie überprüfen zu können.

Erkenntnisinteresse und Fragestellung

Am Anfang eines jeden Forschungsprozesses steht die Forschungsfrage. Diese muss zentral widerspiegeln, was man in der zur Verfügung stehenden Projektzeit herausfinden möchte. Dementsprechend sollte das Erkenntnisinteresse zuvor klar formuliert werden: Was wollen wir herausfinden und was soll unsere Forschungsarbeit zum wissenschaftlichen Diskurs beitragen?

Das von uns beschriebene Phänomen, nämlich das Überleben eines politischen Regimes in einem kollabierten Staat, ist in der Literatur unzureichend untersucht. Uns ist keine Studie bekannt, die dieses untersucht. Vielmehr noch: Viele Artikel bauen auf Annahmen auf, welche die Möglichkeit eines Regimeüberlebens in einem kollabierten Staat negieren, da sie unzureichend zwischen einem politischen Regime und einem Staat unterscheiden. Somit scheint generell eine gewisse Konfusion über die Konzepte vorzuherrschen. Beispielsweise wurden in namenhaften Arbeiten Regimeoutcomes (z. B. eine Regimetransformation in Tunesien; Demokratisierung) mit Staatoutcomes vermischt (*partially failed state* im Falle Syriens) (vgl. Hinnebusch 2018: 49). Zuallererst wollten wir die zwei Konzepte klar trennen und eine erweiterte Konzeptualisierung dieser vornehmen. Leider ist aufgrund von Platzmangel und generellen Schwierigkeiten bei der Ausarbeitung viel dieses Erkenntnisinteresses in der finalen Arbeit nicht mehr sichtbar. Schlussendlich wurde sich nun mehr speziell auf das Regime-Konzept konzentriert und lediglich für die Verschiedenheit der beiden Entitäten argumentiert. Die genauen Wirkungsmechanismen zwischen Staaten und Regimen wurde infolgedessen nicht weiter spezifiziert.

Unser zweites Erkenntnisinteresse konzentrierte sich vor allem auf den theoretischen Rahmen. Theorien sind im Diskurs postulierte Ursache-Wirkungs-Zusammenhänge mit einem allgemeinen Wirkungsbereich (vgl. Frankenberger 2021: 22–24). Wir interessieren uns also für das „Warum?". Was erlaubt es einem Regime, in einem kollabierten Staat zu überleben? Deshalb machten wir uns daran, verschiedene Theorien auszuwählen, die Regime-Überleben auf inländischer und internationaler Ebene erklären.

Wie bereits bei der kurzen Definition von Theorien genannt, ist der Fokus ein allgemeiner (d. h. nicht einzelfallspezifisch). Gerade deshalb wollten wir zu Beginn der Arbeit mehrere Fälle in unser Forschungsdesign inkludieren, was neben Syrien unter anderem Afghanistan, Jemen und Libyen gewesen wären. Letztendlich wurde sich gegen dieses Vorhaben entschieden, da Zeit und Ressourcen, um derart viele Fälle gleichermaßen im Detail zu betrachten, fehlten. Aufgrund dessen entschieden wir uns für eine Einzelfallstudie über Syrien, da dieser Fall unseres Erachtens einen *extreme case* darstellt. (Das Phänomen von Staats-Kollaps und Regime-Überleben ist hier klar ausgeprägt.) Angesichts des fehlenden wissenschaftlichen Diskurses über dieses Phänomen bot sich eine Einzelfallstudie an, da hier im Detail Wirkungsmechanismen unter die Lupe genommen und Details ausgearbeitet werden können. Generell sollte bei einem geringen Kenntnisstand in der Wissenschaft über ein spezielles Phänomen die Einzelfallstudie stark gegenüber *medium*- und *large-N*-Studien vorgezogen werden. Die Erkenntnisse sind dann zwar von begrenzter Reichweite, können jedoch in anschließenden Arbeiten auch für eine breitere Auswahl an Fällen geprüft werden.

Dementsprechend hatte unsere Arbeit auch einen fallspezifischen Fokus, da wir tief in den Fall Syrien eingetaucht sind, um unsere Annahmen zu überprüfen. Der Disput zwischen allgemeinem (theoretischem) und speziellem (Einzelfall) Erkenntnisinteresse hat sich letzten Endes zugunsten des theoretischen Fokus entschieden, da wir eine generelle Wirksamkeit/Reichweite unserer Befunde vermuten und somit uns nicht auf einen Einzelfall beschränken wollten. Dieses Austarieren spiegelte sich auch in der Forschungsfrage wider. So schwankte die Gruppe zwischen „Wie konnte das Assad-Regime in dem kollabierten Staat Syrien überleben?" (Fokus auf den Einzelfall) und „Warum können politische Regime in kollabierten Staaten überleben?" (Allgemeiner/Theoretischer Fokus). Letztere wurde schließlich die zu beantwortende Forschungsfrage.

Bedeutung von Theorie für unsere Forschung

Wie bereits erwähnt, nehmen Theorien und Konzepte in unserer Arbeit eine zentrale Bedeutung ein. Es geht dabei immer um die Frage der Bedeutung des Falls Syrien für die ausgewählten Theorien. Kann der Fall mithilfe der Theorien und Konzepte erklärt werden oder bedarf es theoretischer Anpassungen?

Man muss sich die Wechselwirkung zwischen Theorie und Empirie wie einen Kreis vorstellen. Neue empirische Erkenntnisse haben Implikationen für bereits vorhandene Theorien. Andererseits helfen uns Theorien dabei, neue empirische Erkenntnisse zu erlangen, da sie wie ein Scheinwerfer Licht auf bestimmte Aspekte der Wirklichkeit werfen. Nämlich in Form von Hypothesen über Zusammenhänge zwischen X und Y.

In unserer Arbeit über den Fall Syrien ist die Zusammen- und Wechselwirkung zwischen Theorie und Empirie wie folgt zu beschreiben: Erstens hilft uns die konzeptionelle Unterscheidung zwischen Staat und Regime, den Fall Syrien grundlegend besser zu *verstehen*. Zweitens hilft uns der Fall Syrien dabei, die konzeptionellen Überlegungen in der Literatur über politische Regime mithilfe des „*center of political power*" (1990: 428) von Fishman um eine geografische Dimension zu *erweitern*. Drittens lassen sich aus verschiedensten Theorien (internationaler und nationaler Reichweite) Hypothesen zur Beantwortung unserer Forschungsfrage nach den Gründen für das Überleben von politischen Regimen in kollabierten Staaten *ableiten*. Zu guter Letzt ergibt sich am Ende ein Gesamtbild, welches aus der kreisförmigen Wechselwirkung zwischen Empirie und Theorie entsteht. Das Konzept des politischen Regimes wird anhand der empirischen Analyse der Theorien um eine internationale Dimension erweitert, die bisher aus unserer Sicht in der Literatur in Zusammenhang mit nationalen politischen Regimen nicht berücksichtigt wurde. Im Folgenden wird etwas detaillierter auf die Bedeutung von Theorien und Konzepten in unserem Projekt eingegangen.

Zunächst gilt es die Frage zu klären, was überhaupt eine Theorie beziehungsweise ein Konzept ist. Sowohl Theorien als auch Konzepte lassen sich in der theoretischen Sphäre wissenschaftlichen Arbeitens verorten, welche eng mit der empirischen verknüpft sind. Konzepte hingegen haben eher einen deskriptiv definitorischen Charakter und beschreiben eine Entität in der Realität (eine *unit*). Generell beschreiben Theorien die kausalen Relationen zwischen ihnen. Davon lassen sich dann Hypothesen über die Realität ableiten, welche wie ein Netz helfen, empirische Beobachtungen „einzufangen" und damit zu neuen Erkenntnissen zu gelangen.

In unserem Lehrforschungsprojekt geht es um zwei zentrale Konzepte in der Politikwissenschaft, nämlich einmal um das Konzept des Staates und einmal um das Konzept des politischen Regimes. Wir argumentieren, dass der *extreme case* Syrien, also ein Fall, bei welchem das zu untersuchende Phänomen (überlebendes Regime in einem kollabierten Staat) sehr klar präsent ist, uns die Wichtigkeit der Unterscheidung zwischen den beiden Konzepten vor Augen führt. Wie bereits ausgeführt, sind Konzepte entscheidend im wissenschaftlichen Diskurs. Dabei dienen sie der präzisen Erfassung der Realität. Aus unserer Sicht dominierten in der Literatur bezüglich des Falls Syrien unklare Begriffe wie „partially failed state" (Hinnebusch 2018: 49), „weak state" (Gause 2014: 8) oder „challenged state" (Bank 2022). All diese Begriffe erfassen aus unserer Sicht nicht das, was in Syrien vor sich geht. Vielmehr kann man diese Bezeichnungen als das Ergebnis einer nicht strikten Anwendung der konzeptionellen Unterscheidung zwischen Staat und Regime sehen. Wir argumentieren, dass in Syrien das politische Regime überlebt, während der Staat im Rahmen einer internationalisierten militärischen Auseinandersetzung kollabiert ist. In Syrien gibt es kein Gewaltmonopol über eine definierte Bevölkerungsgruppe in einem definierten Territorium (den Staat definierende Eigenschaften nach Max Weber; vgl. Weber 1976: 822). Zusätzlich kann man von einem institutionellen Staatszerfall sprechen. Hierzu verwenden wir den State Fragility Index, welcher unser Argument unterstreicht, da Syrien mit Platz 3 (je höher die Platzierung bzw. je näher sie bei eins ist, desto schwächer ist die Staatlichkeit und extremer der Staatszerfall) einen klaren Fall von extremem Staatszerfall darstellt (vgl. Fund Fo Peace 2022).

Zu den oben genannten vagen Begriffen führt aus unserer Sicht die Tatsache, dass Assad in Syrien immer noch Macht ausübt, allerdings über ein kleineres Territorium. Wir argumentieren daher, mit dem Hintergrund der konzeptionellen Unterscheidung zwischen Staat und Regime, dass das, was in Syrien „überlebt hat", nicht ein graduell schwächerer Staat ist, sondern dass es sich dabei vielmehr um das politische Regime in Syrien handelt.

Das politische Regime wird, angelehnt an Fishman, als die Spielregeln zwischen den Herrschenden und den Beherrschten verstanden (vgl. Fishman 1990: 428). Zusätzlich benennt er für politische Regime ein „center of political power" (vgl. ebd.). Dieser konzeptionelle Aspekt wird von ihm jedoch nicht weiter ausgeführt und liefert deshalb vorerst keinen analytischen Mehrwert. Deshalb nahmen wir es uns als Anlass, diesen Aspekt weitergehend genauer zu definieren. Wir argumentieren mithilfe des Falls Syriens, dass ein „*center of political power*" (vgl. ebd.) eine geografische Implikation besitzt, wollten wir die personelle und institutionelle Dimension des Regimes um eine geografische ergänzen. Dazu angeleitet hat uns auch der Fall Syrien. Hier konnten wir erkennen, dass das Regime stets Wert darauf legte, gewisse Hochburgen (in militärischer, wirtschaftlicher und demografischer Hinsicht) wie Latakia, Tartus, Homs und Damaskus zu halten. Daraus entwickelte sich dann zusammen mit der Idee des „*center of political power*", dass Regime auch dann überleben können, wenn sie in einem kleineren Gebiet als das „offizielle" Staatsterritorium Macht ausüben. Somit stellten wir einen neuen Aspekt des Konzepts ins Zentrum unserer Analyse (das geografische „*center of political power*"). Als Konsequenz wurden später im Process Tracing die abgeleiteten Hypothesen von den Theorien an die Re-Konzeptualisierung des politischen Regimes angepasst.

Nach der Klärung konzeptioneller Grundlagen kamen wir zum zentralen Aspekt unserer Forschungsfrage: Warum können politische Regime in kollabierten Staaten wie in Syrien überleben? Die Frage nach der Resilienz von autoritären Regimen wird bereits in der Literatur ausgiebig und kontrovers behandelt, allerdings nicht in Zusammenhang mit dem von uns dargestellten Puzzle des überlebenden Regimes in einem kollabierten Staat. Diese Literatur bietet jedoch reichlich Theorien, aus denen wir Hypothesen für unsere Forschungsfrage ableiten können. Grundsätzlich lassen sich diese Theorien in der Vergleichenden Politikwissenschaft verorten, welche traditionell sehr national orientiert und daher eher die inländischen Faktoren für das Überleben von politischen Regimen ins Auge fasst. Allerdings waren wir davon überzeugt, dass die Gründe für das Überleben des Regimes nicht nur in der nationalen Dimension zu finden sind, weswegen wir eine Theorie, die die internationale Dimension betrachtet, mit in unsere Analyse einbeziehen. Außerdem erscheint uns die strikte Trennung zwischen diesen beiden Sphären als künstlich. Schließlich sollte es doch darum gehen, die Interaktion zwischen diesen beiden stark verflochtenen Sphären zu erfassen. An dieser Stelle beim theoretischen Sampling (also der Auswahl der Theorien) spielt das Vorwissen, das jeder Forschende mit sich bringt, eine gewisse Rolle. Nichtsdestotrotz sollte an dieser Stelle das Vorwissen so gut es geht ausgeklammert werden, um eine gewisse Unvoreingenommenheit zu gewährleisten. Daher haben wir Hypothesen für unser Process Tracing aus den folgenden Theorien nationaler Tragweite abgeleitet:

Die Anwendung von Gewalt und Zwang durch einen robusten Sicherheitsapparat spielt eine zentrale Rolle für die Widerstandsfähigkeit eines Regimes gegenüber seiner Opposition (vgl. Bellin 2004: 143-144). *Repressionen* sind

> die Summe aller Strategien der herrschenden Eliten zur Eindämmung von Herausforderungen an ihre Herrschaft durch die Einschränkung (Erhöhung der Kosten der Auseinandersetzung) oder Entmündigung von Oppositionsführern, einfachen Aktivisten oder Teilen der politisch inaktiven Bevölkerung (Edel und Josua 2014: 292).

Für eine wirksame Unterdrückung benötigen das Regime und der Sicherheitsapparat den Willen und die Fähigkeit, Demonstrationen niederzuschlagen. Sind beide Voraussetzungen gegeben, kann das Regime Forderungen nach Reformen und politischem Wandel überleben und Proteste dabei notfalls gewaltsam niederschlagen (vgl. Bellin 2004: 143).

Des Weiteren ist der *Sektarianismus* ein weit verbreiteter politischer Faktor in der MENA-Region. Er kann als eine Mentalität verstanden werden, welche die ethnische/religiöse Identität in den Mittelpunkt der Interaktion zwischen den Bevölkerungsgruppen stellt und somit gesellschaftliche Trennlinien erschaffen und verstärken kann (vgl. Gerlach 2019: 38). Diese Identitätsbildung ist nicht vorbestimmt und kann das Resultat sozialer Interaktionen und politischer Entscheidungen sein. Hier können Regime eine soziale Mobilisierung zu ihren Gunsten durch eine sektarianische Identitätspolitik schaffen (vgl. Hashemi 2016: 68). Mittel hierfür können Privilegien wie Bildung oder Wohnraum und prestigeträchtige Positionen in der staatlichen Bürokratie sein. Häufig wird eine andere gesellschaftliche Gruppierung als Bedrohung dargestellt, wodurch die Beziehungen zwischen dem politischen Regime und bestimmten sozialen Gruppen verstärkt werden.

Auch ist das Militär oft das letzte Mittel zur Niederschlagung von Aufständen und damit oft die wichtigste Institution für das Überleben des Regimes (vgl. Barany 2011: 24). Gleichzeitig kann es die Existenz des Regimes bedrohen, sollte es sich zu einem Putsch entschließen. Um dieses Risiko zu verringern und die Loyalität des Militärs zu erhöhen, werden putschsichere Maßnahmen (*Coup-Proofing*) angewandt, um die Fähigkeiten und/oder die Bereitschaft des Militärs zu verringern, einen Umsturz durchzuführen/zu erwägen (vgl. Makara 2013: 335). Dazu zählen materielle Privilegien sowie die Schaffung von Parallelstrukturen (vgl. Feaver 1999: 225), aber auch identitätspolitische Maßnahmen (vgl. McLauchlin 2010: 338).

Zu guter Letzt haben wir die *strategische Kontraktion* miteinbezogen. Sie zielt darauf ab, die Kontrolle über wichtige Teile des Landes auf Kosten des Rückzugs aus anderen Teilen, die als weniger nützlich für die Gesamtziele gelten, zu konsolidieren. Demnach können ein Regime und sein Militär Ressourcen, Personal und Fähigkeiten auf ein kleineres Gebiet konzentrieren und damit ihre Effektivität erhöhen. So können kritische Teile des Regimezentrums (die für das Überleben des Regimes notwendig sind) gegen einen überlegenen Feind geschützt werden, während weniger wichtige Teile aufgegeben werden. Hierbei ist allerdings zu betrachten, dass dies keine Theorie aus dem wissenschaftlichen Diskurs ist, sondern lediglich ad hoc während des Forschungsprozesses entstand. Diese militärische Taktik konnte an mehreren Punkten im Syrien-Konflikt beobachtet werden, weshalb wir uns dazu entschieden, ihren Einfluss auf das Regime-Überleben kausalhypothetisch zu untersuchen. Schließlich gibt es viele empirische Phänomene, die noch unzureichend beleuchtet wurden.

Diese vier nationalen Erklärungsansätze erschienen uns am vielversprechendsten zur Beantwortung der Forschungsfrage. Natürlich sollte sich die Selektion der Theorien sowie die Anzahl dieser immer am eingeschränkten Rahmen der Forschung sowie an begrenzten zeitlichen Ressourcen orientieren.

Wenn es darum geht, die internationale Dimension des Falls Syrien zu erfassen und das Überleben des Assad-Regimes zu erklären, gilt es, dessen Beziehungen mit Iran und mit Russland zu erfassen. Hier muss aber die Teildisziplin der Vergleichenden Politikwissenschaft verlassen werden. In den internationalen Beziehungen und speziell auf den Fall Syrien angewandt sind Stellvertreter und Allianzkonzeptionen (*proxies and alliance*) vorherrschend. Diese werden aber oft nicht einheitlich verwendet und häufig fehlt es an klaren Definitionen. Bei der Selektion von Theorien, wie wir es bisher dargestellt haben, kommen immer wieder Plausibilitätsargumente vor, die durch das Vorwissen und Vorannahmen der Forschenden entstehen. Diese sollte nicht endlos betrieben werden, jedoch macht dieses Vorwissen aus unserer Sicht die Auswahl der Theorien leichter. Bei der Auswahl der Theorie, welche internationale Variablen verwendet, argumentieren wir, dass die Konzeption von Stellvertretern (*proxy*) (vgl. Hughes 2014) unangemessen ist, da sie den Handlungsspielraum des Assad-Regimes sowie seine eigene Agenda negiert. Bei der Beziehung mit Russland und Iran kann aus unserer Sicht aber auch nicht von einer „Allianz" (vgl. Schlumberger 2021: 43) gesprochen werden, da dadurch der extrem asymmetrische Charakter der Beziehung nicht deutlich zutage tritt. Deshalb haben wir uns nach ausgiebiger Recherche für die Patron-Klient-Theorie von Carney 1989 entschieden.

Im Allgemeinen handelt es sich bei Patronage um eine Beziehung zwischen Staaten (vgl. Carney 1989: 44), wohingegen wir aber auch diese Beziehungen zwischen Staaten und Regimen sehen. Die Beziehung ist dyadisch (ein Patron, ein Klient) und asymmetrisch (der Patron ist mächtiger). Der Klient geht die Beziehung unter anderem aufgrund von „psychischen und/oder materiellen Unsicherheiten ein, die der Patron lindern kann" (ebd.: 45), beispielsweise durch militärischen, diplomatischen und ökonomischen Beistand (vgl. Banerjee 1987: 2015, zitiert in Carney 1989: 47). Für den Patron, der der Investor ist (vgl. ebd.: 44 f.), ist das Entgegenkommen des Klienten (genannt *compliance*) wichtig, um ideologische Ziele, Solidarität oder einen strategischen Vorteil zu erreichen (vgl. ebd.: 49 f.). Carney erkennt allerdings an, dass ein Klient den Forderungen des Patrons nicht immer nachkommen muss. Er argumentiert, dass Klienten auf einem Spektrum zwischen Compliance und Non-Compliance manövrieren können (vgl. ebd.: 45).

Fehler sowie Fehlervermeidung bei der Datenanalyse

Aus den ausgewählten Theorien lassen sich klare und überprüfbare Hypothesen zur Beantwortung unserer Forschungsfrage ableiten. Bei der zentralen Frage der Überprüfbarkeit geht es zunächst darum, die theoretischen Begriffe in messbare Größen zu übersetzen oder anders ausgedrückt zu operationalisieren. Schwierigkeiten ergaben sich dabei, das Regime-Überleben und den Staatszerfall in messbare Größen zu übermitteln. Bei letzterem haben wir auch daher zusätzlich zu den genannten Dimensionen von Weber (Territorium, Staatsgebiet und Staatsvolk sowie Legitimität) auch auf die institutionelle Dimension des Staatszerfalls verwiesen, den wir mithilfe des State Fragility Indexes untermauerten. Dieser bietet klare Indikatoren, anhand derer die Staatlichkeit und damit Fälle von Staatszerfall erfasst werden (vgl. Fund For Peace 2022).

Das Argument, dass das politische Regime in Syrien überlebt hat, untermauerten wir mit der Tatsache, dass in Syrien entscheidende Figuren des Regimes wie Baschar (Präsident) und Maher al-Assad (Kommandant der vierten Division) immer noch an den entscheidenden Schaltstellen der Macht sind. Auch die Beziehung zwischen Herrscher und Beherrschten unterliegt den ähnlichen, wenn nicht sogar den gleichen Bedingungen wie vor dem Ausbruch des Arabischen Frühlings um 2011. Natürlich argumentieren wir nicht, dass sich in Syrien nichts geändert hat. Es geht darum zu untermauern, dass das Assad-Regime nicht kollabiert ist.

Einfacher verhält es sich bei der Operationalisierung der zur Erklärung des Überlebens des Assad-Regimes herangeführten Theorien. Aus den Hypothesen lassen sich sehr gut Möglichkeiten der Operationalisierung ableiten. Schwierigkeiten ergaben sich eher dabei, die einzelnen Theorien strikt auseinanderzuhalten, da manche von ihnen sehr stark verflochten sind. Vor allem die beiden Theorien über Sekterianismus und Repression sind sehr eng verflochten. Hier gilt es zu versuchen, auch mithilfe der Expert:innen, die einzelnen empirischen Befunde einer dieser Theorien zuzuordnen, da oft ein Aspekt dominiert. Es spricht allerdings aus unserer Sicht auch nichts dagegen, einen empirischen Befund zwei Theorien zuzuordnen. Hierzu ein Beispiel: Die Bildung von sogenannten Schabiha-Milizen in Syrien (fast ausschließlich alawitische Kämpfer) zur Bekämpfung des Aufstands kann sowohl als Befund für Repression als auch für Sektarianismus gelten. Ihr klar sektarianischer Charakter (ausschließlich Alawiten werden rekrutiert) deutet auf ihre Rolle, die sunnitische Bevölkerung zu terrorisieren und damit die sektarianische Karte zu spielen, und ihr brutales Vorgehen gegen die Zivilbevölkerung deutet auf die Wirkungsweise von Repression als Abschreckung zur Stabilisierung der Herrschaft.

Im Fall Syrien ist die Frage der Datensammlung von entscheidender Bedeutung, da es schwierig ist, in einem Kriegsland an die entsprechenden Daten zu kommen (geschweige denn sie selbst zu erheben). Welche Daten hier herangezogen werden sollen, ergibt sich zunächst aus der Operationalisierung, die sich wiederum aus den Hypothesen der verschiedenen Theorien ableiten lässt. Wir stützen uns in unserer Analyse vornehmlich auf Expert:inneninterviews und journalistische Feldarbeiten. Hier ist auf Daniel Gerlach zu verweisen, der in seinem Buch *Herrschaft über Syrien: Macht und Manipulation unter Assad* (2015) Licht in das dunkle Feld des syrischen Regimes brachte. Ein Al-Jazeera-Interview mit dem ehemaligen Gouverneur von Latakia Nawaf al-Fares diente uns ebenfalls als Quelle. Journalistische Arbeiten und lokale Nachrichten komplettierten unsere Datensammlung. Hier war es entscheidend, bei der Datenanalyse auf die Daten-

Triangulation zu achten. Stimmten verschiedene Quellen (Expert:inneninterview, journalistischer Artikel und Insider-Quelle) über einen Befund überein, so konnte man stark davon ausgehen, dass dieser valide ist. Widersprachen sich verschiedene Quellen, so musste der Befund mit Vorsicht behandelt werden. Die Stärke der Befunde spiegelte sich in den Ergebnissen der Tests im Process Tracing wider.

Jeder Befund wurde dann mit der Frage behandelt: Was bedeutet dieser Befund für die jeweilige Theorie? Widerlegt, bestätigt oder ergänzt bzw. erweitert er die jeweilige Theorie? Bei der Datensammlung und ihrer Analyse haben sich auch Sprachkenntnisse des zu untersuchenden Falls als sehr vorteilhaft erwiesen (einer der Forschenden beherrschte das Russische und ein anderer das Arabische). Bei der Analyse der Daten erwies sich das Arbeiten im Team als sehr effizient und vorteilhaft. Bei der Analyse sollte darauf geachtet werden, dass die eigene Sicht nicht blendet und dass man offen für neue Erkenntnisse ist. Hier ist es von Vorteil, wenn ein Forscher nicht zu nah am Forschungsgegenstand ist bzw. nicht so viel Vorwissen zum Untersuchungsgegenstand mitbringt (bei uns war es bei einem der Fall). Sich widersprechende Befunde sollten ernst genommen werden und kritisch hinterfragt werden und nicht der Einfachheit halber weggelassen werden. Dadurch können wertvolle Erkenntnisse abhandenkommen. Eine klare theoretische Konzeptionalisierung, strikte Ableitung der Hypothesen aus den Theorien und eine genaue Operationalisierung sind unverzichtbar. Vor allem für die Datenanalyse wird dadurch weniger Spielraum für mögliche Voreingenommenheit gelassen. Auch sollten bei einer qualitativen Studie die Daten in mehreren Durchläufen und von verschiedenen Personen analysiert werden, um die Validität der theoretischen Begriffe und die Reliabilität der Operationalisierung zu gewährleisten.

Methode der Datenanalyse und Datenauswertung

Genauso wie das Erkenntnisinteresse die Formulierung der Forschungsfrage leitet, so entscheidet es auch über die Auswahl der Methode. Da wir einen Einzelfall hinsichtlich verschiedener Theorien untersuchen wollen, bieten sich einige Methoden an.

Da zu Beginn des Forschungsprozesses mehrere Fälle untersucht werden sollten, war die Durchführung einer *Qualitative Comparative Analysis (QCA)* angedacht. Diese Methode untersucht, inwiefern bestimmte Bedingungen hinreichend oder notwendig für bestimmte Phänomene sind, ausgehend von mehreren Fallinstanzen (vgl. Frankenberger 2021: 142–145). Da von der Untersuchung mehrerer Fälle allerdings Abstand genommen wurde, wurde diese Methode nicht weiter in Erwägung gezogen.

Aufgrund des Fokus auf einen Einzelfall wurden die vorherrschenden Einzelfall-Methoden Kongruenzanalyse, Ko-Variationsanalyse und Process Tracing in Betracht gezogen. Für einen genaueren Einblick in die drei genannten Methoden empfiehlt sich das Methodenlehrbuch für Fallstudien von Joachim Blatter und Markus Haverland *Designing Case Studies: Explanatory Approaches in Small-N Research* aus dem Jahre 2012. Im Folgenden werden die Kovarianzanalyse sowie die Kongruenzanalyse kurz erläutert, um unsere Gründe für die Ablehnung dieser Methoden darzulegen. Anschließend wird auf die von uns gewählte Methode des Process Tracings genauer eingegangen und ein Leitfaden aufgezeigt.

Die Kongruenzanalyse war die Methode, welche wir zuerst zur Beantwortung unserer Forschungsfrage heranziehen wollten. Die Idee hinter dieser Methode ist es, einen oder mehrere Fälle auszuwählen, welche das gleiche Phänomen aufweisen. Dann werden aus der Literatur Theorien ausgewählt, welche dieses erklären können.

Verschiedene Theorien nehmen unterschiedliche kausale Ursachen an (z. B.: T1: $X \rightarrow Y$, T2: $Z \rightarrow Y$, T3: $W \rightarrow Y$). Nun wird untersucht, inwiefern sich die jeweils beschriebenen Ursachen (hier: X, Z, W) und somit die Erwartungen an die Empirie im untersuchten Fall beobachten lassen. Die Theorie, deren kausale Ursache die höchste Übereinstimmung mit der Empirie aufweist, gilt dann als die aussagekräftigste (vgl. Blatter und Haverland 2012). Wir entschieden uns allerdings gegen die Kongruenzanalyse, da unser Fall auf der abhängigen Variablen (Regime-Überleben) eine graduell starke Varianz aufwies und wir hierdurch Probleme gehabt hätten, einen Zeitraum zu definieren, der unserer Ansicht nach plausibel für eine Untersuchung des syrischen Falls gewesen wäre.

Deshalb wandten wir uns der Ko-Varianzanalyse zu. Hierfür benötigt man mindestens zwei zu vergleichende Beobachtungen, um Erkenntnisse zu erlangen. Die Ko-Varianzanalyse funktioniert nach der folgenden Logik: Wir haben ein Phänomen (Y), welches wir untersuchen wollen. In unserer Hypothese legen wir fest, welche Variable X unserer Ansicht nach eine kausale Wirkung auf Y hat. Um uns sicher zu sein, dass auch wirklich X die kausalen Kräfte besitzt, suchen wir uns Fälle aus, in denen viele Faktoren, die Y ebenfalls beeinflussen könnten, gleich sind. Nun untersuchen wir, inwiefern X und Y über die verschiedenen Beobachtungen hinweg variieren. Falls nur diese beiden Variablen miteinander korrelieren, sehen wir unsere Hypothese bestätigt (vgl. Blatter und Haverland 2012).

Nun besteht unsere Analyse lediglich aus einem Fall. Jedoch existiert oft die Möglichkeit, Fälle in zwei separate Instanzen zu unterteilen. Für den Fall Syrien wäre dies möglich gewesen, indem der Fall in den Zeitraum 2011 bis August 2015 und September 2015 bis 2022 aufgeteilt werden würde. Zur Erklärung: Im September 2015 fand eine starke Steigerung der Patronage statt, da Russland intervenierte und seine Truppen zudem mit dem Iran koordinierte. Zudem wären alle anderen Kontrollvariablen (wie Repression, Sektarianismus ...) größtenteils unverändert geblieben. Somit hätte untersucht werden können, ob die Änderung der Patronage mit dem Regime-Überleben (bzw. dessen Stabilität) korreliert.

Anschließend hätte ein Process Tracing durchgeführt werden sollen, wenn sich in der Ko-Varianzanalyse bestätigt hätte, dass die Änderung in der Patronage mit der des Regime-Überlebens korreliert hätte. Dadurch wären die genauen kausalen Wirkkräfte der Patronage auf die abhängige Variable des Regime-Überlebens genauer beleuchtet worden, und eine zufällige Korrelation hätte ausgeschlossen werden können. Die Anwendung zweier Methoden hätte aber einen Mehraufwand bezüglich zeitlicher Ressourcen bedeutet (Operationalisierung hätte eventuell anders ausgearbeitet werden müssen). Des Weiteren wäre die Anwendung lediglich einer Methode einfacher verständlich. Deshalb entschieden wir uns für ein Process Tracing.

Doch bei der Auswahl der Methode sollten innermethodische Diskurse beachtet werden. In unserem Fall ist dies die Debatte zwischen dem bayesianischen (BPT) und frequentistischen Process Tracing (FPT). Zuerst lag unser Fokus auf der Anwendung eines bayesianischen Process Tracings, da dies laut Befürwortern zu einer klareren Betrachtung von Evidenz sowie einem geringeren *Bias* in Bezug auf alternative Hypothesen führt. Zudem wird diese Art des Process Tracings als objektiver und nachvollziehbarer betrachtet (vgl. Fairfield und Charman 2017). Für deren Grundlogik gibt es zahlreiche Texte, jedoch fiel es uns schwer, eine genaue Vorstellung der Durchführung zu gewinnen. Am besten eignet sich jedoch *Formal Bayesian process tracing: guidelines, opportunities, and caveats* von Fairfield und Charman aus dem Jahr 2015, um einen Überblick zu erlangen. Weitere Ansätze mit mengentheoretischen Überlegungen stammen von Barrenechea und Mahoney (*A Set-Theoretic Approach to Bayesian Process Tracing*; 2017). Jedoch stellten sich uns viele Detailfragen bezüglich der Festlegung von (Update-)Werten und damit einhergehend auch bezüglich der Vorteile gegenüber des FPTs. Kritiken wie die von Sherry Zaks (vgl. 2021), die die Reduktion von Bias bei der Durchführung eines BPTs anzweifelt, veranlassten uns schließlich, statt eines BPTs lieber ein FPT durchzuführen. Um einem *Bias* für unsere Arbeitshypothese (Patron-Klienten-Beziehung) zuvorzukommen, testeten wir parallel die vielversprechendsten innenpolitischen Theorien.

Generell ist ein Process Tracing die serielle, kausalanalytische Untersuchung eines Phänomens im Rahmen der Frage, wie es zu diesem kommen konnte (vgl. Frankenberger 2021: 139–141). Es wird also ein zu untersuchendes Phänomen festgelegt (Y) sowie ein Startpunkt (X). Bei uns sind dies der Kollaps des Staates im Arabischen Frühling mit dem Beginn militanter Repressionen und einer sich radikalisierenden Opposition (X) und das Überleben des Regimes im Jahr 2022 (Y). Nun gilt es, die einzelnen Schritte zwischen X zu Y zu untersuchen.

Generell gibt es hier drei spezielle Formen des FPTs. Wir werden uns hier an dieser Stelle aber nur das theorietestende FPT anschauen. Der Startpunkt für das theorietestende FPT ist das Wissen über mögliche Kausalketten zwischen X und Y. In unserem Fall waren dies die inländischen Überlebensstrategien Repression, Coup-Proofing, Sektarianismus und strategische Kontraktion sowie die Patron-Klienten-Beziehung. Nun gilt es, für jede dieser Theorien einen kausalen Mechanismus auszuarbeiten, der erklärt, wie es von X zu Y kommen konnte. Hier ist es wichtig, dass die Schritte stets logisch kohärent sind und plausibel zum nächsten Schritt überführen. Um das zu verdeutlichen, illustriert die folgende Tab. 4 dieses Vorgehen für die Patron-Klienten-Theorie.

Tab. 4: Abfolge einer Kausalkette.

Schritt	Was passiert in jedem Schritt?
X	Der Staat kollabiert.
H1	Patrone unterstützen den Klienten aufgrund des Drucks auf das Regime.
H2	Die anfängliche Unterstützung für den Klienten erweist sich als unzureichend, um den Druck zu eliminieren.
H3	Das politische Regime ist in Gefahr, sein *center of political power* zu verlieren.
H4	Die externen Patrone verstärken ihre militärische, wirtschaftliche und diplomatische Unterstützung als Reaktion auf die Bedrohung und in Abhängigkeit von dieser.
H5	Die Unterstützung des externen Patrons beseitigt die Bedrohung für das *center of political power*.
Y	Das politische Regime überlebt.
Z	Das Klienten-Regime legt eine gewisse *compliance* (Folgsamkeit) gegenüber den Patronen an den Tag.

Quelle: eigene Darstellung.

Die Auswahl unseres X und Y wurde bereits erläutert. Nun muss die „kausale Lücke" zwischen diesen Ereignissen gefüllt werden. Wir leiten die Schritte H1 bis H5 aus der Patron-Klienten-Theorie ab (vgl. Carney 1989). Es ist generell nicht wichtig, eine bestimmte Anzahl an Zwischenschritten (Hs) zu haben. Entscheidend ist, wie oben gesagt, dass die Schritte schlüssig und logisch kohärent erklären, wie es von X zu Y kommt. Zusätzlich haben wir mit der *Compliance* (Z) ein Element, welches sich temporal erst nach dem Überleben des Regimes abspielt (wenn dieses nicht überlebt, kann es den Patronen offensichtlich keine Dienste mehr erweisen). Außerdem sollte beachtet werden, dass Konzepte, sofern sie zentraler Bestandteil der Arbeit sind, sinnvoll in die Kausalschritte eingebaut werden. Bei uns ist dies aufgrund unserer geografischen Dimension des politischen Regimes zwingend notwendig und beispielsweise in H3 und H5 ersichtlich (*center of political power*).

Nach der Ausarbeitung dieser Kausalmechanismen für jede untersuchte Theorie kommt der entscheidende Teil des Process Tracings. Gesammelte Daten müssen hinsichtlich der einzelnen Schritte (H1–Hx) eingeordnet werden, inwiefern sie ein Indiz dafür darstellen, dass der jeweilige Kausalschritt tatsächlich stattgefunden hat. Wir haben es also mit einer Klassifikation der Empirie zu tun. Hierfür müssen die Konzepte der Notwendigkeit und der Suffizienz (des Hinreichendseins) vergegenwärtigt werden.

Etwas (u) ist notwendig, wenn jedes Mal, in dem unser Phänomen X zu beobachten ist, auch u zu beobachten ist. Immer wenn X, dann also auch u. Jedoch gilt folgender Umkehrschluss nicht: Jedes Mal wenn u, dann auch X. Schließlich mag es weitere notwendige Bedingungen für X geben, die nicht in jedem Fall von u gegeben sind. Die Suffizienz besagt hingegen: Jedes Mal, wenn u beobachtet wird, dann ist auch X gegeben. Auch hier hat der Umkehrschluss „Wenn X, dann auch u" keine Richtigkeit. Denn es kann Fälle geben, in denen X durch eine andere Bedingung auslöst wird, die hier schlicht nicht erfasst werden. Jedoch kann, wenn u hinreichend für X ist, nie ein u existieren, ohne dass es X gibt.

Diese beiden Konzepte werden nun in vier Process-Tracing-Tests ausgedrückt. Diese sollen zeigen, ob die von uns gesammelten empirischen Daten hinreichend (*smoking-gun*), notwendig (*hoop-test*), beides (*doubly-decisive*) oder nichts von beidem (*straw-in-the-wind*) sind. Das Bestehen der verschiedenen Tests erhöht die Wahrscheinlichkeit, kann einzelne Hs bestätigen, widerlegen oder sie (un-)wahrscheinlicher machen. Nach der Definition der einzelnen Tests wird je ein Stück Empirie für den Kausalmechanismus der Patron-Klient-Beziehung anhand des jeweiligen Tests evaluiert. Die Erklärung der Tests basiert auf Bennetts und Checkels Kapitel „Process tracing: from philosophical roots to best practices" im Buch *Process Tracing: From Metaphor to Analytic Tool* aus dem Jahr 2015.

Der erste dieser Tests ist der *Straw-in-the-wind*-Test. Wenn ein Beweisstück nur diesen Test besteht, dann ist es weder hinreichend noch notwendig für den Schritt im Kausalmechanismus. Wenn es jedoch viel Empirie gibt, welche diesen

Test besteht, kann der kausale Schritt dennoch plausibel sein, insbesondere wenn die anderen Schritte des Mechanismus mit ausreichend Empirie bewiesen werden. Als Beispiel fungiert hier für den kausalen Schritt H4 der Fakt, dass Russland und Iran ihre Aktivitäten bezüglich des militärischen Eingreifens in Syrien gemeinsam koordinierten (vgl. Bassam und Perry 2015). Diese Evidenz ist nicht notwendig für H4, da eine Intensivierung der Unterstützung für den Klienten auch ohne eine gemeinsame Abstimmung erfolgen kann, beispielsweise durch eine deutliche Erhöhung der materiellen Transfers zum Klienten. Zudem ist sie nicht suffizient, da trotz der gemeinsamen Absprachen letztlich keine messbare Intensivierung der Patronage sichtbar sein muss. Allerdings legt eine solche Absprache indirekt nahe, dass Ressourcen und Truppenaktivitäten besser abgestimmt und eine höhere Bemühung in der Koordination auch mit einem höheren Interesse an einer Verstärkung der Mittel für den Klienten einhergeht.

Das Bestehen eines sogenannten Hoop-Tests bedeutet, dass diese Empirie notwendig ist, sprich, das Nicht-Bestehen dieses Tests die Existenz des kausalen Schritts negiert. Gemäß der oben aufgeführten Logik führt das Bestehen des Hoop-Tests aber nicht automatisch zu einem Beleg, dass der kausale Schritt wirklich stattgefunden hat (nur weil u geschehen ist, muss X nicht sein). Beispielhaft für H4 betrachten wir russische Bemühungen, bestehende Militärinfrastrukturen in Tartus zu reaktivieren und auszubauen sowie einen neuen Luftstützpunkt in Hmeimim einzurichten (vgl. Lund 2019: 27; vgl. Kofman 2020: 36-37; vgl. Charap et al. 2021: 104). Wenn ein Patron seine Unterstützung in militärischer Hinsicht erhöhen möchte, dann bedarf es entweder einer nationalen Militärinfrastruktur, von der das Engagement und die Logistik koordiniert werden kann, oder einer Instrastruktur in einem der umliegenden Länder. Da in letzteren jedoch Probleme mit den dort vertretenen USA auftreten könnten, bleibt nur eine für Russland nutzbare Infrastruktur in Syrien. Diese ist notwendig, da ohne sie eine Intensivierung russischer Militärbemühungen sehr schwierig erscheint.

Suffizienz wird hingegen durch den *Smoking-gun*-Test überprüft. Eine *smoking-gun* bestätigt einen kausalen Schritt (da gilt: wenn u, dann auch X), jedoch bedeutet das Nicht-Bestehen nicht, dass der kausale Schritt verworfen werden muss (da gilt: wenn X, dann nicht immer u). Hier bietet sich in unserer Arbeit ein Blick auf die zahlreichen lukrativen Verträge russischer Firmen für Phosphate, Öl und im Bauwesen an (vgl. Lund 2019: 44 f.). Diese sind nicht notwendig für Compliance, denn diese kann auch andere Formen annehmen, ist jedoch hinreichend. Da wir bereits zahlreiche Aspekte der Patron-Klient-Beziehung nachgewiesen haben und auch die Unterstützung vonseiten des russischen Patrons klar erkennen konnten, ist eine solche Stiftung von Verträgen unserer Ansicht nach immer mit einer Form von Compliance verbunden.

Zu guter Letzt besagt der *Doubly-decisive*-Test, dass ein kausaler Schritt notwendig und hinreichend für den entsprechenden Kausalschritt ist. Er bestätigt den kausalen Schritt und widerlegt jeden Zweifel an diesem. Solche Empirie ist in der Realität oft schwer zu finden, beziehungsweise es ist noch schwerer, sie als eine solche zu erkennen. Generell ist festzuhalten, dass die Unterscheidung zwischen *smoking-guns* und *doubly-decisives* oftmals schwerfiel. Bezüglich des kausalen Schritts H1 fanden wir heraus, dass Iran zahlreiche Waffentransporte nach Syrien organisierte und dem Assad-Regime finanziell zur Hilfe kam (vgl. Wastnidge 2020: 112; vgl. Kozhanov 2016: 77). Zudem half Iran dem syrischen Heer mit schiitischen Milizen und den Revolutionsgarden, weiterhin seine Kampffähigkeit zu wahren (vgl. Ostovar 2019: 176 f.). Diese Hilfen für den Klienten erfüllen die Notwendigkeit und Suffizienz.

Sicherlich lässt sich im Nachhinein über manche Empirie-Klassifizierungen streiten. Jedoch können ein paar Dinge beachten werden, damit eine möglichst präzise Einordnung erreicht werden kann. Zuallererst sollte die Einordnung der Empirie nicht nur einmal erfolgen, sondern in mehreren Durchläufen. Somit wird geprüft, ob über die Zeit hinweg eine konstante Einordnung der Empirie möglich ist. Zudem ändern sich Sichtweisen auf den Fall und einzelne Tests im Laufe des Forschungsprozesses, weshalb so eine bessere Reliabilität der Empirie erreicht wird. Zudem ist es hilfreich, wenn mehrere Personen die Empirie-Einordnungen vornehmen. Dann kann im Falle von unterschiedlichen Einschätzungen durch eine gemeinsame Diskussion mehr Klarheit über den vorliegenden Test erlangt und bisher ausgelassene Gedankengänge eruiert werden. Generell kann, um solche Unsicherheiten bei der Klassifizierung der Empirie zu vermeiden, die Argumentation, warum es sich um diesen oder jenen Test handelt, mit in die Arbeit aufgenommen werden, falls der entsprechende Platz vorhanden ist. Dies erhöht zudem die Intersubjektivität der Ergebnisse. Je mehr man außerdem über den Fall weiß, desto einfacher fällt oft auch die Einschätzung, welchen Test eine Empirie erfüllt.

Letzterer Punkt leitet perfekt zur Problematik der Datensammlung über. Gerade weil wir tief in den Fall Syrien geblickt haben, war die Gefahr groß, sich in der reichhaltigen Empirie zu verlieren – und dabei eventuell wichtige Geschehnisse zu übersehen. Deshalb bietet es sich gerade in solchen Fällen an, Expert:innen-Interviews durchzuführen. Expert:innen sind in dem Fall entweder Forschende, die sich bezüglich des Falls sehr gut auskennen, oder auch Entscheidungsträger:innen aus dem untersuchten Fall, da gerade diese besonders viel Spezialwissen haben. Wir haben insgesamt vier Expert:innen-Interviews durchgeführt, wovon wir drei für unsere Arbeit sehr gewinnbringend verwenden konnten. Das letzte Interview verlief leider anders als erwartet und ging thematisch nicht in die Richtung, die wir uns erhofft hatten. Das Gespräch fuhr sich in manchen Punkten fest und konnte deshalb leider nicht gewinnbringend in unserer Arbeit verwendet werden. Dieser Gefahr sollte man sich stets bewusst sein und deshalb immer genügend Expert:innen-Interviews planen, um ausreichend diverse Sichtweisen zu erhalten.

Generell lassen sich folgende positive Effekte von Expert:innen-Interviews festhalten: Erstens konnten sie genutzt werden, um bestehende Annahmen zu überprüfen und diese gegebenenfalls mit aussagekräftiger Evidenz zu untermauern. Dies half uns dabei, teilweise schneller und sicherer in manchen Arbeitsphasen voranzukommen. Zweitens lenken die Expert:innen den Blick auf Ereignisse, die aus ihrer Sicht relevant sind. Hierdurch kann die Suche nach Empirie erleichtert werden.

Allerdings sollte man sich einiger kritischer Aspekte bewusst sein. Interviewte Expert:innen könnten lediglich die bestehenden Erkenntnisse wiedergeben, wodurch die Arbeit Gefahr läuft, eine Reproduktion des aktuellen Diskurses zu sein. Deshalb wird geraten, auch gegenüber Expert:innen stets kritisch zu sein. Allgemein ist es lohnenswert, das gewonnene Wissen in weiteren Interviews zu verwenden, um eine Einschätzung dessen von anderen Expert:innen zu erhalten.

Außerdem sollte stets Daten-Triangulation betrieben werden, sprich, verschiedene Quellen (zur gleichen Thematik) genutzt werden, um eine *selection-bias* zu vermeiden. Es bietet sich auch an, verschiedene Betrachtungsebenen einzubinden (z. B. lokale Zeitungen/Berichte, Expert:inneninterviews, Journals etc.), um Aussagen auf ihre Validität zu untersuchen.

Ergebnisse

Durch das Process Tracing und die Analyse verschiedener Quellen inklusive der Expert:inneninterviews konnte die Frage der Forschungsarbeit beantwortet werden. Wie das Assad-Regime im kollabierten Staat Syrien trotz des jahrelangen Krieges überleben konnte, wurde anhand (einiger, nicht aller) der Theorien nationaler Dimension und deren Umsetzung, vor allem aber durch die tatkräftige Unterstützung seitens der Patrone Iran und Russland gezeigt.

Das Assad-Regime instrumentalisierte und befeuerte den Sektarianismus in Syrien gezielt, um wichtige Teile der Bevölkerung um sich zu scharen und die Feinde des Regimes als existenzielle Gefahr für Syriens Minderheiten zu brandmarken. Die unterschiedliche Behandlung sozialer Gruppen konnte unter anderem anhand von Folter und Haftbedingungen gezeigt werden, die Alawiten bevorzugten. Dass die Alawiten generell durch das Regime besser behandelt wurden, äußerte sich in deren geringer Unterstützung für die Rebellion gegen Assad. Sie blieben Demonstrationen gegen den syrischen Machthaber oft fern oder organisierten Kundgebungen für ihn. In den Schabihah-Milizen wurden einige Alawiten auch im Kampf tätig, wobei diese Milizen nicht für Sunniten offenstanden. Die zunehmend radikaler werdenden Gegner des Regimes übernahmen ebenfalls Narrative und Symbole, die die Kluft des syrischen Sektarianismus vertieften. Einige Gruppierungen, wie Jaisch al-Fath, nutzten Symbole des sunnitischen Islam und bestärkten den Diskurs, der Alawiten als Ungläubige brandmarkte. Diese sektiererische Logik spielte dem Assad-Regime in die Hände, und es konnte als selbsterklärter Verteidiger der Minderheiten einige dieser Gruppen hinter sich mobilisieren. Dennoch wirkte der Sektarianismus nicht überall gleich. Unter Assads Unterstützern waren auch Sunniten (vor allem aus der Mittel- und Oberschicht), während sich einige Alawiten nur aus Angst vor Repression nicht gegen das Regime stellten.

Diese Repressionen wurden direkt von Baschar al-Assad befohlen und waren tief im Handeln der syrischen Sicherheitsapparate verwurzelt. Bereits zu Beginn der Proteste gegen das Regime gingen die Sicherheitskräfte in der Hoffnung, abschreckend zu wirken, äußerst brutal vor. Es kam zu Folter und massiver Gewaltanwendung. In einem Wechselspiel von Radikalisierung nahmen die Proteste an Gewalt zu, die das Regime mit immer militarisierter werdender Repression beantwortete. Während anfangs hauptsächlich die normalen Sicherheitskräfte die Repression verrichteten, übernahm das Militär immer mehr die Zügel, als die Situation Richtung Krieg eskalierte. Letztendlich setzte das Militär in Städten wie Homs oder Deraa auch die Luftwaffe ein, um Gegner des Regimes zu bombardieren. Der Erfolg der Repression war insgesamt eher zweifelhaft und produzierte eine heftige Gegenreaktion in der Bevölkerung. Zwar konnte die Gewaltanwendung Teile der Gesellschaft demobilisieren, insgesamt radikalisierte sich die Opposition gegen Assad eher und erhielt mehr Zulauf. Trotz massiver Repressionen konnte das Regime die Rebellion nicht unterdrücken, die 2015 beinahe Assad entmachtete.

Das Coup-Proofing in Syrien ist eng mit dem Sektarianismus verbunden, da das Regime auf die Loyalität von Alawiten setzte, um die wichtigsten Stellen und Einheiten des Militärs mit gehorsamem Personal zu besetzen. Vor allem die Militärakademien und der Offizierskorps waren mit einer überwältigenden Mehrheit von Alawiten besetzt. Die wichtigste Einheit des Militärs, die 4. Division von Baschars Bruder Maher, bestand ebenso fast ausschließlich aus Alawiten. Als Paralleleinheit war die Hauptaufgabe der 4. Division der Schutz des Regimes und der Familie Assad und nicht etwa die Verteidigung des syrischen Staates. Daher erhielt die 4. Division die beste Ausrüstung und war strategisch geschickt stationiert. Das Coup-Proofing funktionierte jedoch hauptsächlich für diese Einheiten, die familiär oder sektiererisch mit Assad verbunden waren. Unter den sunnitischen Soldaten hingegen gab es unzählige Desertierte. Die wichtigsten Einheiten blieben jedoch loyal und kämpften jahrelang für das Überleben des Regimes. Ohne diese gut ausgerüsteten und loyalen Einheiten hätte Assad kaum bis 2015 durchhalten können. Sein Überleben darüber hinaus konnten sie jedoch nicht sichern.

Um den zunehmenden Mangel an Material und Personal zu kompensieren, setzte das Assad-Regime ebenfalls auf strategische Kontraktion, was auch die iranischen Verbündeten befürworteten. Daher zogen sich Regime-Streitkräfte aus unwichtig erachteten Teilen Syriens zurück, um die wichtigen Zentren wie Damaskus, Tartus und Latakia zu verteidigen, was mit der geografischen Dimension des Regimes zusammenfällt. Dieser Umstand wurde von Baschar al-Assad selbst in einer Rede zugegeben. Durch diese Strategie konnten die Zentren auf Kosten der Peripherie länger gehalten, die Bedrohung für das Regime aber nicht eliminiert werden.

Iran und Russland unterstützen das Assad-Regime von Anfang an, wenn auch in unterschiedlichen Ausmaßen. Russland als der mächtigere Patron hielt sich anfangs eher zurück, empfahl dem Regime, Reformen durchzuführen, versuchte jedoch seinen Klienten vor dem Druck externer Akteure (vor allem des Westens) zu schützen. Als die Opposition sich zunehmend radikalisierte, das Regime immer brutaler vorging und ein offener Krieg drohte, beschützte Russland das Assad-Regime im Sicherheitsrat der UN vor Sanktionen oder potenziellen Militärschlägen. Außerdem lieferte Russland weiterhin Waffen an das Regime, jedoch primär aus kommerziellen Gründen. Sonst versuchte Russland, im eskalierenden Konflikt nicht direkt verwickelt zu werden. Iran hingegen unterstützte den Klienten Assad sofort deutlich stärker. Die iranischen Revolutionsgarden schickten kurz nach Beginn des Aufstands Waffen, Munition, Militärberater und finanzielle Hilfen nach Syrien. Durch Kredite Irans konnte das Assad-Regime weiterhin Öl und Lebensmittel kaufen, während die Militärberater die Offensiven der Streitkräfte unterstützten. Als das syrische Regime immer mehr in Bedrängnis geriet und internationale Akteure, wie die USA und Saudi-Arabien, die bewaffnete Opposition ausrüsteten, mobilisierte Iran schiitische Milizen aus dem Irak, Afghanistan und Libanon, um die erschöpfte Armee Assads zu unterstützen. Ebenso verstärkte Russland sein Engagement in den ersten Jahren des Kriegs, um den USA entgegenzuwirken. Die Waffenlieferungen nahmen zu, und Russland schützte seinen Günstling weiterhin diplomatisch in den Vereinten Nationen. Trotz all der bisher erwähnten Maßnahmen gelang es dem Assad-Regime und seinen Patronen nicht, die Gefahr zu beseitigen, sodass 2015 der Fall des Regimes immer wahrscheinlicher wurde. Um dies zu verhindern, intensivierten Russland und Iran ihr Engagement und ihre Kooperation in Syrien. Nach Absprache mit den Revolutionsgarden intervenierte Russland im Herbst 2015 direkt in den Krieg. Dabei war Russland jedoch nicht gewillt, Bodentruppen in einem hohen Umfang bereitzustellen. Diese Lücke schloss Iran mit seinen Milizen und das Regime mit den verbliebenen Streitkräften. Währenddessen konzentrierte sich das russische Militär auf Luftunterstützung und bombardierte die Stellungen und Nachschublinien der Regimefeinde dort, wo die Truppen Assads in größter Bedrängnis und die Zentren des Regimes gefährdet waren. Erste Erfolge wie die Sicherung Latakias waren schnell erreicht, während andere Ziele wie die Rückeroberung Aleppos noch Monate dauerten. Dennoch änderten die russische Intervention und das verstärkte Engagement Irans die Situation grundlegend. Die unmittelbare Gefahr für das Regime war gebannt, und nach Jahren des gemeinsamen Kampfes konnte das Assad-Regime den Großteil des syrischen Territoriums zurückerobern.

Damit haben Russland und Iran ihre Verpflichtungen in der Patron-Klient-Beziehung eingehalten und forderten dementsprechend Gegenleistungen des Regimes ein. Beide Staaten erhielten privilegierten Zugang zu syrischen Rohstoffen, attraktive kommerzielle Verträge für ihre Firmen und Möglichkeiten, ihren militärischen Fußabdruck im Land zu konsolidieren. Russland erhielt sowohl etwa langjährige Pachtverträge für seine Militärbasen in Tartus und Hmeimim als auch Aufträge für russische Firmen im Bereich Bauwesen, Phosphat- und Ölgewinnung. Iran war mit seinen Milizen fest im Land präsent, während sich vor allem die Revolutionsgarden am Telekommunikationssektor bedienten. Da das Assad-Regime als Klient zweifellos in der schwächeren Position war, hatte es kaum eine Wahl, als den Forderungen seiner Patrone bis zu einem gewissen Grad Folge zu leisten. Dennoch erlaubte sich das Assad-Regime, einigen Einflussversuchen Russlands und Irans eine Absage zu erteilen. Vor allem den diplomatischen Initiativen Russlands stellt sich das Regime entgegen und wies alle Forderungen nach Reformen, die oft Teil jener Initiativen waren, zurück. Zu diesem Zeitpunkt hatte Russland bereits zu viel in das Überleben Assads investiert, um ihn wegen einiger Interessensdivergenzen fallen zu lassen und ihre Errungenschaften in Syrien damit zu verlieren. Die Dynamik dieser Patron-Klient-Beziehung wird maßgeblich davon beeinflusst, dass es sich um ein Dreieck mit zwei Patronen und einem Klienten handelt, anders als es Carney 1989 konzipiert hat, der nur von einer dyadischen Beziehung sprach. Durch diesen Umstand wird die Akteurskonstellation in Syrien komplexer, da mehr Interessen im Spiel sind und ausgehandelt werden müssen. Gleichzeitig eröffnet dies mehr Handlungsspielraum für den Klienten Assad, da dieser nicht allein von einem Patron abhängig ist. Unter anderem konnte Assad sich deswegen den Reformforderungen Russlands entziehen, da er immer noch auf die Unterstützung Irans setzen konnte, das nicht dieselben Forderungen stellte wie Russland.

Insgesamt hat das Assad-Regime in der Dreieckskonstellation mehr Spielraum, dennoch zeigt sich der Einfluss Irans und Russlands auch tief in der personellen Zusammensetzung des Regimes. Sowohl Russland als auch Iran versuchen, ihre Position innerhalb des Regimes zu stärken und ihnen wohlgesonnene Individuen zu fördern. Durch diesen Einfluss lässt sich das Assad-Regime nicht mehr nur national verstehen, da externe Akteure dessen Komposition mitbestimmen können. Daher schlagen wir den neuen Regimetypus des *externally patronaged authoritarianism* vor.

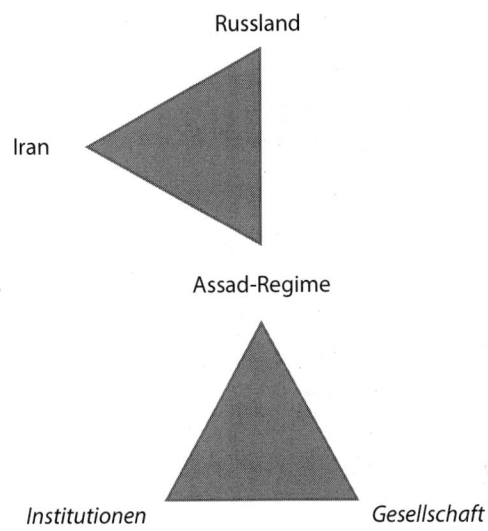

Abb. 6: Das Assad-Regime im Kontext (Quelle: eigene Darstellung).

Lessons learned

Zuallererst sollte angemerkt werden, dass Gruppendynamiken im Zuge einer gemeinsamen Forschungsarbeit nie zu unterschätzen sind bezüglich ihrer Auswirkungen auf den Fortschritt und die Qualität der Forschung. In unserer Gruppe war ein stetig ehrlicher, aber auch gleichzeitig konstruktiver Austausch möglich. Zudem war es unserer Ansicht nach entscheidend, dass wir alle viel Lust hatten, viel Zeit und Energie in diese Forschung zu investieren. Zudem gab es in unserer Gruppe die Tendenz, dass sich einzelne Mitglieder auf bestimmte Teilbereiche konzentrierten und dann in gemeinsamen Treffen die anderen über die neu gewonnen Erkenntnisse unterrichteten. Dies ermöglicht eine interne Spezialisierung, birgt jedoch auch die Gefahr, dass es zu starken partiellen *biases* innerhalb der Teilforschungen kommt. Mithilfe einer transparenten und klaren Kommunikation kann diesem Effekt jedoch entgegengewirkt werden, weshalb dieser Aspekt auch zentral für das (erfolgreiche) Beantworten unserer Forschungsfrage war. Eine weitere Erkenntnis in Bezug auf den Forschungsprozess ist, dass idealtypische Abläufe oft nur schwer einzuhalten sind. Gerade in einer qualitativen Forschung, bei der in der Phase des „Empirie-Sammelns" die „Gefahr" einer Änderung bisheriger Ideen, Argumente und Konzepte relativ hoch ist, muss und sollte dies unserer Ansicht nach auf jeden Fall beachtet werden. Auch bei uns schoben sich geplante Themenblöcke teilweise mehrere Sitzungen nach hinten, weil durch neue Erkenntnisse Revisionen in der bisherigen Struktur der Arbeit vorgenommen werden mussten, z. B. beim Konzept des Staats und des Regimes. Deshalb empfehlen wir, genügend Zeit einzuplanen und stets die Arbeit auf Ungereimtheiten zu überprüfen. Je früher Lücken geschlossen werden, desto leichter fällt die Forschung im Nachhinein. Generell ist bei Fallstudien die Bedeutung von entsprechenden Sprachkenntnissen nicht zu unterschätzen. Vor allem die Arabischkenntnisse, die in unserer Gruppe vorhanden waren, eröffneten uns eine Vielzahl an Quellen, um unsere Argumentation mit nötigen Informationen zu unterlegen. Ähnlich hilfreich waren die durchgeführten Expert:inneninterviews, da uns die Expertise unserer Interviewpartner:innen auf bestimmte Punkte aufmerksam machte und gezieltes Nachfragen unsererseits ermöglichte. Dabei muss jedoch berücksichtigt werden, dass die Suche nach geeigneten Expert:innen mühsam sein kann und viele Anfragen unbeantwortet bleiben, vor allem von Personen außerhalb Deutschlands. Darüber hinaus muss man vorbereit sein, Standpunkte zu hören, die der eigenen Argumentation widersprechen. Natürlich kann man entsprechende Gegenargumente finden, jedoch sollte man die eigenen Annahmen stets hinterfragen. Eines der Interviews hat uns daher dazu inspiriert, Teile unserer theoretischen Ausführungen zu revidieren. Gerade, wenn besagte Interviews erst spät im Arbeitsprozess geführt werden, kann es dann zu arbeitsintensiven, stressigen Umänderungen kommen wie bereits oben schon näher ausgeführt. Des Weiteren bleibt, dass es bei qualitativen Studien deutlich schwererfallen kann, das Wörterlimit einzuhalten, da die Ausarbeitung von Argumenten und Erkenntnissen oftmals mehr Platz erfordert als quantitative Studien, um eine äquivalente Wirkung und Überzeugungskraft entfalten zu können. Gerade deshalb ist es wichtig, sich lieber auf ein Erkenntnisinteresse zu konzentrieren, als – wie wir anfangs – zu viele Aspekte in einer Arbeit beantworten zu wollen.

Schlussendlich sind wir sehr froh, eine Erfahrung wie das Lehrforschungsprojekt gemacht zu haben. Wir durften einen tiefen Einblick in die wissenschaftliche Arbeit vornehmen und haben dadurch noch mehr Respekt vor den Leistungen vieler Forschender gewonnen.

9 Vergleichende Fallstudien

Fallstudien bilden den Ausgangspunkt für eine Verallgemeinerung von Befunden, die im ersten Schritt meist über den Vergleich weniger Fälle erfolgt. Vergleichende Fallstudien beginnen dort, wo der Schwerpunkt der Analyse von einem einzelnen Fall auf eine Gruppe von Fällen übergeht (Gerring 2007: 20). Hier werden einzelne Fälle nicht mehr in ihrer Gesamtheit betrachtet, sondern werden in Hinblick auf bestimmte Ausschnitte der Realität verglichen: Eigenschaften, Strukturen, Organe, Handlungsweisen etc. Fragen, die dabei im Vordergrund stehen, sind: Welche Gemeinsamkeiten weisen Fälle auf? Welche Unterscheidungsmerkmale bieten sich an? Wie funktionieren die unterschiedlichen Fälle im Vergleich? Wo liegt die Ursache für Differenz? Wo liegt die Ursache für Gleichheit?

Ein prominentes Beispiel aus der Politikwissenshaft ist der Vergleich politischer Systeme, etwa parlamentarischer und präsidentieller Demokratien. Im Fall parlamentarischer und präsidentieller Demokratien ist dabei sicherlich die Frage zentral, ob das Staatsoberhaupt direkt oder von einer Vertretung bestimmt ist, ob das Staatsoberhaupt während einer Legislaturperiode politisch abberufbar ist und, wenn ja, wie. Wichtige Entscheidungen betreffen die Auswahl der Fälle, die verglichen werden sollen, was eigentlich verglichen werden soll und in welchem Umfang die Rahmenbedingungen konstant gehalten werden sollen, können und müssen, die nicht Gegenstand des Vergleichs sind. Hier bieten sich formalisierte Methoden des Vergleichs(-designs) an, wie sie etwa von John Stuart Mill, Adam Przeworski oder Arend Lijphart entwickelt wurden.

Denn eine Kernfrage vergleichender Politikwissenshaft ist die Frage nach dem *tertium comparationis*. So fordert etwa Arend Lijphart, eine vergleichende Analyse solle auf vergleichbare Fälle beschränkt werden. Er versteht darunter Fälle, die sich in einer großen Anzahl von Charakteristiken ähneln, sich aber hinsichtlich der zu untersuchenden Variablen unterscheiden (Lijphart 1971: 687). Er bezieht sich mit dieser Definition auf das sogenannte *Most Similar Cases Design*, das Przeworski und Teune (1970) als ein mögliches striktes Vergleichsdesign vorschlagen. Bei diesem Design kann im Idealfall aufgrund der Kontrolle der Übereinstimmungen ein zu erklärendes Phänomen, bei dem sich die Fälle unterscheiden, auf eine weitere Variable zurückgeführt werden, bei der die beiden Fälle sich unterscheiden. Das Gegenmodell sind die sogenannten „most different cases" (Przeworski und Teune 1970: 32 f.), die sich in vielen Merkmalen unterscheiden, aber ein gemeinsames Phänomen aufweisen. Hier wird eine Variable gesucht, die in beiden Fällen die gleiche Ausprägung hat und damit als Ursache für das Phänomen infrage kommt.

Bei beiden rigorosen Vergleichsdesigns geht es um die Identifikation von kausalen Zusammenhängen zwischen einer unabhängigen und einer abhängigen Variablen. Diese können entweder über einen weniger rigorosen Vergleich untersucht werden. Dazu benötigt man aus methodischer Sicht als Grundlage qualitative Fallstudien (Eckstein 1974: 104 f.), bei denen die Besonderheiten der Fälle herausgearbeitet und dann verglichen werden können. Moses und Knutsen (2012: 140) betonen die Bedeutung der Zusammenführung von einzelnen Fallstudien in mehr oder weniger rigiden Vergleichsstudien gerade hinsichtlich der Generierung von Hypothesen bezüglich des interessierenden Phänomens. Die Stärke liegt darin, dass die Befunde aus ganz unterschiedlichen Fällen ähnlich wie Bausteine zusammengetragen werden können, um zu Aussagen mit einem größeren Verallgemeinerungsgrad zu gelangen. Oder man verwendet von vornherein eines der rigorosen Vergleichsdesigns und wählt die zu vergleichenden Fälle entlang der Ausprägungen der unabhängigen und abhängigen Variablen aus, um eine möglichst große Kontrolle über den Vergleich zu erhalten und quasiexperimentell vorgehen zu können.

Das sogenannte *Most Similar Cases Design* (MSCD) benötigt eine Auswahl von Fällen mit möglichst ähnlichen Rahmenbedingungen, also unabhängigen Variablen, die aufgrund der Invarianz als mögliche Ursachen ausgeschlossen werden können. Ein Beispiel wären Fälle mit ähnlicher sozialgeschichtlicher Entwicklung, geografischer Lage oder Ähnliches. Die Ähnlichkeit des Kontextes respektive der Kontextfaktoren bedeutet, dass alle Fälle, die nicht mit der zu prüfenden Hypothese in enger Verbindung stehen, weitgehend gleich sein sollten, um den Einfluss intervenierender Variablen gering zu halten. Darüber hinaus gilt es auch, die unabhängigen Variablen, also diejenigen Faktoren, die als ursächlich für das Ereignis (abhängige Variable) infrage kommen werden, möglichst ähnlich zu halten. Allerdings dürfen diese Faktoren nicht gleich sein, sondern kontrolliert variieren. Der Grund für das unterschiedliche Ergebnis liegt dann in der Differenz einer unabhängigen Variablen.

Beim *Most Different Cases Design* (MDCD) werden Fälle ausgewählt, die möglichst verschiedene Rahmenbedingungen aufweisen, aber ein ähnliches Phänomen zeigen. Damit können aufgrund der Varianz die Rahmenbedingungen als ursächlich ausgeschlossen werden, die über die Fälle hinweg unterschiedlich sind. Es könnten also bei der Untersuchung der Beziehung zwischen wirtschaftlicher Prosperität und Demokratisierung Fälle aus den verschiedensten Regionen ausgewählt werden. Wenn sich zeigt, dass die erfolgreich demokratisierten Staaten lediglich gemeinsam haben, dass sie ökonomisch prosperieren, dann kann dies als Ursache für die Demokratisierung gesehen werden.

Tab. 5: Vergleichsdesigns

	MSCD			MDCD		
	Land 1	Land 2	Land ...	Land 1	Land 2	Land ...
Rahmen-bedingungen	A B C	A B C	A B C	A B C	D E F	G H I
Erklärende Variable	x	x	nicht-x	x	x	x
Outcome	Y	Y	nicht-Y	Y	Y	Y
	Differenzmethode			*Konkordanzmethode*		

Quelle: nach Przeworski und Teune 1970.

Vergleichsstudien können nomothetisch oder idiografisch sein (vgl. Jahn 2007). Bei nomothetischen, also erklärenden Vorgehen geht die Forscher:in von der Annahme aus, dass Gesetzmäßigkeiten existieren, die es zu entdecken gilt. Durch das Aufspüren solcher Gesetzmäßigkeiten können dann gegenwärtige oder vergangene Phänomene erklärt werden und im Idealfall auch zukünftige Ereignisse vorhergesehen werden. Das idiografische Verfahren geht von der Eigentümlichkeit der Dinge aus. Somit kann unter dieser Perspektive ein Vergleich keine weiteren Einsichten erbringen, da die Dinge an sich nicht vergleichbar sind. Der spezifische Forschungsstand soll dann im nächsten Schritt durch verschiedene Theorieelemente erklärt werden, eklektisches Vorgehen ist hier häufig die Regel. Der wesentliche Unterschied zwischen idiografischem und nomothetischem Vorgehen besteht darin, dass nomothetisches Vorgehen Regeln und Muster in den politischen Abläufen unterstellt, die durch analytische Verfahren identifiziert werden können. Um solche Regeln und Muster zu identifizieren, bedarf es einer systematischen Methode. Das Methodenangebot, welches in der Politikwissenschaft existiert, besteht im – oftmals nicht praktikablen – Experiment, der statistischen und der vergleichenden Methode (Lijphart 1975).

Vergleichende Fallstudien zeichnen sich ebenso wie Fallstudien dadurch aus, dass in Abhängigkeit von der jeweiligen Fragestellung und dem Ziel des Vergleichs die unterschiedlichsten Daten verwendet werden können. So gibt es Vergleiche, die auf der Basis von Dokumentenanalysen angestellt werden, während andere auch statistische Daten für den Vergleich heranziehen. Sie sind insofern offen für qualitative und quantitative Ansätze.

10 Vergleichende Fallstudien: Wahlen und autoritäre Transformationen in Russland und Venezuela

Rolf Frankenberger und Patricia Graf

Im Rahmen eines Artikels in der Zeitschrift für Vergleichende Politikwissenschaft (Frankenberger und Graf 2011) haben wir uns mit Prozessen der Transformation weg von der Demokratie und hin zu autoritärer Herrschaft in Russland und Venezuela beschäftigt. Beide Staaten waren seit Beginn der 2000er Jahre mit unterschiedlich erfolgreichen Versuchen konfrontiert, das politische System durch die Umgehung oder gänzliche Abschaffung demokratischer Standards wie freien, fairen und gleichen Wahlen, Gewaltenteilung und Rechtsstaatlichkeit zu schließen und autoritäre Herrschaftsstrukturen und -praktiken durchzusetzen. Gerade Wahlen waren dabei nicht nur Ziel, sondern auch ein zentrales Mittel der Entdemokratisierung. Um die Rolle von Wahlen in Prozessen der demokratischen Regression, also dem Qualitätsverlust der Demokratie, und der autoritären Transformation, also dem Übergang von einem demokratischen zu einem autoritären politischen System genauer untersuchen zu können, haben wir auf Ansätze der Systemtheorie (Parsons 1963; Almond 1965) und der Wahlforschung zurückgegriffen. Insbesondere die Funktionen von Wahlen in unterschiedlichen systemischen Kontexten (Nohlen 2000; Hermet 1978; Almond und Powell 1996) waren dabei als theoretischer Hintergrund von Interesse für eine genauere Analyse. Anhand des Falls Venezuela konnten wir zeigen, dass Wahlen zur Legitimierung nichtdemokratischer Führungsstile wie das Regieren per Dekret genutzt werden können. Der Fall Russland war wiederum ein Beispiel für autoritäre Machtsicherung und das Nutzen von Wahlen für die Ergründung der öffentlichen Meinung. Der Vergleich der beiden Fälle zeigte, dass der Zusammenhang zwischen den Funktionen von Wahlen und dem Regimetypus weniger stabil ist als vermutet und dann demokratische Funktionen von Wahlen im Dienst autoritärer Herrscher zu finden sind. Unser Argument war, dass es genau diese demokratischen Inseln in autoritären Kontexten sind, die den Übergang zur Autokratie erleichtern und legitimieren.

Wahlen in Russland waren im Untersuchungszeitraum nicht wettbewerbsorientiert, und Funktionen von Wahlen wie die Repräsentations- und Legitimationsfunktion wurden in einem autoritären Sinn umgedeutet. Mit der Abschaffung der Option „gegen alle" auf den Stimmzetteln drohten Wahlen neben der Legitimations- und Bildungsfunktion eine ihrer zentralen Funktionen zu verlieren und für das bestehende Regime tendenziell dysfunktional zu werden. Daher waren weitere institutionelle Eingriffe im Bereich der Wahlen wahrscheinlich, um die Funktionen der Wahlen an die Bedürfnisse des Regimes anzupassen und weiter zur autoritären Stabilisierung beizutragen. Die Geschichte nach 2010 hat gezeigt, dass genau dies der Fall war und die Rahmenbedingungen von Wahlen ebenso wie der Freiheitsgrad der Wahlen massiv verändert bzw. eingeschränkt wurden. Im Vergleich dazu ergab sich in Venezuela ein ambivalenteres Bild. Wir konnten Funktionen von kompetitiven, halbkompetitiven und nichtkompetitiven Wahlen feststellen. Die Funktionen kompetitiver Wahlen waren in Venezuela teilweise gegeben, aber durch andere Funktionen stark verändert. Die etablierten Parteien wurden durch Wahlen legitimiert, aber kaum kontrolliert. Die Bevölkerung konnte durch Wahlen und Referenden partizipieren, musste aber ständig befürchten, vom Militärapparat sanktioniert oder von öffentlichen Wohlfahrtsprogrammen ausgeschlossen zu werden (Welsch und Briceno 2008). Darüber hinaus wurde die Stimme der Wählerschaft häufig durch die Herrschaft der Dekrete untergraben. Trotz all dieser Tatsachen wurde die Legitimität des politischen Systems durch Wahlen gestützt, und politische Parteien und Bewegungen waren verpflichtet, an Wahlen teilzunehmen, während die eigentliche Machtausübung im Hintergrund stattfand. Wahlen erfüllen zudem Funktionen, die üblicherweise in halbkompetitiven Wahlen zu finden sind. Wie die Reaktion von Hugo Chávez auf den Wahlboykott der Opposition zeigte, dienten sie dazu, die Opposition sichtbar zu machen und sie teilweise in das System zu integrieren. Oppositionskräfte dienen als Bösewichte, die dem Ruhm von Hugo Chávez ihre eigenen programmatischen Unzulänglichkeiten gegenüberstellen. Wahlen waren also ein wichtiges Instrument der Machtsicherung in Venezuela (Kornblith 2007: 113), wenn auch autoritär interpretiert. Auch hier zeigte die Entwicklung nach 2010, dass es zu einer autoritären Schließung kam, die auch durch Wahlen befördert und legitimiert wurde.

Erkenntnisinteresse, Theorien und Befunde

Das Erkenntnisinteresse der Studie war ursprünglich auf die Rolle von Wahlen bei Prozessen der demokratischen Regression gerichtet. Dabei stand für uns im Vordergrund, dass die beiden ausgewählten Fälle erstaunliche Parallelen aufwiesen bezüglich der Entwicklungen in den Wahl- und Parteiensystemen Russlands und Venezuelas unter den Präsidenten Putin und Chavez, in deren Amtszeiten jeweils deutliche Verluste der Qualität politischer Rechte und bürgerlicher Freiheiten fielen. Als Proxy-Variable für diese Prozesse der demokratischen Regression, oder besser: autoritären Transformation, verwendeten wir das Freedom House Rating der beiden Staaten, deren Bewertung sich von 1999 bis 2009 substanziell verschlechterte: in Venezuela von 2,5 (frei) auf 4,5 (teilweise frei), in Russland von 4 (teilweise frei) auf 5,5 (nicht frei). Diese Fragestellung ließe sich nun auf vielfältige Weise in der vergleichenden Forschung verorten. Neben der Transformationsforschung kamen vor allem die Systemtheorie und Ansätze der Wahl- und Parteienforschung infrage. Auch die sogenannten Area-Studies, also der Forschungszweig, der sich auf Regionalexpertisen stützt, waren ein möglicher Zugriff auf die beiden einzelnen Fälle, wenngleich sich diese Perspektive weniger für einen interregionalen Vergleich als für Einzelfallanalysen eignet. Den Vergleich hängten wir daher theoretisch an systemtheoretischen und funktionalistischen Überlegungen auf, was zu einer Konkretisierung der Fragestellung führte: Welche Rolle spielen Wahlen im Rahmen demokratischer Regression? Welche Funktionen erfüllen Wahlen in unterschiedlichen systemischen Kontexten?

Die Befunde aus dem Freedom House Rating können nach Schedler (2006: 11) als erster Anhaltspunkt dafür gelten, dass es sich bei beiden Staaten um elektoralautoritäre Regime handelt, wenngleich Venezuela von Freedom House 2008 als „elektorale Demokratie" eingestuft wurde. Prüft man die Qualität der Wahlen in Venezuela und Russland entlang der von Schedler vorgeschlagenen „Chain of Democratic Choice", so bilden sich die Unterschiede in der Bewertung durch Freedom House nicht nur ab, sondern untermauern die Einstufung als elektoral-autoritäre Systeme. Dies war einer der theoretischen Ansatzpunkte unserer Studie zur Bearbeitung der ersten Frage.

Nimmt man die Daten des „Freedom in the World"-Survey 2008 von Freedom House als eine Annäherung an die demokratische Qualität von Wahlen, so weisen sie Venezuela mit einem Rating von 4,0 als „teilweise frei" und Russland mit einem Wert von 5,5 als „nicht frei" aus. Nach Schedler (2006: 11) kann dies als erster Anhaltspunkt dafür gelten, dass es sich bei beiden Staaten um elektoral-autoritäre Regime handelt, wenngleich Venezuela von Freedom House als „elektorale Demokratie" eingestuft wird. Prüft man die Qualität der Wahlen in Venezuela und Russland entlang der von Schedler vorgeschlagenen „Chain of Democratic Choice", so bilden sich die Unterschiede in der Bewertung durch Freedom House nicht nur ab, sondern untermauern die Einstufung als elektoral-autoritäre Systeme.

Schedler (2002) entwickelte mit der von ihm formulierten „chain of democratic choice" (Schedler 2002: 41) eine Nagelprobe der Unterscheidung zwischen elektoralen Demokratien und nichtdemokratischen elektoralen Regimen. Dahls Kriterien der Polyarchie (vgl. Dahl 1971) folgend entwickelt Schedler (2002) sieben Bedingungen, die erfüllt sein müssen, um effektive demokratische Wahlen zu ermöglichen. Fällt eine der Bedingungen aus, so ist die „chain of democratic choice" (ebd.: 41) unterbrochen und es handelt sich nicht mehr um demokratische Wahlen (vgl. ebd.: 40 f.).

– Empowerment: Wahlen müssen es den Wählern ermöglichen, ihre Macht auszuüben und die mächtigsten Entscheidungsträger zu wählen.
– Free supply: Es muss die Möglichkeit der Bildung von politischen Alternativen geben: „The range of available alternatives cannot be something engineered by a manipulative government, but must be determined by active citizens themselves within a framework of fair and universal rules" (ebd.: 40).
– Free demand: Demokratische Wahlen setzen die freie Präferenzbildung der Bürger voraus. Dazu benötigen sie verschiedene Informationsquellen: „Unless parties and candidates enjoy free and fair access to the public space, the will of the people as expressed at the ballot box will be little more than the echo of structurally induced ignorance" (ebd.).
– Inclusion: universelles Wahlrecht.
– Insulation: Meinungsäußerungsfreiheit und geheime Wahlen.
– Integrity: Der in Wahlen frei geäußerte Wille muss von kompetenten und neutralen Personen/Institutionen ausgewertet und gleichwertig gewichtet werden. Die Bürokratie muss professionell und integer sein, um das Prinzip „one man, one vote" auch umzusetzen.
– Irreversibility: Die Wahlsieger müssen die Ämter auch übernehmen können, für die sie gewählt wurden, und dann Macht ausüben können.

Für beide Länder konnten wir entlang dieser Dimensionen zeigen, dass die Kette demokratischer Wahlen durchbrochen war. Darüber hinaus konnten wir aber auch feststellen, dass Wahlen eine wichtige Funktion bei der Entdemokratisierung einnehmen.

Die in Russland regelmäßig abgehaltenen Wahlen zu Staatsduma und Präsidentenamt offenbarten gravierende Defizite. Zwar konnten diejenigen, die gewählt wurden, auch die Ämter übernehmen, für die sie gewählt wurden, und die damit verbundene Macht ausüben, aber dies lag in erster Linie daran, dass nur diejenigen gewählt werden, die gewählt werden sollten. Für alle weiteren Glieder der Kette ergibt sich ein Bild der Zerstörung. Die Machtausübung der Wähler wurde beeinträchtigt, Personalisierung und Zentralisierung der Macht hebelten das Empowerment aus. Eine treffende Zusammenfassung der Situation in Russland findet sich bei Lilia Shevtsova:

> One further key word for decoding the reality of Russia is nonaccountability. The leader is formally placed on a pedestal as the sole legitimate player. He is the monosubject on the Russian political scene and the only one who has all the means and instruments and levers of power. At the same time he has to shirk responsibility in order to survive. He would otherwise be answerable for every failure of his bureaucracy from top to bottom (Shevtsova 2007: 52).

Auch die Möglichkeit der Bildung politischer Alternativen (Schedler 2002: 40) wurde durch Gesetze und informelle Praktiken überformt, wie das Beispiel der Parteienregistrierung, die NGO-Gesetze (vgl. Russlandanalysen 138), das Extremismusgesetz und der ungleiche Zugang zu Medien belegen. Eine freie Präferenzbildung der Bürger war angesichts weitgehend staatseigener oder staatsnaher Medien nicht gewährleistet, die Meinungsfreiheit begrenzt und Korruption hoch.

In Venezuela erschien die Möglichkeit demokratischer Wahl zunächst nicht eingeschränkt, wurde Hugo Chávez doch in drei integren Wahlen im Amt bestätigt. Auch sind seit dem Amtsantritt Hugo Chávez eine Parlamentswahl und mehrere Lokalwahlen ordnungsgemäß durchgeführt worden. Es fanden aber subtilere Prozesse als offensichtlicher Wahlbetrug statt, welche das Vertrauen in demokratische Wahlen vergifteten. Mit Diamond und Morlino (2004: 25) ist die Existenz eines unabhängigen Wahlorgans das wichtigste Requisit für die Ausübung der bürgerlichen Freiheit. Entgegen der verfassungsmäßig geregelten Überparteilichkeit der Mitglieder waren diese Chávistas (McCoy et al. 2004: 281). Auch die Aushebelung von Checks and Balances aufgrund fehlender parlamentarischer Opposition und weitreichender präsidialer Dekretrechte sowie das Fehlen einer unabhängigen Gerichtsbarkeit schränkten demokratische Wahlen ein, da die Empowerment-Funktion nicht erfüllt war. Meinungs- und Pressefreiheit wurden durch informelle Praktiken (vgl. Kornblith 2007 und Petkoff 2005) eingeschränkt.

Die Analysen zeigten, dass die Veränderungen und Beeinflussungen von Wahlen ein entscheidender Faktor bei der Entdemokratisierung waren. Die daran anschließende Frage, welche Funktionen Wahlen dann in nichtdemokratischen Kontexten überhaupt noch haben, griffen wir anhand der Ansätze von Nohlen (2000) und Hermet (1978) auf. Diese formulierten Funktionen von Wahlen vor dem Hintergrund der Unterschiede zwischen kompetitiven, semikompetitiven und nichtkompetitiven systemischen Zusammenhänge, wie sie in Tab. 6 zusammengefasst sind.

In unseren beiden Fällen waren Wahlen weder eine demokratische Technik (Schumpeter 1987: 248) noch stellten sie eine demokratische Schutzfunktion gegen autoritäre Entwicklungen dar. Das Gegenteil war der Fall, denn beide Fälle

Tab. 6: Funktionen von Wahlen in verschiedenen Systemkontexten

Funktionen	Politisches System		
	Kompetitiv	Semi-kompetitiv	Nicht-kompetitiv
Legitimation von Kandidat:innen	X	X	
Legitimation des politischen Systems	X	X	X
Strukturierung des politischen Prozesses	X		X
Stabilisierung bestehender Machtstrukturen		X	
Beteiligung	X		
Integration und Sichtbarmachung von Opposition		X	
Sozialisierung zur gelenkten Beteiligung			X
Kontrolle des politischen Prozesses	X		
Politische Seismografie		X	X
Kommunikation der Regierungsideologie			X
Recruitment function	X		
Aktualisierung der legitimen Tradition der Bestimmung des Führers		X	
Politische Hygiene: Sanktionierung politischer Rivalen			X

Quelle: eigene Zusammenstellung nach Hermet 1978 und Nohlen 2000.

zeigten, dass Wahlen zur Durchsetzung und/oder Stabilisierung autoritärer Herrschaft genutzt wurden. Im Fall Venezuela legitimierten sie undemokratische Führungsstile wie das Regieren per Dekret. In Russland dienten Wahlen der Zentralisierung von Macht und der Personalisierung von Führung. In beiden Fällen beruhten diese Funktionen auf einer Tradition der Zentralisierung von Macht und delegativen Praktiken. Interessanterweise wurden diese Traditionen im venezolanischen Fall lange Zeit übersehen. Das mag daran liegen, dass diese Tradition mit einer anderen kollidierte, nämlich mit der langen Tradition der demokratischen Rekrutierung von Beamten. Auch heute noch ermöglicht der systemische Rahmen für Wahlen in Venezuela der politischen Opposition einen gewissen Einfluss zu entfalten. Im Gegensatz dazu ist der Fall Russlands ein perfektes Beispiel für autoritäre Machtsicherung durch Wahlen und „electoral engineering", also die bewusste Veränderung von Regeln und Prozessen der Wahlen. Die Unterschiede im Ausmaß des „electoral engineering" und der Schließung des Regimes zeigen, dass es sehr unterschiedliche Arten des Übergangs zur Autokratie gibt und dass Wahlen diese Übergänge entsprechend unterschiedlich beeinflussen können. In Russland fanden wir hauptsächlich Funktionen von halb- und nichtkompetitiven Wahlen. Im Gegensatz dazu fanden wir in Venezuela Funktionen von kompetitiven Wahlen und nichtkompetitiven Wahlen. Im letzteren Fall war der Zusammenhang zwischen Rahmenbedingungen und Funktionen weniger konsistent und stabil. Außerdem war das Ergebnis dieses Prozesses weniger eindeutig als im russischen Fall, da im venezolanischen Fall der Regimetyp in der Grauzone zwischen Demokratie und Autokratie lag.

Der Vergleich der Fälle gab dann darüber Aufschluss, warum sich die Muster in Venezuela und Russland unterschieden. Er wies auf mehrere voneinander abhängige Faktoren oder systemische Kontextvariablen hin, welche die Funktionen und die Phänomenologie von Wahlen in nichtdemokratischen Regimen beeinflussen: Die sozioökonomische Entwicklung und die Art der Staatseinnahmen, die politische Kultur, die informellen Institutionen und Praktiken, der Grad und die Art der Zentralisierung und Personalisierung von Macht und Führung, die Funktionsfähigkeit der formellen Institutionen und die institutionellen Kontrollen und Gegengewichte und nicht zuletzt die Struktur und Freiheit der Medien. Je nach der Kombination und den Merkmalen dieser Variablen entstehen politische Systeme mit unterschiedlichen Funktionslogiken. Unsere Studie legt nahe, dass insbesondere unterschiedliche Werte der Variablen „politische Kultur" und „informelle Institutionen" die autoritäre Kraft von Wahlen beeinflussen. Daher sollte sich die weitere Forschung auf diese Variablen konzentrieren, um nicht nur die Prozesse des Übergangs zur Autokratie und der autoritären Konsolidierung zu erhellen, sondern auch neue Konzepte zur Typologisierung politischer Systeme entlang ihrer charakteristischen Funktionslogiken zu entwickeln.

Theoretische Herausforderungen: Heuristiken als Ordnungselemente

Häufig lavieren Forscher:innen aufgrund der zahlreichen geschilderten Fallstricke beim Versuch eines interregionalen Vergleichs irgendwo zwischen Länderexpertise und Fachdisziplin herum, ohne dabei die Stärken beider Seiten zu vereinen. Inwiefern Konzepte bzw. Heuristiken Ordnung in den Vergleich bringen können, wollen wir an unserem Fallbeispiel zeigen. In unserem Vergleich wollten wir den Zusammenhang zwischen semikompetitiven Wahlen und Autoritarismus untersuchen. In nichtkompetitiven Systemen ist das Regime nicht verpflichtet, Wahlen abzuhalten. Wahlen fehlt hier komplett das liberale Moment der Integration der verschiedenen Interessen oder der Kontrollfunktion (Nohlen 2000: 35). Hält das Regime sie dennoch ab, so verbirgt sich dahinter oft eine gezielte Logik. Dieser Logik wollten wir auf den Grund gehen.

Wir hatten uns dafür das richtige Design gesucht: Goertz (2013) schlägt die Auswahl gleicher abhängiger Variablen für einen Vergleich zweier Fälle vor, wenn der Kausalmechanismus – in unserem Fall die Wirkung von Wahlen – stärker ergründet werden soll. Und genau dies war unser Ziel. Denn es ging uns weniger um das Vorhandensein von Wahlen in autoritären Regimen, ein Zusammenhang, der bereits mehrfach ausgewiesen war, sondern um die funktionale Logik und die intervenierenden Variablen. Wir griffen dazu auf eine gegenüber Regionen indifferente Heuristik zurück bzw. eine Heuristik, die zum einen deduktiv aus der Demokratietheorie abgeleitet ist und zum anderen bereits mehrfach in unterschiedlichen regionalen Settings angewandt wurde, um die oben skizzierten Fehler zu vermeiden. Bezug nehmend auf Nohlen (2000: 36) nahmen wir an, dass semikompetitive Wahlen, d. h. Wahlen, deren „chain of democratic choice" (Schedler 2002) unterbrochen ist, dennoch der Legitimierung der bestehenden Machtverhältnisse, der politischen Entspannung nach innen, dem Reputationsgewinn nach außen sowie der Sichtbarmachung und der Teilintegration von Opposition sowie der systemstabilisierenden Anpassung der bestehenden Machtstruktur dienen (Nohlen 2000: 36). Aber unter welchen Umständen erfüllten Wahlen diese Funktion? Und welche Unterbrechungen der Kette waren verkraftbar, damit die Funktionen noch erfüllt werden, welche dagegen wirkten delegitimierend? Wie unsere Fragen schon zeigen, hatten wir uns weg vom Überprüfen reiner Kausalmechanismen bewegt. Vielmehr ging es uns darum, diese näher zu ergründen und weiterzuentwickeln. Unser Ziel war es somit, funktionale Äquivalenzen näher zu ergründen. Damit schlugen wir den Weg einer systemtheoretisch fundierten Herangehensweise ein.

Die Vorteile einer solchen Perspektive möchten wir unter Rückgriff auf einige Klassiker kurz erläutern. Ausgehend von der Idee der Persistenz sozialer Systeme (Parsons 1951) lassen sich vier gesellschaftliche Grundfunktionen identifizieren, die auf die eine oder andere Weise erfüllt werden müssen:

- adaption (Vermittlung der Interessen zwischen System und Umwelt);
- goal attainment (Regulierung der Zielrelationen zwischen System und Umwelt);
- integration (Einheit des Systems und Anpassung der Teilsysteme untereinander sowie Durchsetzung und Abstimmung einzelner und kollektiver Interessen) und
- latent pattern maintainance (sinnstiftende Regeln und Symboliken lang anhaltender Kultursysteme) (vgl. Almond 1965; Parsons, Bales und Shils 1953).

Diese werden in modernen Gesellschaften von den Subsystemen Wirtschaft, Politik, Gemeinwesen und Kultur erbracht. Diese müssen sich wiederum selbst funktional ausdifferenzieren, um ihre spezifischen Funktionen innerhalb einer Gesellschaft erfüllen zu können. Die Funktionen können dabei durch funktionale Äquivalente oder funktionale Alternativen (Parsons 1951: 167) wahrgenommen werden. Damit können, abhängig vom Systemkontext, unterschiedliche Handlungsmuster einen äquivalenten Beitrag zum Systemerhalt leisten bzw. gleiche Handlungsmuster einen unterschiedlichen Beitrag, wie unser Beispiel Wahlen illustriert. Diese Idee der Differenzierung machen sich Ansätze der vergleichenden Systemanalyse (Easton 1965; Almond und Powell 1966) zunutze und identifizieren unterschiedliche (institutionelle) Ausdifferenzierungen politischer Systeme. Dabei kommt jedoch die Einbindung in das gesellschaftliche Umfeld oft zu kurz, was jedoch angesichts der komplexen Austauschbeziehungen zwischen politischem System und gesellschaftlicher Umwelt problematisch ist. Es empfiehlt sich daher bei der Suche nach Wirkungszusammenhängen gerade im interregionalen Vergleich eine Heuristik, welche den gesellschaftlichen Kontext systematisch berücksichtigt und damit auch und gerade dem Problem des „conceptual stretching" entgegenwirkt (s. u.).

Für eine Strategie des (interregionalen) Vergleichs bedeutet die Verwendung einer systemtheoretischen Heuristik daher vor allem zweierlei: erstens die Suche nach funktionalen Äquivalenten, zweitens die systematische Einbindung des gesellschaftlichen Umfelds, denn politische Systeme sind eingebettet in eine systemische Umwelt, und genau die spezifischen Austauschmuster eröffnen einen analytischen Zugriff auf Funktionsweisen und deren institutionelle Ausgestaltung (vgl. Frankenberger 2013).

Um ein solches Vorgehen zumindest annähernd umzusetzen, benötigten wir eine doppelte theoretische Kontrolle: 1. eine Heuristik zur Analyse von Wahlen, zusammengesetzt aus der „chain of democratic choice" und dem Funktionskatalog von Wahlen sowie 2. einen theoretischen Rahmen, welcher das Suchen nach Drittvariablen in der Systemumwelt des politischen Systems ermöglicht. Hierzu bedienten wir uns systemtheoretischer Annahmen, indem wir etwa die (politische) Kultur eines Landes als Erklärungsfaktor herangezogen haben. Besonders interessant in unserem Fall war dabei die Frage der Wirkungen von Wahlen. Wenn die demokratische Qualität von Wahlen aufgrund von durchbrochenen Gliedern der Demokratiekette nicht gegeben ist (Schedler 2002), können Wahlen zur Schließung politischer Systeme führen, indem die Opposition soweit aus dem politischen Wettbewerb herausgenommen wird, dass sie zwar als Opposition noch vorhanden ist, aber keine Chance mehr auf die Macht hat. So z. B. geschehen in Russland, aber auch in Venezuela, über die Verschärfung der Wahl- und Parteiengesetzgebung. Dass dabei gleiche Prozesse zumindest zu graduell unterschiedlichen Ergebnissen führen, obwohl die kausalen Mechanismen gleich sind, ist nur durch das Einwirken dritter Faktoren auf diesen Mechanismus zu erklären, die nicht notwendigerweise innerhalb des politischen Systems liegen müssen, sondern auch und gerade die angesprochenen „interchange systems" zwischen gesellschaftlichen Teilsystemen betreffen, wie das Beispiel der politischen Kultur in unseren Fällen zeigt.

Ein Problem bei einer solchen Analyse ist, dass kausale Mechanismen selten tatsächlich als monokausale Ketten konstruiert und identifiziert werden können. Dies gilt umso mehr, wenn damit ein funktionales Argument verknüpft wird. Das führt sowohl zu Darstellungs- als auch zu analytischen Schwierigkeiten, wie wir am Beispiel Russland und Venezuela „schmerzhaft" erfahren mussten. Denn eine funktionale Analyse braucht Platz und die Möglichkeit – ähnlich wie im Rahmen qualitativer, an der Grounded Theory (Glaser und Strauss 1967) orientierter Forschung – neue empirische Daten und Aspekte in die Analyse mit aufnehmen zu können und den bisherigen Forschungsverlauf mitsamt der Ergebnisse gleichsam iterativ wieder zu überprüfen.

Methodologische Herausforderungen 1:
Fallstudien, Fallauswahl und Vergleichsdesigns

Die oben präsentierten theoriegeleiteten Befunde gingen jedoch einher mit einer Reihe von methodologischen Herausforderungen, die uns nicht alle unmittelbar bewusst waren. In einer ersten Gutachterrunde der Zeitschrift für Vergleichende

Politikwissenschaft wurde uns z. B. vorgeworfen, zwei Einzelfallbeschreibungen ohne größere Vergleichsmomente vorgelegt zu haben. Auf diese Kritik hin untersuchten wir nochmals unser Vergleichsdesign und stellten uns die Frage, ob wir eventuell dem berühmten Apfel-Birne- oder Katze-Hund-Problem (Sartori 1991) aufgesessen waren oder ob wir wirklich vergleichbare Phänomene in beiden Fällen beobachten konnten. Ausgehend von dieser Frage diskutieren wir im Folgenden einige methodologische Herausforderungen von Vergleichen und insbesondere von Regionen übergreifenden vergleichenden Fallstudien.

Über die Methodologie von Fallstudien ist in den Sozialwissenschaften und vor allem in der Politikwissenschaft in den letzten fünfzig Jahren ein umfassender Literaturkorpus entstanden (eine exzellente Übersicht und Diskussion findet sich in Gerring 2009). Im Zentrum stehen dabei

- erstens Aspekte der Definition und Typologisierung von Fallstudien (Eckstein 1975; Lijphart 1975; Gerring 2004; 2009; Thomas 2011);
- zweitens Strategien der Fallauswahl (Gerring 2009; Eckstein 1975; Lijphart 1975);
- drittens die Durchführung von Fallstudien (Bennett 2002; Gerring und McDermott 2007; Gerring 2004);
- viertens die Frage nach kausalen Erklärungen (Goertz und Levy 2007; Bennett und Elman 2006; Gerring 2009; King et al. 1994) sowie
- fünftens die Frage nach methodologischen Fundierungen in quantitativer oder qualitativer Tradition (Gerring 2009; Mahoney und Goertz 2006; King et al. 1994; Bennett und Elman 2006).
- Nicht zuletzt geht es sechstens um die Frage der Fundierung und Durchführung von Vergleichen auf der Basis von wenigen Fallstudien (Przeworski und Teune 1966; Eckstein 1975; Lijphart 1971; 1975; Gerring 2009; Sartori 1970; 1991; Collier und Mahon 1993; George und Bennett 2005; Rose 1991).

Ein besonderes Kennzeichen von Fallstudien ist deren Fokussierung auf eine einzige, relativ abgeschlossene Einheit (Gerring 2009: 33). Eine Fallstudie als Forschungsdesign kann dabei definiert werden als „an intensive study of a single unit or a small number of units (the cases), for the purpose of understanding a larger class of similar units (a population of cases)" (ebd.: 37). Damit ist in der Definition schon die vergleichende Perspektive angelegt, die jeder Fallstudie innewohnt. Nach Gerring liegt die Stärke von Fallstudien darin, dass sie „if well constructed, may allow one to peer into the box of causality to locate the intermediate factors lying between some structural cause and its purported effect" (ebd.: 45).

Fallstudien dienen also der Identifikation oder Überprüfung kausaler Mechanismen, welche eine (oder mehrere) unabhängige Variablen X_n mit einer abhängigen Variablen bzw. einem Outcome Y verbinden, wobei ein X_n als Ursache für das Outcome Y angenommen bzw. identifiziert wird. Genau der Etablierung dieser kausalen Verbindung dienen Fallstudien (George und Bennett 2005; Gerring 2009: 44). Ausgehend von der Prämisse, dass ein Fall Aussagen über eine größere Population von Fällen ermöglichen soll, werden in der Literatur verschiedene Strategien der Auswahl von Fällen je nach Zielsetzung der Fallstudie vorgeschlagen. Gerring (2009: 86–150) diskutiert diese Palette von Möglichkeiten, wobei er sich zusammenfassend auf die Arbeiten von Harry Eckstein (1975), Arend Lijphart (1975) sowie Adam Przeworski und Henry Teune (1966) stützt. Jede der Strategien impliziert dabei eine spezifische Vergleichsstrategie, sei es in Bezug auf eine Grundgesamtheit oder auf einige wenige andere Fälle (siehe unten).

Wie schon dargestellt, hatten wir in den beiden Ländern gleiche oder zumindest ähnliche Entwicklungen der Transformation weg von Demokratie bei gleichzeitig zentraler Bedeutung von Wahlen identifiziert. Die Hypothese hinter der vergleichenden Fallanalyse war daher, dass von den Wahlen die entscheidenden Wirkungsmechanismen ausgehen, die für die Transformation verantwortlich sind. In diesem Sinne handelte es sich um ein Most Different Systems Design (Przeworski und Teune 1970: 32 f.) des Vergleichs, das auf dem Vergleich zweier qualitativer Fallstudien (Gerring 2009) beruhte und das Ziel hatte, nicht nur zu beschreiben, sondern auch kausale Mechanismen aufzuzeigen (vgl. Gerring 2004: 347).

Bei der Analyse zeigten sich jedoch auch Unterschiede hinsichtlich des Ergebnisses „Schließung des politischen Systems". Formal gesprochen handelte es sich um eine Varianz auf der abhängigen Variablen, was dazu führte, dass das Vergleichsdesign nicht mehr als Most Different Systems Design aufrechterhalten werden konnte und wir uns der (nicht ganz unberechtigten) Kritik ausgesetzt sahen, dieser Vergleich entspreche wissenschaftlichen Standards nur sehr bedingt. Dem gegenüber standen jedoch Befunde, welche diese Unterschiede erklären können: die Einflüsse von politischer Kultur und informellen Institutionen. Anders ausgedrückt: Es scheinen intervenierende Variablen auf den Kausalzusammenhang zwischen Wahlfunktionen im politischen System und autoritärer Schließung zu wirken.

In gewisser Weise ähnelt das Design daher ex post dem Vorgehen Theda Skocpols (1979) bei ihrem Vergleich sozialer Revolutionen. Denn nur mit der (graduellen) Varianz auf der abhängigen Variablen – und damit einer „useful variation" (Gerring 2004: 351) nicht nur auf den unabhängigen, sondern auch auf der abhängigen Variablen – war es uns möglich, den Einfluss weiterer Faktoren oder Variablen zu identifizieren und Einblicke in den komplexen Zusammenhang zwischen der abhängigen, der unabhängigen und den intervenierenden Variablen zu erlangen.

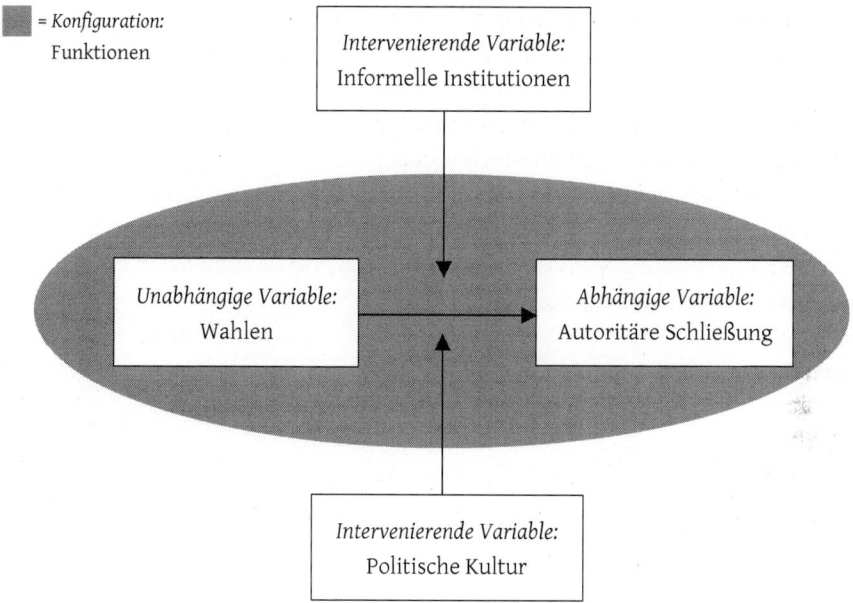

Abb. 7: Kausalmodell Wahlen – autoritäre Schließung (Quelle: eigene Darstellung).

Der analytisch-induktive Vergleich (Znaniecki 1934) der beiden Fälle war zwar gewinnbringend, aber methodologisch zumindest hinterfragbar. Besonders kritisch erscheint dabei aus unterschiedlichen Gründen die Auswahl der Fälle entlang der Ausprägung auf der abhängigen Variablen (vgl. Bennett und Elman 2006; Geddes 1990, 2003; King et al. 1994), wenngleich Mahoney und Goertz (2006: 239) argumentieren, dass diese Vorgehensweise im Rahmen qualitativer Fallstudien durchaus normal und sinnvoll sei. Es stellt sich jedoch angesichts der unterschiedlichen regionalen und kulturellen Kontexte sowie historischen Entwicklungen die generelle Frage der Vergleichbarkeit (vgl. Przeworski und Teune 1966; Lijphart 1975; Sartori 1991).

Allerdings hatte uns etwas anderes an den Fällen fasziniert: die Parallelen. Denn über die augenscheinliche Bedeutung von Wahlen hinaus entdeckten wir rasch mehrere Gemeinsamkeiten unserer Fälle: Beide Staaten profitieren seit einigen Jahren von steigenden Ölpreisen und verfügen somit über durchaus beträchtliche Renteneinkommen (vgl. Boeckh 2003; Barrios et al. 2003). Sowohl Chávez als auch Putin (wie auch schon Jelzin) betrieben eine (in Russland schon in der Verfassung angelegte) starke Zentralisierung und Personifizierung der Macht in der Person des Präsidenten, die mit einer Entmachtung des Parlaments und der Parteien sowie einer Zentralisierung der Macht einhergingen. Sowohl in Russland als auch in Venezuela zeichnet sich die Opposition – so sie denn existierte – durch weitgehende Einfluss- und Konzeptlosigkeit aus. Russland und Venezuela bildeten zudem zusammen mit Ägypten, Kenia, Nigeria und Pakistan eine Gruppe regional und überregional bedeutender Staaten, denen von Freedom House 2007 eine Abnahme der eh schon eingeschränkten Freiheit bescheinigt wurde. Es handelte sich also um zwei sehr interessante Fälle, in denen zwei Dinge offenbar miteinander einhergehen: „Transitions from Democracy" und Wahlen, und es schien einige Parallelen zu geben. Ziemlich rasch befanden wir uns mitten in einem interregionalen Vergleich, hatten uns für eine Tagung angemeldet und die Gliederung aufgesetzt und dabei einen wichtigen Punkt übersprungen: dass sich Sinn und Strategie der Fallauswahl beim Übergang von Einzelfallstudien zu einer vergleichenden Fallstudie ändern können.

Eine ganze Reihe methodologischer Probleme ist dabei auf den Übergang von einer an einer Grundgesamtheit orientierten Vergleichsperspektive hin zu einer an einem anderen Fall orientierten Vergleichsperspektive zurückzuführen. Legt man Gerrings Matrix von Vergleichsstrategien zugrunde, die er entlang der Dimensionen räumliche und zeitliche Variation aufspannt (Gerring 2009: 153), so haben wir einen Übergang von zwei Langzeitvergleichen zu einem dynamischen Vergleich vollzogen. Und da wir, wie auch von einem Gutachter im Begutachtungsprozess eingefordert, tatsächlich eine vergleichende Studie durchführen wollten, mussten wir uns mit der konkreten Fallauswahl nochmals kritisch auseinandersetzen. Da von vornherein feststand, dass wir bei der Fallauswahl bleiben wollten, mussten wir uns zumindest mit den methodologischen Folgeproblemen auseinandersetzen.

Most Similar Cases (Gerring 2009: 131 ff.; vgl. Lijphart 1975; 1971; Przeworski und Teune 1970) sind in der reinsten Form solche Fälle, die in jeglicher Hinsicht gleich sind – mit Ausnahme der zu untersuchenden Variable(n). Allerdings zeigt sich eine Reihe von Schwierigkeiten: Zum einen müssen die Fälle dichotom in einer binären Logik kodiert werden, wobei es von Variable zu Variable schwer sein kann, Schwellenwerte zu definieren. In unserem Vergleich stellt sich die Frage in doppelter Weise: erstens hinsichtlich möglicher unabhängiger Variablen wie etwa Renteneinnahmen und dem Grad der Personalisierung, aber zweitens auch, inwieweit die abhängige Variable variiert oder gar dichotom ist, wobei die Antwort vom theoretischen Referenzpunkt abhängt. Beide Fälle zeigen Transitionen weg von der Demokratie (Transitionen: ja), und damit haben wir ein „similar outcome". Wenn man aber nach autoritärer Schließung durch Wahlen fragt, haben wir einmal ein „Ja" (Russland) und einmal ein „Nein" (Venezuela) als Befund, sodass ein „different outcome" gegeben ist. Im ersten Fall würde sich also ein Most Different Design anbieten, im zweiten Fall ein Most Similar Design. Zum anderen ist nicht eindeutig definierbar, unter welchen Bedingungen die Kontrollvariablen als gleich (similar) gelten können. Ist dabei ein gewisser Grad an Nichtidentität akzeptabel, ohne dass das Most Similar Design beeinträchtigt wird? Können z. B. zwei Länder mit einem Freedom-House-Wert von 1 und 2,5 als identisch hinsichtlich der Demokratie bezeichnet werden? Beide sind mit Sicherheit frei und beide sind mit Sicherheit elektorale Demokratien nach der Klassifikation von Freedom House. Aber sind sie identisch? Und können zwei Staaten mit Freedom House Ratings von 4 respektive 5,5 als identisch gelten? Dieses Problem der „Identität" wird im interregionalen Vergleich sogar noch virulenter, wenn etwa mit Konzepten oder Begriffen unterschiedliche Dinge verbunden werden, wie wir in einem folgenden Abschnitt noch mal diskutieren. Ein dritter Punkt, den Gerring anspricht, bezieht sich auf die Notwendigkeit der Messung von Drittvariablen (2009: 133). Er geht davon aus, dass dies nicht unbedingt notwendig ist, wenn wir voraussetzen können, dass etwas – wie z. B. kulturelles Erbe – in den relevanten Fällen gleich ist. Genau davon kann jedoch bei interregionalen Vergleichen nicht ausgegangen werden. Dies führt dazu, dass eigentlich alle Drittvariablen, die in irgendeiner Weise von regionaler Lage beeinflusst sein könnten, auch gemessen werden müssen.

Aufgrund des uns interessierenden Phänomens der demokratischen Regression hatten wir uns für eine Fallauswahl entlang der abhängigen Variablen, also mit Gerring (2009: 71) für einen Y-zentrierten Vergleich entschieden, der bei genauerem Hinsehen womöglich ein X_1/Y-zentrierter Vergleich, also ein an kausalen Zusammenhängen interessierter Vergleich ist. Dies ist umso problematischer, als dass ersterer von der Anlage her explorativ, zweiterer aber hypothesentestend ist. Damit hatten wir die von King, Keohane und Verba formulierte „Todsünde" des Vergleichs begangen (King et al. 1994: 139) und (vermeintlich) keine Varianz auf der abhängigen Variablen. Diese Kritik relativiert sich jedoch. Denn erstens handelt es sich um eine stark quantitativ getriebene Variante der Fallauswahl, die von einer probabilistischen Variablenlogik und der Annahme ausgeht, dass kausale Zusammenhänge nur bei Vorhandensein von Varianz auf der abhängigen Variablen und möglichst großer Repräsentativität der Fallauswahl zu identifizieren seien. Und zweitens erweist sich eine Strategie der Most Similar Cases bezüglich X_n bei gleichzeitiger Ähnlichkeit auf Y als ein durchaus häufig verwendetes Design. Goertz (2013) zeigt am Beispiel der Untersuchung der französischen, russischen und chinesischen Revolutionen durch Theda Skocpol (1979), dass die Varianzregel erst ab einer größeren Fallzahl Sinn ergibt.

Einen Ausweg aus der geschilderten methodologischen Problematik bietet Goertz (2013) an, der die Auswahl gleicher oder ähnlicher Ausprägungen auf der abhängigen Variablen dann vorschlägt, wenn ein kausaler Mechanismus stärker oder differenzierter ergründet werden soll und es sich damit wieder um ein X_1/Yzentriertes Forschungsdesign (Gerring 2009:71) handelt. Allerdings gewinnt dieses im Unterschied zu Gerrings Argumentation in diesem Zusammenhang einen stärker explorativen Charakter.

Dies gilt umso mehr, wenn man Fragen der Reichweite und der „Population" mit einbezieht. Denn aufgrund der Unterschiedlichkeit der Fälle Russland und Venezuela etwa hinsichtlich der Partizipationskultur würde man von einer größeren Reichweite der Befunde hinsichtlich der Frage der autoritären Schließung ausgehen und argumentieren, dass in Fällen angestrebter autoritärer Schließung vor allem die politische Kultur eine intervenierende Variable darstellt. Je partizipativer bzw. pluraler die politische Kultur, desto unwahrscheinlicher eine Schließung. Man könnte aufgrund der Ähnlichkeiten jedoch auch argumentieren, dass das Vorhandensein fossiler Energieträger eine notwendige Bedingung für eine autoritäre Schließung ist (hinreichend kann es nicht sein, wie das Beispiel Norwegens illustriert). Das sind allerdings zwei unterschiedliche Variablenlogiken. Es zeigt sich also an diesem Beispiel besonders gut, dass aus dieser Art von Arbeiten häufig mehr Fragen als Antworten resultieren. Dies lässt die Stärke von eher induktiv-analytisch oder explorativ orientierten Fallstudien hervortreten: Hypothesen zu generieren. Einige Beispiele dazu hat Muno (2009) aus verschiedenen Vergleichsstudien zusammengetragen und diskutiert.

Nähert man sich der Fallauswahl nochmals über Gerring, so können alle Arten von Fallstudien darin subsummiert werden. Die vorgestellte Typologie von Vergleichen dient dabei der Erfassung der jeweils untersuchten Kovarianzen, welche zur Überprüfung kausaler Zusammenhänge herangezogen werden. Was passiert aber, wenn sich die ausgewählten Fälle nicht eindeutig einer solchen methodologischen Rigidität unterordnen lassen, der Vergleich aber dennoch interessant und gegebenenfalls auch für ein größeres Sample aufschlussreich sein könnte? Handelt es sich dann um eine Überdeterminierung des Vergleichs oder eben um ein Mango-Pflaume-Problem? Wir argumentieren, dass es jenseits dieser methodologisch rigiden Fallauswahlstrategien Strategien gibt, die nicht nur aus einer Pragmatik heraus, sondern auch methodologisch begründbar sind: Eine Variante davon ist die Strategie der funktionalen Fälle. Funktionale Fälle oder „intuitive Vergleiche" (Goertz 2013) sind solche, bei denen die Fallauswahl entlang des Outcomes, des zu erforschenden Phänomens geschieht, ohne dass man weiß, ob sie eines der folgenden von Gerring (2009: 86-150) diskutierten Kriterien in Gänze erfüllen oder gar mehrere davon zutreffen könnten:

— *„crucial"* (Eckstein 1975: 118): Der Fall muss zur Theorie passen, wenn man Vertrauen in die Theorie haben will, oder er darf nicht einer Regel entsprechen, die konträr zur vorgeschlagenen ist. Dies könnte oberflächlich für Venezuela passen, was sich aber bei genauerem Hinsehen nicht aufrechterhalten lässt.

- *„influential"*: Ein Fall bestätigt die Regel, obwohl er auf den ersten Blick eine Theorie widerlegt (Gerring 2009: 108).
- *„deviant"*: Der Fall weist einen überraschenden Wert auf, es stellt sich jedoch die Frage nach dem theoretischen Bezugsrahmen. Wenn man davon ausgeht, dass Wahlen normalerweise Demokratien anzeigen, dann ist der Befund für Russland und Venezuela überraschend; wenn man die Forschung zu elektoralem Autoritarismus hinzunimmt, jedoch nicht.
- *„extreme"*: Der Fall weist einen Wert auf der abhängigen oder unabhängigen Variablen, die interessiert, auf. In unserem Fall wäre dies die Rolle von Wahlen in undemokratischen Kontexten.
- *„typical"*: Der Fall weist typische Ausprägungen für einen bestimmten Variablenzusammenhang auf. Auch hier stellt sich bei unseren Fällen die Frage nach dem Bezugspunkt: In Bezug auf die Klassifizierung als elektorale Autokratie und die Rolle von Wahlen könnte dies vielleicht gelten? Was das Phänomen der demokratischen Regression betrifft, ist vielleicht ebenfalls ein typischer Zusammenhang da, aber nur bis zu einem gewissen Grad. Der Zusammenhang zwischen Öl und demokratischer Regression könnte ebenfalls als typisch betrachtet werden.
- *„Diverse"*: Die Fälle weisen maximale Variation entlang der relevanten Dimensionen auf. Das trifft im Fall von Russland wie Venezuela auf die meisten Variablen nicht zu, auf manche jedoch schon, womit wir es mit einer unvollständigen Fallauswahl zu tun hätten.
- *„Pathway"*: Wir haben auf den ersten Blick keine Kovariation über die Fälle, d. h., der Kausaleffekt zwischen X_1 und Y_2 kann isoliert werden von anderen einflussreichen Variablen X_2. Der Pathway Case setzt ein etabliertes Konzept sowie eine „cross-case analysis" voraus (Gerring 2007), was in unserem Fall mit dem Vergleichsdesign und dem Konzept des elektoralen Autoritarismus gegeben wäre. Die scharfe Variablentrennung ist allerdings sowohl im Fall Venezuela als auch Russland fraglich.

Betrachtet man für einen kleinen Moment unsere Arbeit aus der Perspektive von zwei getrennt voneinander durchgeführten Fallstudien, so lässt sich jede der beiden Fallauswahlen aus einer regionalen Perspektive ebenso wie aus einer globalen Perspektive sowie aus einer theoretischen Perspektive rechtfertigen, und zwar für ein und dieselbe Frageperspektive. Denn wie sich bei mehreren gemeinsamen Institutskaffees herauskristallisierte, fungieren Wahlen sowohl in Russland als auch in Venezuela als der zentrale Mechanismus, um eine „Transition from Democracy" bzw. eine autoritäre Schließung des jeweiligen Regimes zu transportieren. Denn sowohl in Russland als auch in Venezuela wurden und werden in regelmäßigen Abständen Wahlen zur obersten Exekutive und Legislative abgehalten, und die gewählten Amtsinhaber ebenso wie die Abgeordneten spielten im Regime eine bedeutende Rolle. Aus der Perspektive des elektoralen oder kompetitiven Autoritarismus (Schedler 2006; Levitsky und Way 2010) handelt es sich somit um typische Fälle, in denen der Variablenzusammenhang zwischen Wahlen (X) und autoritärer Schließung (Y) besonders deutlich zutage treten sollte. Es wären also mindestens zwei Designs für theoriegeleitete „single cases studies", im ersten Bezugsrahmen explorativ, im zweiten hypothesentestend, formulierbar, die in Einklang stehen mit gängigen Ratschlägen der Fallauswahl.

Die Diskussion zeigt, dass eine Fallauswahlstrategie, die für eine Einzelfallstudie dienlich ist, nicht notwendigerweise auch für einen Vergleich haltbar ist. Und sie unterstreicht die Notwendigkeit, den theoretischen Bezugsrahmen ebenso wie die Fragestellung möglichst präzise zu formulieren. Denn nur so ist es möglich, die Fallauswahl sinnvoll zu begründen und im Zweifel auch über „tradierte" Strategien hinwegzugehen, um einen „intuitiven" (Goertz 2013), „analytisch-induktiven" (Znaniecki 1934) oder eben „funktionalen" Vergleich über regionale Grenzen gewinnbringend anstellen zu können. Diese Art der Fallstudien ist zudem auch bei den Klassikern verankert: Bei Lijphart (1971) nehmen hypothesengenerierende Fallstudien ebenso wie bei Eckstein (1975: 104 f.) die heuristischen Fallstudien einen zentralen Stellenwert ein. Und auch Moses und Knutsen betonen die Bedeutung der Zusammenführung von einzelnen Fallstudien in (nicht immer rigiden) Vergleichsstudien:

> These studies exploit the author's familiarity with a given case to help generate new hypotheses or theories, which can subsequently be tested with a more rigorous design. [...] we should think about these types of cases in terms of building blocks. The analyst studies a given case to generate a preliminary theoretical construct. Because this construct is based on a single case, it can do little more than hint at a more valid general model. This model is then confronted by another case – which, in turn, might suggest way of amending and improving the construct. These cases can then be assembled, like building blocks, into a stronger theoretical edifice (Moses und Knutsen 2012: 140).

Notwendig ist also fundiertes Wissen der Forscher:in in Bezug auf ein oder mehrere Fälle. Damit aus der Konfrontation mit anderen Fällen aber auch ein wirkliches Vergleichsdesign entsteht, bedarf es einer Ausstattung mit theoretischem und methodischem Rüstzeug.

Methodologische Herausforderungen 2: „concept traveling" und „conceptual stretching"

Jenseits der Frage der Vergleichsstrategie und der Fallauswahl ergeben sich insbesondere bei interregionalen oder internationalen Vergleichen Probleme der Transferierbarkeit analytischer Ansätze, die unter den Stichworten „conceptual stretching" und „concept travelling" kritisch diskutiert wurden (Sartori 1970; Collier und Mahon 1993).

Gerade im Fall der Demokratie- und Autokratieforschung wurden beide Probleme ausführlich diskutiert. Das Grundproblem des „conceptual stretching" besteht darin, dass Kategorien so weit gedehnt werden, dass sie keine Schärfe mehr besitzen. Sartori diskutiert dies am Beispiel der Verwässerung des Begriffs „Ideologie" (Sartori 1991: 249) und schlägt vor, Konzepte und Analyseraster für Fallstudien und Vergleiche an einer Abstraktionsleiter zu verallgemeinern (1970: 1044). Fallanalysen finden sich demzufolge auf einem niedrigen Abstraktionslevel und verwenden konfigurative Konzepte, während Vergleiche innerhalb einer Region generalisierte Konzepte und Taxonomien verwenden sollten. Diese Theorien mittlerer Reichweite eignen sich Sartori zufolge insbesondere für relativ homogene Kontexte. Die für uns interessanten interregionalen Vergleiche sind Sartori zufolge aufgrund der heterogenen Kontexte nur auf einem hohen Abstraktionslevel unter Verwendung universaler Konzepte zu leisten. Mit dem Erklimmen der Abstraktionsleiter geht eine Zunahme an Extension und eine Abnahme der Intension der kategorialen Eigenschaften einher. Nach Sartori besteht das Kernproblem des „conceptual stretching" nun gerade in dem Versuch, „to augment the extension without diminishing the intension: The denotation is extended by obfuscating the connotation" (Sartori 1970: 1041), und andersherum.

Collier und Mahon (1993) verfeinern die Analyse des „conceptual stretching"-Problems. Sie stellen zum einen fest, dass eine zu strikte Anwendung der Grundkategorien fruchtbare Vergleichsfälle ausschließt. Zum anderen diskutieren sie den häufig gewählten Ausweg aus dem Dilemma des „conceptual stretching", die Bildung von Subtypen. Dieser Strategie hat sich vor allem die empirische Demokratie- und Autoritarismusforschung intensiv bedient. Sie versucht, das Problem des „conceptual stretching" wahlweise mit dem „catch-all"-Begriff der Grauzonenregime, der hybriden Regime (Karl 1995; Diamond 2002), Demokratien mit Adjektiven (Collier und Levitsky 1997) bzw. mit Defiziten (Merkel 2004) zu umgehen, d. h., dem Grundkonzept der Demokratie werden Variablen hinzugefügt (vgl. Lauth 2009).

Der Vorteil bei der Bildung von Subtypen ist, dass Phänomene, die in einem Fallbeispiel beobachtet wurden, auf andere Fallbeispiele übertragen werden können, auch wenn diese nicht vollständig in die Gruppe passen. Hier ist aber Vorsicht geboten, denn es gilt nach Collier und Mahon (1993) zwischen klassischen und Radialkategorien zu unterscheiden. Der „klassischen" Kategorie „Autoritarismus" können beispielsweise Adjektive, z. B. patrimonialer Autoritarismus, hinzugefügt werden; nichtsdestotrotz handelt es sich bei allen Ländern, die nun in den Subtyp „patrimonialer Autoritarismus" fallen, um Autokratien. Anders mit der Radialkategorie Demokratie. Als Beispiel kann der Subtyp „elektorale Demokratie" bezeichnet werden, mit dem vor allem Regime der dritten Demokratisierungswelle benannt wurden, in denen zwar das politische Personal durch Wahlen bestellt wurde, aber mehrere andere Elemente des Grundkonzepts „Demokratie" fehlten (Collier und Mahon 1993). Im Sinne der Generalitätsleiter heißt es also, bei klassischen Kategorien die Leiter nach oben zu erklimmen bzw. sich wieder auf das Grundkonzept von Autoritarismus zu besinnen, bei Radialkategorien dagegen, Subtypen zu bilden und sich vom Grundkonzept zu entfernen. Was aber bedeutet unsere Kategorie des elektoralen Autoritarismus? Handelt es sich hier um eine Verschmelzung der beiden Vorgehensweisen, da wir uns bei einer klassischen Kategorie vom Grundkonzept entfernten? Wir hatten das Problem des „conceptual stretching" nicht bedacht, als wir uns mit dem Konzept des elektoralen Autoritarismus beschäftigten. Wir hatten dieses Konzept bewusst als Heuristik gewählt, da wir davon ausgingen, dass wir es mit dem Phänomen der Entdemokratisierung und nicht der Demokratisierung durch Wahlen zu tun hatten. Genau damit entfernten wir uns aber nicht von der Grundkategorie, denn wir gingen davon aus, dass Wahlen nicht nur demokratisierende, sondern auch entdemokratisierende Wirkung entfalten können. Damit stellt sich aber auch die Frage der Typologisierung. Lässt sich der Vergleich noch durchführen, wenn wir Venezuela als elektorale Demokratie einordnen, Russland aber als elektorale Autokratie? Morgenbesser (2013) zeigt auf, dass diese Irritation aus einer mangelnden Definition des Begriffs Autoritarismus entsteht. Er schlägt vor, Wahlen als mögliche Grundelemente von Autokratien (wie auch Demokratien) mit der Funktion der Steuerung der Eliten, der Legitimation und der Sicherung neopatrimonialer Strukturen aufzunehmen. Autoritarismus wird so auch zur Radialkategorie.

Wie fruchtbar diese Betrachtungsweise des Problems des „conceptual streching" für interregionale Vergleiche ist, zeigen die folgenden Überlegungen. Wie im Voraus bereits erwähnt, hatte sich unsere ursprünglich angedachte Kontrollstrategie unter Verwendung eines Most Different Cases Designs aufgrund der zumindest graduell verschiedenen Outcomes als nur auf den ersten Blick haltbar erwiesen. Auch ließ eine Reihe von Ähnlichkeiten wie Renteneinnahmen und Personalisierung von Politik unser Most Different Cases Design dünn erscheinen. Nichtsdestotrotz ergaben sich aufgrund der Heterogenität der Fälle unterschiedliche X/Y-Beziehungen, und die verwendeten Konzepte (Wahlen) bedeuten Unterschiedliches in den jeweiligen Kontexten („conceptual stretching"). Betrachtet man die Befunde jedoch aus einer Metaperspektive, so ging es uns nach dem Entdecken dieser Problematik genau darum, entlang der unterschiedlichen Bedeutungen von Wahlen – oder besser gesagt: unterschiedlichen Funktionen von Wahlen in unterschiedlichen Kontexten – die Unterschiede zwischen den beiden Staaten herauszuarbeiten, in denen ganz ähnliche Prozesse (Entdemokratisierung; Zerstörung der „chain of democratic choice") ablaufen. Dass es sich dabei um Phänotypen desselben Prozesses handelt, kann auf zweierlei Weise erklärt werden: 1. Der Prozess ist in Fall 1 noch nicht abgeschlossen, daher kam es bisher in Venezuela noch nicht zu einer autoritären Schließung. Dies ist verbunden mit dem Erwartungswert, dass es ceteris paribus in näherer Zukunft zu einer Schließung kommen wird. 2. Auf den Kausalmechanismus, der dem Prozess zugrunde liegt, wirken andere Variablen ein. Es liegt also gerade kein „conceptual stretching" vor, da das Konzept Wahlen multifunktional aufgeladen ist (Nohlen 2000). Es kann also unterschiedliche Funktionen in unterschiedlichen Kontexten aufweisen. Dem wird, wie auch Morgenbesser (2013) aufweist, der Begriff des „conceptual stretching" nicht gerecht, da Wahlen minimal als Stimmabgabe im politischen Wettbewerb definiert werden können, sie aber abhängig vom Kontext in ihrer Funktionalität variieren. Allerdings liegt auch keine – wenn, dann allenfalls partielle auf der abhängigen und einigen unabhängigen Variablen – Homogenität der Fälle vor. Wie also unseren Vergleich strukturieren, ohne vom Problem des „conceptual stretching" in das Problem des „concept travelling" zu rutschen? Beim concept travelling reisen Konzepte, die aus bestimmten Regionen entwickelt wurden, in andere Regionen. Collier und Mahon (1993) nennen die Populismusforschung, ein weiteres Beispiel ist das von Albrecht (2005) auf den vorderen Orient angewandte Konzept der Zivilgesellschaft. Auch hier gilt es, die Regeln zur Vermeidung von „conceptual stretching" zu beachten und im Auge zu behalten, dass die Passfähigkeit der Konzepte gegeben ist. Der Begriff der neuen sozialen Bewegungen konnte beispielsweise nur teilweise auf Lateinamerika angewendet werden, da bei dortigen sozialen Bewegungen nur begrenzt Postmaterialität und die Bereitschaft zur Partizipation innerhalb des Systems vorhanden waren (Boris 1998). Jedoch öffnete die Auseinandersetzung mit „klassischen" Protestbewegungen in Lateinamerika den Blick auf neue klassische, materiell orientierte Anti-System-Bewegungen in Europa. Dies führte zum einen zur Rückkehr zum Grundkonzept der sozialen Bewegungen. Zum anderen wurde aber auch anerkannt, dass Zivilgesellschaft keiner Linearität unterliegt, d. h., Gleichzeitigkeiten und Ungleichzeitigkeiten in der Artikulation sozialen Protests bestehen. Um solche nichtlinearen Vergleiche aufzudecken, bedarf es historisch-interregionaler Vergleiche und dichter Beschreibung. Welchen Beitrag dazu eine Verortung in den Area Studies bietet und wie dabei der Gefahr des „data minings", d. h. des Suchens von Variablen wie Nadeln im Heuhaufen der gesammelten Datenmenge, sowie der reinen Deskription entgangen werden kann, legen die folgenden beiden Abschnitte dar.

Praktische Herausforderungen interregionaler Vergleiche: Area Expertise, Verfügbarkeit von Daten und Forschungs-Kooperation

Nicht zu unterschätzen sind die praktischen Aspekte vergleichender Arbeit. So sind Gelegenheitsstrukturen wie etwa die Verfügbarkeit von Länderexpertise an sich und die Möglichkeit des wissenschaftlichen Austauschs zentral für die Generierung von Ideen und Forschungsperspektiven im interregionalen Vergleich. So zeigten sich bereits in der Entstehungsphase unserer Arbeit die Vorteile einer politikwissenschaftlichen Tradition mit starken Länderschwerpunkten. Wir verfügten über genügend Wissen und Kenntnisse über Prozesse und Ereignisse unserer jeweiligen Region einerseits und über theoretische Ansätze und Konzepte andererseits, um diese miteinander verbinden zu können.

Wir konnten somit auch dem Problem des „conceptual stretching" (Sartori 1970) begegnen, da wir sowohl auf genügend Methoden- als auch Regionalkenntnisse zurückgreifen konnten, um in beide Richtungen Überdehnungen einschätzen zu können. Dank unserer Vernetzung mit den Area Studies war gleichzeitig unsere „fachinterne Durchlässigkeit" (Mols 2003: 104; vgl. zur Rolle von Interdisziplinarität für den Vergleich auch Pickel et al. 2009) gesichert, d. h., wir prüften auch Variablen der politischen Kultur und setzten unsere Ergebnisse in die makroökonomischen Zusammenhänge der jeweiligen Region. Ein weiterer Vorwurf, dem sich die Area Studies häufig ausgesetzt sehen, bezieht sich auf die analytische Tiefe solcher Regionalstudien. Exemplarisch für diese Diskussion ist die Debatte zu den US-amerikanischen Area Studies, wie Schäbler (2007) eindrücklich darlegte. So bilden Deskriptionen (Gerring 2012) die Grundlage analytischer Studien und „may stimulate scholars to think of new analytical ideas, and their evidence may be used in evaluating theories" (Odell 2001: 162 f.). Denn Beschreibung und Kausalität sind, wie Gerring (2012: 722) betont, „intimately related", und kausale Argumentationen gründen in einer dichten Beschreibung des zu untersuchenden Phänomens. Aber erst eine systematische Fundierung von Regionalstudien in Theorien und Methodik der vergleichenden Politikwissenschaft kann es ermöglichen, nach dem ersten und wichtigen Schritt der reinen Beschreibung von Phänomenen (vgl. zur methodologischen Diskussion Gerring 2012) aus regionalen (Fall-)Studien durch die vergleichende Perspektive einen analytischen Mehrwert zu generieren, der im Wesentlichen auf der Verwendung vergleichender Designs und etablierter Ansätze beruht. Gerade das Problem des Denkens in zu engen, der Region verhafteten analytischen Bahnen, das Giovanni Sartori unter dem Begriff „parochialism" fasst (Sartori 1970), lässt sich durch diese Strategie der Vernetzung von Regionalexpertise und vergleichender Politikwissenschaft wirkungsvoll eindämmen. Gleichzeitig ermöglichte uns dies, Konzepte, die induktiv in Einzelfallstudien oder anhand von Vergleichen innerhalb einer Region entwickelt worden waren, auf die Passfähigkeit für andere Regionen zu testen.

Lessons learned und ein Vorschlag zum Umgang mit interregionalen Vergleichen

Wir hatten erstens mit methodologischen Herausforderungen von Fallauswahl und Vergleichsdesign zu kämpfen. Dabei ging es einerseits darum herauszuarbeiten, welche Strategien der Fallauswahl gewinnbringend erscheinen. Andererseits zeigte sich, dass die Frage der Vergleichbarkeit und möglichen Vergleichsstrategien, die einem interregionalen Vergleich zugrunde liegen, untrennbar mit der Auswahlstrategie verbunden ist. Zweitens ergaben sich Probleme der Transferierbarkeit analytischer Ansätze, die unter den Stichworten „conceptual stretching" und „concept travelling" kritisch diskutiert wurden (Sartori 1971; 1991; Collier und Mahon 1993). Diese sollten gerade bei interregionalen Vergleichen nicht unterschätzt werden und erfordern entweder eine Anpassung der Konzepte auf einer höheren Abstraktionsebene oder eine neue theoretische Herangehensweise. Drittens ergaben sich aus der Perspektive der Area Studies praktische und theoretische Herausforderungen an einen interregionalen Vergleich. Dazu zählt die unabdingbare empirisch fundierte Länder- oder Regionalexpertise, was dazu führt, dass interregionale Vergleiche auf die Zusammenarbeit mehrerer Forscher:innen bauen sollten. Viertens erschien uns die Verwendung einer regional indifferenten Heuristik als eine mögliche Strategie, einige der skizzierten Fehler zu vermeiden. Wir schlagen daher eine systemtheoretisch fundierte (strukturfunktionalistische) Herangehensweise vor. Diese kann analytisch gewinnbringend sein, da sie den Blick für funktionale Äquivalente öffnet und so potenzielle Gemeinsamkeiten und Unterschiede hinsichtlich der Wirkungszusammenhänge hervortreten lässt.

Was bedeuten die vorausgegangenen Überlegungen konkret für den Forschungsablauf? Um möglichen Fallstricken (interregionaler) Vergleiche vorzubeugen, schlagen wir ein idealtypisches Ablaufmodell interregionaler Vergleiche vor. Dieses Modell spiegelt unsere Erfahrungen mit der Prozesshaftigkeit interregionaler Vergleiche wider und soll daher als prozessual, iterativ und reflexiv verstanden werden. In diesem Sinne ist es orientiert am Paradigma der „gegenstandsbegründeten Theoriebildung" (Glaser und Strauss 1967) und an den Phasen idealtypischer Ablaufmodelle qualitativer, fallorientierter Forschung, wie sie etwa von Westle (2009; vgl. Reichenbach 1938) vorgeschlagen werden und die in ihrer Offenheit am ehesten geeignet sind, den Problemen interregionaler Vergleiche zu begegnen. Besonders hervorgehoben seien die Phasen Forschungsfrage, Konzeptspezifikation, Forschungsdesign, Datenerhebung und -analyse und Typenbildung:

Forschungsfrage: In einem ersten Schritt geht es darum, das beobachtete Phänomen in ein wissenschaftliches „Puzzle" zu überführen und ein Erkenntnisziel zu formulieren, um so eine Gesamtfragestellung hinsichtlich des Phänomens zu spezifizieren. Erst in einem zweiten Schritt können daraus konkrete, vorläufige Forschungsfragen generiert werden, welche das weitere Vorgehen strukturieren. Dies ist insbesondere hilfreich, wenn es sich um eine Y-zentrierte Herangehensweise handelt und nicht klar entscheidbar ist, welche Faktoren hinter dem Phänomen stehen, was bei interregionalen Vergleichen durchaus wahrscheinlich ist.

Konzeptspezifikation: Im Rahmen der Spezifikation des Konzeptes zur Bearbeitung der Fragestellung werden theoretische Vorannahmen expliziert. Hier bietet es sich an, erstens dezidiert eine analyseleitende, möglichst abstrakte Heuristik – wir befürworten einen systemtheoretischen Zugriff – einzuführen und zu erläutern. Diese dient nicht so sehr der eigentlichen Analyse denn der Strukturierung des Vergleichs, was insbesondere bei interregional vergleichenden und/oder an Funktionen bzw. funktionalen Äquivalenten interessierten Fragestellungen hilfreich ist. Zweitens müssen hier regionen- und fachspezifische Annahmen bezüglich des zu untersuchenden Phänomens expliziert werden. So können Fragen des „concept travelling" und des „conceptual stretching" schon in einer frühen Forschungsphase systematisch adressiert werden. Unserer Auffassung nach ist es schon in dieser Phase der Forschung ratsam, die Reichweite des Phänomens einzugrenzen und eine Y-zentrierte Auflistung möglicher Untersuchungsländer vorzunehmen. Dies eröffnet möglicherweise weitere Vergleichsperspektiven und beugt zusätzlich oben genanntem wissenschaftlichem „parochialism" vor.

Forschungsdesign: Im Unterschied zu anderen Strategien qualitativer Forschung ergibt sich das Forschungsdesign aus dem fallorientierten Zugriff. Es handelt sich im Sinne Gerrings um einen dynamischen Vergleich, der entweder Y-orientiert explorativ-deskriptiv, X_1/Y-zentriert kausal-induktiv oder funktional-explorativ ist. In allen Fällen steht jedoch die Gewinnung verallgemeinerbarer Erkenntnisse aus den Fällen heraus – also gegenstandsorientierte Theoriebildung – im Zentrum des Interesses. Hinsichtlich der zu wählenden Untersuchungs- bzw. Datenerhebungsmethoden haben wir eine eindeutige Präferenz für rekonstruktive Verfahren, wie sie am Beispiel des Process Tracings (Gerring 2009: 172 ff.; George und Bennett 2005) dargestellt wurden. Entlang der vorgeschlagenen Heuristik ist in einem ersten Schritt die dichte Rekonstruktion (Beschreibung) der kausalen Zusammenhänge und erst in einem zweiten Schritt ein systematischer Vergleich durchzuführen. Die Kontrastierung der Fälle entspricht – insbesondere, wenn weitere Fälle hinzugenommen werden sollten – dem Vorgehen des theoretischen Samplings in der qualitativen Sozialforschung.

Datenerhebung und -analyse: Gerade in dieser Phase zeigt sich die Notwendigkeit iterativen Vorgehens. So sind gerade bei interregionalen Vergleichen bestimmte Daten und Informationen schon ex ante vorhanden und sollten unbedingt in den Forschungsprozess einfließen. Dennoch zeigt sich gerade bei der Verwendung von Heuristiken häufig die Notwendigkeit, im Laufe der Analyse neue Daten zu erheben, etwa zu bestimmten Aspekten der von der Heuristik nahegelegten Querverbindungen oder wenn für einen Fall Daten vorliegen, für den anderen jedoch nicht. Hier wiederum sind die Erkenntnisse der Area Studies besonders hilfreich, denn gerade dort existiert ein breiter Fundus an Daten zu den jeweiligen Regionen und Staaten, die nicht ausschließlich auf im engeren Sinne politikwissenschaftliche Perspektiven begrenzt sind.

In einem weiteren Schritt können auf der Basis der gewonnenen empirischen Erkenntnisse und der verwendeten Heuristiken im Idealfall Beiträge zu einer *Typenbildung*, Strukturgeneralisierung und theoretischen Verallgemeinerung geleistet werden, die über die ursprünglichen, bereichs- oder regionenspezifischen Erklärungsansätze hinausreichen und dann in einem iterativen Prozess überprüft werden können. Zumindest regen solche Studien das Denken an, denn

the function of comparison is less to stimulate experiment than to stimulate imagination. [...] Comparison is strongest as a choosing and provoking, not a proving device: a system for questioning, not for answering (Stretton 1969: 245 f.; zitiert nach Lijphart 1975: 159).

11   Grounded Theory

Grounded Theory – oder geerdete, in der Empirie verwurzelte Theorie – beschreibt einen Forschungsstil, der darauf zielt, Theorien aus empirischen Daten zu erarbeiten. Dabei wird kein idealtypischer Forschungsprozess angegeben, vielmehr betont die Grounded Theory die Gleichzeitigkeit und gegenseitige Abhängigkeit der Prozesse von Datenerhebung, Datenanalyse und Theoriebildung. Statt systematischer Regelbefolgung wird Kunstfertigkeit im wissenschaftlichen Forschen als notwendig erachtet. Zudem wird die erarbeitete Theorie als subjektiv geprägtes Produkt der Forscher:innen verstanden, dessen Zustandekommen allerdings intersubjektiv nachvollziehbar gemacht werden muss. Grounded Theory gehört wie die qualitative Inhaltsanalyse zu den kodierenden und kategorisierenden Analyseverfahren. Im Unterschied zu fallrekonstruktiven Verfahren wie der Hermeneutik stehen hier Variablen und Konzepte im Mittelpunkt des Interesses.

Hauptfragen der Grounded Theory sind: Welche Themen, Argumente und Muster zeigen sich in den Daten? Welche Verallgemeinerungen können wir daraus ziehen? Welche empirisch gesättigte Theorie bezüglich des Untersuchungsgegenstands können wir entwickeln? Welche Erklärungen gibt es für ein Phänomen?

Die drei zentralen Elemente Datenmaterial, Kodierung und Datenanalyse stehen in der Grounded Theory in einer engen Beziehung und sind im Prozess der Forschung nicht voneinander zu trennen. Als offene und explorative Methode und Methodologie dient die Grounded Theory der Entdeckung von relevanten Variablen und deren Bezug zu empirischen Phänomenen. Im Prozess werden dazu Kategorien von Beobachtungen oder Ereignissen gebildet und am Ende Typen formuliert. Da eine empirisch gesättigte Theorie entstehen soll, nimmt die Forschung ihren Ausgang beim Untersuchungsbereich. Als zentrale Gütekriterien dienen die Übereinstimmung der entwickelten Theorie mit dem Gegenstandsbereich, die Verständlichkeit der Theorie für die Befragten, die Gültigkeit der Theorie für das untersuchte und ähnliche Phänomene sowie die Möglichkeit der Handlungskontrolle durch die Theorie (Theorie ermöglicht Vorhersagen, welche Handlung adäquat in einer Situation ist).

Die wichtigsten methodischen Elemente der Grounded Theory sind der Vergleich und das theoretische Kodieren. Vergleiche ermöglichen die Überprüfung von Daten und Fakten, Hypothesen und Kategorien, die Formulierung von Kategorien zur Verallgemeinerung, das Herausarbeiten von Besonderheiten und Gemeinsamkeiten. Im Verständnis der Grounded Theory ist das Formulieren und Überprüfen von Hypothesen und Theorien ein zirkulärer Prozess, der während der gesamten Datenanalyse abläuft. Methodisches Kernstück ist das Kodieren. Ziel des Kodierens ist es, Konzepte, Kategorien und Typen zu identifizieren und diese in der vergleichenden Analyse zu verallgemeinern. Dabei werden drei Basistypen des Kodierens unterschieden – offenes, axiales und selektives Kodieren.

Offenes Kodieren ist das Benennen von Konzepten und das Finden von Kategorien. Beim offenen Kodieren werden Daten im wörtlichen Sinn analysiert, d. h., in Teile zerlegt. Aus diesen Teilen werden dann nach und nach Konzepte entwickelt. Am Anfang sollen einzelne, kurze Textpassagen Zeile für Zeile ausgewertet werden. Später in der Analyse können auch größere Absätze oder Texte kodiert werden. Um nicht nur zu paraphrasieren, sollten die Texte analytisch befragt werden (vgl. Strauss und Corbin 1996). Beim offenen Kodieren kann das Hintergrundwissen zum Kodieren eingesetzt werden, allerdings sollten theoretische oder soziologische Codes vermieden werden – also solche Begriffe, die aus anderen Theorien abgeleitet werden. Es wird vorgeschlagen, sogenannte In-vivo-Codes zu verwenden. Dabei handelt es sich um umgangssprachliche Deutungen der Phänomene, die direkt aus der Sprache des Untersuchungsfelds stammen. Sie sind damit Teil der Lebenswelt der Textproduzent:innen. Offenes Kodieren ist ein Verfahren, durch das auch aus einem kleinen Originaltext ein sehr viel größerer Interpretationstext gewonnen werden kann. Dieser Interpretationstext, also die Formulierung von Konzepten, muss dokumentiert werden in sogenannten Memos. Anhand der Memos können dann Zwischenergebnisse geordnet und bewertet und so Aufschluss über den weiteren Verlauf der Forschung gewonnen werden.

Axiales Kodieren dient dem Herausarbeiten von Strukturen in den Texten. Dafür wird untersucht, ob zwischen den im offenen Kodieren gefundenen Kategorien Beziehungen bestehen. Meist wird dabei durch das selektive Kodieren (s. u.) eine Kategorie als Kernkategorie ausgewählt und die anderen dazu in Beziehung gesetzt. Auch hier können kurze Textsegmente, Textabschnitte oder der gesamte Text Gegenstand der Analyse sein. Entscheidend für die Theoriebildung ist dabei das Ermitteln von Beziehungen zwischen sogenannten Achsenkategorien (daher „axial") und den damit verbundenen Konzepten. Eine Achsenkategorie wird dann in ihren zeitlichen, räumlichen, Ursache-Wirkungs-, Mittel-Zweck-Beziehungen sowie den argumentativen und motivationalen Zusammenhängen ausgearbeitet. Die so etablierten Beziehungen müssen dann wiederum ständig an neuem Datenmaterial deduktiv überprüft werden.

Selektives Kodieren zielt auf das Auffinden der Kernkategorie und Ausarbeiten einer Theorie. Beim selektiven Kodieren geht es darum, die bisherigen Erkenntnisse weiter zu verdichten, einen roten Faden herauszuarbeiten und eine analytische Geschichte zu erzählen. „Die Auswahl einer Kernkategorie und das In-Beziehung-Setzen aller Hauptkategorien zur Kernkategorie und untereinander steht im Zentrum der Verfahren" (Strauss und Corbin 1996: 117). Es geht also darum, das Daten- und Analysematerial in einen Zusammenhang zu bringen, der nicht nur beschreibend ist, sondern die Gestalt einer Theorie annimmt.

Zwar ist die Methode der Grounded Theory durch ihre Offenheit sehr gut dafür geeignet, Neues zu entdecken und Theorie in der Empirie zu verankern, gleichzeitig braucht es einige Erfahrung bei der Kodierung. Sie gibt zudem nur sehr wenige Hinweise darauf, woran eine Auswahl von Textstellen und Fällen zu orientieren ist und wann man Kodierung und Materialauswahl beenden kann. Das Kriterium der theoretischen Sättigung (man entdeckt nichts substanziell Neues mehr) ist ein sehr weiches Kriterium. Insgesamt ist die Grounded Theory durch den Dokumentationsaufwand und die Zirkularität von Analyse und Materialauswahl ein ressourcenintensives Verfahren, das zudem nur relativ niedrige Verarbeitungskapazität hat. Dies wird bis zu einem gewissen Grad durch den Einsatz von Analysesoftware wie Atlas.ti oder MAXQDA kompensiert, da die Organisation und Strukturierung des Kodierens und die Verwaltung von Memos erleichtert wird.

12 Grounded Theory: Demokratiemodelle in Reden von Politikern

Rolf Frankenberger

Über Demokratie ist viel gesagt und geschrieben worden. Seit Aristoteles wurden bis heute zahlreiche Demokratietheorien formuliert. Philosophen, Politiker und Laien haben dem Begriff ganz unterschiedliche Bedeutungen eingeschrieben. Und es wurden die unterschiedlichsten Modelle in Gesellschaften verwirklicht. Tatsächlich gibt es in der Welt weder eine einzige noch eine ideale Bedeutung der Demokratie, sondern vielmehr ein demokratisches Multiversum von Konzepten, Theorien, Definitionen und Bedeutungen (Gagnon 2018; 2020). Gemeinsam ist ihnen, dass sie Vorstellungen darüber formulieren, wie Menschen regiert werden können und sollten. Einige dieser Modelle, wie etwa die liberale Demokratie, werden prominenter diskutiert als andere, die eher im Verborgenen und an den Rändern der Debatte zu finden sind. Die Herausforderung moderner Theoriebildung ist es nun, diese Modelle systematisch miteinander zu vergleichen, ohne etablierte Interpretationsmuster westlichen politischen Denkens zu reproduzieren.

Mit meiner gemeinsam mit Daniel Buhr verfassten Arbeit (Frankenberger und Buhr 2023) leisten wir einen Beitrag zur vergleichenden Demokratietheorie als induktive und unbestimmte Aufgabe (Weiss 2020). Diese zielt unter anderem darauf ab, relevante Fälle nichtwestlichen demokratischen Denkens zu identifizieren, sie aus einer global vergleichenden Perspektive zu interpretieren und konzeptionelle Einsichten in die Demokratietheorie zurückzuspielen (Weiss 2020: 32). Dabei sind mehrere theoretische, konzeptionelle, methodologische und empirische Herausforderungen zu meistern, wie etwa die der Normativität der Demokratietheorie, der Begriffsbildung, des Vergleichs als methodologische Grundlage und der zu analysierenden Daten. In unserem Aufsatz haben wir vorgeschlagen, dass die Grounded Theory eine geeignete Methodologie bietet, um diesen Herausforderungen im Kontext der vergleichenden Demokratietheorie zu begegnen. Ausgehend von der Vorstellung der Methode und der Diskussion ihrer Stärken und Schwächen haben wir eine exemplarische Analyse von 17 Reden von Politikern aus drei Jahrhunderten und von fünf Kontinenten durchgeführt und die daraus resultierende in der Empirie verankerte Theorie der Demokratie dargestellt. Aus den Daten emergierte eine demokratische Handlungstheorie, deren

Kernkategorie „people's government" war. Diese konnten wir durch die Merkmale Definition des Volkes, Einbeziehung des Volkes, Freiheit, Gerechtigkeit, Gleichheit und Rechtsstaatlichkeit weiter spezifizieren. Das aus der Analyse entlang des Kodierparadigmas resultierende Kausalmodell der Demokratie als „people's government" zeigte, dass die Notwendigkeit der Verregelung des menschlichen Zusammenlebens die Ursache für die Schaffung einer Selbstregierung des Volkes ist. Das Ziel ist es, den Willen des Volkes, eine bessere Zukunft und Wohlstand zu erreichen, zu erfüllen [Konsequenz]. Diese Kausalkette stellt den Kern der Demokratietheorie dar. Allerdings variieren die Modelle entlang der Dimensionen a) intensive bis umfassende Beteiligung des Volkes, b) einschließende bis ausschließende Definition des Volkes, c) allgemeine bis ausschließende Freiheiten und Rechte und d) allgemeine bis besondere Rechtsstaatlichkeit. Ein „people's government" agiert zudem in einem spezifischen historischen, kulturellen und sozialen Umfeld [Kontext] und sieht sich mit Herausforderungen wie Armut und Ungleichheit, Korruption und dem Einfluss des Kapitalismus [Bedingungen] konfrontiert, die es zu bewältigen gilt. Diesen Herausforderungen wird begegnet, indem man gegen die Unterdrückung kämpft oder sogar eine Revolution anzettelt, indem man das Volk eint und motiviert, indem man ein Sendungsbewusstsein hervorruft [Strategie].

Erkenntnisinteresse und Fragestellung

Das hauptsächliche Erkenntnisinteresse unseres Beitrags war ein methodologisches. Uns interessierte, ob die Grounded Theory als Ansatz genutzt werden kann, um die vergleichende Demokratietheorie methodologisch so zu unterfüttern, dass sie erstens in der Lage ist, Vorwissen und kulturelle Prägungen zu suspendieren, zweitens in der Begriffsbildung offenbleibt, drittens eine induktive Methodik anwendet, viertens systematisch und kontinuierlich vergleicht und fünftens für Daten aus unerwarteten und unorthodoxen Quellen offen ist. Nur dann kann sie Modelle entwickeln, die ohne eine normative A-priori-Festlegung des Wesenskerns der Demokratie auskommen und systematisch aus den Daten selbst entwickelt sind.

Unsere Annahme war, dass die Grounded Theory ein Ansatz und eine Methodologie ist, die im Kontext der vergleichenden Demokratietheorie fruchtbar eingesetzt werden kann, weil sie diese fünf Kriterien erfüllt. Sie ist eine spezifische allgemeine „methodology in how to get from systematically collecting data to producing a multivariate conceptual theory" (Glaser 1999: 836). Sie hat ihre Wurzeln im symbolischen Interaktionismus und im Pragmatismus, und ihre Anwendung kann zu einer vergleichenden, abduktiven oder induktiven Theorie führen. Die Theorie ergibt sich dann strikt aus den für die Analyse verwendeten Daten und ist somit auf empirische Daten gestützt. In Anbetracht der Tatsache, dass es so viele Vorstellungen von Demokratie in der Welt gibt (Gagnon 2018; 2020), bietet die Grounded Theory methodologische Perspektiven, um nicht nur marginalisierte Bedeutungen von Demokratie einzubeziehen, sondern auch um Bedeutungen von Demokratie als solche zu kartieren, zu vergleichen und zu kategorisieren. Dies wollten wir anhand unserer Analyse zeigen und reflektieren, unter welchen Bedingungen ein solches Vorhaben gelingen kann.

Hinzu kam ein inhaltliches Interesse an den Demokratieverständnissen und -konzeptionen der verschiedenen Politiker:innen. Insbesondere wollten wir wissen, ob wir einen gemeinsamen Kern der Demokratie bei so unterschiedlichen Personen wie Mahatma Gandhi, Xi Jinping, Simon Bolivar, Thomas Jefferson oder Victor Orban identifizieren können. Dies würde wiederum bedeuten, dass die Kernbedeutung der Demokratie, ggf. sogar ein normativer Kern, empirisch bestimmbar wäre.

Theorie als Zieldimension, nicht als Ausgangspunkt

Unser Beitrag ist im Bereich der politischen Theorie, genauer der Demokratietheorie und noch genauer der empirischen Demokratietheorie zu verorten. Dabei war jedoch der Befund der Vielfalt an Theorien, Konzepten und Begriffen der Demokratie selbst der Ausgangspunkt der Forschung, nicht jedoch die inhaltlichen Aspekte dieser Theorien. Denn uns ging es um die induktive, empirisch fundierte Theoriebildung und deren Möglichkeitsbedingungen und nicht um das Suchen nach einer empirischen Verteilung deduktiv gewonnener Kategorien und Begriffe. Es ging also eher darum, unsere Vorkenntnisse zu kontrollieren und sicherzustellen, dass diese nicht unsere empirische Analyse zu stark beeinflussen.

Demokratietheorie spielte jedoch insofern eine Rolle, dass wir die Herausforderungen für die Formulierung einer vergleichenden Demokratietheorie reflektierten, um auf der methodologischen Ebene Lösungsstrategien vorzuschlagen.

Auf einer sehr grundlegenden theoretischen Ebene haben wir die Frage aufgeworfen, ob eine Demokratietheorie eher a priori und normativ (vgl. Welzel 2021) oder empirisch und a posteriori, top-down oder bottom-up formuliert werden sollte. Wir argumentierten, dass ein normatives, idealtypisches und a apriori formuliertes Konzept der Demokratie eine vergleichende Demokratietheorie verhindert. Vielmehr muss das Vorgehen der Theoriebildung offen und ohne durch theoretische theoretische Setzungen vordeterminiert sein. Während Welzel (2021) davon ausgeht, dass eine sinnvolle Untersuchung und Beurteilung der empirischen Realitäten einer normativen Setzung bedarf, gehen wir davon aus, dass eine umfassendere Theorie der Demokratie nur dann möglich ist, wenn wir empirische Realitäten nicht vorverurteilen und vorsortieren. Denn in der von Welzel formulierten Perspektive sind wir an der Sicht der Forscher:in interessiert, nicht an den Dingen selbst, wie sie uns erscheinen. Durch diese Vorsortierung könnten uns jedoch zentrale Phänomene entgehen, die wichtige Impulse für die Theoriebildung liefern könnten. Offenheit ermöglicht es uns hingegen, unterschiedlichste Quellen, Materialien und Phänomene in die Analyse einzubeziehen. Demokratietheorie hat es mit einem beweglichen Ziel zu tun, da sich das, was wir als demokratisches Denken und die Realität betrachten, ständig ändert. Wenn wir mit den „demokratischen Innovationen" Schritt halten wollen, müssen wir in der Lage sein, sie anzupassen und in eine vergleichende Demokratietheorie aufzunehmen. Denn eine stabile, starre und unflexible Theorie wird irgendwann nicht mehr in der Lage sein, demokratische Phänomene zu erklären oder auch nur zu identifizieren.

Auf konzeptioneller Ebene sind Fragen der Begriffs- und Konzeptbildung von besonderer Bedeutung (z. B. Sartori 1970; 1984; Collier und Mahon 1993; Gerring 1999; Gould 1999; Gerring und Barresi 2003; Collier et al. 2012). Sie werden häufig mit der Demokratie als Kernbeispiel verknüpft (Collier und Levitsky 1997; 2009; Daly 2003). Während Sartori (1970) die klassische Begriffs- und Konzeptbildung mit sich gegenseitig ausschließenden und gemeinsam erschöpfenden Kategorien befürwortet, schlagen David Collier und James Mahon (1993) vor, dass anstelle der klassischen Kategorienbildung zwei andere Strategien angewandt werden können: Familienähnlichkeiten (Wittgenstein 1968) und radiale Kategorien (Lakoff 1987). Bei Familienähnlichkeiten teilen die Fälle einige, aber nicht alle Merkmale aus einem Pool von Merkmalen, welche die Kategorie spezifizieren. Die Mitglieder der Kategorie weisen dann zwar Ähnlichkeiten bei den meisten Merkmalen auf, teilen aber nicht die gesamte Gruppe. Wenn wir die Merkmale „freie Wahlen", „bürgerliche Freiheiten", „politische Rechte" und „Rechtsstaatlichkeit" zur Beschreibung der Kategorie „Demokratie" verwenden, könnten zwei Fälle von Familienähnlichkeit „Wahlen" und „Rechtsstaatlichkeit" gemeinsam haben, während der eine auch „bürgerliche Freiheiten" und der andere „politische Rechte" als zusätzliche, aber unterschiedliche Merkmale aufweist. Beide würden dann zu der Kategorie gehören, sind aber nicht identisch. Radiale Kategorien ähneln den Familienähnlichkeiten insofern, als sie nicht alle Attribute gemeinsam haben, aber in einer zentralen Unterkategorie verankert sind (Collier und Mahon 1993: 848), während sie in nicht zentralen Unterkategorien variieren. Die Kernkategorie „Demokratie" könnte durch die Komponenten „politische Partizipation", „begrenzte staatliche Macht" und „wirtschaftliche Gerechtigkeit" definiert werden. Mitglieder der Kategorie im Sinne von Radialkategorien können dann Länder sein, die „Partizipation" und „begrenzte Staatsgewalt" oder „Partizipation" und „wirtschaftliche Gerechtigkeit" oder nur „Partizipation" kombinieren (vgl. Collier und Mahon 1993: 850). Grundsätzlich besteht keine Einigkeit darüber, welche Art der Kategorisierung verwendet werden sollte, da alle drei Strategien – klassische Kategorienbildung (z. B. Sartori 1970), Familienähnlichkeiten (z. B. Wittgenstein 1968) oder Radialkategorien (z. B. Collier und Mahon 1993) – ihre Vor- und Nachteile haben. Eines der Hauptargumente gegen radiale Kategorien ist, dass sie nur minimale Konzepte bieten, während Familienähnlichkeiten unterschiedliche Phänomene vermischen. Die klassischen Kategorien wiederum stehen in der Kritik, zu statisch und „westlich" zu sein.

Vor diesem Hintergrund erschien es uns sinnvoll, über Alternativen nachzudenken. Denn um eine induktive Demokratietheorie formulieren zu können, muss die Begriffsfrage so lange offenbleiben, bis der Vergleich zeigt, ob es sich um Kernkonzepte und Radialkategorien, Familienähnlichkeiten oder gar klassische Kategorien handelt. Eine rein induktive Strategie der Begriffsbildung schließt eine andere Vorgehensweise aus, bestehende Konzepte können jedoch als Daten in die Analyse einbezogen werden. In Anlehnung an Sartori argumentieren wir, dass es beim Vergleichen darum geht zu überprüfen, „ob Verallgemeinerungen über die Fälle hinweg gelten, auf die sie zutreffen" (Sartori 1991: 244). Oder anders ausgedrückt: Beim Vergleichen geht es darum, systematische Ähnlichkeiten und Unterschiede zwischen beobachteten Phänomenen – in diesem Fall von Demokratiekonzepten – zu finden.

Auch auf methodischer Ebene stellt sich die Frage, wie wir vergleichen können (Sartori 1991), wenn wir Ähnlichkeiten und Unterschiede in Demokratiekonzepten finden wollen. Für den Zweck einer vergleichenden Demokratietheorie scheint ein eher induktiver Ansatz vorzuziehen zu sein, um die Theoriebildung und Konzeptbildung so offen wie möglich zu halten. Vergleiche sollten unter Verwendung qualitativer, interpretativer Ansätze durchgeführt werden, um die Eigenheiten und Gemeinsamkeiten von Demokratiebedeutungen zu erfassen (vgl. Frankenberger und Buhr 2020).

Empirisch stellt sich für die Forscher:innen vor allem die Frage, welche Phänomene, Materialien und Daten in die Formulierung einer vergleichenden Demokratietheorie einbezogen werden sollen. Die traditionelle Herangehensweise wäre die Analyse der Schriften von Philosoph:innen und politischen Theoretiker:innen. Diese Analyse liefe jedoch Gefahr, etabliertes kanonisches Wissen zu reproduzieren. Alle anderen Ideen und Bedeutungen von Demokratie, die in nichtkanonischer Literatur, Reden und Interviews mit politischen Führer:innen,

Laien sowie den Werken von Denker:innen aus nichtwestlichen Kontexten zu finden sind, würden dabei marginalisiert. Nach Glaser und Holton (2004) sind alle diese Quellen Daten. Es können also auch und gerade theoretische Konzepte in eine Analyse einbezogen werden – wenn wir sie als Daten behandeln und nicht als Instrumente oder Maßstäbe zur Messung und Beurteilung von Inhalten. Wenn wir z. B. verschiedene Konzepte als Daten verwenden, können wir durch den Vergleich die gemeinsamen Grundkonzepte (falls es welche gibt) ermitteln. Wenn wir gemischte Daten verwenden, z. B. von Laien, Denkern und Politikern, wäre dies sogar noch umfassender. Gegen das Argument von Christian Welzel in seiner sentimentalen Verteidigung sowohl der Umfrageforschung als auch der normativen Konzeptualisierung von Demokratie, dass Laienwahrnehmungen nichts mit Demokratie zu tun haben und ihre Einbeziehung die Normativität des Konzepts Demokratie über Bord wirft (2021), argumentieren wir, dass gerade diese nichtnormativen und nichtkanonischen Materialien Aufschluss über die Bedeutungen und Praxen der Demokratie geben können.

Datengrundlage und Datenauswahl

Um zunächst eine breite Palette unterschiedlicher Bedeutungen von Demokratie zu erhalten, haben wir Reden aus verschiedenen Zeiten, Orten, Kulturen und Traditionen des politischen Denkens ausgewählt. Dazu gehören Reden aus Nordamerika, Lateinamerika, Afrika, dem Osten und Asien aus dem 19., 20. und 21. Jahrhundert sowie aus liberalen, sozialistischen, kommunistischen, nationalistischen und exzeptionalistischen Denkströmungen. Tab. 7 ordnet die Autoren entlang der regionalen und historischen Dimension ein und gibt die in der Analyse verwendeten Abkürzungen (Dok. 1–17) an. Die Daten umfassen berühmte Reden wie Abraham Lincolns „Gettysburg Address" oder Martin Luther Kings „I have a Dream" sowie Antrittsreden und öffentliche Berichte an Kongresse und Ausschüsse. Sie alle haben eine gemeinsame Perspektive auf die Regierung des Volkes und die Demokratie.

Während die anfängliche Auswahl des Materials der Logik der Varianz in Bezug auf Region, Kultur, ideologischen Hintergrund und Herkunftsjahrhundert folgte, folgte die Analyse der Daten der Logik des theoretischen Samplings.

Bei der Datenerhebung ergaben sich mehrere Probleme. Welches Dokument, welche Beobachtung soll als Ausgangspunkt der Analyse gewählt werden? Dies ist eine auch in der Literatur zur Grounded Theory nicht eindeutig beantwortete Frage. Gerade im Kontext von Demokratie, in dem es zahlreiche Verständnisse von Demokratie und zudem einen jahrtausendealten Literaturkorpus gibt, ist im

Tab. 7: Übersicht über die analysierten Reden

Region	19. Jahrhundert	20. Jahrhundert	21. Jahrhundert
Afrika		Patrice Lumumba (Doc 13) Joseph Nyerere (Doc 12)	
Asien		Mao Tse-tung (Doc 16) Mahatma Gandhi (Doc 17)	Xi Jinping (Doc 14) Rodrigo Duterte (Doc 9) Narendra Modi (Doc 10)
Lateinamerika	Simon Bolivar (Doc 15)	Fidel Castro (Doc 5)	Hugo Chavez (Doc 6)
Nordamerika	Thomas Jefferson (Doc 1) Abraham Lincoln (Doc 2)	Martin Luther King (Doc 3)	Bernie Sanders (Doc 4)
Osteuropa		V. I. Lenin (Doc 11)	Viktor Orban (Doc 7) Vladimir Putin (Doc 8)

Quelle: Frankenberger und Buhr 2023.

Grunde jedes Dokument mit einer bestimmten Tradition der Demokratie verbunden. Umso wichtiger ist daher die strikte, an den Daten orientierte Vergleichsperspektive, anhand der man mögliche Ausstrahlungseffekte der ersten gefundenen Bedeutung von Demokratie kontrollieren muss. Insofern kommt dem weiteren Sampling eine entscheidende Bedeutung zu. Dieses sollte möglichst breit sein, um unterschiedlichste Interpretationen, Hintergründe und Modelle mit einzubeziehen. Orientiert man sich an der traditionellen Grounded Theory, so sollten diese eher aus dem Vorwissen und den Kenntnissen der Demokratietheorie stammenden Überlegungen eine untergeordnete Rolle spielen beziehungsweise ganz ausgeblendet werden. In der konstruktivistischen Lesart der Grounded Theory haben sie jedoch ihren Platz. Wir haben daher unser Wissen um die Vielfältigkeit von

161

Demokratieverständnissen dazu verwendet, eine möglichst große Varianz in den verwendeten Reden herzustellen. Als Ausgangspunkt wählten wir einen Klassiker der Demokratie, Thomas Jeffersons Inaugurationsrede, und variierten sodann Zeit, Raum und politischen Kontext, aus denen die jeweiligen Reden stammten. So sollte gewährleistet werden, möglichst unterschiedliche Quellen zur Entwicklung unseres in den Daten verankerten Modells der Demokratie zu entwickeln.

Neben der Zugänglichkeit von Reden – auch und gerade im außereuropäischen Kontext, in dem zumindest historisch mündliche Traditionen der Überlieferung von Bedeutung sind – war auch die Sprachbarriere ein Problem. Abgesehen von den Reden englischer Muttersprachler:innen handelte es sich um Übersetzungen ins Englische. Idealerweise sollten Dokumente in der Originalsprache von sprachkompetenten Personen bearbeitet werden, da mit einer Übersetzung auch immer ein gewisser Grad an Verzerrung einhergeht und sprachlich-kulturelle Besonderheiten und möglicherweise kulturell gebundene Bedeutungen nicht immer berücksichtigt werden. So gibt es beispielsweise von der Rede Fidel Castros verschiedene Übersetzungen, die sich zumindest teilweise im Wortlaut deutlich unterscheiden. Die eine ist vermutlich etwas näher am spanischen Original, blumiger, ausschweifender, während die andere konziser und etwas geglättet ist. Dies kann bei der Kodierung zu Verzerrungen führen, die nur durch den Blick in die Originaldokumente erkannt und korrigiert werden können.

Auch waren die Reden von unterschiedlicher Länge und Dichte. Während einige Reden nur wenige Seiten umfassten, waren andere, etwa die von Xi Jinping mehrere Dutzend Seiten lang. Damit enthielten sie auch automatisch unterschiedlich viele Codes, allerdings nicht notwendigerweise eine größere Varianz an Codes. Daher ist eine Orientierung an der theoretischen Sättigung und den Inhalten der Codes in der Grounded Theory von wesentlich größerer Bedeutung bei der Formulierung eines theoretischen Modells als die empirischen Häufigkeiten. Diese können jedoch in einem zweiten Schritt berücksichtigt werden.

Die Methodologie und ihre Anwendung: Vorgehensweise, Befunde und Herausforderungen

Ausgehend von den Arbeiten von Glaser und Strauss (1965; 1967; 1968) entwickelten sich verschiedene Spielarten der Grounded Theory mit leicht unterschiedlichen epistemologischen und methodologischen Ausrichtungen (Flick 2018: 6–11). Während Glaser strikt induktiv blieb und die „all is in the data"-Strategie verfolgte, kombinierte Strauss zusammen mit Corbin induktive und deduktive Elemente und betonte die Verifikation als wichtiges Element der Grounded Theory.

Andere haben die Grounded Theory in konstruktivistische (Charmaz 2011; 2014; 2017; Bryant und Charmaz 2007b) und postmodernistische (Clarke 2005) Richtungen weiterentwickelt, indem sie in Fragen der Datenkonstruktion und der Theoriebildung über das „all is in the data"-Paradigma hinausgingen. Eine normative Spielart der Grouded Theory beschäftige sich mit der Entwicklung einer normativen Theorie, indem sie Daten und Erkenntnisse aus der empirischen Forschung in den Prozess der Rechtfertigung normativer Ansprüche einbezogen (Ackerly 2018; Cabrera 2020; Ackerly et al. 2021).

Die Auseinandersetzungen um den „richtigen Weg" in der Grounded-Theory-Forschung werden in zahlreichen Beiträgen diskutiert (vgl. Bryant und Charmaz 2007a; Kelle 2007; Strübing 2007; Flick 2018) und hier nicht weiter ausgeführt, denn trotz der epistemologischen und methodologischen Unterschiede teilen diese Ansätze einige gemeinsame Merkmale: Die minimale Nutzung von bereits vorhandenem Wissen und Theorien über den zu untersuchenden Sachverhalt, ein interdependenter und simultaner Prozess der Datenerhebung und -analyse, die Verwendung verschiedener Interpretationen der Daten und das Ziel der Konstruktion von Theorien mittlerer Reichweite als Ergebnis der Grounded-Theory-Forschung (Flick 2018: 3; vgl. Charmaz 2008). Aus unserer Sicht sind die Versionen von Strauss und Corbin (1990) sowie die konstruktivistischen und postmodernistischen Versionen der Grounded Theory (z. B. Charmaz 2011; Clarke 2005) für die Herausforderungen einer vergleichenden Demokratietheorie besonders geeignet, da sie die Notwendigkeit der Überprüfung der Daten, der Einbeziehung von Literaturen, der Reflexion der Rolle von Forscher:innen und Beforschten bei der Konstruktion von Daten über die Welt und der Auswahl von Daten für die Grounded Theory berücksichtigen. So argumentiert beispielsweise Charmaz (2014: 27), dass unsere Definition der Forschungsprobleme unsere Erkenntnisse beeinflusst. Daher sollte das zu untersuchende Problem die Methoden der Datenerhebung sowie die Art der Daten bestimmen, die in die Analyse einbezogen werden sollten. Adele Clarke (2005: 75 f.) argumentiert in ähnlicher Weise, dass Forscher:innen Daten sammeln sollten, die für die untersuchte Situation relevant sind. Dies können Interviews, Dokumente, Beobachtungen und Sekundärdaten sein. Alle diese Daten können auch miteinander kombiniert werden. Und Dunne (2011) weist darauf hin, dass die ursprüngliche Abstinenzposition gegenüber theoretischer Literatur durch eine reflektierte Form der Verwendung von Literatur in der Studie ersetzt werden sollte, ohne die Offenheit gegenüber dem Thema und dem Feld aufzugeben. Robert Thornberg (2012) nennt dies „informed Grounded Theory".

Wir folgten der Perspektive der konstruktivistischen Grounded Theory und gingen davon aus, dass Forschende ihr zuvor gewonnenes Wissen nicht vollständig ignorieren und suspendieren können. Allerdings ist es möglich, den Einfluss des Vorwissens zu kontrollieren. Dazu gehört vor allem, dass wir uns der eigenen Überzeugungen und Vorurteile bewusst werden (Langdridge 2008: 1129). In der Praxis bedeutet dies, diese Überzeugungen explizit zu benennen und sie dann bei der Interpretation des Materials zu kontrollieren, was idealerweise im Team geschieht. Für uns gilt: Wir sind beide in einer liberalen Demokratie sozialisiert worden. Wir sind als Politikwissenschaftler an einer deutschen Universität ausgebildet worden. Von einem normativen Standpunkt aus teilen wir die Überzeugung, dass die Demokratie, verstanden als Selbstverwaltung mündiger Menschen, das beste derzeit verfügbare politische System ist. Da wir uns unseres akademischen Hintergrunds bewusst sind, haben wir ihn in der Arbeit genutzt, um die empirischen Befunde mit etablierten Kategorien der Demokratieforschung zu vergleichen. Dies geschah vor allem, um zu verdeutlichen, dass die mithilfe der Grounded Theory gewonnenen Erkenntnisse den bereits theoretisch etablierten Kategorien sehr ähnlich sein können, ohne jedoch redundant zu werden. Die von Strauss und Corbin (1990) entwickelte Variante der Grounded Theory bildete schließlich für uns den methodologischen Ausgangspunkt, den wir um einige Aspekte hinsichtlich der Methodik, der Auswahl der Fälle und der Daten nach Clarke (2005), Charmaz (2014), John Scott (1990) und Uwe Flick (2018) ergänzten.

Das Kernelement der Datenanalyse in der Grounded Theory ist das Kodieren. Kodieren bedeutet, Daten (meist Texte) zu zerlegen und Datensegmente zu kennzeichnen, um deren Inhalt hervorzuheben (Strauss und Corbin 1990: 57; vgl. Charmaz 2014: 111). Corbin und Strauss (1990) schlagen drei Hauptarten des Kodierens vor: offenes, axiales und selektives Kodieren. Offenes Kodieren dient dazu, Daten entlang des Kerninhalts aufzuschlüsseln, zu vergleichen, zu konzeptualisieren und zu kategorisieren und Bezeichnungen zu finden, die den Inhalt auf eine abstraktere Weise darstellen. Das In-vivo-Kodieren ist einer der ersten Schritte zur Konzeptualisierung der Daten (Glaser 1978: 70; Strauss 1987: 33). Wenn wir z. B. die Formulierung „die Erfüllung des Volkswillens" (Dok. 5: 5) als Beschreibung der Demokratie finden, können wir diese als In-vivo-Code verwenden. Konzeptualisieren bedeutet, Beobachtungen auf eine abstraktere Ebene zu bringen. Kategorisieren bedeutet, Konzepte unter einem neuen Etikett zu gruppieren, das noch abstrakter ist. Dies ähnelt stark der klassischen Begriffsbildung. Begriffe sind Etiketten, die auf diskrete Vorgänge gelegt werden, während Kategorien Klassifizierungen von Begriffen sind. Wenn wir die Formulierung „die Erfüllung des Willens des Volkes" (Dok. 5: 5) als Beschreibung der Demokratie verwenden, haben wir einen Begriff, der mit der Demokratie verbunden ist. Die Demokratie selbst dient als Kategorie. Der Begriff bezeichnet eine bestimmte Eigenschaft der Kategorie, nämlich die Erfüllung des Volkswillens. Wenn wir zu einer Grounded Theory der Demokratie kommen wollen, dann müssen wir Eigenschaften und Dimensionen finden, welche die Kategorie Demokratie weiter spezifizieren. Und wir müssen sie über mehrere Fälle hinweg vergleichen.

Axiales Kodieren verbindet Kategorien und ihre Unterkategorien in Bezug auf Bedingungen und Konsequenzen (Strauss und Corbin 1990: 96). Strauss und Corbin (1990) verwenden dazu das sogenannte Kodierparadigma als Modell, um die beim offenen Kodieren identifizierten Kategorien zu verbinden: Kausale Bedingungen führen zu dem Phänomen, das selbst im Mittelpunkt des Forschungsinteresses steht. Der Kontext umfasst einen „specific set of properties that pertain to the phenomenon" ebenso wie ein „particular set of conditions within which the interaction strategies are taken", um das Phänomen zu bearbeiten (Strauss und Corbin 1990: 101). Intervenierende Bedingungen können als der breitere strukturelle Kontext definiert werden, der zu einem Phänomen gehört und sich auf die Handlung oder Interaktion auswirkt, einschließlich Zeit, Raum, Kultur, Wirtschaft, Technologie, Geschichte und Umwelt, die in dem jeweiligen Kontext von unterschiedlicher Relevanz sein können (Strauss und Corbin 1990: 103). Abb. 8 zeigt die von Flick (2018: 61) visualisierte Variante des Kodierparadigmas, das wir in unserer Analyse verwendeten.

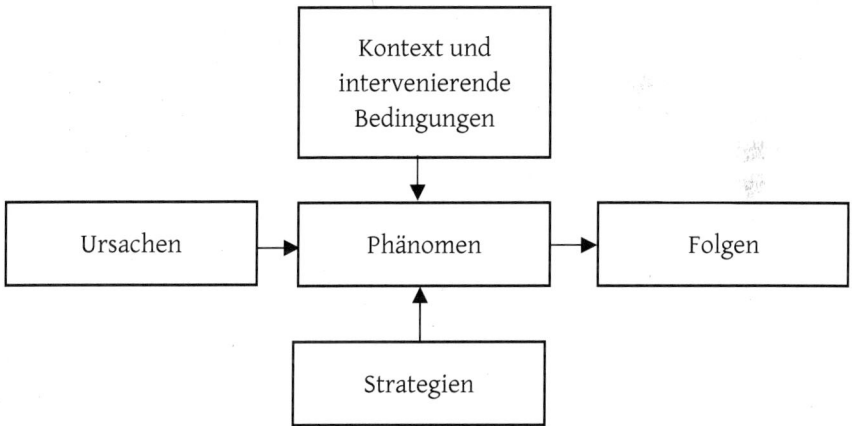

Abb. 8:   Das Kodierparadigma als Modell (Quelle: eigene Darstellung nach Flick 2018).

Durch die Analyse und den Vergleich von Dokumenten können dann die gemeinsamen Begriffskombinationen im Lichte dieses Kodierungsparadigmas extrapoliert werden. Eine hypothetische axiale Kodierung von Demokratie könnte dann wie folgt aussehen: Da „der Wille der Mehrheit in allen Fällen vorherrschen soll" (Dok. 1: 4) [Ursache], gibt es eine „Regierung des Volkes, durch das Volk, für das Volk" (Dok. 2: 4) [Phänomen], die „ein besseres Leben für alle ermöglichen" (Dok. 8: 14) [Folge], indem sie sich für „Frieden, Einheit, Wohlwollen und Brüderlichkeit" (Dok. 10: 18) [Strategie] einsetzt, und zwar unter den Bedingungen einer

„gesetzesbasierten Regierungsführung" (Dok. 14: 89) [Kontext] und einer Situation, in der „Lobbyisten einen Großteil der Vorgänge im Kongress bestimmen" (Dok. 4: 30) [Bedingungen].

Bei der selektiven Kodierung geht es im Wesentlichen darum, Lücken durch Hinzufügen weiterer Daten und Analysen zu füllen und „validating one's theory against the data completes its grounding" (Strauss und Corbin 1990: 133).

Als vergleichende Methode (Glaser 1965: 51; Glaser und Strauss 1967: 102) ist die Grounded Theory sowohl für die vergleichende Demokratietheorie als auch für die vergleichende Politikwissenschaft interessant. Schon bei der Auswahl des Datenmaterials wird verglichen. Der systematische Vergleich im engeren methodologischen Sinne beginnt jedoch mit der Kodierung. Die Daten werden aufgeschlüsselt und dann über den gesamten Analyseprozess hinweg bis hin zur Ergebnisformulierung und Theorieentwicklung miteinander verglichen. Dadurch können Kategorien und Subkategorien zueinander in Beziehung gesetzt werden und Beziehungen zwischen Kategorien analysiert werden (Kelle 2007: 196). So ist beispielsweise der Begriff der „Erfüllung des Volkswillens" (Dok. 5: 5) dem Begriff der „Führung des Landes durch das Volk" (Dok. 14: 6) zunächst recht ähnlich, da beide auf die zentrale Bedeutung des Volkes hinweisen. Ein genauerer Vergleich zeigt jedoch Unterschiede auf, da die Erfüllung des Volkswillens sowohl durch das Volk selbst als auch durch seine Delegierten oder eine andere Person erfolgen kann, während die Führung des Landes durch das Volk eine direkte Beteiligung an der Regierung oder, genauer gesagt, an der Selbstverwaltung voraussetzt. Im Sinne der vergleichenden Demokratietheorie bedeutet dies einen fortlaufenden Prozess des Vergleichs von Daten und der Verfeinerung von Konzepten und Kategorien. Dieser läuft so lange ab, bis eine theoretische Sättigung erreicht ist, also keine neuen oder relevanten Daten in Bezug auf eine Kategorie sowie die Beziehungen zwischen Kategorien mehr gefunden werden. Angesichts der großen Vielfalt an Schriften über Demokratie könnte dies eine unendliche Aufgabe des theoretischen Samplings sein. Theoretisches Sampling zielt darauf ab, die Eigenschaften einer Kategorie abzugrenzen, die Eigenschaften einer Kategorie zu sättigen, zwischen Kategorien zu unterscheiden, Variationen zu identifizieren und Beziehungen zwischen Kategorien zu klären (Charmaz 2014: 232). Es erfolgt entlang der theoretischen Relevanz von Konzepten und nicht zum Zwecke der Repräsentativität (Strauss und Corbin 1990: 178 f.). Das macht es in der Forschungspraxis gerade bei so komplexen Ereignissen und Konzepten wie Demokratie schwierig zu entscheiden, wann man aufhören sollte. Eine Grounded Theory der Demokratie ist daher notgedrungen auch immer eine Theorie im Werden.

Ausgehend vom ältesten Dokument, der ersten Antrittsrede von Thomas Jefferson (Dok. 1), haben sich Codes, Konzepte und Kategorien herausgebildet. Für

Jefferson gehören zu den Grundsätzen einer „weisen und zurückhaltenden Regierung" in erster Linie der Wille der Mehrheit, aber auch Gleichheit, Gerechtigkeit, Frieden, Republikanismus, Föderalismus, ein Minimalstaat sowie die Religions-, Presse-, Persönlichkeits- und Prozessfreiheit und der Wille des Gesetzes. Er formuliert die Grundsätze einer aufgeklärten, liberalen und republikanischen Demokratie, auch wenn er das Wort Demokratie nicht erwähnt. Unter Bezugnahme auf unser Vorwissen argumentierten wir, dass Jefferson als einer der Gründerväter und Verfasser der Unabhängigkeitserklärung als wichtiges Zeugnis für die Definition der Bedeutung von Demokratie angesehen werden kann. Manchmal ist es also nicht die Verwendung eines bestimmten Wortes, sondern der Inhalt und der Kontext des Materials, die darüber entscheiden, ob ein Dokument einbezogen wird. Im Sinne der konstruktivistischen Grounded Theory muss dies sorgfältig dokumentiert und reflektiert werden und zeigt, dass wir uns gelegentlich auf unser Vorwissen verlassen müssen, um eine umfassende Analyse durchzuführen. Interessanterweise beschwört Jefferson Vorstellungen von Religion herauf, wenn er über das auserwählte und geliebte Land (Dok. 1: 3 und 5), seine eigene Schwäche vor der Aufgabe, Präsident zu sein (Dok. 1: 3), sowie Vorsehung und Segen spricht. Auch der Kampf (Dok. 1: 3) für das „heilige Prinzip" der Mehrheitsherrschaft und den Schutz von Minderheiten durch gleiches Recht und gleiche Rechte (Dok. 1: 4) spielt bei ihm eine Rolle:

> All, too, will bear in mind this sacred principle, that though the will of the majority is in all cases to prevail, that will to be rightful must be reasonable; that the minority possess their equal rights, which equal law must protect, and to violate would be oppression (Dok. 1: 4).

Das heilige Prinzip muss durch eine minimale, „weise und zurückhaltende" Regierung verteidigt werden, „which shall restrain men from injuring one another, shall leave them otherwise free to regulate their own pursuits of industry and improvement, and shall not take from the mouth of labor the bread it has earned" (Dok. 1: 5)

Diese Konzepte und Kategorien stammen entweder aus In-vivo-Codes („heiliges Prinzip"; „auserwähltes Land") oder aus abstrahierenden und paraphrasierenden offenen Kodierungen („Kampf"; „Mehrheitsherrschaft"). Sie dienten uns als Grundlage für den Vergleich mit weiteren Dokumenten. Wir haben sie zusammen mit weiteren In-vivo- und offenen Kodierungen auf die anderen Dokumente angewendet. Die anderen Dokumente haben wir schrittweise einbezogen und verglichen, um anschließend die Kernkategorien einer Grounded Theory of Democracy herauszuarbeiten. Dabei haben wir die Dokumente zunächst auf schon bestehende Codes hin verglichen. Sobald neue Codes auftauchten, mussten wir die bereits analysierten Dokumente erneut einer Überprüfung unterziehen Dieser zirkuläre Vergleichsprozess muss so lange durchgeführt werden, bis eine theoretische Sättigung erreicht ist und keine neuen Codes mehr auftauchen – ein zeitraubender Prozess, der bewusst langsam und sorgfältig durchgeführt werden sollte, um keine wichtigen Befunde zu übersehen.

Ausgehend von den im offenen Codieren identifizierten Kategorien und Konzeoten haben wir in einer zweiten Runde axial codiert und anhand des Codierparadigmas ein transaktionales Modell der Demokratie entwickelt. Diese verschiedenen Analyseschritte gehen oft Hand in Hand in einem zirkulären und iterativen Prozess, der durch Vergleiche zu den Ergebnissen der Analyse führt.

In unserer Analyse erwies sich das Konzept „the people" als zentral. Er kam in allen Dokumenten vor und wurde auch absolut mit Abstand am häufigsten verwendet. Zwar spielen Häufigkeiten in der Grounded Theory eine untergeordnete Rolle, da die Bedeutungen der Konzepte im Vordergrund stehen und bloße Häufigkeiten nicht bedeuten, dass Konzepte auch mit anderen Konzepten in einem sinnvollen Zusammenhang ergeben (vgl. Suddaby 2006; Wolfswinkel et al. 2011). In unserem Beispiel waren die Wörter „Land" und „Welt", obwohl sie häufiger genannt wurden als „Nation" oder „Staat", nicht systematisch mit anderen Kategorien verknüpft und damit auch für die Theorieentwicklung nicht von Bedeutung. Im Gegensatz dazu zeigte sich, dass der Begriff „the people" mit dem Begriff „government" in enger Verbindung stand. „People's government" erwies sich als Kernkategorie, um die sich andere Kategorien und Konzepte gruppieren ließen. Begriffe wie „People's government" und ihre Eigenschaften tauchen in allen Dokumenten in verschiedenen Formen auf:

- „government of the people, by the people, for the people" (Dok. 2: 4)
- „Democracy is the fulfillment of the will of the people" (Dok. 5: 5)
- „Democracy as the ‚running of the country by the people'" (Dok. 14: 16)
- „A Government not of the People is not a democracy" (Dok. 5: 6)

Dabei ging es um den Willen des Volkes (Dok. 1; 5–7; 12–14) und den Willen der Mehrheit (Dok. 1: 4 und 6; Dok. 7: 34; Dok. 12: 20; Dok. 13: 23), der nur durch die Beteiligung des Volkes (Dok. 10: 22) und die Unterstützung und Zusammenarbeit des Volkes (Dok. 9: 4) verwirklicht werden kann. Um den Willen des Volkes umzusetzen, ist die Regierung eine wichtige Institution, die auf die Bedürfnisse und Forderungen des Volkes eingehen (Dok. 12: 21) und den Puls des Volkes fühlen (Dok. 9: 5) muss.

Für eine empirisch fundierte Demokratietheorie auf der Grundlage des ausgewählten Materials bedeutet dies, dass es bei der Demokratie um den Willen des Volkes und dessen Umsetzung geht, in der Regel innerhalb nationaler oder nationalstaatlicher Grenzen. Auch wenn das verwendete Material vor allem vor dem Hintergrund einer Illustration der Möglichkeiten der Grounded Theory ausgewählt wurde, ermöglicht diese Auswahlstrategie trotzdem Aussagen hinsichtlich einer Theorie der Demokratie spezifischer Politiker:innen. Vor allem zeigt sie aber, dass es im Sinne einer umfassend vergleichenden Theorie der Demokratie notwendig wäre, weit mehr und auch anderes Material in die Analyse einzubeziehen. Spannend wäre etwa die Erweiterung der Analyse um Materialien von Laien und politischen Theoretiker:innen, um zu sehen, ob sich auch über verschiedene Datenarten gemeinsame Kategorien und Konzepte sowie kausale Modelle finden lassen.

Denn schon bei der Analyse der Reden konnten wir Gemeinsamkeiten und Unterschiede entdecken. Die Regierung des Volkes und die Führung eines Landes durch das Volk implizieren eher eine direkte Beteiligung des Volkes an der Selbstverwaltung, während die Erfüllung des Volkswillens auf eine unspezifische Verantwortung zur Verwirklichung dieses Willens anspielt. Dies könnte durch einen Monarchen ebenso geschehen wie durch eine repräsentativ gewählte Regierung oder eine starke Partei – vorausgesetzt, dass sie den Willen des Volkes kennen und auch umsetzen. Die aus dem Material emergierenden Begriffe sind hier nicht eindeutig. Zudem konnten wir in den Reden einen Unterschied zwischen dem Willen des Volkes und dem Willen der Mehrheit finden. Victor Orban argumentiert z. B., dass die Freiheit des Einzelnen nicht über den Interessen der Gemeinschaft stehen dürfe. Das Wesen der Demokratie ist in seinem Verständnis der Respekt vor dem Mehrheitswillen (Dok. 7: 34). Für Orban ist Gemeinschaft vor allem die Mehrheit. Er lehnt damit ab, Minderheiten die gleichen Rechte zu gewähren. Dies steht in scharfem Gegensatz zu Jeffersons Feststellung, die Minderheit besitze die gleichen schützenswerten Rechte wie die Mehrheit (Dok. 1: 4). Darüber hinaus variieren die Definitionen von „the people" erheblich. Die Deutungshoheit darüber, wie „the people" als Eigenschaft der Kategorie „people's government" definiert wird, verweist auf verschiedene Demokratietypen, die so ähnlich auch in der theoretischen Literatur zu finden sind. Dies ist gerade vor dem Hintergrund der Typen- und Konzeptbildung von Bedeutung. Durch den in der konstruktivistischen Spielart der Grounded Theory durchaus erlaubten Abgleich unserer Ergebnisse mit unserem theoretischen Vorwissen konnten wir das Problem des Parochialism (Sartori 1991) lösen, das immer dann auftaucht, wenn empirische Befunde in Unkenntnis bereits bestehenden Wissens interpretiert und generalisiert werden. Wir konnten zeigen, dass unsere Analyse bereits bestehende Konzepte validieren und gleichzeitig neue, differenzierte Erkenntnisse liefern konnte. Wo es möglich war, haben wir daher einen (ex-post) Vergleich mit etablierten Demokratiekonzepten vorgenommen.

Eine Reihe von Dokumenten sieht grundsätzlich die Gesamtheit der Individuen als „the people" an. Sie sind „gleich geschaffen" (Dok. 2: 2; Dok. 3: 8 und 19;

Dok. 12: 24), ihnen werden individuelle Freiheit und „unveräußerliche Rechte" (Dok. 3: 5) zugestanden, „ihr eigenes Streben nach Industrie und Verbesserung zu regeln" (Dok. 1: 5), gleiche und genaue Gerechtigkeit und Freiheit (Dok. 1: 4; Dok. 2: 2, Dok. 3: 5; Dok. 8: 15). Auch wenn die Gesamtheit der Personen ursprünglich auf männliche und weiße Bürger eines Landes beschränkt war, wurde sie nach jahrzehntelangem Kampf auf Frauen und nicht weiße Personen ausgedehnt. Vergleicht man diese Ergebnisse mit den etablierten Begriffen der Demokratietheorie, so ähnelt dieser Strang sehr dem liberalen Strang der Demokratie.

Eine zweite Gruppe von Dokumenten definiert „the people" als Individuen, die einer bestimmten Gesellschaftsklasse angehören. Dabei kann es sich um die „Bauern" (Dok. 5), das Proletariat (Dok. 11) oder ein Bündnis aus Arbeiterklasse, Bauernschaft und städtischem Kleinbürgertum (Dok. 16: 12) handeln, das „eine demokratische Volksdiktatur unter Führung der Arbeiterklasse" errichtet (Dok. 16: 12). In diesem System werden „echte Freiheit und Gleichheit" verwirklicht, und „die Gleichheit der Bürger ohne Unterschied des Geschlechts, der Religion, der Rasse oder der Nationalität [...] wird sofort und in vollem Umfang verwirklicht" (Dok. 11: 24). Dieser Strang kann als eine sozialistische oder proletarische Bedeutung der Demokratie in der Tradition des marxistisch-leninistischen Denkens interpretiert werden.

Eine dritte Art von Demokratie geht aus Dokumenten hervor, die Merkmale wie einen ausgeprägten nationalen Charakter, Einheit und die Unterordnung der persönlichen Interessen unter das „Gemeinwohl" (Dok. 9: 21) als wichtige Eigenschaften des Volkes hervorheben. Diese nationalistische Vorstellung von „the people" (Dok. 7: 32) umfasst die Einheit und Verantwortung der Bürger sowie den Nutzen für die Gemeinschaft, die im Vordergrund individuellen Handelns stehen: Die Freiheit des Einzelnen darf nicht über den Interessen der Gemeinschaft stehen (Dok. 7: 34). Das Volk sollte „ein Ziel, einen Verstand, eine Richtung und eine Energie" haben (Dok. 10: 11). Einheit, Solidarität und Homogenität des Volkes haben Vorrang vor den individuellen Freiheiten und Interessen. Wir haben es hier mit kollektivistischen oder „illiberalen Demokratien" (Dok. 7: 26) zu tun.

In der weiteren Analyse zeigte sich, dass bestimmte Merkmale der Demokratie in einigen Dokumenten vorhanden waren, während sie in anderen keine Rolle spielten, sodass die Unterschiede zwischen den Modellen betont wurden. So entfaltete sich beispielsweise die Beteiligung des Volkes an der Regierung zwischen zwei Polen. Erstens die „repräsentative Regierung" (Dok. 1: 5), in der gewählte Personen Entscheidungen im Namen des Volkes treffen. Repräsentation einschließlich des Wahlrechts wird in vier Dokumenten als Grundsatz der Volksherrschaft erwähnt (Dok. 1; 5; 8; 15). In anderen Dokumenten heißt es jedoch, dass „Demokratie viel mehr bedeutet als Wählen" (Dok. 12: 23) und sich „nicht nur auf die Wahl einer Regierung beschränkt" (Dok. 10: 22). Demokratie umfasst auch die Konsultation und die direkte Beteiligung des Volkes (Dok. 1; 2; 4–7; 9; 10; 12–14) oder wird durch diese konstituiert. Es bedeutet, mit dem Volk zu sprechen (Dok. 5: 33), seinen Puls zu fühlen (Dok. 9: 5) und eine Partnerschaft mit dem Volk zu schaffen (Dok. 10: 22). Das Mittel dazu sind die Konsultation und Beteiligung der Gemeinschaft (Dok. 6: 78) beziehungsweise der Öffentlichkeit (Dok. 10: 31). Dieser partizipatorische Pol wurde auch als „nicht repräsentative Demokratie, eine reine Demokratie, die durch die direkte Beteiligung des Volkes lebt" (Dok. 5: 15) bezeichnet. Offensichtlich gibt es unterschiedliche Auffassungen von Partizipation. Während das Sprechen mit den Menschen und das Fühlen ihres Pulses auf ein eher paternalistisches Verständnis hinweisen, sind die Vorstellungen, dass die Menschen ihre eigenen Angelegenheiten diskutieren können (Dok. 14: 181) und die Menschen „diejenigen sein müssen, die dieses Projekt vorantreiben" (Dok. 6: 52), emanzipatorisch und aktivierend. Solche Nuancen sind für die spätere Formulierung eines oder mehrerer kausaler Modelle von zentraler Bedeutung.

In Abhängigkeit von der Zugehörigkeit zu „the people" wird den Menschen die Freiheit der Person, der Information und der Religion gewährt (Dok. 1–3; 8; 13; 15 und 17) und sie werden in Bezug auf ihre individuellen, wirtschaftlichen und sozialen Rechte als gleichberechtigt angesehen (Dok. 1–3; 8; 12; 13; 15 und 17) oder es wird ihnen Gleichheit ohne jegliche Diskriminierung gewährt (Dok. 13: 18). Gerechtigkeit (Dok. 3; 4; 6; 8; 13 und 15) wird häufig mit Gleichheit verbunden. Gleichheit ist daher ein weiteres Konzept des „People's government". Obwohl die Begriffe Gleichheit, Freiheit und Gerechtigkeit in zehn der siebzehn Dokumente hervorgehoben werden, fehlen sie in den anderen sieben, in denen der Gedanke der Einheit über die individuellen Rechte gestellt wird (Dok. 7: 34). Der Begriff „Abwesenheit" ist in diesem Zusammenhang heikel, da es schwierig ist zu entscheiden, ob diese absichtlich oder zufällig zustande kam. In der Grounded Theory würde man daher zurück zu den Personen gehen und sie befragen oder beobachten. Da es sich bei den meisten Redner:innen um historische Personen handelte, war dies jedoch nicht möglich. Hier wäre dann eine weitere Kontextualisierung der Reden und eine theoretische Untersuchung der von den jeweiligen Sprechern produzierten Daten erforderlich, um zu eindeutigen Befunden zu kommen. Dies ist zum einen eine spezifische Herausforderung, die sich aus der Methodik der Grounded Theory und den damit verbundenen Samplingstrategien ergibt. Aussagen beziehen sich in der Regel auf das analysierte Material, und sobald wir verallgemeinern und zu einer formaleren Theorie der Demokratie übergehen wollen, müssen solche Lücken interpretiert und geschlossen werden. Andererseits wirft dies die Frage auf, ob überhaupt eine empirisch fundierte Theorie durch die Verwendung historischer Quellen entwickelt werden kann. Unserer Ansicht nach wäre dies dann möglich, wenn genügend Material von einer Person zur Verfügung steht, sodass ein theoretisches Sampling möglich ist und mehr als ein Dokument pro Person einbezogen wird.

Sehr spannende Befunde zeigten sich auch in Bezug auf die Rolle des Rechts in einem „people's government". Recht wurde in zwölf Dokumenten (Dok. 1; 3; 5; 8–10; 12–17) als weitere Kerneigenschaft angesprochen, während sie in den anderen Dokumenten nicht ausdrücklich erwähnt wurde. Die mit Recht assoziierten Begriffe variierten stark: Rechtsstaatlichkeit (Dok. 12) und Konstitutionalismus (Dok. 1 und 12) verweisen auf die Bedeutung von rechtlichen Regelungen zur Gewährleistung der Rechte der Einzelnen: für die „gleiche und genaue Gerechtigkeit" (Dok. 1: 6) und „die Einhaltung eines ordnungsgemäßen Verfahrens" (Dok. 9: 16). Wir fanden aber auch autoritärere Vorstellungen von „Gehorsam gegenüber dem Gesetz" (Dok. 8 und 9), die auf die Möglichkeiten der Kontrolle und Unterdrückung mit und durch das Gesetz hinweisen. In dieser Perspektive hat „jeder gesetzestreue Bürger nur in einer freien und gerechten Gesellschaft Anspruch auf feste rechtliche Garantien und staatlichen Schutz" (Dok. 8: 20), und „wenn jemand aus dem Volk das Gesetz bricht, sollte auch er bestraft, eingesperrt oder sogar zum Tode verurteilt werden" (Dok. 16: 26). Darüber hinaus wird bei der Anwendung des Rechts mit zweierlei Maß gemessen, wenn „eine Kombination von Rechtsstaatlichkeit und Tugendhaftigkeit" (Dok. 14: 89) oder eine Kombination von „gesetzesbasierter Führung des Landes und regelbasierter Führung der Partei" (Dok. 14: 89) hervorgehoben werden.

Bei der Betrachtung der Bedeutung der individuellen Freiheiten einerseits und der Rechtsstaatlichkeit andererseits schien es widersprüchliche Elemente zu geben. Die individuellen Freiheiten waren von geringerer Bedeutung, da sie nicht als Kernmerkmale der Volksregierung im Allgemeinen unterstützt wurden, sondern als Einheit und Unterordnung des Einzelnen unter das Interesse der Gemeinschaft. Andererseits befürworteten fast alle Dokumente eine Variante von Rechtsstaatlichkeit, die als Wille des Gesetzes, Gehorsam gegenüber dem Gesetz oder sogar als sozialistische Rechtsstaatlichkeit (die seltsamerweise Unterschiede zwischen Parteimitgliedern und dem Volk macht) formuliert wurde. Die offene Frage ist dann, wie ein auf individueller Gleichbehandlung basierender Rechtsstaat funktionieren kann, wenn es keine Garantie für individuelle Rechte gibt oder diese dem Wohl des Kollektivs untergeordnet sind. Rechtsstaatlichkeit und Freiheit können also auf einem Kontinuum von allgemeiner bis selektiver Anwendung unterschiedliche Dinge bedeuten. Und sie scheinen nicht ohne Weiteres zusammenzugehen. Rechtsstaatlichkeit ist zwar ein allgemeines Prinzip, aber nicht unbedingt mit individuellen Rechten und Freiheiten verbunden. Einerseits bedeutet sie „gleiche und genaue Gerechtigkeit für alle Menschen" (Dok. 1: 6), andererseits wird sie mit dem Gemeinwohl und dem Wohlergehen des Volkes in Verbindung gebracht, wie z. B. der Begriff der sozialistischen Rechtsstaatlichkeit (Dok. 14: 89) hervorhebt. Rechtsstaatlichkeit dient demnach der Verwirklichung sozialistischer Gesellschaftsprinzipien und nicht den Rechten des Einzelnen, denn „eine auf Recht basierende Staatsführung ist eine wesentliche Voraussetzung und eine wichtige Garantie für den Sozialismus mit chinesischen Merkmalen" (Dok. 14: 89). Darüber hinaus ist sie keineswegs für alle gleich, denn „wir müssen weiterhin eine Kombination aus Rechtsstaatlichkeit und Tugendhaftigkeit fördern und eine auf dem Recht basierende Führung des Landes mit einer auf dem Recht basierenden Führung der Partei verbinden" (Dok. 14: 89).

Auch in Hinblick auf die Frage der Verwirklichung eines „people's government" fanden wir deutliche Unterschiede. Die beiden wichtigsten Problemkomplexe waren dabei Ungleichheit und Unterdrückung. Die Kategorie Ungleichheit wurde aus Kodierungen entwickelt, die auf eine ungleiche Verteilung und einen ungleichen Zugang zu Gütern und Dienstleistungen sowie zu Lebenschancen hinwiesen. So betonte beispielsweise Bernie Sanders die mit der Vermögens- und Einkommensungleichheit einhergehende Machtstruktur, die diese Ungleichheit stütze (Dok. 4: 30) und zur Ungleichheit der Menschen führe. Die Kategorie Ungleichheit tauchte in dreizehn Dokumenten prominent auf (Dok. 3–12; 14; 16 und 17). Demzufolge führte die Ungleichheit zu einem Mangel an Perspektiven und Möglichkeiten, die individuelle Freiheit zu verwirklichen, da den Menschen „Bildung, Erholung und die Möglichkeit, ihr Los und das ihrer Kinder zu verbessern" (Dok. 4: 5), verwehrt werden, während „oligarchische Gruppen" (Dok. 8: 10) oder „eine Handvoll superreicher Wahlkampfspender" den politischen Prozess dominierten.

Unterdrückung als Kategorie bezog sich auf verschiedene Vorstellungen von systematischer nationaler oder internationaler Unterdrückung. Solche Begriffe fanden sich in zwölf Dokumenten explizit (Dok. 1; 3; 5–7; 11–17), während sie in einem anderen Dokument (Dok. 4) implizit in Verbindung mit Ungleichheit angesprochen wurden. Auf nationaler Ebene ist die wichtigste Art der Unterdrückung die Diskriminierung und Segregation aufgrund der Rasse (Dok. 3; 13; 15 und 17), die es zu überwinden gilt, wie beispielsweise Martin Luther King betont: „Jetzt ist es an der Zeit, die Verheißungen der Demokratie zu verwirklichen. Jetzt ist es an der Zeit, aus dem dunklen und trostlosen Tal der Rassentrennung zum sonnenbeschienenen Weg der Rassengerechtigkeit aufzusteigen." In ähnlicher Weise spricht Patrice Lumumba die internationale Dimension der Diskriminierung an, wenn er zum „Kampf gegen alle inneren und äußeren Faktoren, die der Emanzipation im Wege stehen", aufruft und fordert: „Nieder mit Kolonialismus und Imperialismus! Nieder mit Rassismus und Tribalismus!" (Dok. 13: 28). Ein weiterer wichtiger Aspekt der Unterdrückung ist in der Klassenzugehörigkeit begründet (Dok. 11; 14 und 16). In seiner Argumentation für die Deutungshoheit argumentiert Lenin, dass „das Erste, was zu tun ist, um wirkliche Gleichheit und echte Demokratie für das werktätige Volk, für die Arbeiter und Bauern zu gewinnen, darin besteht, dem Kapital die Möglichkeit zu nehmen, Schriftsteller einzustellen, Verlage zu kaufen und Zeitungen zu bestechen" (Dok. 11: 12). In beiden Fällen, der rassistischen und der klassenbasierten Unterdrückung, verhindert die Unterdrückung die Entfaltung der Rechte und des Wohlergehens der Menschen. Das Gleiche gilt für den Imperialismus als internationales Äquivalent der Diskriminierung, da er den Völkern anderer Nationen fremde Herrschaft und Werte aufzwingt, die die Verwirklichung des Willens dieser Völker in wirtschaftlicher und/oder idealler Hinsicht systematisch behindern, wie in den Dokumenten 5, 6, 7, 12, 13 und 17 dargelegt wird, die alle das Aufzwingen des (neo-)liberalen Denkens und, mit Ausnahme von Dokument 7, der kapitalistischen Wirtschaft als Hauptmerkmale des Imperialismus hervorheben, die zur Ausbeutung und Unterdrückung des Willens der Völker führen.

Dies sind nur einige Beispiele aus der Analyse, die anhand des stetigen Vergleichs Kategorien und Konzepte verdichten und kontrastieren. Weitere zentrale Befunde umfassten die Notwendigkeit des Kampfes zur Überwindung der Herausforderungen, der in allen Dokumenten erwähnt wurde sowie die Revolution (Dok. 1; 3; 5; 6; 11; 14 und 16) als Strategien für die Erfüllung des Volkswillens, die Entfaltung der „wahren Demokratie" (Dok. 5; 15). Dieses Streben nach Freiheit wurde sehr oft mit religiösen Andeutungen und Begriffen verbunden und mit einem Gefühl der Mission vorgetragen (Dok. 1–5; 7; 9; 10; 12; 13 und 17). Die Befunde verweisen darauf, dass die Bedeutung von Religion beim Vergleich der Demokratiekonzepte viel stärker berücksichtigt werden müsste. Religion bietet nicht nur eine Legitimation, sondern auch Leitprinzipien für den Aufbau des „people's government". Wir fanden in allen Dokumenten Visionen oder Modelle der Demokratie, die alle stark mit den nationalen, historischen, politischen und sozialen Bedingungen und Umfeldern zusammenhingen, in denen sie entstanden. Die Kategorie „Visionen der Demokratie" fasst Konzepte und Ideen zur Weiterentwicklung der Demokratie zusammen, zu dem, was die Demokratie werden sollte, um eine echte Demokratie zu sein und den grundlegenden Vorstellungen davon zu entsprechen, was Menschen, Freiheit, Gerechtigkeit und Gleichheit bedeuten. Die Kategorie ist eng mit der Kategorie der Herausforderungen, aber auch mit den Grundsätzen des „people's government" verbunden, da die formulierten Visionen entweder Herausforderungen oder vermeintlich falsche Eigenschaften der bestehenden Herrschaft ansprechen. Einige davon entwickeln komplexe Theorien der Demokratie. Castro, Mao und Lenin (Dok. 5; 11 und 16) propagieren ein Modell der proletarischen Demokratie, in dem die Herrschaft der Massen als Herrschaft des Proletariats verstanden wird, das die große Mehrheit des Volkes darstellt. Ähnlich wie Xi befürworten sie alle eine „Demokratie, die durch die direkte Beteiligung des Volkes lebt" (Dok. 15: 5). Diese definieren sie als nicht repräsentativ, kommunal und rätebasiert. Orban (Dok. 7) bietet ein Modell der „illiberalen" Demokratie an, das auf christlichen Werten und der Unterordnung des Einzelnen unter das Gemeinwohl beruht, und Xi (Dok. 14) entwickelt die Vision einer sozialistischen Demokratie chinesischer Prägung, die eine stringente Führung durch die Kommunistische Partei sowie ständige Konsultationen und eine maßvolle Entwicklung beinhaltet. Nicht zuletzt wurde Einheit als zentrales Element der Demokratie formuliert, aber ganz unterschiedlich definiert – von der Einheit „in gemeinsamen Anstrengungen für das Gemeinwohl" (Dok. 1: 4) bis zur nationalen Einheit (Dok. 1–5; 7–10; 12–16), der Hervorhebung der Verantwortung der Bürger (Dok. 10), der Unterordnung der persönlichen Interessen (Dok. 7; 9; 10; 16) und dem Nutzen für die Gemeinschaft (Dok. 1; 7; 10). Nation und nationale Einheit sind die mit Abstand wichtigsten Merkmale der Demokratie, sodass Demokratie und Volk Begriffe mit klaren territorialen Grenzen sind. Außerdem wurde Einheit oft mit einem starken Appell zur Unterordnung unter ein gemeinsames Ziel, unter ein nationales Interesse oder eine Ideologie oder im Namen des Kampfes gegen Missstände wie Segregation, Armut oder Ungleichheit verbunden. Ohne Einheit könne die künftige Demokratie nicht erreicht werden.

Alle Kategorien und deren Gemeinsamkeiten und Unterschiede hinsichtlich der damit verbundenen Konzepte haben wir durch offenes Kodieren, Vergleiche und Konzeptionalisierung herausgearbeitet. Ein weiterer Schritt der Grounded Theory besteht darin, die Konzepte durch axiales Kodieren zueinander in Bezug zu setzen. Dabei erwies sich das Kodierparadigma als besonders hilfreich. Abb. 9 fasst dieses sehr vorläufige Kausal- und Transaktionsmodell der Demokratie zusammen, das aus dem in diesem Artikel analysierten Material abgeleitet wurde.

Die Kernkategorie ist das „people's government", das durch die Merkmale Definition des Volkes, Einbeziehung des Volkes, Freiheit, Gerechtigkeit, Gleichheit und Rechtsstaatlichkeit weiter spezifiziert werden kann. Da es notwendig ist, das Zusammenleben des Volkes zu regeln [Ursache], wird die Demokratie als „people's government" [Phänomen] eingeführt. Ihr Hauptmerkmal ist die Selbstverwaltung des Volkes, die auf unterschiedliche Weise organisiert werden kann, und zwar in den Dimensionen a) intensive bis umfassende Beteiligung des Volkes, b) einschließende bis ausschließende Definition des Volkes, c) allgemeine bis ausschließende Freiheiten und Rechte und d) allgemeine bis besondere Rechtsstaatlichkeit.

Ein „people's government" agiert in einem spezifischen historischen, kulturellen und sozialen Umfeld [Kontext] und sieht sich mit Herausforderungen wie

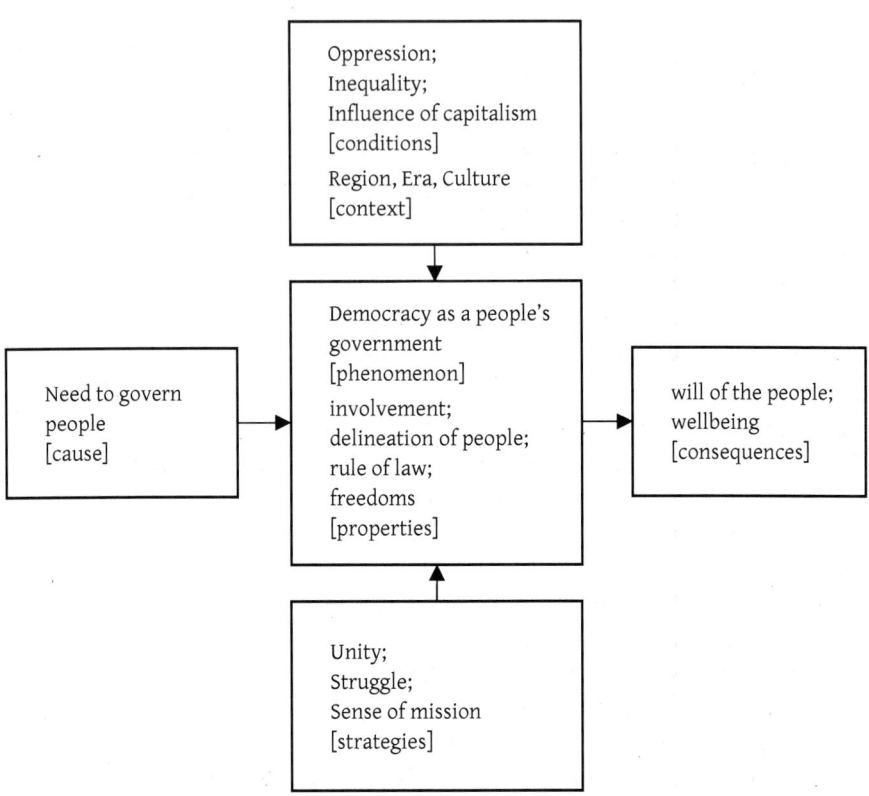

Abb. 9: Kodierparadigma der Demokratie (Quelle: eigene Darstellung).

Armut und Ungleichheit, Korruption und dem Einfluss des Kapitalismus [Bedingungen] konfrontiert, die es zu bewältigen gilt. Diesen Herausforderungen kann man begegnen, indem man gegen die Unterdrückung kämpft oder sogar eine Revolution anzettelt, indem man das Volk hinter einer „heiligen" Mission eint [Strategie]. Dies führt dazu, dass der Wille des Volkes erfüllt wird, eine bessere Zukunft und Wohlstand zu erreichen [Konsequenz].

Ergebnisse und Lessons learned

Unsere exemplarische Analyse zeigte die Potenziale der Grounded Theory für die Entwicklung einer vergleichenden Demokratietheorie. Sie ist in der Lage, Kernkonzepte und -kategorien zu identifizieren und deren Eigenschaften und Dimensionen abduktiv und induktiv zu erfassen, ohne die Analyse durch theoretisches Vorwissen über spezifische Demokratiekonzepte vorzugeben.

Eine besondere Herausforderung war der Umgang mit dem theoretischen Wissen, das wir als Politikwissenschaftler:innen mit in die Analyse nahmen. So brauchten wir ein gewisses Vorwissen darüber, dass ein politisches System namens Demokratie existiert und dieses von Theoretikern, Politikern und Laien unterschiedlich definiert und bewertet wurde, um Material für die Analyse auszuwählen. Diese Art von Vorwissen mussten wir kontrollieren, um den Daten keine theoretischen Kategorien aufzuzwingen. Vielmehr diente es uns ganz im Sinne der konstruktivistischen Grounded Theory der Interpretation der Ergebnisse sowie dem systematischen Vergleich der Analyseergebnisse mit bereits bestehenden Konzepten. Allgemeiner ausgedrückt ist der Dualismus zwischen der „Entdeckung theoretischer Kategorien und Aussagen aus den empirischen Daten und dem Rückgriff auf bereits bestehende theoretische Konzepte bei der Datenanalyse" (Kelle 2007: 134) für die Analyse von Demokratiekonzepten und die Entwicklung einer fundierten vergleichenden Demokratietheorie von großer Bedeutung. Wenn wir dem Datenmaterial keine theoretischen Kategorien aufzwingen wollen, müssen wir unser theoretisches Wissen kontrollieren und suspendieren. Andererseits müssen wir, um „Parochialismus" zu vermeiden, bestehende Literatur überprüfen und die Befunde mit ihr vergleichen.

Eng damit verbunden ist das Problem, bei der Konzeptbildung offen zu bleiben: Eine Grounded Theory der Demokratie muss offen sein und Kategorien aus den Daten entstehen lassen. Kelle argumentiert, dass theoretische Konzepte mit geringem empirischem Gehalt für die Entwicklung einer Grounded Theory nützlich sein können (Kelle 2007: 147). Demokratie ist ein solches Konzept mit geringem empirischem Gehalt, wenn man den Begriff der Demokratie als ein im Wesentlichen umstrittenes Konzept betrachtet (Gallie 1956). Dann können wir den Begriff verwenden, um Daten und Phänomene zu identifizieren, die wir dann analysieren können, um das Konzept mit empirischen Erkenntnissen, Konzepten und Kategorien zu füllen. So gibt es beispielsweise eine auffällige, aber nicht überraschende Überschneidung zwischen den Ergebnissen der Grounded-Theory-Analyse in Bezug auf die Rolle des „Volkes" in der Demokratie und der Demokratietheorie sowie dem theoretischen Vorwissen über Demokratie. Zwei Gründe sprechen daher für die Notwendigkeit einer theoretischen Fundierung. Erstens zeigt es, dass die Kernkategorie „das Volk" sowohl empirisch als auch theoretisch Bestand hat. Zweitens trägt sie wesentlich dazu bei zu verstehen, wer „das Volk" ist und welche Rolle die spezifische Definition des „Volkes" für das Verständnis der jeweiligen Konzepte und Theorien der Demokratie spielt. Wenn wir z. B. eine integrative Vorstellung vom „Volk" haben, führt dies zu einem anderen Konzept als das, das auf einer klassenbasierten oder ethnisch begründeten Vorstellung vom „Volk" beruht. Ein weiterer Mehrwert der Anwendung der Grounded Theory liegt also darin, diese Unterschiede zu erfassen, sie systematisch mit anderen Katego-rien und Konzepten in Beziehung zu setzen und die durch induktive Analyse ent-wickelten Kausalmodelle der Demokratie zu vergleichen.

Das systematische und permanente Vergleichen ist ein zentrales Element der Konzeptbildung. Unsere Analyse legt dar, dass es eine radiale Typologie der De-mokratie geben kann, deren Kern das Konzept „people's government" ist. Subty-pen der Demokratie ergeben sich dann entlang der Dimensionen intensive bis umfassende Beteiligung des Volkes, inklusive bis exklusive Definition des Volkes, allgemeine bis exklusive Freiheiten und Rechte sowie universelle versus partiku-lare Rechtsstaatlichkeit. Problematisch am permanenten Vergleich ist jedoch die Verarbeitungskapazität. Das Hin- und Herwechseln zwischen Codes, Konzepten und Kategorien während der Datenanalyse ist eine umfassende Prozedur, die schon bei kleinen Datenmengen eine Vielzahl von Codes hervorbringt, die vergli-chen, verdichtet und in Konzepte und Kategorien umformuliert werden müssen. Aus den mehr als 1.500 Kodierungen in den von uns analysierten Dokumenten wurden schließlich die Kernkategorie „people's government" (333 Kodierungen) und sieben weitere Kategorien gebildet: „Visionen der Demokratie" (629 Kodie-rungen), „Herausforderungen für die Demokratie" (289), „Revolution" (50), „Kampf" (108), „religiöse Dimension" (58), „individuelle Eigenschaften" (36) und „sozialistisch" (24). Zu jeder dieser Kategorien gehörten wiederum einige Unter-kategorien. Allein die Kernkategorie „people's government" umfasste sechzehn Unterkategorien, von denen die meisten wiederum Unterkategorien mit mehre-ren In-vivo-Codes enthielten. Aus einer relativ kleinen Datenmenge ergibt sich also ein komplexes System von Kategorien, die in die Theorie integriert werden müssen. Außerdem ist eine systematische axiale Kodierung der Konzepte erfor-derlich, die manchmal nicht zu zufriedenstellenden Dimensionen führt, und nicht alle Kategorien wurden in das endgültige Demokratiemodell aufgenommen.

Ein weiteres Problem der Begriffsbildung ergibt sich aus der Natur der Groun-ded Theory als „transaktionales System" (Strauss und Corbin 1990: 159). Sie er-möglicht es, ein dynamisches Element der Demokratie einzubeziehen, da sie in-teraktive und miteinander verknüpfte Ebenen von Bedingungen, Ursachen und Kontexten umfasst, in denen Handlungen stattfinden und die Demokratie erleich-tern oder einschränken. Eine Analyse von Demokratieverständnissen bedeutet dann zu untersuchen, wie die Menschen die Art und Weise beschreiben, nach der sie regiert werden oder wie sie unter den Bedingungen der Demokratie regiert werden wollen. Diese Sichtweise ist insofern problematisch, als wir dann die dar-aus resultierende Theorie der Demokratie als eine Interaktionstheorie fassen müssen, eine Theorie des „doing democracy". Und zwar nicht im klassischen Sinne einer „gelebten Demokratie", sondern eher im Sinne einer Konstruktion der wahrgenommenen Realität der Demokratie. Dies würde es uns ermöglichen, verschiedene Bedeutungen von Demokratie zu sammeln, zu vergleichen und Gemeinsamkeiten und Unterschiede zu finden. Und es kann auch eine normativ begründete Theorie (vgl. Ackerly 2018 für eine Diskussion des Begriffs) der Demokratie formuliert werden, wenn wir die Ursachen, Phänomene und Folgen des Regierens von Menschen einbeziehen. Wie Menschen sie bewerten, würde eine normative Begründung ermöglichen, ohne dass wir von vorgängigen Prinzipien ausgehen müssen.

Die Offenheit für Daten aus den unterschiedlichsten Quellen ist eine weitere Stärke der Grounded Theory. Es kann Material mit beliebigem historischem, regionalem, kulturellem und sozialem Hintergrund in eine vergleichende Analyse einbezogen werden. Die Materialien werden gleichwertig behandelt, da sich die Konzepte und Kategorien ausschließlich aus dem Material ergeben. Die Konzepte repräsentierten eine breite Palette verschiedener Demokratiemodelle.

Aber was wäre passiert, wenn wir nur Texte von marxistisch-leninistischen Denkern ausgewählt hätten? Das Bild wäre vielleicht ein anderes gewesen. Dies führt zu der Frage der Datenauswahl. Strauss und Corbin (1990: 181) plädieren für eine Fallauswahl, die es dem Forscher ermöglicht, so viele potenziell relevante Kategorien wie möglich mitsamt ihren Eigenschaften und Dimensionen aufzudecken (offenes Kodieren), und für eine Strategie des theoretischen Samplings beim axialen und selektiven Kodieren. Da eine theoretische Sättigung erreicht ist, wenn a) aus den Daten keine neuen oder relevanten Daten zu einer Kategorie hervorzugehen scheinen und b) ein dichtes System von Kategorien entwickelt und in das Paradigmenmodell integriert ist, ist eine systematische Variation und Erweiterung der Daten angezeigt, wenn wir eine allgemeinere oder formale Grounded Theory der Demokratie entwickeln wollen. Charmaz (2014) weist auf die Möglichkeit hin, sogenannte existierende Dokumente auszuwählen, die nicht für die Forschung produziert, sondern von Forschern nach den Prinzipien der Authentizität, Glaubwürdigkeit, Repräsentativität und Bedeutung ausgewählt werden (Scott 1990: 6). Dazu können und sollten dann auch Schriften von Philosophen und Wissenschaftlern gehören. Für eine vergleichende Demokratietheorie würde dies eine breite und vielfältige Auswahl an Material bedeuten, einschließlich wissenschaftlicher Schriften, um eine maximale Varianz in den Daten und eine größere Dichte und Formalität in der Analyse zu erreichen. Ein solches Vorgehen zur Formulierung einer formalen Theorie der Demokratie im Sinne der Grounded Theory ist ressourcenintensiv und kann hochkomplexe Ergebnisse hervorbringen. Aber niemand hat je behauptet, dass die Entwicklung einer Theorie eine einfache Aufgabe ist oder dass eine zu starke Vereinfachung eine notwendige Voraussetzung für wissenschaftliche Erkenntnisse sei.

13 Qualitative Inhaltsanalyse

Die qualitative Inhaltsanalyse gehört wie die Grounded Theory zu den kategorisierenden, kodierenden und typenbildenden Verfahren der qualitativen Datenauswertung. Sie analysiert Texte hinsichtlich ihrer formalen und inhaltlichen Eigenschaften. Da rein deduktive und deskriptive Vorgehensweisen bei der Analyse von Texten an ihre Grenzen stoßen und Sinnstrukturen vernachlässigen, werden bei der qualitativen Inhaltsanalyse auch Sinnstrukturen analysiert.

Mit qualitativen Inhaltsanalysen lassen sich Fragen wie „Was wird gesagt? Welche Argumentationsmuster lassen sich in Texten erkennen? Lassen sich Themen, Argumente, Aussagen in Texten finden? Wie können Aussagen zusammengefasst und strukturiert werden? Können Typen gebildet werden?" beantworten. Darüber hinaus ist die Methode im Kontext anderer qualitativer Analyseperspektiven, z. B. in der Framing- oder Diskursanalyse, der Phänomenologie und auch der Hermeneutik, gut als Hilfsmethode anwendbar und für weitere Fragestellungen geeignet. Dazu kann sie relativ flexibel variiert werden, wie auch das folgende Fallbeispiel zeigt

Im Unterschied zur Hermeneutik geschieht dies jedoch nicht sequenzanalytisch, sondern kategorisierend. Die qualitative Inhaltsanalyse fasst ein Bündel an Verfahrensweisen zur systematischen Textanalyse zusammen, welche die Vorteile quantitativer Inhaltsanalyse (z. B. computergestützte Verfahren) auf qualitativ-interpretative Auswertungsschritte übertragen sollen. Das Material wird in ein Kommunikationsmodell eingeordnet, einem Ablaufmodell folgend in Analyseeinheiten zerlegt und schrittweise bearbeitet.

Im Unterschied zur Grounded Theory, bei der die Kategorien ausschließlich aus dem Material heraus gebildet werden, können Analysekategorien bei der qualitativen Inhaltsanalyse induktiv oder deduktiv gebildet und begründet sowie im Forschungsprozess deduktiv verwendet werden. Meist wird in der Analyse eine Kombination von deduktivem und induktivem Vorgehen gewählt, bei der Hauptkategorien deduktiv aus der Forschungsfrage entwickelt werden und dann in der Analyse selbst in Unterkategorien ausdifferenziert werden. So kann für eine Forschungsfrage beispielsweise die Kategorie „Demokratie" von zentraler Bedeutung sein. Das Textmaterial wird also auf Textstellen hin durchsucht, die sich auf Demokratie beziehen. Die unterschiedlichen Fundstellen können dann zur Verfeinerung der Aussagen über Demokratie weiter kategorisiert werden (z. B. direkte

Demokratie, repräsentative Demokratie usw.). Aufgrund dieser Flexibilität kommt die qualitative Inhaltsanalyse nicht nur als eigenständige Analysemethode, sondern auch als sogenannte Hilfsmethode, etwa bei Diskurs- und Framing-Analysen, zum Einsatz. Ein Kernelement beim Kodieren ist die genaue Definition von Kodierregeln und Ankerbeispielen für die jeweiligen Kategorien. Darauf basieren die intersubjektive Nachvollziehbarkeit und Vergleichbarkeit der Forschungsergebnisse.

Qualitative Inhaltsanalysen sind als Methode sehr detailliert ausgearbeitet. Dies ermöglicht nicht nur den relativ einfachen Zugriff auf die eigentlichen Techniken der Inhaltsanalyse, sondern auch eine hohe Transparenz der Vorgehensweise bei gleichzeitig überschaubarem Dokumentationsaufwand. Ein sehr anschauliches Modell stellt etwa Mayring (2015; vgl. alternativ Kuckartz 2018) vor. Qualitative Inhaltsanalyse analysiert systematisch fixierte Kommunikation und geht dabei regelgeleitet und theoriegeleitet vor, um aus dem Text Rückschlüsse auf Eigenschaften oder Ereignisse ziehen zu können. Das geschieht durch Kodieren und Kategorienbildung. Dazu muss zunächst einmal definiert werden, was der kleinste (Kodiereinheit) und größte (Kontexteinheit) Materialbestandteil ist, der mit einem Code versehen werden kann, also beispielsweise nur ein einzelnes Wort oder ein ganzer Text. Für die eigentliche Analyse schlägt Mayring drei Verfahren vor, die einzeln, meist aber in Kombination eingesetzt werden: zusammenfassendes, explikatives und strukturierendes Interpretieren.

Die zusammenfassende Inhaltsanalyse dient der Reduktion des Materials, sodass die zentralen Inhalte erhalten bleiben, aber zu einem überschaubaren Kurztext zusammengefasst sind. Dabei wird unterschieden zwischen aufsteigenden (textgeleiteten, induktiven) und absteigenden (schemageleiteten, deduktiven) Formen der Textverarbeitung. Zur Zusammenfassung dienen das Auslassen nicht relevanter Textstellen, das Generalisieren, Konstruieren, Integrieren, Selegieren und Bündeln.

Die explikative Inhaltsanalyse reduziert das Material nicht, sondern verwendet zusätzliches Material, um interpretationsbedürftige Textstellen zu erklären, verständlich zu machen, zu erläutern. Der Grundgedanke dabei ist, dass genau definiert wird, was an zusätzlichem Material zur Erklärung der Textstelle zugelassen wird. Denn genau diese Auswahl entscheidet über die Güte der Explikation – es geht also um das systematische, kontrollierte Sammeln von Material. Dabei unterscheidet Mayring zwischen einem engen Kontext und einem weiten Kontext des Materials. Der enge Kontext ist das direkte Textumfeld, der weite Kontext sind Informationen, die über den eigentlich zu untersuchenden Text hinausgehen, wie z. B. zum Entstehungskontext.

Die strukturierende Inhaltsanalyse soll aus dem Material bestimmte Strukturen herausfiltern. Dabei handelt es sich bei Mayring nicht notwendigerweise um unmittelbar textimmanente Strukturen, denn eine Struktur kann auch durch ein Kategoriensystem an das Material herangetragen werden. Dies ist ein zentraler Unterschied zur Grounded Theory, denn das Kategoriensystem ist in einem solchen Fall theoriegeleitet und eben nicht aus den Daten heraus entwickelt. Zudem muss genau festgelegt werden, unter welchen Bedingungen ein Materialteil unter eine Kategorie fällt. Mayring empfiehlt dabei drei Schritte:

–   Definition der Kategorien.
–   Ankerbeispiele: Es werden konkrete Textstellen angeführt, die unter eine Kategorie fallen und als Beispiele für diese Kategorie gelten.
–   Kodierregeln: Bei Abgrenzungsproblemen werden Regeln formuliert, die eine eindeutige Zuordnung ermöglichen.

Dabei ist es unabdinglich, die Kategorien, Definitionen, Ankerbeispiele und Kodierregeln in einem Probedurchlauf zu testen. Meist ist eine Überarbeitung notwendig, bevor der eigentliche Materialdurchlauf beginnt.

Die Inhaltsanalyse kann grundsätzlich in allen Feldern der Politikwissenschaft zum Einsatz kommen. Vorzüge liegen unter anderem darin, dass es sich um ein nicht reaktives Verfahren handelt, das sich für die Analyse öffentlicher Kommunikation in den Medien ebenso wie für die Analyse von politischen Dokumenten und Materialien sehr gut eignet. Eine weitere Stärke der qualitativen Inhaltsanalyse liegt in der hohen Verarbeitungskapazität. Auch die systematische, regelgeleitete Vorgehensweise bringt Vorteile mit sich. Wenn allerdings die Systematik von Gegenstand oder Fragestellung her nicht angemessen erscheint, müssen offenere Verfahren wie die Hermeneutik oder die Grounded Theory gewählt werden. Und trotz aller Regeln und Systematik muss eine Inhaltsanalyse immer auch auf den konkreten Forschungsgegenstand ausgerichtet sein.

Durch die Entwicklung und den Einsatz von Analysesoftware wie MAXQDA, NVIVO oder Atlas.ti konnte die Verarbeitungskapazität qualitativer Inhaltsanalyse noch einmal deutlich gesteigert und das Arbeiten in Teams erleichtert werden. Alle Programme ermöglichen eine einfache Kodierung, Strukturierung, Analyse und Visualisierung in meist intuitiver Weise und bieten Tutorials an, sodass auch Einsteiger:innen damit arbeiten können.

14 Qualitative Inhaltsanalyse: Demokratieverständnisse von Bürger:innen

Rolf Frankenberger und Daniel Buhr

Im Rahmen des „Demokratie-Monitoring Baden-Württemberg" 2013/2014 (vgl. Baden-Württemberg Stiftung 2015) und 2016/2017 (vgl. Baden-Württemberg Stiftung 2019) habe ich gemeinsam mit Daniel Buhr und Josef Schmid (Frankenberger et al. 2015) sowie Daniel Buhr und Tim Gensheimer (Buhr et al. 2019; Gensheimer und Frankenberger 2019; Gensheimer et al. 2019; Frankenberger et al. 2019) zwei Studien zu politischen Lebenswelten und Demokratieverständnissen durchgeführt.

Ausgangspunkt der Studien war der Befund, dass politische Beteiligung fragmentiert und im Wesentlichen ein Mittel- und Oberschichtenphänomen ist (vgl. etwa van Deth 2009). Das ist nicht zuletzt das Resultat einer Entwicklung der letzten Jahrzehnte, die auch das kulturell heterogene Baden-Württemberg (vgl. z. B. Wehling 2002) betrifft: die Postmodernisierung der Alltagswelt (vgl. Ueltzhöffer 1999; Featherstone 1991; Inglehart 1998). Sie fragmentiert das Gemeinwesen und die Bezugspunkte gesellschaftlicher Einbindung und Erfahrung in nie gekanntem Ausmaß. Die so entstehenden heterogenen Lebenswelten haben Auswirkungen auf Politik, Demokratiebewertung und Beteiligungsformen. Unser Ansatz war, dass die Gründe für (die unterschiedliche Art von) politischer Partizipation auf den unterschiedlichen Erfahrungen in den Lebenswelten (Schütz und Luckmann 2003) basieren. Lebensweltanalysen legen aufgrund ihrer Komplexität ein qualitatives Vorgehen nahe, bei dem die Besonderheiten der jeweiligen Typen erfasst und verstanden werden sollen. In unserer ersten Studie haben wir daher in zwei Befragungswellen im Jahr 2014 episodische, leitfadengestützte Interviews mit 275 Bürgerinnen und Bürgern Baden-Württembergs zur Datenerhebung verwendet. Die Interviews wurden aufgezeichnet, transkribiert und anhand einer qualitativen Inhaltsanalyse (Mayring 2003; Hopf et al. 1995; Hopf und Hopf 1997) analysiert. Dabei haben wir erstens untersucht, welche lebensweltlichen Bezüge und Muster relevant sind für die Sozialisation kulturalisierter Interessen, Orientierungs- und Handlungsmuster. Zweitens haben wir danach gefragt, welche Demokratie- und Politikverständnisse die Befragten haben und welche Auswirkungen drittens die lebensweltlichen Bezüge, Demokratie- und Politikverständnisse auf die Bewertung der Demokratie und die politische Beteiligung haben. Wir konnten insgesamt sieben Lebenswelten identifizieren, die sich beispielsweise von der Einteilung in soziale Milieus deutlich unterscheiden. Unpolitische und Distanzierte bilden die politikfernen Lebenswelten. Gemeinwohlorientierte, Elektorale und Macher sind drei zentrale delegative Lebenswelten. Mitgestalter und Mitbestimmer konstituieren die partizipatorischen Lebenswelten. In der Folgestudie 2015/ 2016 überprüften wir das Modell. Dabei konnten wir die Grundstruktur replizieren und ausdifferenzieren. Aufgrund der gezielten Rekrutierung von mit dem politischen System unzufriedenen Bürger:innen konnten wir anhand der 109 auf einem weitgehend identischen Interviewleitfaden durchgeführten Interviews die Lebenswelten in kritisch-aversive, zufriedene und kritisch-affirmative unterteilen. Die elektorale Lebenswelt wurde in elektorale und tregulative Typen unterteilt, und wir haben das Modell um eine populistisch-gouvernementale Lebenswelt erweitert. Diese Lebenswelt ist nicht politikfern, aber systemkritisch bis systemfeindlich.

Erkenntnisinteresse und Fragestellung

In unserer Studie war das Erkenntnisinteresse vor allem auf die lebensweltlichen Bezüge und deren Bedeutung für die Sozialisation kulturalisierter Interessen, Orientierungs- und Handlungsmuster gerichtet. Wir fragten also danach, welche Auswirkungen diese Lebenswelten auf Demokratie, Demokratiebewertung und Beteiligungsformen sowie soziales und politisches Vertrauen haben.

Angesichts der Heterogenität der Lebenswelten hängt das Erlernen von Demokratie vor allem von ihrer konkreten Ausgestaltung ab. Lebenswelt ist daher die zentrale Kategorie, um die subjektive Dimension politischer Wirklichkeit zu erfassen (vgl. Elias 1978). Die Erforschung der alltäglichen Lebenswelt hat, vermittelt über Alltagsästhetik und Lebensstil-Konzepte, Eingang gefunden in quantitative und qualitative Analysemodelle der Markt- und Konsumforschung (vgl. etwa Ueltzhöffer 1999; Flaig et al. 1994). Diese Modelle sind jedoch aufgrund der fehlenden intersubjektiven Nachvollziehbarkeit in der empirischen Konstruktion für wissenschaftliche Analysen nur bedingt geeignet. Im Gegensatz dazu gibt es abgesehen von einigen wenigen Ausnahmen (etwa Berking und Neckel 1987; Dettling 1995; Hitzler 1997) kaum systematische politikwissenschaftliche Forschung, obwohl die Lebenswelt als zentraler Ort des Erwerbs politischer Wissensvorräte (Hitzler 1997: 115) gelten kann und aufgrund der gesellschaftlichen Pluralisierung und des damit verbundenen Auseinanderdriftens von Interessenlagen mehr und mehr an Bedeutung gewinnt. Diese Forschungslücke wollten wir mit unserem Projekt bearbeiten und haben folgende Leitfragen formuliert:

1. Welche Lebenswelten lassen sich identifizieren?
2. Welche Themen und Bezüge sind in diesen Alltagswelten relevant; welche Politikfelder und Dimensionen der Politik sind von Bedeutung?
3. Wie wirken sich die lebensweltlichen Bezüge auf Art und Umfang politischer Beteiligung aus?
4. Welchen Einfluss hat die jeweilige Lebenswelt auf die Beurteilung der Demokratie?

In Kombination mit dem für das Demokratiemonitoring formulierten Erkenntnisinteresse (vgl. Fuchs 2015) zur Krise der liberalen Demokratie leistet die lebensweltliche Studie aus einer explorativen analytisch-induktiven Perspektive einen vertiefenden Beitrag zur Beantwortung folgender Fragestellungen:

— Welches Verständnis von Demokratie liegt vor? Und welche Bedeutung kommt dabei lebensweltlichen Bezügen und Wissensvorräten als Determinanten des Demokratieverständnisses zu?
— Welchen Stellenwert haben diesem Verständnis zufolge Formen der direkten Beteiligung? Welche Beteiligungsformen sind aufgrund von lebensweltlich geprägtem politischem Orientierungs- und Erfolgswissen bekannt und werden als relevant/erfolgversprechend wahrgenommen?
— Welche Auswirkungen hat das Defizit direkter Beteiligungsformen auf die subjektive Legitimität des Regimes und welche Auswirkungen könnte die Institutionalisierung stärkerer direkter Beteiligung der Bürger auf die subjektive Legitimität haben? Welche Akzeptanzmuster sind gegeben und wie sind diese Muster in der Alltagswelt verankert?
— Wer unter den Bürgern hat den Wunsch nach einer stärkeren politischen Beteiligung? Wie entstehen Beteiligungswünsche und wie sind sie lebensweltlich verankert?
— Wie soll aus der Sicht der Bürger dieser Beteiligungswunsch umgesetzt werden? Wo wurzeln die Beteiligungswünsche und wie können Bürger, vermittelt über eine zu ihrer Lebenswelt passende Ansprache, eingebunden werden?

Bedeutung von Theorien und Konzepten

Den theoretischen Hintergrund bildeten mehrere Ansätze. Erstens stand die Studie in der demokratietheoretischen Tradition der partizipativen Demokratie, die davon ausgeht, dass Demokratie von der Beteiligung ihrer Bürger:innen lebt (vgl. Etzioni 1968; Verba und Nie 1972; Kaase und Marsh 1979; Barber 1984; Beetham 1994). In dieser Tradition ist „Regieren durch Mitwirkung und Regieren durch Diskussion" (Schmidt 2000: 252) ein zentrales Stichwort der Analyse demokratischer Prozesse und Strukturen. Und es stellt sich die Frage nach den Determinanten von Beteiligung und Demokratiebewertung. Eine Reihe von Befunden zu den Eigenschaften des politischen Systems, den Positionen von Personen in der Gesellschaft und politischen Einstellungen als Determinanten von Partizipation zeigen: Beteiligung ist fragmentiert und im Wesentlichen ein Mittel- und Oberschichtenphänomen (vgl. etwa van Deth 2009). Die Postmodernisierung der Alltagswelt (vgl. Ueltzhöffer 1999; Featherstone 1991; Frankenberger 2007; Inglehart 1998) befördert die Auflösung tradierter Lebenswelten und Vervielfältigung von Lebensentwürfen, sie fragmentiert das Gemeinwesen und die Bezugspunkte gesellschaftlicher Einbindung und Erfahrung in nie gekanntem Ausmaß. Die so entstehenden heterogenen Lebenswelten haben Auswirkungen auch und gerade auf Politik, Demokratiebewertung und Beteiligungsformen.

Ein zweiter theoretischer Ansatz, der für unsere Studie zentral war, ist die politische Kulturforschung. Gabriel Almond und Sydney Verba definierten in ihrer Studie zur „Civic Culture" (Almond und Verba 1963) politische Kultur noch sehr eng als Gesamtheit von Internalisierungen des politischen Systems in der Wahrnehmung, emotionalen Bezogenheit und Bewertung durch die Individuen einer Gesellschaft (Almond und Verba 1963: 14). Karl Rohe (1994a: 1) definierte politische Kultur breiter als umfassende kognitive und normative Landkarte der politischen Welt. Damit wird die politische Kultur zum zentralen Faktor für den Status der Demokratie. Gerade in systemtheoretischer Tradition wird dabei auf ihre wichtige Rolle für die Stabilität des politischen Systems verwiesen. Denn nur wenn demokratische Werte und Normen in der Bevölkerung verankert sind und ein Mindestmaß an Zufriedenheit mit den Institutionen, Verfahren und Ergebnissen demokratischer Politik existiert, kann ein demokratisches politisches System überdauern (vgl. Easton 1965; 1975; 1976; Dalton 2008). Dies ist, wie zahlreiche Studien zeigen, in Deutschland zwar weitreichend gegeben, aber dennoch treibt die Frage nach Qualitätsunterschieden zwischen Demokratien die Forschung um. Hier spielen auch und gerade die kulturellen Bezüge und Wertemuster eine wichtige Rolle (vgl. Lane und Wagschal 2012; Putnam 2007; Welzel et al. 2005; Newton 1997). Studien zum Wertewandel verweisen auf massive Verschiebungen der Wertepräferenzen in den Bevölkerungen westlicher Industrienationen, die als „postmoderne Verschiebung" gefasst wurde und im Wesentlichen zu einer Autonomie der Individuen gegenüber Autoritäten und Traditionen (Inglehart 1998: 112) und einem Bedeutungsverlust von Pflicht- und Akzeptanzwerten bei einem gleichzeitigen Bedeutungszuwachs von Selbstentfaltungswerten führte (Klages 1993; 2001; Klages und Gensicke 1999). Das Ergebnis ist die Individualisierung und Pluralisierung von Lebensstilen (Hepp 1996: 4). Für die partizipatorische Demokratie birgt dies Herausforderungen, denn demokratisches Handeln basiert auf Vertrauen und sozialem Kapital (vgl. Putnam 1995: 664). Er definiert soziales Kapital im Sinne von moralischen Verpflichtungen und Normen generalisierbarer Reziprozität. Dieses soziale Kapital ist die Grundlage für ein gut funktionierendes ökonomisches System sowie für politische Integration (vgl. Putnam 1993; 2007; zur Diskussion etwa Grix 2001; Portes 1998; Rothstein und Uslander 2005). Der Nukleus sozialen Kapitals liegt jedoch in der sich zunehmend fragmentierenden Ebene der Lebenswelten.

Vor diesem theoretischen Hintergrund ergibt sich ein methodologisches Problem: Die Determinanten von Identitätskonstruktion und Lebensvollzug und ihre Bedeutung für politische Partizipation können durch surveybasierte Studien zur politischen Kultur und zum (politischen) Wertewandel nur begrenzt beantwortet werden (vgl. Rohe 1994a). Während Analysen zu Putnam'schen Dimensionen des Vertrauens etwa auf der Basis der Daten des World Value Surveys (vgl. Welzel et al. 2005; Delhey und Welzel 2012) oder des European Social Survey (Hooghe und Marien 2013; Uslander 2008) existieren, werden deren Grundlagen kaum hinterfragt.

Um dieser Problematik zu begegnen und den sozialen Charakter von individuell internalisierter Kultur und Handlungsrationalität zu erfassen, haben wir den alltäglichen sozialen Kontext der Individuen als dritten theoretischen Ansatz in das Zentrum der Analyse gestellt: die Lebenswelt (Schütz und Luckmann 2003). Dieser wählt eine dezidiert qualitative und verstehende, phänomenologische Herangehensweise an die alltägliche Lebenswelt und umgeht damit die Probleme quantitativ-standardisierter Survey-Forschung.

Die alltägliche Lebenswelt stellt den Erfahrungshorizont dar, in dem ein spezifischer Wissensvorrat zur Verfügung gestellt und die Relevanz von Themen und Wissensbereichen determiniert wird. In dieser Wirklichkeitsregion (Schütz und Luckmann 2003) entwickeln die Bürgerinnen und Bürger ihre Interessen, Vorlieben und Handlungsstrategien, denn „es ist klar, dass ein normaler Erwachsener seine Interessen und Vorlieben [...] nicht als ungeschichtlicher Einzelmensch, sondern als Mitglied einer historischen Gesellschaft erworben hat" (Schütz und Luckmann 2003: 506). Interessen – und insbesondere politische Interessen – sind demzufolge immer *kulturalisierte* Interessen. Sie sind geprägt durch die lebensweltlichen Erfahrungshorizonte, Argumentationsmuster und Lebensvollzüge in der alltäglichen Lebenswelt. Die lebensweltlichen Erfahrungen bestimmen und leiten dabei das Handeln. Denn sie liefern den Erfahrungshorizont, Realitäts- und Sinnbereich, in dem ein spezifischer Wissensvorrat bereitgestellt wird. Dieser interindividuell vermittelte subjektive Wissensvorrat ist dabei gesellschaftlich bedingt und stellt die Wirklichkeit dar, „die wir durch unsere Handlungen modifizieren und die andererseits unsere Handlungen modifiziert" (Schütz und Luckmann 2003: 33). Handeln kann in diesem Kontext als „das Vollziehen bzw. Einholen einer vorentworfenen Erfahrung" (Hitzler 1997: 115) verstanden werden, das unmittelbar in dem Erfahrenen innerhalb der jeweiligen Lebenswelt wurzelt. So unterscheidet Hitzler (1997) etwa politisches Orientierungs- und Erfolgswissen, das dann abhängig von der jeweiligen Lebenswelt in „sozialen Lernprozessen" erworben wird und sowohl für die Orientierung im politischen Feld (Bourdieu 2001) als auch für die Formulierung von Handlungsoptionen sowie deren tatsächliche Realisierung(-schancen) im politischen Handeln zentral ist. Für die Entwicklung dieser Wissensvorräte und Handlungskonzepte sind demnach insbesondere die Orte politischer Sozialisation und die direkten Kommunikationsbezüge von besonderer Bedeutung. Sie bilden einerseits die „Welt in aktueller Reichweite" (Schütz und Luckmann 2003: 71 f.) und andererseits die Realitätsbereiche, aus denen die „Welt in potentieller Reichweite" konstituiert wird (Schütz und Luckmann 2003: 72 f.), denn der Wissensvorrat und damit die zur Verfügung stehenden Wahrnehmungs- und Interpretationsmuster sind biografisch geprägt (Schütz und Luckmann 2003: 163). Damit scheint es für die Ausgestaltung politischer Lebenswelten bedeutend zu sein, mit wem die Befragten über Politik sprechen, wessen Meinungen und Ansichten sie für die persönliche Meinungsbildung heranziehen und welche persönlichen sozialisatorischen Bezüge sie als relevant erachten. In Summe bietet sich hier also eine mögliche Erklärungsperspektive für verschiedene Einschätzungen, Handlungsentwürfe und Erfolgschancen politischen Handelns als alle „Aktivitäten von Bürgern mit dem Ziel, politische Entscheidungen zu beeinflussen", an (van Deth 2009: 141).

Der lebensweltliche Bezug der vorliegenden Studie knüpft dabei an wichtige Vorarbeiten bekannter Milieustudien an, wie sie beispielsweise die SINUS- und SIGMA-Institute seit vielen Jahren kommerziell für verschiedene Unternehmen und Organisationen durchführen. Auch diese Milieuanalysen gehen davon aus, dass die Lebenswelten immer heterogener werden und sich durch Milieubildungen gleichzeitig neu formieren. Diese Milieus und Weiterentwicklungen obiger Ansätze werden seit Jahren in den Sozialwissenschaften und in der Jugendforschung eingesetzt, um lebensweltliche Gemeinsamkeiten und Handlungsorientierungen aufzuspüren. Das große Manko dieser Ansätze besteht jedoch in ihrer Intransparenz. Eben weil die genannten Institute kommerziell operieren, stellen die Erhebungs-, Auswertungs- und Analysemethoden und deren Segmentierung sowie Formulierung in entsprechende Milieus den zentralen Bestandteil des jeweiligen Geschäftsmodells dar. Daher unterliegt das Vorgehen einer gewissen Geheimhaltung und ist dementsprechend nur schwer intersubjektiv nachvollziehbar.

Methoden der Datenerhebung

Um eine möglichst offene Herangehensweise in der Analyse von Lebenswelten zu gewährleisten und gleichzeitig dem Erkenntnisinteresse und der theoretischen Fundierung der Studie Rechnung zu tragen, entwickelten und erprobten wir einen Interviewleitfaden für explorative Interviews. Nach Transkription, Auswertung, kritischer Reflexion und Analyse haben wir den Leitfaden überarbeitet und in weiteren Interviews verwendet.

Als Erhebungsmethode verwendeten wir mit dem episodischen Interview eine Form des qualitativen Interviews. Das qualitative Interview ermöglicht es, vertiefte Informationen und Daten in einem wenig erforschten Themenfeld zu erhalten. Darüber hinaus ist es besonders geeignet, wenn Themen und Forschungsprobleme kompliziert sind und Wirkungszusammenhänge oder Kausalmechanismen untersucht werden sollen (vgl. Blatter et al. 2007: 60 f.). Dabei kam eine anhand des Leitfadens teilstrukturierte Form des qualitativen Interviews zum Einsatz, die hinsichtlich der Exploration der Lebenswelt größtmögliche Offenheit und minimale theoretische Strukturierung aufwies, andererseits aber hinsichtlich der Beantwortung der konkreten Fragen auf bestimmte Bereiche – hier Demokratieverständnis und -bewertung sowie Orientierungs- und Erfolgswissen hinsichtlich politischer Partizipation – fokussiert war. Als besonders geeignet erschien dafür das episodische Interview, das die Stärken von narrativem und Leitfadeninterview verbindet. Es nutzt einerseits die Narration als Datenquelle, ist jedoch hinsichtlich der zu erfragenden Themen, Gegenstände und Hintergründe durch den Einsatz eines Leitfadens deutlich fokussierter.

Insgesamt konnten wir in vierzehn Kommunen 275 leitfadengestützte, episodische Face-to-Face-Interviews durchführen und im Einverständnis mit den Interviewpartnerinnen und -partnern als Audiodateien im mp3-Format speichern. Zusätzlich erhoben wir einen standardisierten Fragebogen mit 25 Fragen zur Soziodemografie der Befragten. Allen Befragten wurde die Anonymisierung der Daten zugesichert und von allen das Einverständnis zur Verwendung der Daten für die vorliegende Studie eingeholt. Aus den transkribierten Interviewdateien wurden alle direkten identifizierungsrelevanten persönlichen Daten wie Namen, Arbeitgeber etc. zu Anonymisierungszwecken entfernt.

Der Feldzugang gestaltete sich schwierig. Bei der Auswahl der Interviewpartner:innen orientierten wir uns an mehreren Kriterien. Sie wurden so ausgewählt, dass eine größtmögliche Heterogenität der Befragten hinsichtlich der regional-siedlungsräumlichen Charakteristika Baden-Württembergs (Großstädte, Mittelzentren, ländlicher Raum, Regierungsbezirke sowohl im badischen wie württembergischen Landesteil) gewährleistet war. Zudem waren soziodemografische Kriterien (Alter, Bildung, Geschlecht, Migrationshintergrund) zu berücksichtigen. Letztlich folgte die Fallauswahl – vor allem der zweiten Erhebungswelle – auch der Methode des theoretischen Samplings – „auf der Basis bereits vorhandener, in der Anfangsphase des Forschungsprozesses entstandener theoretischer Vorstellungen" (Lamnek 1995a: 117) bezüglich der lebensweltlichen Verankerung politisch relevanter Einstellungen, Wert- und Handlungsorientierungen.

Es gab große Unterschiede in der Bereitschaft, bei der Studie als Gesprächspartner:in mitzuwirken. Wir bedienten uns daher eines Schneeballsystems bei der Rekrutierung, bei dem Multiplikator:innen vor Ort eine wichtige Rolle bei der Vermittlung von Gesprächspartner:innen spielten. So baten wir örtliche Politiker:innen und Vereinsvorsitzende um Mithilfe und die Gemeinden um die Bereitstellung von Räumlichkeiten für die Interviews. Dies funktionierte dann gut, führte aber dazu, dass das Sample nur in Ansätzen den Kriterien für eine Repräsentativität entsprach. So waren 51,3 % der Befragten männlich und 48,7 % weiblich. Damit waren Männer im Vergleich zur Landesbevölkerung (49,2 %)[5] leicht überrepräsentiert. Das Durchschnittsalter der Befragten lag bei 47,58 Jahren, der jüngste Befragte war 15 und die älteste Befragte 90 Jahre alt. Damit lag das Durchschnittsalter der Befragten etwa 5 Jahre über dem Landesdurchschnitt (43 Jahre).[6] Im Vergleich zum Landesdurchschnitt war die jüngste Alterskohorte (18,5 zu 11,7%) sowie die Alterskohorten 45–54 (18,9 zu 16,6 %), 55–64 (15,6 zu 12,2 %) und 65–74 (16,3 zu 10,3 %) überrepräsentiert, während die 25- bis 34-Jährigen unterrepräsentiert waren (9,4 zu 12,2 %).[7]

Die Durchführung qualitativer Interviews bedarf der Übung und auch eines fundierten Hintergrundwissens. In unserer Studie haben drei mit der Durchführung von qualitativen Interviews vertraute und geübte Politikwissenschaftler:innen die Interviews durchgeführt, sodass sowohl eine methodische als auch theoretische Kompetenz hinsichtlich des Untersuchungsziels und der Frageperspektiven gewährleistet wurde. Qualitative Interviews sind aber auch für studentische Forschungsprojekte geeignet. Dann ist jedoch vorab eine Interviewer:innenschulung und das Üben in einem oder mehreren Interviews mit Supervision empfehlenswert.

Die Interviews dauerten zwischen 00:12:16 und 01:41:11 Stunden – im Durchschnitt damit 00:38:42 Stunden. Die Gesamtdauer der Interviewmitschnitte betrug

---

5   Quelle: Statistisches Landesamt, Stand 2013. http://www.statistik.baden-wuerttemberg.de /SRDB/Tabelle.asp?H=1&U=02&T=01035010&E=LA&R=LA; zuletzt besucht am 30.11.2014.

6   Quelle: Statistisches Landesamt, Stand 2012. http://www.statistik.baden-wuerttemberg.de /SRDB/Tabelle.asp?H=1&U=02&T=01035100&E=LA&R=LA; zuletzt besucht am 30.11.2014.

7   Quelle: Statistisches Landesamt, Stand 2011. http://www.statistik.baden-wuerttemberg.de /Veroeffentl/Statistische_Berichte/3123_11001.pdf; zuletzt besucht am 30.11.2014.

177:25:00 Stunden. Die große Spannweite der Interviewdauer lässt sich durch verschiedene Effekte erklären. Ein Teil davon sind sicherlich Interviewer-Effekte, zudem lässt sich jedoch ein weiterer Grund in der Untersuchungsanlage finden: Im Zentrum des Interesses steht die „world at hand", also das, was die Befragten aktiv zu bestimmten Dimensionen der Lebenswelt elaborieren. Kurze Interviews sind in der Mehrzahl der Fälle weniger elaborierten oder ausgeführten Beschreibungen der politischen Lebenswelt geschuldet. Ursachen dafür könnten Unterschiede bei der Lebenserfahrung, Personenzahl im Haushalt oder der jeweilige Bildungsgrad sein.

Die Interviewdateien wurden nach einfachen Transkriptionsregeln wörtlich transkribiert und für die computergestützte Analyse als rtf-Dateien gespeichert. Die 275 transkribierten Dateien enthalten 1.486.707 Wörter, also durchschnittlich 5.406 Wörter je Interview. Es handelte sich also damit um eine enorme Datenmenge, die ohne die Verwendung einer Analysesoftware für qualitative Inhaltsanalyse nicht bearbeitbar gewesen wäre.

Vorgehen bei der Datenanalyse

Durch den episodischen Charakter der Interviews wurden in den Antworten insbesondere die tatsächlich in der individuellen Lebenswelt salienten Bereiche, Themen und Begrifflichkeiten erfasst – also das, was sich im aktiven Wissens- und Erfahrungsschatz befindet und somit die unmittelbaren alltagsweltlichen Bezüge widerspiegelt. Die vorliegenden Interviewdateien wurden in einem mehrstufigen Verfahren unter Verwendung der Analysesoftware MAXQDA ausgewertet.

Als Auswertungsmethode haben wir die qualitative Inhaltsanalyse verwendet (vgl. dazu Kracauer 1952; Merten 1981; Lamnek 1995b; Mayring 2003). Sie gehört zu den kategorisierenden und typenbildenden Verfahren der qualitativen Politikforschung. Das Verfahren ermöglicht durch die Mischung aus Strukturierung und Offenheit die Bearbeitung des doppelten Erkenntnisinteresses an Lebenswelt und subjektiven Dimensionen von Demokratie. Einerseits konnten induktiv und textimmanent lebensweltliche Bezüge, Orientierungs- und Handlungsmuster identifiziert, typologisiert und kategorisiert werden. Andererseits konnten so gezielt Aspekte des Demokratieverständnisses, etwa die Akzeptanz direktdemokratischer Verfahren, befragt werden.

In einer ersten Phase haben wir die Interviews nach einer ersten gründlichen Durchsicht und Bereinigung entlang der theoretisch hergeleiteten und im Fragebogen systematisch angelegten Dimensionen der politischen Lebenswelt thematisch codiert. Als Grundlage für das Vorgehen dienten die beiden ersten Schritte

Tab. 8: Einige Oberkategorien des thematischen Codierens

Haupt-kategorie	Codierregel	Häufig-keit
Politik	Dieser Code wird für spontane Assoziationen und subjektive „Definitionen" von Politik verwendet. Hier geht es um *subjektive* Politik-Begriffe, d. h. die grundsätzliche individuelle Auffassung von Politik. Was versteht eine Person unter Politik? Dabei wurden auch solche Stellen codiert, in denen die Befragten explizit äußern, dass sie keine richtigen Vorstellungen über den Begriff hätten. Bei völlig fehlenden Assoziationen wurde nicht codiert – das Fehlen der Codierung wird fallbezogen als Fehlen des Konzepts in der politischen Lebenswelt interpretiert.	706
Demokratie	Dieser Code wird verwendet für Aussagen zu assoziativen Verbindungen zur Demokratie, die von den Befragten spontan entwickelt werden. Was versteht die Befragte unter Demokratie? Dabei wurden auch solche Stellen codiert, in denen die Befragten explizit äußern, dass sie keine richtigen Vorstellungen über den Begriff hätten. Bei völlig fehlenden Assoziationen wurde nicht codiert – das Fehlen der Codierung wird fallbezogen als Fehlen des Konzepts in der politischen Lebenswelt interpretiert.	570
Wahlen	Mit diesem Code werden alle Textstellen codiert, in denen sich die Befragten zu Aspekten der Institution Wahlen äußern (z. B. Wahlen, Wahlverhalten, Bedeutung von Wahlen).	481
Partizipation	Dieser Code wird für alle Sinnabschnitte verwendet, in denen die Interviewpartner über Aspekte von Partizipation und Engagement berichten. Codiert werden also alle Stellen, in denen die Person Partizipationsformen, Partizipationsmöglichkeiten, Partizipationswünsche und tatsächliche Partizipation anspricht. Außerdem wird möglichst die lebensweltliche Verankerung der Beteiligung codiert, d. h. Motivationen, Hintergründe, Beweggründe und/oder Lebenssituationen, die die Befragten selbst mit ihrem Engagement in Verbindung bringen.	2.105

Quelle: Frankenberger et al. 2015.

des vierstufigen Vorgehens des thematischen Codierens (Hopf et al. 1995; Hopf und Hopf 1997). Dabei wurden zunächst entlang des Leitfadens Oberkategorien festgelegt, entlang derer das Textmaterial grob codiert wurde. Dabei wurde als kleinste Codiereinheit ein einzelnes Wort festgelegt und als größte Codiereinheit ein inhaltlicher Abschnitt, der sinnhaft zusammenhängt – also inhaltlich und sprachlich Bezug nimmt auf die jeweils relevante Oberkategorie. Die beiden Codierer wählten dabei die Vorgehensweise des „konsensuellen Codierens" (Hopf und Schmidt 1993: 61 ff.). Sie tauschten sich regelmäßig über die Frage der zu codierenden Textstellen aus und kontrollierten so die Übereinstimmung der Codierungen. Tab. 8 zeigt einige der im ersten Schritt codierten Oberkategorien mit jeweiligen Codierregeln und Codierhäufigkeiten.

In einer zweiten Phase erfolgte eine Feincodierung der Textstellen für jede dieser Oberkategorien. Ziel dieser Feinanalyse war zum einen die Erfassung der Binnendifferenzierung, also der semantischen Breite und Varianz der Oberkategorien, mit dem Ziel, das Spektrum unterschiedlicher Assoziationen zur Oberkategorie zu erfassen. Zum anderen ging es darum, das Material zu strukturieren und zu reduzieren (Lamnek 1993: 110 f.) und aus dem Material heraus induktiv Subkategorien zu bilden (Kuckartz 2014: 81 ff.). Dabei haben wir zunächst alle Textstellen der Oberkategorie geprüft und nach inhaltlichen Sinneinheiten recodiert. Wir haben in der Regel Sinneinheiten codiert, die auch mehrere Absätze und Interviewerfragen umfassen konnten. Bei Fällen, in denen die Befragten ausschließlich singuläre Wortassoziationen äußerten, haben wir das Textumfeld sorgfältig geprüft und ggf. einen Verweis angebracht. Vor dem Hintergrund der Konzepte, die Individuen in ihrer Lebenswelt zur Verfügung haben, kann eine solche Assoziation entweder als inhaltsleer oder selbstverständlich interpretiert werden. Das Verständnis des Begriffs erschließt sich daher häufig aus dem Gesamtkontext des Interviews. Generell zeigte sich in der Analyse, dass gerade kurze Interviews und häufig auftretende singuläre Wortassoziationen für diffuse, wenig elaborierte Vorstellungen stehen und somit die politische Lebenswelt als unbedeutend, weit entfernt oder rudimentär erscheinen lassen. Im Folgenden geben wir ein Beispiel für eine Feincodierung.

Interview 56, Schüler

I: *Wie würdest Du diesen Begriff Politik definieren, oder woran denkst Du, wenn es auf Politik zu reden kommt? 00:01:35-7*

B: Da muss ich zuerst an Angela Merkel denken, an die deutsche Politik, an den Bundestag und vor allem auch an Griechenland, wo das ganze Geld hingeht. Dann aber auch wieder an die Schule, wo dann ja auch Politik gemacht wird, was wird unterrichtet, wer unterrichtet wen und so was. Und dann zu Hause, aber eher weniger. 00:02:01-7

I: *Aber Schule ist für Dich, da wird Politik gemacht? Oder? 00:02:06-6*

B: Hat was damit zu tun, aber das Richtige ist eigentlich nicht hier in [YXYX] z. B. oder in der Schule, sondern da oben in Berlin. 00:02:17-4

Der gesamte Sinnabschnitt aus Interview 56 wurde in der ersten Phase mit dem Code „Politikverständnis" codiert. In der Feinanalyse wurden für diese Stelle mehrere Subcodes – zum Teil in vivo – vergeben: So sind „Angela Merkel" und „Bundestag" in vivo codiert. Die Textstelle „sondern da oben in Berlin" wurde mit dem Code „Politik in Berlin und Brüssel" codiert, der als in-vivo-Code aus einer anderen Interviewdatei stammt.

Im Rahmen der Kategorienbildung ist aus den Subcodes „Angela Merkel", „Bundestag" und „Politik in Berlin und Brüssel" der kategoriale Subcode „gouvernementaler Politikbegriff" gebildet worden, weil die gemeinsame Referenz Regierung und Regierungshandeln auf der Bundesebene sind. Die Textstelle wurde dementsprechend mit dem Subcode „gouvernementaler Politikbegriff" recodiert und die drei vergebenen Codes diesem Code im Codierbaum als Subcodes untergeordnet. Die endgültige Codierung der Textstelle illustriert der Screenshot aus der MAXQDA-Datei (Abb. 10).

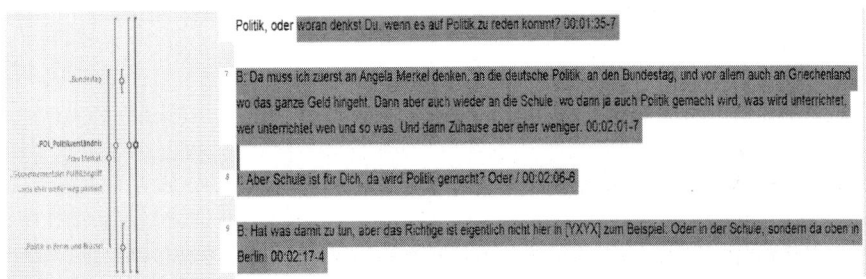

Abb. 10: Feincodierung und Subkategorisierung einer Hauptkategorie (Quelle: eigene Darstellung).

Anschließend haben wir die codierten Textstellen zusammengestellt, inhaltlich geordnet und systematisiert, um die relevanten Dimensionen und Subkategorien zu identifizieren (Kuckartz 2014: 84). Dabei bildeten wir allgemeinere Subkategorien, um die verschiedenen Dimensionen der Hauptkategorie stärker zu differenzieren und so eine mögliche Typenbildung zuzulassen. Die Subkategorien wurden definiert und mit prototypischen Beispielen illustriert.

In der dritten Phase der Analyse haben wir auf die Tradition der empirisch begründeten Typenbildung zurückgegriffen und sind entlang der typologischen Analyse (Schütz 1972; Kuckartz 1988; 1995; Kluge 1999) vorgegangen. Die auf der Basis der ersten Analyseschritte gewonnenen Kategorien wurden dabei genutzt, um konsistente Lebenswelt-Konstruktionen zu identifizieren, die sich aus der Kombination der einzelnen lebensweltlichen Elemente ergeben. Dazu haben wir die entsprechenden Kategorien in Dokument- oder Fallvariablen transformiert, in den SPSS-Datensatz exportiert und unter Verwendung statistischer Methoden weiter analysiert. Die Codierungen in den Analysephasen 2 und 3 wurden von einem Codierer erstellt und regelmäßig im Forscherteam diskutiert, was einerseits die interne Kohärenz und andererseits die intersubjektive Nachvollziehbarkeit der einzelnen Codierungen sowie der Kategorienbildung gewährleistet.

Beispielhaft ist in der Folge das Ergebnis der Feincodierung der Interviews und Bildung von Subkategorien zur Kategorie Politikbegriffe dargestellt, die zusammen mit der Feincodierung der Demokratieverständnisse ein zentraler Bestandteil der Formulierung einer Typologie von Lebenswelten darstellt. Die spontanen Assoziationen der Befragten zum Begriff Politik wurden feincodiert und zur induktiven Bildung von Kategorien genutzt. Insgesamt haben wir 460 Sinneinheiten in siebzehn Subcodes codiert, die wiederum zum Teil aus mehreren Subcodes zusammengesetzt sind. Die siebzehn Subcodes konnten wir dann entlang des Sinngehalts zu fünf inhaltlichen Kategorien zusammenfassen, die jeweils eine Orientierung gegenüber dem Politischen zum Ausdruck bringen.

Die Kategorie „emanzipatorischer Politikbegriff" umfasst alle Äußerungen, in denen die Befragten auf eigene Aktivitäten, politisches Gestalten und Mitbestimmen abheben und so die Gestaltbarkeit des politischen Gemeinwesens betonen. Zentrale inhaltliche Aspekte dieses Politikbegriffs sind damit Partizipation als aktive Teilhabe und Gestaltungsmacht

Die Kategorie „gouvernementaler Politikbegriff" fasst in Anlehnung an Ulrich von Alemann und Forndran (1985) alle Aspekte zusammen, die eine starke Zentrierung auf Staat und Regierung sowie Machtausübung aufweisen. Darunter fallen Verweise auf Regierung, Parlament, Politiker und Parteien ebenso wie Referenzen auf die Tätigkeit des Regierens und Herrschens, etwa die Entscheidungen von Politikern. Textstellen werden dieser Kategorie nur zugeordnet, wenn dabei der Aspekt des Regierens oder Herrschens im Vordergrund steht.

Davon abzugrenzen ist ein „institutionalistischer Politikbegriff", der stärker die Polity-Dimension fokussiert und sich im Unterschied zum gouvernementalen Politikbegriff nicht auf den Prozess des Regierens, sondern Orte von Politik, insbesondere die verschiedenen Ebenen der Politik und Institutionen ohne Verweis auf deren Tätigkeit („Regieren") bezieht. Codes werden dieser Kategorie etwa dann zugeordnet, wenn auf Bund, Länder und Gemeinden als Orte der Politik verwiesen und dabei ein stark institutionalistisches Bild von Politik gezeichnet wird.

Der „regulatorisch-systemische Politikbegriff" bezieht sich auf Assoziationen, die Politik als Regelsystem darstellen, welches das Zusammenleben im Gemeinwesen reguliert. Dies sind insbesondere Gesetze, der rechtliche Rahmen, Vorschriften. Im Unterschied zum gouvernementalen Politikbegriff wird dabei nicht konkretisiert, wer reguliert. Auch wird nicht auf politische Ebenen oder Gremien verwiesen, sondern auf Aspekte der Verregelung selbst.

Der „universale Politikbegriff" bezieht sich auf die Vorstellung, dass Politik das gesamte Leben durchzieht und explizit auch das Private politisch sei. Politik wird damit zu einer Lebensform stilisiert, in der alle Alltagsentscheidungen auch politisch sind. Dieser tritt nur selten unabhängig von den vier anderen Orientierungen auf, sondern meist in Kombination. Dann verstärkt er in der Regel die Per-

Tab. 9: Politikbegriffe im Überblick

Feincodierung	Anzahl Codes	Ankerbeispiel	Anzahl Personen
Kategorie: Emanzipatorisch			
Mitgestalten – mitwirken	49	„Gestalten – etwas gemeinsam gestalten, ja." (Interview 20) „Also Politik bedeutet für mich natürlich auch, dass ich mich einsetze." (Interview 077) „Politik bedeutet für mich, dass ich versuche, so Dinge umzugestalten, wie ich der Meinung bin, dass sie vielleicht besser sind." (Interview 193)	66
Etwas gemeinsam gestalten	23		
Kategorie: Gouvernemental			
Politik in Berlin und Brüssel	70	„Also wenn mich jemand so frägt, was Politik ist, dann denke ich auch eher an unsere Politik in Brüssel und Berlin." (Interview 11) „Na ja, das ist die Regierung im Lande." (Interview 25) „Mit Politik verbinde ich also die Politik der Bundesregierung vor allem und also in Deutschland, allerdings auch die Politik der EU und die anderen Gremien in Brüssel und so weiter. Und aber auch weltpolitische Themen." (Interview 133)	114
Was die Politiker entscheiden	60		
Macht	13		
Was eher weiter weg passiert	8		
Kategorie: Regulatorisch			
Den Rahmen vorgeben	25	„Politisch ist für mich eigentlich alles, was irgendwie mit dem Leben zusammenhängt oder in gewisser Art und Weise das Leben regelt. Und dann aber wirklich in allen Bereichen." (Interview 247) „Das ist die Organisation von Gemeinwesen einfach. Also Zusammenleben von Menschen und wie ist das organisiert." (Interview 222) „Ach, zwei Sachen eigentlich. Also, zum einen das Technische, also die Regelung der Angelegenheiten des Gemeinwesens, aber dann eben auch das Gemeinwesen als solches. Wie es sich vollzieht im ganz grundsätzlichen Sinn." (Interview 208)	70
Regulieren	18		
Gesetze	17		
Demokratie	7		
Absprachen und Regelungen	6		
Vorschriften	5		

Feincodierung	Anzahl Codes	Ankerbeispiel	Anzahl Personen
Kategorie: Institutionell			
Institutionen und Politik-ebenen	83	„Es gibt verschiedene Arten von Politik. Es gibt Politik auf der kommunalen Ebene, es gibt sie auf der Länderebene, auf der Bundesebene, auf der Weltebene." (Interview 111) Ich denke, bei Politik gibt es verschiedene Ebenen. Es gibt sicherlich die Weltpolitik oder Europapolitik. Gibt aber dann halt einfach die Politik auf Bundesebene. Und dabei wird nachgelagert auf Landesebene oder auf Kommunalebene. (Interview 095)	86
Politik findet im öffentlichen Raum statt	13		
Kategorie: Universell			
Politik ist eigentlich überall	27	„Politik ist im Prinzip das tägliche Leben, das ist Kommunikation der Menschen untereinander, da beginnt Politik." (Interview 111) „Politik findet überall statt. Politik findet in der Familie statt, Politik findet bei jeder Elternversammlung im Kindergarten, in der Schule statt. Politik ist eigentlich etwas, wo jeder Mensch damit befasst ist." (Interview 197)	39
Auch das Private ist politisch	18		
Kategorie: Kein Politikbegriff			
Explizit kein Politikbegriff	18	„Nee. (lacht) Also interessiert mich nicht so wirklich." (Interview 167) „Nein, mir fällt gerade nichts ein." (Interview 177)	17
Implizit kein Politikbegriff	–	keine Nennungen mit Bezug zu Politikdefinitionen	9

Quelle: eigene Zusammenstellung.

spektive des jeweiligen anderen Begriffs (Regulierungen durchdringen den gesamten Alltag). Tab. 9 fasst die hier vorgestellten Kategorien und die Zuordnung von Subcodes zusammen und zeigt zentrale Beispiele.

Diese qualitativen Befunde haben wir in einem nächsten Schritt gezählt und quantifiziert, um die empirische Verteilung unter den Befragten übersichtlich darstellen und sie später zur Verteilung von Demokratiebegriffen in Bezug setzen zu können. Eine qualitative Analyse schließt dieses Vorgehen nicht aus, im Gegenteil ist sie immer dann angezeigt, wenn es auch um die Häufigkeit des Auftretens geht. Die Darstellung in Tabellen und Diagrammen, wie in Abb. 11 als Säulendiagramm, erhöht die intuitive Erfassbarkeit der Befunde.

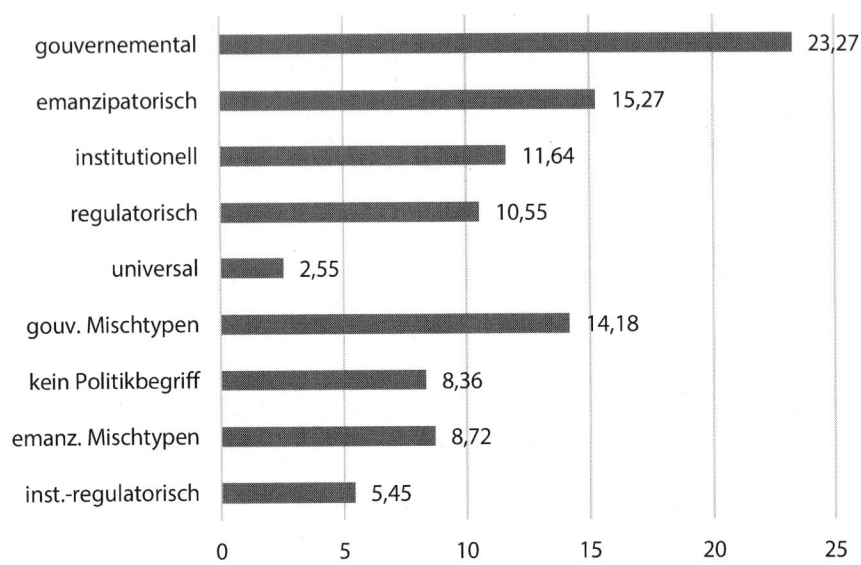

Abb. 11: Verteilung der Politiktypen in Prozent (Quelle: eigene Darstellung nach Frankenberger et al. 2015).

Insgesamt machen die gouvernementalen Typen inklusive Mischtypen (ohne
emanzipatorische Anteile) mit 37,5 % mehr als ein Drittel der Befragten aus.
Emanzipatorische Typen stellen mit 24,1 % knapp ein Viertel der Befragten. Die
Typen unterscheiden sich entlang soziodemografischer Merkmale. Dabei zeigen
sich relativ deutliche Alters- und Bildungseffekte, während Geschlechtereffekte
eher schwach sind und Einkommenseffekte nur bezüglich der emanzipatorischen
und institutionellen Orientierungen eindeutig interpretierbar sind. Eine solche
Aufschlüsselung der Soziodemografie ist erstens bei der Typenbildung und zweitens hinsichtlich möglicher Handlungsempfehlungen und Maßnahmen für bestimmte Zielgruppen hilfreich, wenn beispielsweise demokratische Potenziale
entwickelt oder gestärkt werden sollen.

Typenbildung als Element der qualitativen Inhaltsanalyse

Auf der Basis der Strukturierung des ursprünglichen Datenmaterials durch das
Bilden von Kategorien (und Subkategorien) ist es möglich, eine Typologie zu erstellen. Die kann beispielsweise dadurch geschehen, dass die Kategorien und deren Auftreten in einen Bezug zueinander gesetzt werden. Man vergleicht die
einzelnen Fälle daraufhin, ob sie Gemeinsamkeiten oder Unterschiede in der
Kombination von Kategorien aufweisen. Für unser Beispiel hieß das konkret, dass
wir untersuchten, ob Muster bei der Kombination von Politik- und Demokratie-

verständnissen sowie Beteiligungsformen bestanden. So ließen sich die Wissensbestände der Befragten und bei Existenz von Mustern auch von politischen Lebenswelten kartografieren.

Der zentrale Befund dabei war Heterogenität – auch und gerade bei den in der Befragung deutlich überrepräsentierten Mittelschichten. Analog zur Entwicklung und Ausdifferenzierung der auf alltagsästhetischen und lebensweltlichen Merkmalen beruhenden sozialen Milieus (Flaig et al. 1994; Ueltzhöffer 1999) haben wir ein vergleichsweise breites Spektrum von lebensweltlichen Orientierungen gegenüber Politik und Demokratie identifiziert. Die grundlegenden Dimensionen für die Typenbildung politischer Lebenswelten konstituierten dabei Assoziationen, Konzepte und Vorstellungen von Politik als Dimension der alltäglichen Lebenswelt und Demokratie als politischer Ordnung, in der die Individuen verortet sind. Wir haben die induktiven Befunde zu diesen beiden Konzepten in Form einer Kreuztabelle zusammengeführt, die aufzeigt, wie häufig die jeweiligen Kombinationen auftauchten, also wie viele Personen Träger:innen der jeweiligen Lebenswelt waren. Tab. 10 zeigt diese Matrix politischer Lebenswelten.

Einige Kombinationen tauchten dabei im statistischen Sinne überdurchschnittlich häufig und in relevanter Fallzahl (10 oder mehr) auf, während andere Kombinationen deutlich unterdurchschnittlich häufig auftraten. Der statistische Zusammenhang ist höchst signifikant, aber mäßig stark ausgeprägt (Phi: 0,477; Cramers V: 0,239; C: 0,431). Besonders interessant sind für die Interpretation und eine induktive Typenbildung diejenigen Kombinationen, die überdurchschnittlich häufig auftreten und in relevanter Fallzahl vorliegen. In einem zweiten Analyseschritt haben wir untersucht, wie die Ausprägungen der weiteren Dimensionen der politischen Lebenswelt (Systemzufriedenheit, Bedeutung von Wahlen, Kenntnis von Partizipationsmöglichkeiten, tatsächliche Partizipation, Partizipationswünsche) bei diesen Typen waren. Das Ergebnis waren *sieben Muster*, die jeweils distinkte politische Lebenswelten konstituieren. In der Folge werden diese sieben ausgewählten Lebenswelten auf der Basis der sie mehrheitlich prägenden Wissensbestandteile und Handlungskonzepte charakterisiert. Diese Typen haben wir jeweils durch die Formulierung von Profilen oder dichten Beschreibungen dargestellt und in einer Landkarte politischer Lebenswelten entlang der Dimensionen Partizipationsformen und Partizipationshäufigkeit verortet, wie in Abb. 12 dargestellt ist. Beides sind gängige und zielführende Formen der Darstellung qualitativer Befunde.

Die Distanzierten: Diese Lebenswelt ist geprägt durch die Überzeugung, dass der oder die Einzelne kaum etwas bewirken kann. Und wenn, dann allenfalls im nahen sozialen Umfeld. Politik machen die anderen, machen Politikerinnen und Politiker. Wahlen seien zwar wichtig, änderten jedoch kaum etwas. Tendenziell

Tab. 10: Politische Lebenswelten

			Politiktypen						
Demokratietypen			*emanzipatorisch*	*gouvernemental*	*regulatorisch*	*institutionell*	*universell*	*udimentär*	Gesamt
	rudi-mentär	An-zahl	10	25	6	5	0	16	62
		Erwar-tet	14,7	23,2	6,5	10,6	1,8	5,2	62
	norm-orien-tiert	An-zahl	10	19	3	5	4	2	43
		Erwar-tet	10,2	16,1	4,5	7,3	1,3	3,6	43
	reprä-sentativ	An-zahl	14	32	10	22	1	0	79
		Erwar-tet	18,7	29,6	8,3	13,5	2,3	6,6	79
	delibe-rativ	An-zahl	12	16	3	7	1	3	42
		Erwar-tet	9,9	15,7	4,4	7,2	1,2	3,5	42
	direkt	An-zahl	19	11	7	8	2	2	49
		Erwar-tet	11,6	18,4	5,2	8,4	1,4	4,1	49
Gesamt		An-zahl	65	103	29	47	8	23	275
		Erwar-tet	65	103	29	47	8	23	275

Quelle: Frankenberger et al. 2015. Kursiv: beobachtete n ≥ 10; fett: n deutlich unterdurchschnittlich häufig; grau unterlegt: n deutlich überdurchschnittlich häufig.

unzufrieden, wenig politische Partizipation, diffuse, unterschiedliche soziale Partizipation, meist nur punktuell. Diese Lebenswelt ist eher männlich und in allen Altersklassen – wiederum mit einem kleinen Schwerpunkt bei den unter 25-Jährigen – zu finden. Es handelt sich hier meist um Mitglieder einer politikfernen Mittelschicht.

Die Gemeinwohlorientierten: Ähnlich wie in der distanzierten Lebenswelt ist die gemeinwohlorientierte Lebenswelt geprägt durch eine starke Ausrichtung auf die

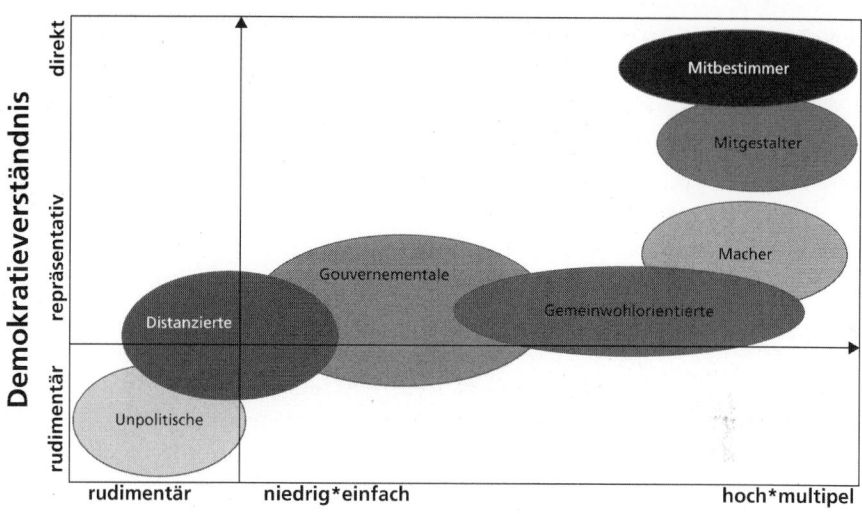

Abb. 12: Politische Lebenswelten – eine Typologie (Quelle: Frankenberger et al. 2015).

Regierenden und das Regierungshandeln. Komplementiert wird dieses jedoch durch einen sehr starken Bezug zu Normen, die das Zusammenleben in einer Demokratie strukturieren. Insbesondere Freiheits- und Gleichheitsnormen, Ehrlichkeit und Respekt sowie Toleranz kennzeichnen diese Welt. Angehörige dieser Lebenswelt sind sehr zufrieden mit dem politischen System, gleichwohl bestehen nur wenige Kenntnisse über partizipative Möglichkeiten. Ihnen ist vor allem Wählen wichtig – es wird als Pflicht verstanden. Politisch sind Angehörige dieser Lebenswelt eher unterdurchschnittlich aktiv, dafür aber sehr stark sozial aktiv. In der gemeinwohlorientierten Lebenswelt finden sich Menschen aus allen Altersgruppen und Bildungsniveaus. In der Mehrzahl sind es Frauen, mittlere Einkommen und eher niedrigere formale Bildungsabschlüsse.

Die Elektoralen: Diese Lebenswelt verkörpert idealtypisch einen Kern der repräsentativen Demokratie. Wählen wird als Recht verstanden. Über Wahlen hinaus partizipieren Menschen aus dieser Lebenswelt politisch eher selten. Meist sind sie dann in einem Amt und/oder im Umfeld einer Partei oder Gewerkschaft aktiv. Auch in dieser Gruppe werden selten Wünsche nach mehr direkter Demokratie laut. Im Bereich der sozialen Partizipation ist der Verein – insbesondere der Sportverein – wichtigster Ort des Engagements. Insgesamt herrscht in dieser Lebenswelt eine hohe bis sehr hohe Zufriedenheit mit dem politischen System vor. Wenn Unzufriedenheit artikuliert wird, dann mit den eigenen Vertreterinnen und Vertretern. In der elektoralen Lebenswelt finden sich besonders häufig Menschen mit mittleren Einkommen, sehr oft mit hohen Bildungsabschlüssen. Dabei sind Männer ebenso wie die Altersgruppen der zwischen 35- bis 44-Jährigen und der 55- bis 74-Jährigen deutlich stärker vertreten als andere Altersgruppen.

Die Macher: Auch diese Lebenswelt ist geprägt vom repräsentativen Demokratieverständnis. Der Politikbegriff ist direkt mit Orten, Ebenen, Institutionen verknüpft. So wird z. B. die Gemeinde oder der Gemeinderat sehr oft als Ort der Politik genannt. Überwiegend gehen Menschen mit dieser Orientierung davon aus, dass im Kleinen etwas verändert werden kann. Wählen ist wichtig und wird als Pflicht aufgefasst. Das tatsächliche Beteiligungsverhalten ist ambivalent: entweder politisch sehr aktiv (in Ämtern) oder komplett inaktiv (Pause). In dieser Lebenswelt ist die grundsätzliche Zufriedenheit mit dem politischen System sehr stark ausgeprägt, wohl auch, weil die Menschen mit dieser Orientierung gestaltende Rollen im System einnehmen. Dennoch finden sich auch hier immer wieder Wünsche nach mehr direkter und deliberativer Demokratie. Diese Gruppe bildet eine wichtige Säule der repräsentativen Demokratie, indem sie die Orte der Politik zumindest auf lokaler Ebene ausfüllt. Sozial sind sie eher unterdurchschnittlich aktiv – und wenn, dann meist in Ämtern. Quer durch alle Altersklassen findet sich diese lebensweltliche Orientierung besonders häufig bei den mittleren und hohen Bildungsabschlüssen und Einkommen, bei Angestellten und Beamten.

Die Mitgestalter: Diese deliberativ-emanzipatorische Lebenswelt ist geprägt davon, dass Politik im Wesentlichen „Mitgestalten" bedeutet, also das Wirken und Einflussnehmen im Gemeinwesen. Demokratie heißt hier: eingebunden werden in Entscheidungen sowie das gemeinsame Suchen und Finden nach Lösungen für gesellschaftliche Herausforderungen. Mit Demokratie verbunden werden Transparenz, Mitwirkungsmöglichkeiten, Respekt und Toleranz gegenüber anderen. Diese lebensweltliche Gruppe ist am zufriedensten mit dem politischen System. Und dennoch wünschen sie sich überwiegend noch mehr Möglichkeiten des Mitredens und mehr Deliberation. Partizipationsmöglichkeiten werden im sozialen wie im politischen Bereich gleichermaßen wahrgenommen und häufig kombiniert. Es ist eine aktive, expressive und reflektierte Lebenswelt. Im politischen Bereich sind die Mitgestalter vielfältig aktiv in Parteien, Gremien, Initiativen, Beiräten – also überall dort, wo sie sich Gehör verschaffen können. Im sozialen Bereich sind sie häufig in kirchlichen Vereinigungen und in Vereinen aktiv. Diese Lebenswelt findet sich vor allem bei Menschen über 45 mit mittleren und hohen Einkommen. Häufig haben sie hohe formale Bildungsabschlüsse und sind männlich.

Die Mitbestimmer: Demokratie heißt hier Mitwirken und Mitbestimmen. Und zwar in möglichst vielen Bereichen und insbesondere dann, wenn eine persönliche Betroffenheit wahrgenommen wird. Direktdemokratische Verfahren werden als höchster Verwirklichungsgrad dieser Mitbestimmung angesehen und auch eingefordert. Denn Politik durchdringt nach dieser Auffassung alle Bereiche des

Gemeinwesens. Damit ist auch breites Gestalten möglich und nötig. Diese Lebenswelt ist einerseits mit dem politischen System zufrieden, wünscht sich aber andererseits mehr direkte Demokratie. Das tatsächliche partizipative Handeln umfasst hier soziale und politische Partizipation. Sozial und politisch ist diese Lebenswelt sehr aktiv. Die Formen der tatsächlichen politischen Partizipation variieren dabei breit. Und auch im sozialen Bereich sind diese Menschen in sehr unterschiedlichen Bereichen von Kirchen und Vereinen über Nachbarschaftsnetzwerke bis hin zu projektorientierten Formen aktiv. Weit überdurchschnittlich finden sich hier Beamte und Angestellte, häufig in höheren Einkommensgruppen. Hohe formale Bildungsabschlüsse dominieren und Frauen sind leicht überdurchschnittlich vertreten.

Ergebnisse

Anhand der qualitativen, theoretisch strukturierten Exploration politischer Lebenswelten konnten wir unsere Forschungsfragen weitgehend beantworten und Rückschlüsse auf die Genese dieser Lebenswelten ziehen.

Erstens konnten wir zeigen, wie stark die in den letzten dreißig Jahren ablaufenden Prozesse der Individualisierung zur Erosion kollektiver Lebensmuster beigetragen haben (Beck 2001) – auch und gerade in einem prosperierenden und konservativ geprägten Bundesland wie Baden-Württemberg, in dem inzwischen partizipatorische Ansprüche in weiten Teilen der Bevölkerung zumindest als akzeptabel angekommen sind. Gerade im Bereich des Politischen lässt sich diese Pluralisierungsdynamik selbst für grundlegende Vorstellungen von Politik und Demokratie nachzeichnen. Deutlich zeigte sich auch die von Inglehart postulierte „postmoderne Verschiebung" weg von materialistischen hin zu postmaterialistischen Werten der „individuellen Selbstverwirklichung und Lebensqualität" (Inglehart 1998: 46) für große Teile der aus den Mittelschichten stammenden Befragten. Neben klassisch konservative und gemeinwesenorientierte, oft in Pflicht- und Akzeptanzwerten wurzelnde sowie altruistische Motive treten stark individualisierte Motive der politischen und sozialen Partizipation (vgl. auch Ueltzhöffer 2000: 66). Dies äußerte sich darin, dass in allen Lebenswelten Wünsche nach mehr Beteiligung zum Ausdruck gebracht wurden. Allerdings ist diese Diffusion von Beteiligungswünschen kritisch zu bewerten und zumindest in Teilen eher als „Zeitgeistphänomen" denn als Resultat einer gründlichen Reflexion über die politische Lebenswelt zu interpretieren.

Die von einigen Autoren schon vor beinahe zwanzig Jahren aus dieser Verschiebung abgeleitete grundsätzliche Infragestellung von Autoritäten und Bürokratien, die Ablehnung formaler Rollenanforderungen bei gleichzeitig steigender Bereitschaft zu kritischem, oft eigennutzorientiertem Engagement sowie eine generelle Abnahme der Identifikation mit dem Gemeinwesen als solchem (Klages 1993; Hepp 1994; 1996) ließen sich hingegen nur bedingt und eben nur für Teile der Befragten nachvollziehen. Und auch die von Thomas Leif (1998) postulierten vier Krisen politischen Handelns in der Postmoderne – die Krise der Akteure, der politischen Klasse, der Institutionen und der politischen Steuerung – schlugen sich nur bedingt und jeweils spezifisch in den lebensweltlichen Konstruktionen von Politik nieder. Die Krise der Akteure trat zusammen mit der Krise der politischen Institutionen am deutlichsten bei den direktdemokratisch Orientierten zutage, löste dort jedoch ebenso wie bei den Mitgestaltern Kompensationsmechanismen aus. In den repräsentativ und gouvernemental orientierten Lebenswelten zeigten sich jedoch kaum Anzeichen substanzieller Krisen, allenfalls die Krise der Parteien und Politiker.

Im Kern konnten wir die These der Pluralisierung, Fragmentierung und Postmodernisierung von politischen Lebenswelten bestätigen. Es sind nicht die eindeutigen Muster und Konsistenz, sondern das Zusammenfügen von Elementen und Aspekten des Politischen zu individuellen, kleinen Lebenswelten, welche das Bild prägen. Zwar gab es auf der übergeordneten Ebene der Bewertung des politischen Systems Deutschlands als solchem einen Konsens, indem es von fast drei Vierteln der Befragten starke oder überwiegend diffuse Unterstützung erfährt. Doch schon hinsichtlich der Politik- und Demokratiebegriffe, der Wahrnehmung und Bewertung von Beteiligungsstrukturen und Möglichkeiten fächerte sich ein breites Spektrum unterschiedlicher Lebenswelten auf.

Der Befund der erweiterten Heterogenität wird dadurch verstärkt, dass die hier identifizierten Typen politischer Lebenswelten nicht kohärent über soziodemografische oder sozioökonomische Variablen zu fassen sind. Zwar gehen elaborierte politische Lebenswelten tendenziell mit höherer Bildung und höheren Einkommen einher, allerdings finden sich immer auch sehr reflektierte Konstrukte aus jeweils anderen soziodemografischen Gruppen. Zudem diskriminieren weder Alter, Geschlecht, Einkommen oder Bildung auch nur annähernd eindeutig zwischen gouvernementalen und emanzipatorischen, zwischen repräsentativen und partizipatorischen Orientierungen. Ähnlich problematisch erscheinen alltagsästhetische Segmentierungen, die nicht explizit Politik- und Demokratieverständnis abfragen. Selbst sozialisatorische Pfade eignen sich nur bedingt zur eindeutigen Unterscheidung politischer Lebenswelten, da inzwischen auch postmaterialistische und postmoderne Wertorientierungen in der Familie sozialisiert werden.

Gemeinsam war all diesen Typen, dass neben den politischen Strukturen und Möglichkeitsfenstern ganz persönliche Bezüge und Erfahrungen prägenden Einfluss auf die konkreten Beteiligungsmuster hatten. Während die objektiv existenten politischen Strukturen einerseits und das subjektive Wissen über diese Strukturen und die darin enthaltenen Möglichkeiten, Chancen und Risiken andererseits den Möglichkeitsraum, die potenzielle Lebenswelt, vorstrukturieren, waren es jeweils unterschiedliche Mechanismen, die tatsächliche Partizipation und Handeln „auslösten" und zu einem gewissen Grad lenken. In den Interviews waren mehrere Pfade oder Relevanzmuster erkennbar, die zu Partizipation führten. Die politische Sozialisation im Elternhaus, die häufig als Determinante von Partizipation identifiziert wird, galt dabei nur in einzelnen Fällen als Startpunkt. Hier wurden viel häufiger – in Abgrenzung oder Übernahme – die Interpretations- und Wahrnehmungsmuster geprägt, als dass dies zu tatsächlichen Handlungen führte. Somit erscheint Sozialisation allenfalls als indirekt wirksam. Denn darüber hinaus sind es politische Schlüsselerlebnisse, prägende Ereignisse und Lebensphasen und Vorbilder einerseits sowie andererseits persönliche Relevanz und Betroffenheit in Familie und Beruf, die Partizipation auslösen und Ausgangspunkt für Beteiligungsbiografien sein können.

Lessons learned

Eine Erkenntnis der Studie war, dass die theoretische Vorstrukturierung sowohl der Datenerhebung als auch der Datenauswertung für die Bearbeitung der Fragestellungen sehr zielführend war. Dies bedeutete allerdings, dass verschiedene theoretische Stränge von der Demokratieforschung über Kulturforschung bis hin zur Lebensweltforschung berücksichtigt werden mussten. Aufgrund der intensiven Vorarbeiten im Rahmen der Antragstellung konnte dies gut bewältigt werden, für kleinere Forschungsprojekte wäre es wahrscheinlich empfehlenswert, den theoretischen Rahmen enger zu stecken. Die Befürchtung, dass die Entdeckung von „Neuem" durch die starke theoretische Strukturierung nicht möglich sein würde, war unbegründet. Durch die Vorgehensweise der Kombination aus deduktiv gebildeten Hauptkategorien und der induktiven Bildung von (Sub-)Kategorien blieb die Offenheit der Analyse erhalten, sodass bei Bedarf auch neue Hauptkategorien gebildet werden konnten. Die Verwendung der deduktiven Kategorien hat die Arbeit sehr gut strukturiert und ermöglichte einen effizienten Zugriff auf die einzelnen untersuchten Dimensionen, da im ersten Durchlauf der Kodierung alle relevanten Textstellen identifiziert und codiert wurden. Die Feinkodierung konnte dann auch für jede der Dimensionen der Lebenswelt separat durchgeführt werden. Das „Springen" zwischen verschiedenen Dimensionen und die damit eventuell verbundene Unschärfe oder Verzerrung der Kodierung konnte vermieden werden. Als besonders hilfreich erwies sich auch, dass die an der Kodierung Beteiligten sich in einem regelmäßigen Austausch befanden, die Kodierregeln verfeinern und kritische Textstellen besprechen konnten. Die Interkodierreliabilität in der ersten Phase war dementsprechend hoch.

Ein weiteres Problem der Studie war die Fallauswahl, die sich an verschiedenen Kriterien orientierte, unter anderem der Struktur der Beteiligung in den ausgewählten Kommunen. Auch das Schneeballsystem der Rekrutierung hatte einen Einfluss auf die Zusammensetzung des Samples. Insgesamt hatten wir zu viele Menschen, die mit dem System zufrieden waren, sich politisch interessierten und engagierten. Dafür war weniger die Auswahl der Kommunen verantwortlich als die Rekrutierung über Empfehlung. Diese war zwar äußerst effektiv, führte aber zu einer Selbstrekrutierung der eh schon Interessierten. Wir haben dies dadurch auszugleichen versucht, dass wir gezielt nach Menschen gefragt haben, die eher kritisch, distanziert und uninteressiert sind. Wie in vielen Fällen der Beteiligung auch konnten wir die sogenannten „stillen Gruppen", also diejenigen, die sich politisch wenig beteiligen, nur schlecht erreichen. Dies spiegelte sich dann auch in den Ergebnissen und der Typenbildung wider. Wir fanden keine systemaversen, extremen Lebenswelten. Diese hätten wir gezielt aufsuchen müssen. Das Gesamtbild der Studie dürfte also insgesamt zu positiv ausgefallen sein. Kriterien der externen Validierung etwa an anderen Modellen der gesellschaftlichen Segmentierung (Milieus; Werte) legten dennoch nahe, dass die Ergebnisse hoch valide waren. Dies zeigte sich auch bei der Folgestudie 2015/2016. In dieser konnten wir viele Befunde bestätigen, allerdings wurde dabei auch noch einmal deutlicher, dass wir mit unserer Strategie der Gewinnung von Interviewpartner:innen insbesondere diejenigen nicht erreicht hatten, die der repräsentativen Demokratie nicht nur kritisch, sondern ablehnend gegenüberstehen. Daher hatten wir in der zweiten Erhebung auch bewusst auf eine andere Rekrutierungsstrategie gesetzt und über Facebook Anzeigen an Personen geschaltet, die beispielsweise die AfD geliked und sich mit regierungs- und demokratiekritischen Themen auseinandergesetzt hatten. Diese Strategie war insofern erfolgreich, als dass wir einerseits die systemaversen Gruppen erreichen konnten, andererseits aber auch viele, die sich genau gegen solche Gruppen positionierten. Allgemein gesprochen ist es bei der Konzeption qualitativer Studien wichtig, möglichst vorher festzulegen, welchen Verallgemeinerungsanspruch die Forscher:innen damit verbinden. Die Stärke von qualitativen Analysen besteht ja gerade darin, in die Tiefe der Fälle eintauchen zu können. Je höher die Verallgemeinerbarkeit sein soll, desto repräsentativer muss die Auswahl der Fälle, hier der Befragten, für die Grundgesamtheit sein. Dies ist relativ einfach zu bewerkstelligen, wenn man sich mit einer kohärenten Gruppe beschäftigt, die sehr viele Merkmale teilt, beispielsweise alleinstehende ältere weiße Frauen mit mittlerem Schulabschluss aus dem ländlichen Raum in Südwürttemberg. Hier kann eine kleine Stichprobe sehr aussagekräftig sein, insbesondere wenn bei der sukzessiven Fallauswahl nach dem Prinzip der theoretischen Sättigung vorgegangen wird. Im Gegensatz dazu wird es sehr schwierig und vor allem ressourcenaufwendig, für eine heterogene Gruppe Repräsentativität und theoretische Sättigung zu erreichen. Dies sollte daher bedacht werden. Die Möglichkeit, das Sample sukzessive zu erweitern, ist zwar eine denkbare Vorgehensweise zur Erhöhung der Verallgemeinerbarkeit, dabei sollte jedoch der zeitliche Abstand zwischen den Erhebungen nicht zu groß sein, da durch gravierende Einschnitte oder gesellschaftliche Schlüsselereignisse größere Verwerfungen entstehen können. So hatten beispielsweise die Aufnahme syrischer Bürgerkriegsflüchtlinge und die Bewältigung der damit verbundenen Herausforderungen oder die Corona-Pandemie Einfluss auf die Demokratiezufriedenheit der Menschen, wie durch Survey-Studien gut gezeigt werden konnte. Dies würde sich vermutlich auch in qualitativen Studien deutlich niederschlagen, da die Erfahrungswelt der Menschen durch solche Ereignisse nachhaltig geprägt wird.

Auch einige forschungsethische Herausforderungen sind uns begegnet. Wir hatten die Befragten über die Studienziele informiert, einen „informed consent" eingeholt und Anonymität garantiert. Bei der ersten Durchsicht der Interviews zeigte sich dann, dass einige Personen aufgrund der Informationen, die sie uns in den Interviews gegeben hatten, relativ einfach zu identifizieren wären – zumindest von Menschen vor Ort, zum Teil auch überregional. Daher mussten wir die Interviewtranskripte in einem Durchlauf so überarbeiten, dass diese Informationen so weit wie möglich verallgemeinert und entpersonalisiert wurden, ohne dass die inhaltstragenden Elemente unkenntlich wurden. Dies stellte uns bei einigen Personen vor ziemliche Herausforderungen.

Auch hatten einige Befragte Aussagen getätigt, die weder moralisch noch rechtlich vertretbar waren. Dazu gehörte das Eingestehen illegaler Aktivitäten in der Vergangenheit und zweifelhafter Praktiken in der Gegenwart ebenso wie extremistische Äußerungen. So wurden beispielsweise ziviler Ungehorsam und Sachbeschädigung bei Blockaden berichtet. Es fanden sich aber auch Menschen, die in der Jugendarbeit aktiv waren, ganz offen rassistische Positionen vertraten und Parteien am Rande oder jenseits des demokratischen Spektrums unterstützten. Dies haben wir letztlich zur Kenntnis genommen, sie in der Analyse berücksichtigt und ansonsten die Anonymität unserer Informant:innen gewahrt. Das war in einigen Fällen subjektiv unbefriedigend und frustrierend, hätte aber noch deutlich herausfordernder sein können, etwa wenn von geplanten Straftaten berichtet worden wäre. Vor diesem Hintergrund empfehlen wir unbedingt, dass sich Forscher:innen im Vorfeld mit solchen und ähnlichen Szenarien auseinandersetzen und sich im Zweifel auch rechtlichen Rat einholen, wenn sie sich mit entsprechenden Zielgruppen beschäftigen.

Eine hilfreiche Erfahrung war es, im Laufe des Forschungsprozesses mit vielen verschiedenen Menschen in Kontakt zu kommen und die Ergebnisse einer breiteren Öffentlichkeit und politischen Entscheidungsträger:innen präsentieren zu können. Die Herausforderung in diesem Kontext war es, die theoretischen Hintergründe und auch die Befunde so herunterzubrechen, dass sie von Laien ebenso verstanden werden konnten wie von Entscheidungsträger:innen und einem Fachpublikum. Das erforderte eine erneute und kritische Auseinandersetzung mit unserer eigenen Forschung, die Präzisierung von gesellschaftlich relevanten Befunden und Zusammenhängen sowie die Formulierung von Politikempfehlungen.

15 Diskursanalyse

Unter dem Label Diskursanalyse wird eine Reihe von Verfahren zusammengefasst, deren kleinster gemeinsamer Nenner die Analyse von Sprache hinsichtlich formaler oder informeller Regelstrukturen oder inhaltlicher Strukturierungen ist. Diese Verfahren teilen überwiegend konstruktivistische Grundannahmen und sind den qualitativen Analysemethoden zuzurechnen.

Hauptfragen der Diskursanalyse sind: Wie wird Wirklichkeit durch Sprache konstruiert? Welche Themen, Argumente und Positionen werden wie miteinander verbunden? Welche Regeln gibt es im und durch den Diskurs? Was ist ein bzw. der Diskurs? Welche Macht- und Herrschaftsstrukturen finden sich in der Sprache? Welche Macht- und Herrschaftsstrukturen werden diskursiv reproduziert und abgesichert?

Diskurs bezeichnet im alltagssprachlichen Gebrauch ein öffentlich diskutiertes Thema (z. B. Hochschulreformdiskurs) oder eine spezifische Argumentationskette (z. B. neoliberaler Diskurs). Im wissenschaftlichen Gebrauch beinhaltet der Diskursbegriff die Wechselwirkungen einzelner Sprachereignisse (Texte) mit dem größeren Kontext von symbolischen Ordnungen, Strukturen und Ereignissen. Diskursanalyse umfasst eine Vielzahl an quantitativen und qualitativen Forschungsansätzen aus verschiedenen Disziplinen.

Die angloamerikanische Discourse Analysis ist ein Konzept, das in sprachwissenschaftlichen und ethnomethodologischen Kontexten entwickelt wurde und das vor allem den konkreten Sprachgebrauch untersucht. Diskurse werden als geschriebene oder gesprochene Kommunikationssequenzen betrachtet. Es wird analysiert, wie Sprecher:innen- und Themenwechsel stattfinden, ob implizites Referenzwissen verwendet wird, wie Situationen in Aushandlungsprozessen definiert werden und welche Besonderheiten der Sprachgebrauch aufweist. Diese Form der Diskursanalyse kann auch zur Gestaltung von Kommunikationsprozessen dienen.

Kulturalistische Diskursanalysen verstehen die Herstellung von Wissen als soziale Praxis, die durch das Sprechen und Handeln selbst passiert. Sie sind stark handlungstheoretisch und hermeneutisch-interpretativ und betonen den Prozess der sozialen Konstruktion von Wirklichkeit und Sinnzusammenhängen. Es geht ihnen also darum zu untersuchen, wie gesellschaftliche Wissensvorräte und Deutungsmuster entstehen und verwendet werden.

Diskurstheoretische Ansätze gehen noch einen Schritt weiter und stellen neben den Wissensordnungen die Macht- und Herrschaftsverhältnisse in den Mittelpunkt der Analyse. Sie gehen im Anschluss an den linguistischen Strukturalismus davon aus, dass Sprachgebrauch und die Entstehung von gesellschaftlichen Herrschaftsverhältnissen unmittelbar zusammenhängen. In der Politikwissenschaft sind besonders Ernesto Laclau und Chantal Mouffe (2001) für ihre Analyse hegemonialer Diskurse bekannt geworden. Sie gehen davon aus, dass im Diskurs kollektive Identitäten erschaffen werden, die die Grundlage von gesellschaftlicher Ordnung sind. Gesellschaft ist in diesem Verständnis also nichts anderes als diskursive Praxis. Die Unterscheidung von „wir" und „die" ist dabei eine von mehreren symbolischen Ordnungen. Für Laclau und Mouffe sind Diskurse Differenzbildungen, also das Herstellen von Abgrenzungen, welche gesellschaftlich und institutionell stabilisiert werden. Die Vielfalt der Zeichen wird durch den Diskurs so reduziert und stabilisiert, dass gängige und akzeptierte Interpretationen hervorgebracht werden. Hegemoniale Diskurse sind dann solche Diskurse, die dazu tendieren, umfassende Weltbilder zu entwickeln und alle sozialen Beziehungen in der Gesamtstruktur ein- und unterzuordnen. Der westliche Individualismusdiskurs oder der Menschenrechtsdiskurs sind Beispiele für solche hegemonialen Diskurse. Auch und insbesondere der neoliberale Diskurs kann als hegemonialer Diskurs bezeichnet werden.

Einen weiteren zentralen Ausgangspunkt diskursanalytischer Praktiken bilden die Werke „Archäologie des Wissens" und „Die Ordnung des Diskurses" von Michel Foucault (Foucault 1988; 1991). Er fragt nach dem Zusammenhang zwischen Wissen, Diskurs und Macht. Dabei interessiert ihn vor allem, unter welchen formalen Bedingungen und nach welchen Regeln Wissen produziert und kontrolliert wird, wie Diskurse kontrolliert und gesellschaftliche Wissensbestände erzeugt, erhalten und transformiert werden. Auch und gerade die Fragen der Macht und der Konstitution von Subjekten sind für ihn zentral. Bei all diesen Ansätzen handelt es sich jedoch eher um methodologische Zugriffe auf die Wirklichkeit als um konkrete Methoden.

Diskursanalytische Methoden differenzieren diese Annahmen aus und setzen sie meist in konkrete Analysewerkzeuge um. Für den deutschsprachigen Raum seien hier die kritische Diskursanalyse nach Siegfried Jäger (2009) und die narrative Diskursanalyse nach Willy Viehöfer (2006) genannt. Jäger ordnet die von Foucault formulierten Aspekte der Ordnung des Diskurses und führt eine Reihe von Elementen ein, die untersucht werden können: Spezialdiskurse sind die wissenschaftlichen Diskurse, Interdiskurse alle anderen gesellschaftlichen Diskurse. Diskursfragmente sind einzelne Textstellen, die ein bestimmtes Thema bearbeiten. Diskursstränge sind einheitliche Themenverläufe, die Diskursfragmente miteinander verbinden (Wirtschaftsdiskurs, Bildungsdiskurs usw.). In Diskursknoten werden verschiedene Diskursstränge miteinander verbunden, wenn etwa der Bildungsdiskurs mit dem ökonomischen Diskurs verbunden wird und Fragen nach der Verwertbarkeit der Bildung gestellt werden. Methodisch wird so vorgegangen, dass zunächst das Thema der Diskursanalyse vorgestellt, dann die Diskursebene charakterisiert und das zu analysierende Material aufbereitet wird. Dann erfolgt eine Strukturanalyse des Textes, bei der die Elemente institutioneller Rahmen, Textoberfläche, sprachliche Mittel und ideologische Aussagen analysiert und dann abschließend interpretiert werden. Kernfragen sind dabei: Welche Botschaften werden wie vermittelt? Welche Zielgruppe wird angesprochen? Welche gesellschaftliche Wirkung ist beabsichtigt? In welchem diskursiven Kontext stehen Diskursfragmente? Welche gesellschaftlichen Bedingungen werden angesprochen? Viehöfer sieht in Erzählungen als soziale Praktiken die wichtigsten Elemente zur Strukturierung von Diskursen. Dementsprechend untersucht er, wie durch Erzählen Ereignisse, Objekte, Akteur:innen und Handlungen so verknüpft werden, dass sie eine gesellschaftliche Struktur erzeugen oder verändern. Dabei werden ähnlich wie bei Jäger Teile eines Diskurses, sogenannte Episoden, untersucht, in denen Problemursachen, Probleme, Konsequenzen und Lösungsstrategien enthalten sind. Es geht darum zu identifizieren, welchen Akteur:innen welche Rolle (Held:in oder Schurk:in) im Diskurs zugeschrieben wird, welche Beziehungen zwischen den Akteur:innen hergestellt werden und welche Plots oder Handlungsverläufe konstruiert werden.

Diskursanalysen sind hochkomplexe Analysemethoden, die mit der Analyse von Sprache die Analyse von gesellschaftlichen Verhältnissen verbinden. Sie sind daher meist voraussetzungsvoll hinsichtlich der theoretischen Grundannahmen und der methodischen Umsetzung. Und sie bedienen sich oft eines eigenen Vokabulars, das man sich zunächst erschließen muss. Neben konkreten Anleitungen zur Durchführung von Diskursanalysen bei einigen Autor:innen benötigt die Diskursanalyse in der Regel Hilfsmethoden, um die einzelnen Diskursfragmente hinsichtlich der verschiedenen zu analysierenden Dimensionen zu befragen. Dabei bietet es sich an, eine Form der qualitativen Inhaltsanalyse einzusetzen und diese computergestützt durchzuführen. Wird eine Diskursanalyse nicht in dieser Weise unterfüttert, ist es oftmals schwierig, die Vorgehensweisen und Interpretationen nachzuvollziehen.

16 Narrative Diskursanalyse: Wie wird Protest erzählt? Das Beispiel G20-Gipfeltreffen 2017

Lisa Becke, Annalena Sieß, Isabel Sinner und Verena Teuber

Wie wird Protest erzählt? Dieser Frage gingen wir in unserem Lehrforschungsprojekt nach, das wir im Zeitraum 2017/2018 durchgeführt haben. Insbesondere fokussierten wir uns dabei auf die Darstellung linker, globalisierungskritischer Proteste in Massenmedien. Als Fallbeispiel dienten die Proteste rund um das G20-Gipfeltreffen im Juli 2017 in Hamburg. Politische Gipfeltreffen gehen traditionell mit einer gesteigerten Mobilisierung durch solche linken, globalisierungskritischen Protestgruppierungen einher, denn sie gelten diesen als paradigmatisch für die vorherrschende globalisierte, neoliberale Ordnung (vgl. Baron 2017: 62). Die gesteigerte Protestaktivität wiederum geht einher mit erhöhter medialer Aufmerksamkeit, welche unser Interesse geweckt hat. Insbesondere wollten wir herausfinden, wie über die Gipfelproteste berichtet wird und inwiefern sich die Beiträge in verschiedenen Medien unterscheiden.

Hierzu haben wir die Berichterstattung rund um das Gipfeltreffen mittels einer narrativen Diskursanalyse in der *Frankfurter Allgemeinen Zeitung* (FAZ), der *Süddeutschen Zeitung* (SZ) und in der *tageszeitung* (taz) untersucht. Unsere Fragestellung lautete entsprechend: Welche Narrative werden in der medialen Berichterstattung der FAZ, SZ und taz über die Proteste im Rahmen des G20-Gipfels 2017 in Hamburg konstruiert und wie verändern sich diese im zeitlichen Verlauf?

Der Analyse liegt die Annahme zugrunde, dass in Medien ausschließlich Aussagen vorkommen, die in bereits bestehende Erzählmuster passen, welche sich im Zeitverlauf aus Einzelaussagen verfestigt haben. Medien also „ordnen Wissen, indem sie es in Form von Geschichten zusammenfügen" (Karis 2013: 93). Diese fungieren als gesellschaftliche Deutungsmuster, die stetig fortgeschrieben werden (vgl. Karis 2013: 93). Die von uns untersuchte Berichterstattung großer Leit- beziehungsweise Massenmedien ist dabei interessant, da ihr aufgrund ihrer großen Reichweite „eine besondere Rolle bei der Distinktion, Vermittlung und Transformation konkurrierender Erzählungen" (Viehöver 2006: 185 f.) zukommt.

Zum Zeitpunkt unseres Projekts waren noch keine Forschungsarbeiten zur Protestberichterstattung über den G20-Gipfel in Hamburg vorhanden, doch es gab Arbeiten zur Berichterstattung über andere Gipfelproteste (vgl. Rucht und Teune 2007; 2008; Teune et al. 2017) beziehungsweise über die mediale Darstellung (linker) Proteste allgemein (vgl. Blickhan und Teune 2003; Ertl 2015; Gitlin 1980). In keiner dieser Arbeiten fand jedoch eine vergleichende Analyse verschiedener Narrative in verschiedenen Medien statt.

Dieser Vergleich, den wir in unserer Arbeit geleistet haben, birgt jedoch einen Mehrwert, in dem wir die Relevanz unseres Forschungsprojekts begründet sehen: Durch die heterogenen Berichte über dieselben Ereignisse wird deutlich, dass diese keine objektiven, vollumfänglichen Darstellungen der Ereignisse sind. Diese Erkenntnis wurde durch die Tatsache untermauert, dass sich in nahezu allen untersuchten Artikeln narrative Strukturen fanden. Der foucaultschen Diskurstheorie folgend gehen wir davon aus, dass durch diese Ordnung bestimmter Formen von Wissen zu Geschichten, welche bestimmte Aspekte, Akteur:innen und Problemlagen betonen und die häufig im Einklang mit bestimmten politischen Überzeugungen stehen, vorherrschende Macht- und Herrschaftsbeziehungen (de-)legitimiert und somit (de-)stabilisiert werden können. Da Medien zur allgemeinen Meinungsbildung beitragen (vgl. Beck 2012: 335), ist es von gesellschaftlichem Interesse zu untersuchen, wie bestimmte Ereignisse von verschiedenen Medien erzählt werden, wie und von wem welche Berichterstattung rezipiert wird, welche Einschätzung der Lage daraus resultiert und welche Konsequenzen daraus gezogen werden. Unser Forschungsprojekt sollte den Anfangspunkt dieser Untersuchungen darstellen: die Identifikation, Beobachtung und Kontrastierung der konkurrierenden Narrative.

Die Annahme, dass die untersuchten Tageszeitungen das Protestgeschehen entsprechend ihrer politischen Ausrichtung berichten und bewerten, konnte im Rahmen des Forschungsprojekts bestätigt werden: Zeitungen des linken Spektrums stehen globalisierungskritischen Protesten in der Regel positiver gegenüber als konservative Zeitungen (vgl. Beyeler 2013: 111, 170 f.); entsprechend unterscheiden sich die dort konstruierten Narrative. In SZ und taz dominiert die Erzählung vom tragischen Scheitern des legitimen globalisierungskritischen Protests: Während die taz Politik und Polizei für dieses Scheitern verantwortlich macht, sieht die SZ die Schuld bei einer kleinen Gruppe von Gewalttäter:innen, die den friedlichen, legitimen Protest der Mehrheit unsichtbar macht. In der FAZ hingegen herrscht ein Sicherheitsnarrativ vor, welches die Ausschreitungen verurteilt, diese als Sinnbild für den gesamten Protest nimmt und die Polizei für ihren Einsatz lobt. Ein Ergebnis unserer Analyse ist zudem die Erkenntnis, dass stattfindende Ereignisse nicht nur in die jeweils vorherrschenden Narrative eingepasst werden, sondern dass diese auch eine Anpassung der Narrative bewirken können. So ist im Falle von G20 nach der sogenannten „Welcome to Hell"-Demonstration, in deren Verlauf es zu Ausschreitungen und gewaltsamen Konfrontationen zwischen Polizei und Protestierenden kam, insbesondere in der SZ ein Bruch zu beobachten: Vor den Ausschreitungen ist der allgemeine Tenor, dass Protest als demokratisches Grundrecht unbedingt zu gewährleisten sei; die Polizei wird teilweise kritisiert. Nach den Ausschreitungen hingegen werden Gewalttäter:innen, denen jegliche politische Motivation abgesprochen wird, beschuldigt, den legitimen Protest der Mehrheit zu delegitimieren. Die taz problematisiert die stattgefundenen Ausschreitungen ebenfalls, sucht die Schuld dafür allerdings nicht allein bei globalisierungskritischen Protestierenden, sondern auch bei Polizei und Politik. Die FAZ hingegen sieht sich in ihrer Annahme bestätigt, dass linke Gewalttäter:innen ein Gefahrenpotenzial bergen.

In den folgenden Unterkapiteln werden wir unser Forschungsprojekt näher erläutern. Dabei werden wir unseren Forschungsprozess reflektieren und daraus, wenn möglich, Lehren und Tipps für die Durchführung einer narrativen Diskursanalyse beziehungsweise zu studentischen Forschungsprojekten allgemein formulieren. Zunächst gehen wir dabei auf die Entwicklung eines Erkenntnisinteresses und der Fragestellung sowie der daraus folgenden Fallauswahl ein. Es folgen Reflexionen der verwendeten Theorie, deren Operationalisierung und der verwendeten Methode. Ein weiterer Fokus dieses Beitrags liegt in der Darstellung der Datenauswahl und -erhebung sowie auf der Reflexion der Datenanalyse. Im letzten Teil dieses Beitrags ziehen wir eine kritische Bilanz und reflektieren unsere Ergebnisse.

Erkenntnisinteresse, Fallauswahl und Fragestellung

Ausgangspunkt für die Festlegung eines Themas und einer daraus entwickelten Fragestellung für ein Forschungsprojekt ist das Erkenntnisinteresse. Zum Zeitpunkt unseres Forschungsprojekts hatten wir uns noch nicht auf eine bestimmte Fachrichtung spezialisiert. Daher haben wir jeweils überlegt, welche Themenkomplexe in unserem Studium uns bisher interessiert hatten, um zu einem Thema für die Forschungsarbeit zu gelangen. In unserer Forschungsgruppe bestand ein geteiltes Interesse an sozialer Protest- und Bewegungsforschung; insofern lag es nahe, ein Thema aus diesem Bereich zu wählen. Hier sollte bei der Wahl des Themas bedacht werden, dass die einzelnen Gruppenmitglieder häufig einen unterschiedlichen Wissensstand in Bezug auf verschiedene Themen aufweisen und unterschiedliche Kompetenzen aufweisen. Insofern ist es sinnvoll, sich zu Beginn zu überlegen, inwiefern man diese unterschiedlichen Potenziale möglichst sinnvoll miteinander kombinieren kann.

Die Durchführung eines Forschungsprojekts in der Gruppe ist ein intensives und zeitaufwendiges Unterfangen. Neben der Auswahl eines Themas, das alle Gruppenmitglieder interessiert, haben wir es daher auch als hilfreich empfunden, dass unsere erkenntnistheoretischen Grundpositionen relativ gut übereinstimmen. Also: Wir teilten eine eher konstruktivistische Position, und es bestand die gemeinsame Überzeugung, dass Diskursen eine wichtige Bedeutung in Bezug auf die gesellschaftliche Konstruktion von Realität zukommt.

Zusätzlich zu dem persönlichen Interesse der Forscher:innen können auch aktuelle Ereignisse bei der Wahl eines zu bearbeitenden Themas helfen. Für uns beispielsweise waren die Ereignisse in Hamburg und die große mediale Aufmerksamkeit, die diese begleitete, ein Ansatzpunkt für die Themenfindung: Wir wollten die als sehr kontrovers wahrgenommene Berichterstattung systematisch untersuchen. Ein solch aktuelles und medial umkämpftes Ereignis wie die Proteste rund um den G20-Gipfel in Hamburg hat den Vorteil, dass die gesellschaftliche Relevanz oft schon gegeben ist. Es sollte jedoch beachtet werden, dass es durch die Aktualität unter Umständen schwierig sein kann, genügend zuverlässige Informationen, Daten oder auch Literatur zum Thema zu beschaffen, was den Forschungsprozess erschweren kann.

Nach einer ersten Sammlung von Ideen war es für uns hilfreich, die einzelnen Vorschläge zu strukturieren und zu überlegen, wie sich diese konkretisieren lassen. Das kontinuierliche Verfassen kleiner Exposés kann hier helfen, die unterschiedlichen Ideen zu spezifizieren; mit deren Hilfe lässt sich auch Feedback von anderen Student:innen beziehungsweise von Betreuer:innen einholen. Zu beachten ist, dass sich anfängliche Ideen noch stark verändern können (und gegebenenfalls auch sollen), bis das letztendliche Forschungsvorhaben feststeht. Im Verlaufe dieses kontinuierlichen Überarbeitungsprozesses kristallisierte sich unser konkretes Erkenntnisinteresse mit Bezug auf unsere theoretische Unterfütterung und bestehende Forschungsarbeiten heraus – wir fanden spannend, inwiefern Medien Narrative konstruieren, die linke, globalisierungskritische Proteste (de-)legitimieren.

Um diesen Forschungsansatz systematisch umzusetzen, war unser ursprüngliches Ziel, die mediale Berichterstattung über Proteste im Rahmen mehrerer großer politischer Gipfeltreffen in vergleichender Perspektive zu analysieren. Als Ausgangspunkt für die Fallauswahl wollten wir uns auf die Protestberichterstattung zu jenen Gipfeltreffen beschränken, welche in den letzten Jahren in Deutschland stattgefunden hatten: der G8-Gipfel 2007 in Heiligendamm; der G7-Gipfel 2015 in Elmau und der G20-Gipfel 2017 in Hamburg. Dieses Vorhaben beruhte auf der Annahme, dass mögliche globalisierungskritische Gipfelproteste in der medialen Berichterstattung des jeweiligen Gastgeberlandes verstärkt aufgegriffen werden und so die Untersuchung eines abgrenzbaren medialen Diskurses möglich machen. Somit war unser ursprüngliches Forschungsziel geboren: eine vergleichende mediale Narrativanalyse der drei letzten Gipfeltreffen, die in Deutschland stattgefunden hatten.

Diese Vergleichsdimension barg aus unserer Sicht viel Potenzial: Die herausgearbeiteten Narrative in den untersuchten Zeitungen hätten an verschiedenen Protestereignissen, die sich in ihrem Mobilisierungscharakter, der Kontroversität und entsprechenden medialen Darstellung der Ereignisse deutlich unterschieden, herausgearbeitet und geprüft werden können. Eine vergleichende Analyse wäre daher spannend gewesen und hätte mit einer Systematisierung und Validierung der Narrative den Grad der Generalisierbarkeit der schlussendlichen Ergebnisse erhöht. Im weiteren Verlauf des Forschungsprojekts wurde allerdings deutlich, dass unsere Fallauswahl aufgrund der detaillierten und zeitintensiven Methode und Analyse einer Einschränkung bedurfte. Damals hat es sich für uns bewährt, dass wir ein Projekt konzipiert hatten, das sich noch verkleinern ließ, aber gleichzeitig immer noch einen Beitrag zur Forschung leisten konnte und seine Aussagekraft beibehielt. Wir beschränkten uns letztendlich auf eine Analyse der medialen Berichterstattung rund um den G20-Gipfel 2017 in Hamburg als ein Ereignis, das zu diesem Zeitpunkt medial, politisch und gesellschaftlich kontrovers diskutiert wurde und welches gleichzeitig aufgrund der Aktualität der Ereignisse noch wenig wissenschaftlich beforscht war. Durch diese Anpassung konnten wir nun unsere finale Fragestellung für die Analyse formulieren: Welche Narrative werden in der medialen Berichterstattung der FAZ, SZ und taz über die Proteste im Rahmen des G20-Gipfels 2017 in Hamburg konstruiert und wie verändern sich diese im zeitlichen Verlauf?

Die Lessons learned aus dieser Phase des Forschungsprozesses waren für uns vielfältig: Der Prozess der Suche und Konkretisierung einer wissenschaftlichen Fragestellung kann unter Umständen ein langwieriges Unterfangen sein, schafft aber die Basis für den Entwurf eines spannenden Forschungsprojekts. Für die Auswahl eines zu bearbeitenden Analysefalls sollte dessen Aussagekraft und Potenzial für Generalisierbarkeit kritisch geprüft werden. Als vielleicht wichtigsten Tipp können wir an dieser Stelle weitergeben, im Prozess der Forschung immer wieder inhaltliche Zwischenevalutionen im Team einzulegen und laufend den Umfang des Forschungsprojekts und anstehender Aufgaben realistisch abzuschätzen. Dies kann für Student:innen in frühen Phasen ihres Studiums unter Umständen noch schwierig sein. Rücksprache mit Betreuer:innen ist hier immer sinnvoll und angebracht, gleichzeitig hat man als Mitglied des Forschungsteams selbst die genauesten Einblicke in die Abläufe und kann als Expert:in für das eigenes Projekt agieren.

Theorie

Für die Beantwortung der Frage, wie über die Gipfelproteste berichtet wurde und wie sich diese Berichterstattung im zeitlichen Verlauf verändert hat, haben wir einen diskurstheoretischen Ansatz gewählt. Das Feld der Diskurstheorie zeichnet sich durch eine große Vielfalt und auch durch große Unübersichtlichkeit aus. Daher war es zunächst herausfordernd, überhaupt die Aspekte herauszufiltern, die für unser Forschungsprojekt relevant waren. Aufgrund dieser Vielfalt kann auch dieser Beitrag keine umfassende Betrachtung der Diskurstheorie leisten. Vielmehr soll im Verlauf dieses Kapitels nachvollzogen werden, welche diskurstheoretischen Aspekte in unserem Forschungsprojekt Anwendung gefunden haben und warum.

In der Diskurstheorie steht der Zusammenhang zwischen übersubjektiven Wissensordnungen einerseits und diskursiven Praktiken andererseits im Fokus (vgl. Keller et al. 2008: 12). Grundkonsens aller sozialwissenschaftlichen diskurstheoretischen Ansätze ist dabei die Annahme, „dass die Beziehungen der Menschen zur Welt durch kollektiv erzeugte symbolische Sinnsysteme oder Wissensordnungen vermittelt werden" (Keller 2011a: 7). Diskurstheorien und -analysen beschäftigen sich also mit dem Gebrauch von Sprache und anderen Symbolformen und betonen, dass durch diesen Gebrauch die Bedeutung von Phänomenen sozial konstruiert wird, woraus wiederum gesellschaftliche Realität entsteht. Außerdem teilen diskurstheoretische Ansätze die Annahme, dass es rekonstruierbare Regeln gibt, nach denen Sprache und andere Symbolformen gebraucht werden (Keller 2011a: 9).

Der diskurstheoretische Strang fußt dabei vornehmlich auf den Überlegungen von Michel Foucault. Dieser interessierte sich insbesondere dafür, wie durch den Diskurs Wissen generiert wird. Diese Ordnungsstruktur wird durch den Diskurs vorgegeben, der „die Grenzen des Sagbaren" (Foucault 1994: 255) festlegt. Dabei müssen Diskurse „als diskontinuierliche Praktiken behandelt werden, die sich überschneiden und manchmal berühren, die einander aber auch ignorieren oder ausschließen" (Foucault 1974: 36). Die Aufgabe der Diskursanalyse ist es nun, folgende Frage zu untersuchen: „[W]ie kommt es, daß eine bestimmte Aussage erschienen ist und keine andere an ihrer Stelle?" (Foucault 1973: 42). Diskurse werden damit als Praktiken begriffen, „die systematisch die Gegenstände bilden, von denen sie sprechen" (Foucault 1973: 74). Sie sind also Ausdruck, aber zugleich auch Konstitutionsbedingung des Sozialen, als solche können sie gesellschaftliche Machtverhältnisse stärken, aber auch verändern. Diskursive Auseinandersetzungen sind somit immer auch Konflikte um Deutungsmacht (vgl. Küppers 2018: 129). Die diskursiven Regeln im jeweiligen Diskursfeld, die Sprecherposition, von der aus eine Aussage getroffen wurde, und die soziale Lage des sprechenden Subjekts beeinflussen sich dabei gegenseitig (vgl. Sarasin 2005: 120).

Aufgrund seiner konstruktivistischen Grundannahmen – also: Wissen ist nichts Objektives, sondern wird erst durch den Diskurs erzeugt – erscheint der diskurstheoretische Ansatz für unser Forschungsvorhaben sehr passend: Wie einleitend bereits erwähnt, ging es uns darum, die verschiedenen, teilweise auch konkurrierenden, massenmedialen Berichterstattungen zu identifizieren und zu analysieren, also: die Regeln zu rekonstruieren, nach denen die Berichterstattung in den untersuchten Medien erfolgt, welche dann wiederum als gesellschaftliches Deutungsmuster fungiert. Die Wahl der Diskurstheorie rechtfertigt dabei die sehr offene, deskriptive Fragestellung: Wie oben besprochen, hat die Diskursanalyse zum Ziel herauszufinden, warum welche Aussage an einer bestimmten Stelle auftaucht. Um dies zu untersuchen, musste allerdings zunächst geklärt werden, wie diese Aussagen überhaupt lauten. Die deskriptive Fragestellung zusammen mit dem weiter unten vorgestellten induktiven Vorgehen bildet somit eine Grundlage, auf der der stattfindende Diskurs überhaupt erst untersucht werden kann.

Unglücklicherweise bietet Foucault in seinem Gesamtwerk keine Methodik an, mit der man eine Diskursanalyse auch wirklich durchführen könnte; vielmehr bezeichnete er seine Schriften als „Werkzeugkiste" (Foucault 1976: 53), aus der man sich bedienen solle. Für die Umsetzung unseres Forschungsvorhabens war es deshalb nötig, einen diskurstheoretischen Ansatz zu finden, der eine solche Methode bereitstellt. Wie weiter unten beschrieben wird, haben wir uns dabei für die narrative Diskursanalyse Willy Viehövers entschieden. Diese beruht auf dem wissenssoziologischen Diskursverständnis von Reiner Keller, in dem Diskurse verstanden werden als „mehr oder weniger erfolgreiche Versuche [...], Bedeutungszuschreibungen und Sinn-Ordnungen zumindest auf Zeit zu stabilisieren und dadurch eine kollektiv verbindliche Wissensordnung in einem sozialen Ensemble zu institutionalisieren" (Keller 2011a: 8). Im Anschluss an Foucault interessiert sich die wissenssoziologische Diskursanalyse für die gesellschaftlichen Effekte von Diskursen, im Unterschied dazu betont sie jedoch die Rolle handelnder Akteur:innen in dem Prozess der Diskursproduktion und -rezeption (vgl. Keller 2011b: 12). Bei der Formulierung ihrer Beiträge orientieren sich Akteur:innen demnach an den vorherrschenden diskursiven Praktiken; sie formen also durch ihre Beiträge den Diskurs, sind gleichzeitig aber auch selbst in diskursive Deutungskämpfe eingebunden (vgl. Keller 2011a: 59; Küppers 2018: 137).

Eine Lesson learned aus der Erarbeitung der theoretischen Grundlage war, dass man aufgrund der Fülle an Literatur leicht den Überblick verlieren kann und Gefahr läuft, sich zu verrennen. Gerade im diskurstheoretischen Feld war dies eine Herausforderung, da hier wirklich sehr viel Literatur vorhanden ist, die dabei allerdings mitunter sehr uneinheitlich in ihrer Verwendung des Diskursbegriffs und auch in der im Folgenden diskutierten Methode der Diskursanalyse ist. Zwar ist es wichtig, zunächst viel und umfangreich zu lesen, um sich einen Überblick zu verschaffen. Jedoch ist es sehr hilfreich, das Gelesene immer wieder in Hinblick auf das Erkenntnisinteresse und auf die Forschungsfrage zu prüfen: Hilft mir dieser Text weiter? Inwiefern? Je präziser Erkenntnisinteresse und Forschungsfrage dabei formuliert sind, desto leichter fällt dieser Prozess. Hilfreich sind wiederum zudem, gerade auch in frühen Stadien des Forschungsprojekts, der Austausch und die gemeinsame Reflexion innerhalb der Gruppe bzw. mit Betreuer:innen.

Methode und Operationalisierung

Durch unsere Forschungsfrage und unser Erkenntnisinteresse, deren Entwicklung weiter oben bereits nachgezeichnet wurde, haben wir definiert, dass wir die Erzählungen der unterschiedlichen Zeitungen ausmachen möchten, als Zugang haben wir die Diskurstheorie ausgewählt. Nun standen wir vor dem Problem: Wie analysiert man „den Diskurs"? Wie weiter oben bereits erwähnt, gibt Foucault keine Anleitung für die Analyse an die Hand. Wir machten uns also auf die Suche nach einer konkreten, für unser Forschungsvorhaben anwendbaren Methode.

Diese zu finden, war nicht so einfach: Es gibt zwar viel Literatur zu Diskurstheorie und -analyse, jedoch gibt es auch hier wenig konkrete Anleitungen, wie eine Analyse tatsächlich durchgeführt werden kann beziehungsweise durchgeführt wurde. In der Literaturrecherche stießen wir auf die sogenannte narrative Diskursanalyse von Willy Viehöver. Dieser sieht in Narrationen ein „zentrales diskursstrukturierendes Regelsystem" (Viehöver 2006: 180; vgl. Viehöver 2014a: 71) und macht damit das Konzept „Diskurs" fassbarer. Er schreibt: „Individuelle und kollektive Akteure machen – bewusst oder unbewusst – in der sozialen Praxis Gebrauch von narrativen Schemata und verleihen dadurch ihren Weltdeutungen und ihren sozialen Praktiken Kohärenz, Bedeutung und qua Wiederholung eine gewisse Regelmäßigkeit" (Viehöver 2006: 180). Diese Methode erschien uns passend für unser Vorhaben: Schließlich hatten wir uns explizit vorgenommen zu analysieren, wie die Medien die Proteste rund um das Gipfeltreffen in Hamburg erzählten, also mit Viehöver: welche Narrative sie dabei ausbildeten. Die heuristische Vorannahme ist dabei, dass durch den Akt des Erzählens eine Geschichte konfiguriert wird und diese aus unterschiedlichen Ereignissen in der Welt eine einheitliche Geschichte macht (vgl. Viehöver 2012: 82). Das bedeutet, dass durch narrative Strukturen unterschiedliche Ereignisse, Objekte, Akteur:innen und Handlungen miteinander verknüpft werden (vgl. Viehöver 2006: 184).

Dabei lassen sich in einzelnen Texten zumeist keine vollständigen Narrationen finden, sondern nur Bruchstücke (vgl. Viehöver 2006: 184). Ziel der narrativen Diskursanalyse ist es nun, die zentralen Strukturprinzipien der Narration zu identifizieren. Für unser Forschungsvorhaben überzeugte uns Viehövers Methode vor allem, da er sehr klar drei operationalisierbare Strukturprinzipien ausmacht, nämlich sogenannte Episoden, Aktanten und Plots.

Episoden sind dabei Sequenzen einer Erzählung, die zeitlich und kausal miteinander verknüpft sind (vgl. Viehöver 2006: 196). Eine Erzählung gliedert sich laut Viehöver in die Episoden Problemursache, Problem, Konsequenzen des Problems, Lösungsstrategien und deren Konsequenzen sowie die Schlüsse, die aus der Geschichte gezogen werden (vgl. Viehöver 2008: 249 f.).

Aktanten sind das Personal der Narrationen. Bei Viehöver gibt es die sechs zentralen Rollen Sender und Empfänger, Held (Subjekt) und Objekt, Bösewicht und Helfer. Diese Rollen sind nicht konform mit konkreten Personen, sie können auch von Kollektiven oder sogar von Dingen eingenommen werden. Der Sender ist die Quelle der formulierten Werte, Regeln und Normen, der Empfänger das Ziel der Werte, Regeln und Normen. Der Held spielt die zentrale Rolle bei der Verwirklichung der formulierten Werte beziehungsweise Ziele, welche Objekt genannt werden. Während der Sender stets das übergeordnete Ziel im Blick hat, kann der Held auch Partikularinteressen verfolgen. Der Bösewicht hingegen verfolgt negativ wahrgenommene Ziele oder stellt eine Bedrohung des Gemeinwesens dar. Die Helfer assistieren dem Helden oder dem Bösewicht (vgl. Viehöver 2006: 198 f.). Die Analyse der Aktantenbeziehungen gibt Aufschluss über zentrale Konflikte in bestimmten Situationen (vgl. Viehöver 2013: 277).

Mit dem Plot schließlich werden die einzelnen Episoden und Aktanten verknüpft und zueinander in Beziehung gesetzt (vgl. Viehöver 2006: 189, 199). Er ist der „rote Faden", entlang welchem die Geschichte erzählt wird. Durch den Plot werden die Aktanten der Narration mit unterschiedlichen Situationen und Aufgaben (Hindernissen, Konflikten, Herrschaft, Misstrauen usw.) konfrontiert. Erst dieser konfigurative Akt, nicht die formalen Gegensätze eines Textes, gibt der Narration ihre Bedeutung in einer spezifischen historischen Situation und einem spezifischen (Deutungs-)Konflikt (vgl. Viehöver 2008: 252).

Unser konkretes Vorgehen in der Analyse haben wir in Anlehnung an diese von Viehöver beschriebenen Elemente entwickelt. Dazu mussten wir die Episodenstruktur, die Aktanten und den Plot operationalisieren, um festlegen zu können, was genau wir wie im Textmaterial codieren wollten. Für die Operationalisierung dieser Elemente haben wir zunächst einen Fragebogen entwickelt, der die Grundlage für den ersten Analysedurchgang darstellte. Unter den Fragen zur Kategorie „Episoden" finden sich beispielsweise solche: „Was ist das Hauptproblem des Textes? Welche anderen Probleme werden erwähnt?", und: „Was wird als die Ursachen des Problems/der Probleme angesehen?"

Die von Viehöver beschriebenen narrativen Strukturen ließen sich allerdings nicht so reibungslos operationalisieren, wie wir uns das gewünscht hätten: Manche der Kategorien etwa lassen großen Interpretationsspielraum. Beispielsweise ist nicht klar, was Viehöver unter einer „Lösungsstrategie" versteht: Gilt als Lösungsstrategie, was die beteiligten Akteur:innen tun, um auf Probleme zu reagieren, was von ihnen gefordert wird oder was ihnen geraten wird? Hier gilt gerade auch in Gruppenarbeitsprozessen: Diese Fragen müssen ausdiskutiert und einheitlich festgelegt werden, sodass alle beim späteren Codieren dasselbe unter den jeweiligen Kategorien verstehen. Nur so lassen sich am Ende valide und reliable Ergebnisse gewährleisten. Für unsere Arbeit etwa haben wir als Lösungsstrategie festgelegt, was der Text als Lösung für das von ihm aufgeworfene Hauptproblem vorschlägt.

Auch in Bezug auf den Plot ergeben sich Schwierigkeiten bei der Operationalisierung: Denn hier lässt sich aus Viehövers Beschreibung nicht direkt auf konkrete Kategorien schließen, die diesen fassbar machen. In diesem Fall haben wir recherchiert, was etwa die Literatur- und Sprachwissenschaften unter einem Plot verstehen. Daraufhin legten wir für unsere Arbeit fest, dass wir unter der Kategorie „Plot" sprachliche Hinweise auf Kausalitäten, Zeitstrukturen und Verweise auf relevant erscheinende Phänomene codieren würden.

Laut Viehöver ist der Autor eines Textes oftmals auch der Sender. Deshalb legten wir für unsere Analyse fest, dass wir die jeweilige Zeitung als den Sender sehen, da der Text dort erschienen ist. Deshalb haben wir dem Sender in der weitergehenden Analyse keine Beachtung mehr geschenkt. Ob das sinnvoll war oder nicht, kristallisierte sich dann leider erst zu einem späteren – zu späten – Zeitpunkt heraus (vgl. Abschnitt zu Reflexion und Schlussbetrachtung). Da wir ausschließlich Medien untersuchten, die als Zielpublikum eine möglichst breite Öffentlichkeit haben, betrachteten wir diese als Empfänger, weshalb in den Artikeln auch keine Empfänger codiert wurden.

Darüber hinaus wurden einige Schwierigkeiten, die auf die Operationalisierung zurückgehen, erst bei der Analyse des Textmaterials deutlich: Beispielsweise hatten wir bei der Aufteilung der Aktanten in „Held", „Bösewicht" und „Helfer" den Eindruck, dass manche Personen, die in den Artikeln vorkamen, über diese Oberkategorien nicht gefasst werden konnten, da sie als eher passiv dargestellt wurden, während Aktanten bei Viehöver als aktiv klassifiziert werden. Als Antwort auf diese Problematik haben wir im Laufe unseres Analyseprozesses die Kategorie „Opfer" entwickelt, um auch passive Akteur:innen zu erfassen, die zwar vom Problem betroffen sind, jedoch selbst nicht aktiv agieren.

Welche Lessons learned lassen sich in Bezug auf die Operationalisierung festhalten? Zunächst, dass der Vorgang an sich, auch in zeitlicher Hinsicht, nicht zu unterschätzen ist. Da dieser Schritt in einem Forschungsprojekt die Grundlage für die gesamte Analyse darstellt, ist es aber auch sinnvoll, viel Zeit und Energie darauf zu verwenden. Dabei kann es hilfreich sein, Sprechstunden wahrzunehmen und mit der betreuenden Dozentin oder dem betreuenden Dozenten darüber zu sprechen – auch, um Feedback zu bekommen, ob die geplante Operationalisierung so überhaupt Sinn ergibt. Wenn sich bestimmte Konzepte nicht aus den zur Verfügung gestellten Definitionen heraus operationalisieren lassen, haben wir es als hilfreich empfunden, Erkenntnisse aus anderen Disziplinen heranzuziehen und so eine Operationalisierung zu erarbeiten. Außerdem könnte es unter Umständen helfen, diejenigen Forscher:innen, auf die man sich bezieht, zu kontaktieren, um nachzufragen, wie im jeweiligen Fall damit umgegangen wurde. In Bezug auf die Operationalisierung ist es unabdingbar, diese mit der gesamten Forschungsgruppe in aller Ausführlichkeit zu diskutieren – und die jeweilige Operationalisierung eindeutig niederzuschreiben.

Datenauswahl und -erhebung

Ein weiterer Schritt in unserem Forschungsprozess war die Auswahl der Analysedaten und deren Erhebung. Wir entschieden uns dafür, den empirischen Fokus auf große, überregionale Tageszeitungen in Deutschland zu legen, basierend auf der Annahme, dass die Einschätzungen dieser „Leitmedien" weitergehende mediale Diskurse formen (vgl. Eilders et al. 1998: 23). Für unser Forschungsprojekt bedeutete dies, dass trotz einer Beschränkung auf einige wenige Zeitungen in der Analyse „ei[n] ökonomische[r] Zugriff auf die politisch wahrgenommene Themen- und Meinungsvielfalt im gesamten Mediensystem" möglich wurde (vgl. Eilders et al. 1998: 23). Um die Narrative in der Berichterstattung über die Proteste möglichst ausgewogen und breit abzubilden und ein Spektrum politischer Ausrichtungen zu inkludieren, untersuchten wir die *Frankfurter Allgemeine Zeitung*, die *Süddeutsche Zeitung* und die *tageszeitung*. Diese Tageszeitungen lassen sich idealtypisch auf einer Rechts-Links-Skala einordnen: FAZ – SZ – taz (vgl. Beck 2012: 136).

Beim Zugriff auf die Zeitungsartikel stießen wir auf einige Herausforderungen, da ein systematischer Zugang zu den Online-Archiven der Zeitungen eigentlich kostenpflichtig war. Ein Teil der Lösung bestand darin, dass eine der Zeitungen über eine Datenbank der Universitätsbibliothek zugänglich war. Auf die anderen beiden Zeitungen konnten wir zugreifen, nachdem uns diese auf Nachfrage für Forschungszwecke einen zeitlich begrenzten Vollzugang zu ihren Online-Archiven zur Verfügung stellten. So bekamen wir trotz der begrenzten Ressourcen unseres Forschungsprojekts freien Zugriff auf die benötigten Daten und konnten gleichzeitig umständliche Erhebungsmethoden wie den manuellen Scan von Zeitungsartikeln auf Filmmaterial wie Mikrofiche umgehen. Für uns wurde der Zugang schlussendlich also relativ niedrigschwellig und ohne Kosten möglich. Als studentische Forschungsgruppe kann man beim Auftreten solcher Schwierigkeiten im Prozess der Datenbeschaffung auf die Expertise von Betreuer:innen oder anderen Ansprechpartner:innen, beispielsweise bei Bibliotheken, zurückgreifen. Hier gilt es auch Fragen bezüglich der Rechte für die Weiterverarbeitung oder Veröffentlichung zu klären. Falls tatsächlich nur ein kostenpflichtiger Zugang möglich ist, können Angebote finanzieller Unterstützung, z. B. durch Nachwuchs-Forschungsstipendien, in Betracht gezogen werden, die auch für studentische Forschungsprojekte zur Verfügung stehen.

Nachdem der Zugang zu den Zeitungen geklärt war, war der nächste Schritt für uns die konkrete Eingrenzung und Auswahl der zu analysierenden Zeitungsartikel. Dafür legten wir einige Kriterien fest. Solche Erhebungskriterien sollten möglichst früh festgelegt werden, da so die unnötige Sammlung von Daten, welche später in der Analyse nicht mehr berücksichtigt wird, vermieden werden kann. Die Kriterien wurden in der Gruppe diskutiert und klar festgehalten, um einerseits eine regelgeleitete Finalisierung des Analysekorpus in Gruppenarbeit zu ermöglichen und andererseits die spätere Nachvollziehbarkeit sicherzustellen. Zur Gewährleistung der Vergleichbarkeit zwischen Zeitungen und Artikeln beschränkten wir uns auf Artikel der Printausgaben und inkludierten keine Online-Inhalte. Auch die Wochenendausgaben der jeweiligen Zeitungen wurden nicht berücksichtigt. Den Analysezeitraum begrenzten wir auf die Berichterstattung während des Gipfeltreffens sowie die sieben Tage davor und die sieben Tage danach. Somit war sowohl die gipfelbegleitende Berichterstattung als auch die Vor- und Nachberichterstattung zu großen Teilen enthalten.

Für die Erhebung der Zeitungsartikel grenzten wir alle potenziell relevanten Artikel aus diesem Zeitraum mit einer Suche nach dem Stichwort „G20" und verwandten Schreibweisen innerhalb der Datenbank beziehungsweise Archive ein. Dann erfolgte die Auswahl des finalen Analysematerials auf Basis einer ersten Sichtung und Einordnung der Artikel. Es wurden dabei systematisch alle Artikel in den Analysekorpus aufgenommen, die sich in direkter oder indirekter Form mit den Gipfelprotesten beschäftigten. Nicht berücksichtigt wurden Artikel, die sich inhaltlich mit dem Gipfeltreffen befassten, also etwa erläuterten, wer daran teilnahm oder welche Themen auf der Gipfelagenda standen. Bei Unsicherheiten bezüglich bestimmter Artikel erwies sich eine Diskussion innerhalb der Gruppe als hilfreich. Während dieses Schritts der Datenerhebung stießen wir erneut auf einige praktische Probleme: So war in manchen Fällen nur ein Download der Artikel im Bildformat möglich, welches für unsere Zwecke und mit unserem Analyseprogramm nicht sinnvoll codierbar gewesen wäre. Unsere Lösung – ein zusätzlicher Zwischenschritt der Datenaufbereitung mit einem Programm für OCR-Texterkennung mit anschließender manueller Überprüfung durch die Teammitglieder – umging diese Problematik zwar, gestaltete sich allerdings sehr zeitintensiv.

Letztendlich erhoben wir für die mediale Berichterstattung rund um die Proteste des G20-Gipfels 199 Zeitungsartikel. Die Artikel deckten verschiedene Ressorts ab und hatten unterschiedliche Artikelformate, unter anderem waren Leitartikel, Kurzartikel, Reportagen, Kommentare und Interviews enthalten. Gemessen an der Anzahl der Artikel hatte die taz am intensivsten über die Protestereignisse berichtet, gefolgt von der FAZ. Im Verlauf der späteren Datenanalyse mussten sieben bereits codierte Artikel aus der Analyse ausgeschlossen werden, da sie über sehr spezifische Aspekte der Proteste berichteten oder verschiedene Positionen darstellten, ohne diese zu gewichten. Damit waren sie mit unserer Operationalisierung nicht fassbar beziehungsweise sinnvoll zu verarbeiten (siehe auch nächstes Kapitel). Unser finaler Datenkorpus, der die Grundlage für die spätere computergestützte Analyse der Narrative mit MAXQDA bildete, setzte sich somit aus 192 Artikeln zusammen.

Welche Lessons learned lassen sich in Bezug auf die Auswahl und Erhebung der Daten festhalten? Die Erhebungskriterien für das Material sollten rechtzeitig systematisiert und festgehalten werden, um unnötige Datensammlungen zu vermeiden. Der Zugriff auf das angestrebte Material sollte ebenfalls möglichst früh abgeklärt werden, wobei man sich durch zeitliche Verzögerungen oder Zugangsschwierigkeiten nicht entmutigen lassen sollte. Meist findet sich eine Lösung, wie doch noch auf benötigte Daten zugegriffen werden kann, beziehungsweise finden sich Alternativen. Auf solche Herausforderungen sollte man eingestellt sein und sich nicht entmutigen lassen. Mit einem einkalkulierten zeitlichen Puffer können solche Herausforderungen den Verlauf des weiteren Forschungsprojekts nicht beeinträchtigen.

Datenanalyse

Das Ziel bei der Analyse unserer Daten bestand darin, Episodensequenzen, Aktanten und Plotmuster in den einzelnen Zeitungsartikeln zu identifizieren, um am Ende das vorherrschende Narrativ in der jeweiligen Zeitung rekonstruieren zu können. Den Ausgangspunkt für unsere Analyse bildete ein Fragenkatalog, der in Anlehnung an Viehöver gebildet wurde und mit dessen Hilfe wir die Oberkategorien für unser Kategoriensystem festgelegt haben. Anschließend wurden im Zuge der Analyse der Zeitungsartikel die Oberkategorien induktiv mit Codes bestückt. Beispielsweise wurden im Laufe des Analyseprozesses unter der Oberkategorie „Held" auf Basis der Zeitungsartikel die Codes „Gipfelgegner:innen", „friedliche Demonstrierende", „Polizei", „Radikale Linke", „Politische Verantwortliche" und „Bürgerliches Gemeinwesen" gebildet. Die Beziehungen zwischen den Codes der verschiedenen Oberkategorien zueinander ermöglichte dann Rückschlüsse auf die Struktur des jeweils vorherrschenden Narrativs.

Für die Analyse größerer Datenmengen ist es empfehlenswert, ein Programm zur Datenverwaltung und -analyse zu verwenden. Wir haben während unseres Forschungsprojekts mit der Software MAXQDA gearbeitet. Das Programm MAXQDA kann zur Unterstützung von qualitativer Forschung herangezogen werden, erlaubt das Arbeiten mit verschiedenen Datenformaten und bietet verschiedene Werkzeuge für die Organisation, Codierung und Auswertung von Daten an. Wir haben für unser Forschungsprojekt einen kostenlosen Zugang über die Universität erhalten, aber auch MAXQDA selbst bietet einen 14-tägigen kostenlosen Testzugang und günstigere Konditionen für Studierende an. Das Programm verfügt über eine intuitive Benutzer:innenoberfläche, zudem gibt es ein breites Unterstützungsangebot in Form von Videotutorials und Literatur. Dieses Analyseprogramm ermöglicht außerdem die Arbeit im Team über die MAXQDA-TeamCloud beziehungsweise über das Zusammenführen von Teilprojekten.

Unserer Erfahrung nach ist es sinnvoll, sich möglichst früh mit dem Programm und seinen Funktionen vertraut zu machen. MAXQDA bietet vor allem in Bezug auf die Auswertung eine Vielzahl von Tools, mit deren Funktionen man sich jedoch auskennen muss, um deren Nutzen für die eigene Arbeit abschätzen zu können. Hier empfiehlt sich beispielsweise, dass ein Mitglied der Forschungsgruppe mit der Einarbeitung in das Programm beauftragt wird und somit im Anschluss das ganze Team im Umgang mit dem Analyseprogramm „schulen" kann.

Unsere Daten – die Zeitungsartikel – haben wir in zwei Durchgängen codiert. Während des ersten Durchgangs haben wir zu Beginn einige Texte gemeinsam codiert, um ein geteiltes Verständnis davon zu entwickeln, wie die Unterkategorien sinnvoll gebildet werden. Beispielsweise haben wir zu Beginn in der Gruppe diskutiert, wen wir in einem Artikel als Helden markieren würden und weshalb. Beim Codieren selbst ist es wichtig, die Forschungsfrage im Blick zu behalten und immer wieder zu reflektieren, wie die Kategorien später verwendet und aggregiert werden sollen. Außerdem hilft es, sogenannte Codierregeln zu formulieren, die dazu beitragen sollen, dass für die anderen Forscher:innen besser nachvollziehbar ist, wann mit einem bestimmten Code codiert werden soll. Während unseres Codiervorgangs haben wir beispielsweise aufgrund nicht ausreichend aussagekräftiger Codierregeln redundante Codes gebildet, die später bei der Überarbeitung des Kategoriensystems zusammengeführt werden mussten. Zudem haben wir Codes gebildet, die wir letztlich für die Analyse nicht heranziehen konnten, da sie zu detailliert waren oder sich nicht direkt auf die Forschungsfrage bezogen.

Bei einer Diskursanalyse muss notwendigerweise subjektive Interpretationsarbeit geleistet werden. Deshalb ist es wichtig, großen Wert auf ein systematisches Vorgehen und die Nachvollziehbarkeit der einzelnen Schritte zu legen. Dazu muss eine eindeutige Operationalisierung der einzelnen Kategorien erreicht werden, Vorgehensweisen müssen klar definiert sein. Nur so können andere Forscher:innen die entsprechenden Ergebnisse auf der Grundlage der Beschreibungen reproduzieren, und es kann sichergestellt werden, dass alle Projektbeteiligten in der Analyse auf gleiche Art und Weise vorgehen. Dies konnten wir unter anderem auch durch unsere zwei Analysedurchgänge gewährleisten, bei welchen wir darauf achteten, dass jeder Artikel jeweils durch eine weitere Person codiert wurde.

Nach dem ersten Codierdurchgang haben wir die einzelnen Kategoriensysteme zusammengeführt. Dieser Prozess ist relativ zeitaufwendig und kann durch klar formulierte Codierregeln beschleunigt werden. Zudem haben wir das Kategoriensystem auch am Ende dieses Überarbeitungsprozesses nicht endgültig festgelegt, sondern im zweiten Codiervorgang weiter modifiziert, sodass wir die einzelnen Kategoriensysteme am Ende des zweiten Analysedurchgangs erneut zusammenführen mussten, was ebenfalls sehr zeitaufwendig war. Insgesamt wäre es daher sinnvoll gewesen, das Kategoriensystem anhand 10 % des Materials zu bilden und die einzelnen Unterkategorien dabei so zu formulieren, dass sie weder zu weit noch zu eng gefasst sind, damit alle weiteren Texte damit codiert werden können, die Kategorien gleichzeitig aber auch aussagekräftig bleiben.

Im zweiten Codierdurchgang haben wir die einzelnen Zeitungsartikel dann neu aufgeteilt, sodass jeder Artikel im Endeffekt von mindestens zwei Forscherinnen codiert wurde, um die Intercoder-Reliabilität zu gewährleisten. Textpassagen, die nach diesem zweiten Codiervorgang nach wie vor unklar waren beziehungsweise strittig blieben, haben wir in der Gruppe diskutiert und die Codierungen gemeinsam festgelegt. Insgesamt muss für die beiden Codiervorgänge festgehalten werden, dass die stark induktive Bildung des Kategoriensystems mit den jeweiligen Überarbeitungen sehr zeitaufwendig ist und dass unter Umständen viel Aufwand in einzelne Teilaspekte investiert wird, die letztlich für die Auswertung gar nicht mehr herangezogen werden. Zudem muss an dieser Stelle nochmals auf die Schwierigkeiten verwiesen werden, die auf die Operationalisierung zurückzuführen sind und die bei der Analyse besonders deutlich wurden. Wir haben uns an dieser Stelle mit der Einführung der Unterkategorie „Opfer" beholfen, was deutlich macht, dass im Laufe eines Forschungsprozesses durchaus auch bisherige theoretische Ansätze weiterentwickelt beziehungsweise modifiziert werden können, wenn es aufgrund der ausgewählten Daten notwendig erscheint.

Zudem stellten uns Zeitungsartikel vor Herausforderungen, die nicht eindeutig eine Position vertraten, sondern entweder verschiedene Positionen aufgriffen, ohne diese zu gewichten, oder zunächst eine andere Position darlegten, um diese dann zu widerlegen. Aufgrund der Schwierigkeiten, diese Artikel so zu codieren, dass es zu keiner Verzerrung der Ergebnisse führt, sind vier Artikel am Ende nicht in die Auswertung eingegangen, was gleichzeitig ebenfalls eine gewisse Verschiebung in den Ergebnissen nach sich zieht. Diese beiden Beispiele machen deutlich, dass es eine Herausforderung ist, „Realität" mittels eines Analyseschemas zu fassen, und dass dabei notwendigerweise Kompromisse bei der Übertragung gemacht werden müssen.

Nach den beiden Codiervorgängen und der finalen Überarbeitung des Codesystems haben wir unsere Daten mithilfe von MAXQDA ausgewertet. Dazu haben wir in einem ersten Schritt Kreuztabellen erstellt, die darüber Aufschluss geben, wie häufig ein codiertes Segment, beispielsweise ein Problem, in welcher Zeitung genannt wird. Wir haben eine Kreuztabelle für die Episode Problem erstellt, da sich um das Problem die restliche Episodenstruktur aufbaut. Zudem wurden weitere Kreuztabellen für die Aktanten Held und Bösewicht erstellt, da diese die zentralen Aktanten innerhalb der Narrative darstellen. Über die Kreuztabellen wurden dann diejenigen Probleme, Helden und Bösewichte identifiziert, die in mindestens 5 % der Artikel pro Zeitung auftauchen. Im Anschluss daran haben wir mithilfe des Code-Relations-Browsers ermittelt, wie die einzelnen relevanten Probleme beziehungsweise Helden und Bösewichte in Beziehung zu den übrigen Episoden und Aktanten stehen. So konnten die einzelnen Verbindungen zwischen Episoden- und Aktantenstrukuren sichtbar gemacht werden. Mit diesem Bezug auf die codierten Segmente und durch den Einbezug des Plots als strukturierendes Element konnten dann erste vorläufige Narrative formuliert werden. Im Zuge dieses ersten Auswertungsschritts haben wir jedoch festgestellt, dass die jeweiligen Narrative pro Zeitung relativ unpräzise waren, weshalb wir überprüfen wollten, inwiefern sich zentrale Änderungen ergeben, wenn die Dokumente auf die Zeiträume t1 und t2 – also vor und nach der „Welcome to Hell"-Demonstration – aufgeteilt werden. Diese Entscheidung haben wir aufgrund der Annahme getroffen, dass die teilweise gewaltsamen Auseinandersetzungen im Rahmen der „Welcome to Hell"-Demonstration in Hamburg ein Wendepunkt für die Narrative innerhalb der Berichterstattung sein könnten, was sich letztlich dann auch bei der Auswertung bestätigt hat. Im Anschluss an die erneute computergestützte Auswertung der Daten haben wir dann die einzelnen Elemente – Episoden, Aktanten und Plot – zusammengeführt und die Narrative ausformuliert. Hierbei ist es wichtig, sich bewusst zu machen, dass es sich bei den ausformulierten Narrativen um Rekonstruktionsversuche handelt, für die notwendigerweise Interpretationsarbeit geleistet werden muss. Gerade am Anfang sollte man sich deshalb auch nicht entmutigen lassen, wenn sich nicht sofort Muster identifizieren lassen, da es Zeit braucht, sich in dem analysierten Material zu orientieren. Daher ist es wichtig, dass ausreichend Zeit für die Auswertung und Verschriftlichung der Narrative eingeplant wird.

Zusammenfassend lassen sich folgende Lessons learned für die Datenanalyse festhalten: Zunächst ist eine gute Einarbeitung in das jeweilige Analyseprogramm, insbesondere in die Auswertungsfunktionen, von zentraler Bedeutung. Außerdem sollte man sich bewusst machen, dass das Arbeiten mit einem induktiven Kategoriensystem sehr zeitaufwendig ist und immer wieder gruppeninterne Absprachen und Anpassungsarbeit erfordert. Es ist hierbei sehr wichtig, dass eine Balance gefunden wird in Bezug auf die Genauigkeit der Codierung: Ein zu kleinteiliges Vorgehen führt schnell dazu, dass das Kategoriensystem unübersichtlich wird, gleichzeitig müssen jedoch auch die zentralen Aspekte abgebildet werden – wobei am Anfang jedoch oft nicht klar ist, welche diese überhaupt sind. Aufgrund dessen ist es von zentraler Bedeutung, dass das Kategoriensystem möglichst gut für andere nachvollziehbar ist, also Codierregeln aussagekräftig formuliert werden, damit es möglichst übersichtlich bleibt. Auch sollte bedacht werden, dass eine gute Operationalisierung bei der Datenanalyse von entscheidender Bedeutung ist. Probleme, die aus einer nicht ausreichenden Operationalisierung resultieren, werden vermutlich erst bei diesem Arbeitsschritt richtig deutlich. Und abschließend ist es wichtig, ausreichend Zeit für die Analyse und insbesondere für die Auswertung einzuplanen. Denn auch wenn die vollständige Codierung aller Texte im Arbeitsprozess bereits einen großen Schritt bedeutet, beginnt ein zentraler Aspekt der Forschungsarbeit erst mit der Rekonstruktion der Narrative und damit mit der Auswertung der codierten Daten.

Fazit und Lessons learned

In unserem Forschungsprojekt untersuchten wir, wie linker, globalisierungskritischer Protest medial vermittelt wird. Die Art und Weise dieses Erzählens hat dabei – durch die Funktion von Massenmedien in einer demokratischen Gesellschaft – Konsequenzen für die Legitimierung beziehungsweise Delegitimierung von Protestmotiven und -aktionen. Durch unsere systematische Untersuchung konnten wir zeigen, dass sich die in den drei untersuchten Zeitungen vorherrschenden Narrative unterscheiden und dass dieser Unterschied jeweils mit der politischen Einordnung dieser Medien in Einklang gebracht werden kann. Außerdem konnten wir demonstrieren, dass Medien beobachtbare Ereignisse nicht nur in ihre Erzählungen einpassen, sondern dass herausragende Geschehnisse auch eine Anpassung dieser Narrative bewirken können. Den Mehrwert unseres Projekts sehen wir deshalb in zweierlei Hinsicht gegeben: Zunächst leisteten wir einen Beitrag zur Untersuchung der medialen Darstellung des Protests gegen den Hamburger G20-Gipfel. Gleichzeitig haben wir die Methode der narrativen Diskursanalyse weiterentwickelt: Durch das konsequente Durchexerzieren der Methode auf einen vergleichbar großen Korpus präsentierten wir ein Anwendungsbeispiel und entwickelten die Operationalisierung – aus der Anwendung heraus – weiter.

Wie jedes Forschungsprojekt kommt jedoch auch das unsere mit einigen Einschränkungen: So wollten wir ursprünglich drei Gipfeltreffen miteinander vergleichen, dies war jedoch aufgrund von zeitlichen Beschränkungen nicht möglich. Ein solcher Vergleich hätte die Generalisierbarkeit unseres Projekts deutlich erhöht; schließlich hätten wir dadurch testen können, ob sich die Narrative unabhängig vom jeweiligen Gipfeltreffen ähneln oder ob sie sich im Zeitverlauf änderten. Selbstverständlich hätte hierbei die Vergleichbarkeit zwischen den einzelnen Gipfeltreffen als Grundlage für die Konstruktion der Narrative diskutiert und eingeordnet werden müssen (so kam es bei den Protesten in Hamburg 2017 beispielsweise verstärkt zu gewalttätigen Auseinandersetzungen zwischen Protestierenden und der Polizei, was beim Gipfel in Elmau 2015 nicht der Fall war).

Eine Herausforderung bei diskursanalytischen Unterfangen ist die Komplexität derselben, ebenso wie eine relative methodische Unklarheit dahingehend, wie diese – auch in kleineren Forschungsvorhaben – durchgeführt werden kann. Der Anspruch einer Diskursanalyse wäre ja, „alles" zu untersuchen, um ein möglichst vollständiges Bild eines Diskurses zu erlangen. Dies war im Rahmen unseres studentischen Forschungsprojekts nicht möglich. Für uns war es dementsprechend wichtig, selbstständig den Zeitraum und die Art der Quellen streng zu beschränken. In unserer Arbeit haben wir den riesigen Komplex „Diskurstheorie" zusätzlich durch die Begrenzung auf die narrative Diskursanalyse auf ein bewältigbares Ansinnen heruntergebrochen.

Durch die Anwendung dieser Methode konnten die divergierenden Deutungen der untersuchten Zeitungen gut sichtbar gemacht werden. Es zeigte sich, dass sich die Narrativanalyse gut für die Analyse von Medienbeiträgen eignet; nur wenige Texte mussten aussortiert werden, da sie keine narrativen Strukturen aufwiesen. Dieser Punkt weist gleichzeitig jedoch auch auf eine Schwäche der narrativen Diskursanalyse hin: Texte, die keine narrativen Strukturen aufweisen, können eben nicht erfasst werden. Dadurch ergibt sich womöglich eine Verzerrung zugunsten der Texte, die narrative Strukturen beinhalten. Da dies jedoch wie gesagt bei der untersuchten Protestberichterstattung in beinahe allen Texten der Fall war, führt uns dies zu der Annahme, dass die Untersuchung von Narrativen gerade bei sehr polarisierenden Themen durchaus sinnvoll ist. Gerade für die Analyse von Medienbeiträgen scheint die Methode sehr fruchtbar.

Wenn wir nun unsere Untersuchung kritisch Revue passieren lassen, wird deutlich, dass wir streng genommen nur den „ersten Schritt" einer Diskursanalyse geleistet haben: Wir haben die vorherrschenden Narrative identifiziert. Weitere Schritte, nämlich Aussagen über Machtverhältnisse und hegemoniale Argumentationsmuster zu treffen, kamen in unserer Arbeit zu kurz. Jedoch begreifen wir das Ansinnen der Diskursanalyse, nämlich zu untersuchen, wann und warum bestimmte Aussagen auftauchen und inwiefern dadurch „Wirklichkeit" konstruiert wird, als Legitimation für unser deskriptives Forschungsdesign: Schließlich muss – auch für jede weitergehende Analyse – zunächst einmal identifiziert werden, welche Aussagen überhaupt vorkommen. Diese haben wir durch unsere Arbeit identifiziert. Dazu passt deshalb auch, dass wir die Narrative induktiv aus dem Material herausgebildet haben. Generell gilt für unsere Auswertung jedoch: Diese hätte mehr Zeit, Hintergrundwissen und Interpretation benötigt; die konsequente Rückbindung zur Machtdimension der Diskurstheorie fehlt letzten Endes.

Auch die von Viehöver vorgestellten Elemente und unsere Operationalisierung derselben muss mit Blick auf ihre Aussagekraft für die Analyse kritisch reflektiert werden. In der Auswertung haben wir die Narrative hauptsächlich über die codierten Aktanten und Episoden gebildet. Auch wenn wir versuchten, die codierten Plot-Elemente mit einfließen zu lassen, war deren Aussagekraft in unserem Fall doch beschränkt. Hier stellt sich die grundsätzliche Frage, ob Plotmuster in einer solchen Untersuchung überhaupt gewinnbringend codiert werden können. Außerdem ignorierten wir die beiden Aktanten „Sender" und „Empfänger" in unserer Analyse (siehe Abschnitt zur Operationalisierung). Auch hier stellt sich im Nachhinein die Frage, ob dies gerechtfertigt ist beziehungsweise wie diese Elemente sinnvoll in einer Medienanalyse zur Anwendung kommen könnten.

Auch zu unserem Forschungsprozess möchten wir nachträglich noch einige Überlegungen anstellen. Grundsätzlich gilt: Es dauert alles länger, als man denkt. Es hilft also, für die unterschiedlichen Schritte jeweils Puffer einzuplanen. Auch Gruppendynamiken sind in solchen Projekten natürlich nicht zu unterschätzen. Gerade wenn man zuvor noch nicht für größere Arbeiten zusammengearbeitet hat, hilft es, sich Zeit zu geben, um die Arbeitsweisen der jeweils anderen Gruppenmitglieder zu verstehen. Wir konnten relativ zügig Spezialistinnen für bestimmte Untergebiete unseres Projekts ausmachen: So hatten wir zwei Personen, die sich zunächst vor allem um die Erhebung der Daten, die Fallbeschreibung und die Einarbeitung in die Software gekümmert haben, und zwei weitere, die für die theoretische Grundlage und darauf aufbauend für die Methode hauptverantwortlich waren. Codiert und analysiert haben wir dann alle gemeinsam. Bei dieser Aufteilung hatten wir Glück, dass diese auch den tatsächlichen Interessensgebieten und vorheriger Expertise in diesen Gebieten entsprach. Trotzdem müssen wichtige Entscheidungen im jeweiligen Bereich in der ganzen Gruppe abgesprochen werden – eine klare Aufgabenverteilung kann aber helfen, ein großes Forschungsvorhaben bewältigbar zu machen. Gleichzeitig gilt natürlich auch, dass – damit es am Ende ein rundes Forschungsprojekt sein kann – sich Aufgaben überlappen müssen. Hier sind kontinuierliche Absprachen wichtig, sodass immer alle Gruppenmitglieder auf dem Stand sind, was gerade aktuelle Überlegungen, Probleme oder Entscheidungen in dem jeweiligen Bereich sind. Wenn möglich, sollte man sich also häufig absprechen und gerade auch generelle Überlegungen zur Konzipierung wirklich ausdiskutieren und gegebenenfalls in Absprache mit Betreuer:innen nochmals ändern oder anpassen. Im ganzen Prozess, ganz besonders aber auch während des Codierens, fiel uns auf, dass Unstimmigkeiten am besten gleich direkt angesprochen werden – denn meistens ist da etwas dran. Wenn das Problem jedoch zunächst ignoriert wird, entstehen dadurch zu einem späteren Zeitpunkt nur noch mehr Probleme.

Abschließend gilt: Durch den großen Aufwand, der für ein solches Forschungsvorhaben betrieben wird, kann es sich lohnen, bereits erworbenes Wissen und getane Arbeit für weitere Untersuchungen zu nutzen. So können etwa bereits erhobene Daten unter einer anderen Perspektive analysiert werden oder die Methodik auf einen größeren Korpus angewendet werden usw. Zwei unserer Gruppenmitglieder haben etwa ihre Bachelorarbeiten auf dem Forschungsprojekt aufgebaut, was nicht nur aus zeitsparenden Gesichtspunkten heraus Sinn macht, sondern auch dazu beitragen kann, das beackerte Forschungsfeld weiter zu erschließen.

17 Varianzanalyse

Nicht nur in der Politikwissenschaft sind Unterschiede zwischen Gruppen hinsichtlich bestimmter Merkmale und deren Ursachen von Interesse. So wird beispielsweise gefragt, ob Demokratien ökonomisch besser funktionieren als Diktaturen und daher ein höheres durchschnittliches Bruttoinlandsprodukt pro Kopf aufweisen. Oder ob Frauen durchschnittlich weniger als Männer verdienen. Entscheidend ist dabei die Frage, ob diese Unterschiede zufällig sind oder ob sie auf die eingebrachte Ursache (Regimetyp bzw. Geschlecht) zurückzuführen sind. Mit der Varianzanalyse kann untersucht werden, ob sich eine unabhängige Variable auf eine oder mehrere abhängige Variablen auswirkt. Hauptfragen dabei sind: Gibt es Unterschiede zwischen Gruppen? Haben bestimmte (nominal- oder höher skalierte) unabhängige Variablen einen Einfluss auf die Ausprägung einer metrischen Variable? Unterscheiden sich die Variablen-Mittelwerte unterschiedlicher Stichproben signifikant voneinander? Dabei muss die abhängige Variable immer metrisch skaliert sein, die unabhängige Variable hingegen kann ein nominales, ordinales oder metrisches Skalenniveau besitzen.

Neben den oben angeführten Fragetypen, bei denen existierende Gruppenunterschiede in Gesellschaften hinsichtlich ihrer empirischen Auswirkungen untersucht werden, kommt die Varianzanalyse bei der Auswertung von Experimenten zum Einsatz, bei denen die unabhängige Variable gezielt verändert werden kann. Unterschieden werden Varianzanalysen nach der Anzahl der abhängigen und unabhängigen Variablen. Univariate Varianzanalysen (Analysis of Variance – ANOVA) untersuchen die Auswirkung einer (einfaktoriell) oder mehrerer (mehrfaktoriell) unabhängiger Variablen auf eine abhängige Variable. Multivariate Varianzanalysen (Multivariate Analysis of Variance – MANOVA) analysieren mindestens zwei abhängige Variablen und können eine oder mehrere unabhängige Variablen verarbeiten.

Zunächst wird ähnlich wie bei Regressionsanalysen ein Modell formuliert, bei dem die erwarteten Effekte in Form einer mathematischen Formel dargestellt werden. Die Idee der Varianzanalyse ist, dass die Streuung, also die Abweichung der beobachteten Werte vom Gesamtmittelwert, mithilfe der Ausprägung der unabhängigen Variablen erklärt werden kann. Dazu wird die gesamte Streuung in einen erklärten und einen nicht erklärten Teil unterteilt und damit der Unterschied auf die durch die unabhängige Variable gebildeten Gruppenzugehörigkeiten zurückgeführt. So wird beispielsweise das unterschiedliche Niveau ökonomischer Entwicklung anhand der unabhängigen Variable Regimetypus erklärt. Demokratien haben ein höheres Niveau, Autokratien ein niedrigeres Niveau ökonomischer Entwicklung. Der Regimetypus erklärt das unterschiedliche ökonomische Niveau aber nicht vollständig, was Länder wie Singapur illustrieren – es bleibt ein unerklärter Teil der Varianz, für den es andere Gründe geben mag. Bei diesem Entwickeln von Erklärungen wird das Zusammenhangsmaß Eta² berechnet, das die Güte des Modells misst. Eta² variiert zwischen 0 und 1. Je größer Eta², desto höher der Anteil der erklärten Streuung. Anhand der F-Statistik, einer Teststatistik zur Prüfung der Güte von Varianzanalysen, kann beurteilt werden, ob der Zusammenhang zwischen der unabhängigen Variablen und der abhängigen Variablen nicht zufällig ist. Auch lässt sich anhand von multiplen Varianzanalysen überprüfen, welche der Gruppen sich untereinander hinsichtlich des Mittelwerts der abhängigen Variablen signifikant unterscheiden und welche nicht. Grafisch lassen sich solche Gruppenunterschiede anhand von sogenannten Boxplots recht anschaulich darstellen, da sie für jede Gruppe die zentralen Lagemaße Median, Quartilsabstand und Minimum und Maximum sowie den 1,5-fachen Quartilsabstand zur Identifikation von „Ausreißern" angeben (vgl. Abb. 13).

Multifaktorielle Varianzanalysen versuchen, die Varianz der abhängigen Variablen durch die Hinzunahme weiterer unabhängiger Variablen noch besser zu erklären, und analysieren dabei auch Interaktionseffekte zwischen den unabhängigen Variablen. Je mehr Faktoren oder Variablen der Varianzanalyse hinzugefügt werden, desto komplexer ist die Modellierung und Interpretation der Ergebnisse.

Eine Stärke der Varianzanalyse ist, dass Unterschiede zwischen verschiedenen Gruppen leicht identifiziert und auf Nichtzufälligkeit geprüft werden können. Allerdings hängt die Aussagekraft der Mittelwertunterschiede von der internen Zusammensetzung der jeweiligen Gruppen ab. Je homogener diese sind, desto aussagekräftiger sind die Ergebnisse einer ANOVA und je heterogener, desto unzuverlässiger sind die Befunde bezüglich der Gruppe für die Beschreibung eines einzelnen Gruppenmitglieds. So unterscheiden sich beispielsweise Diktaturen und Demokratien hinsichtlich ihrer ökonomischen Leistungsfähigkeit durchschnittlich signifikant, allerdings gilt dies für einige Diktaturen wie Singapur oder Qatar nicht. Diese ähneln hier eher Demokratien wie Luxemburg oder Norwegen. Eine mögliche Abhilfe kann die Ausdifferenzierung der Gruppierungsvariable Regimetyp bieten.

18 Varianzanalyse: Können Autokratietypologien unterschiedliche ökonomische, soziale und ökologische Performanz erklären?

Maximilian Baar, Tim Fröhlich und Miriam Zeitler

Im Rahmen des Lehrforschungsprojekts verfolgte diese Arbeit das Ziel, die Anwendbarkeit von Regimetypologien für die Untersuchung von ökonomischer, sozialer und ökologischer Performanz in Autokratien zu analysieren, und nutzte dazu unter anderem mehrere einfaktorielle Varianzanalysen.

In der Regimeforschung wurde sich viel mit Performanzunterschieden zwischen Regimetypen beschäftigt, allerdings weniger mit autokratischen Subtypen. Erst in der jüngeren Forschung entwickelten sich zahlreiche autokratische Regimetypologien (vgl. Cheibub et al. 2010; Hadenius et al. 2013; Levitzky und Way 2010; Linz 2000). Diese reichen von dichotomen Klassifikationen, die sich auf eindimensionale Kriterien der Trennung durch Wahlen auszeichnen (vgl. Lührmann et al. 2018), über flexible Typologien beruhend auf statistischen Zusammensetzungen verschiedener Indizes von Freedomhouse und Polity IV (vgl. Hadenius und Teorell 2007; Wahman et al. 2013), mehrdimensionalen pfadabhängigen Itemkatalogen, die eine Einordnung in eine kleinteilige Typologie ermöglichen (vgl. Geddes et al. 2014a), bis hin zur Einbeziehung ideologischer Kategorien und legitimationsstrategischer Klassifikationskriterien (vgl. Backes 2013; Kailitz 2013a; Kailitz 2013b). Auf Grundlage dieser Ausdifferenzierung folgten Untersuchungen der Performanz zwischen autokratischen Regimen. Diese waren ökonomischer (vgl. Gandhi 2008; Wright 2008; Knutsen und Fjelde 2013; Steinberg et al. 2015), sozialer (vgl. Przeworski und Limongi 1993; Navia und Zweifel 2003; McGuire 2010; McGuire 2013) oder speziellerer Natur, wie die Qualität des Regierens (vgl. Charron und Lapuente 2011). Gemein ist diesen Studien jedoch, dass die Anwendbarkeit der Regimetypologien für Analysen von Performanzdimensionen kaum reflektiert wird. In ihrer auf die Konstruktion von Typologien bezogenen Untersuchung zeigt Edeltraut Roller (2013), dass insbesondere bei Analysen von Performanzzusammenhängen unterschiedliche Typologien mit gravierenden Unterschieden einhergehen (vgl. Roller 2013: 38 ff.). Entsprechend essenziell ist die

Wahl der Regimetypologie bei der Forschung zu Performanzdimensionen zwischen verschiedenen autokratischen Regimetypen (vgl. Wahman et al. 2013: 20; Roller 2013: 37). Jedoch werden diese theoretischen Konzeptionen der Typologien bei deren Anwendungen zu Performanzanalysen ignoriert, und auch die Regimetypologien selbst behandeln den Zusammenhang zwischen Regime und Performanz lediglich implizit. Insgesamt wird sich so einer Reflexion über deren Anwendbarkeit bei Performanzuntersuchungen entzogen. Die Arbeit setzte an dieser Forschungslücke an und analysierte ausgehend von der *Regime-Matters*-Annahme mit Rückgriff auf Parsons' Systemtheorie die Anwendbarkeit relevanter Regimetypologien für die Analyse von Performanzdimensionen. Untersucht wurden in dieser Arbeit die Regimetypologien von Geddes et al. (2014b), Hadenius et al. (2017) und Kailitz (2016). Insgesamt wurde argumentiert, dass eine adäquate Darstellung dieser Annahme in den Typologien und ihrer Anwendung nicht stattfindet, und folgende Hypothese daraus abgeleitet: Die Typologien von Geddes et al. (2014b), Hadenius et al. (2017) und Kailitz (2016) können Performanzunterschiede der autokratischen Subtypen nicht trennscharf abbilden. Mit Parsons' Systemtheorie wurde ein Zusammenhang der Subsysteme abgeleitet und dann dargestellt, wie die Typologien von Geddes et al. (2014b), Hadenius et al. (2017) und Kailitz (2016) implizit von diesem *Regime-Matters*-Zusammenhang ausgehen, ohne ihn theoretisch zu konzeptualisieren. Anhand von Daten des Quality-of-Government-Datensatzes kam die Arbeit in einer statistischen Analyse zu dem Ergebnis, dass entsprechende Regimetypologien nicht für die Analyse von Performanzunterschieden verwendet werden sollten.

Erkenntnisinteresse und Fragestellung

Das Erkenntnisinteresse als „die grundlegende Neugier des Forschenden" (Egner 2019: 41) wirft ein Licht auf die Frage, welches Phänomen näher untersucht werden soll. Die Forschungsfrage stellt die Konkretisierung des Erkenntnisinteresses dar und dient als erster Leitfaden für die Forschungsarbeit (vgl. Egner 2019: 41). Auch wenn beide in einer idealtypisch quantitativen Arbeit am Anfang des Forschungsprozesses stehen, ist der tatsächliche Ablauf häufig komplizierter (vgl. Westle 2009: 123).

Im Rahmen unserer Arbeit richtete sich dieses zuerst auf den Fall Chinas im Kontext der Covid-19-Pandemie bzw. dessen möglichen Autokratievorteil mit Blick auf die ökonomische Krisenfestigkeit. Dieses Interesse weitete sich in eine grundsätzliche Überlegung zur Zukunftsfähigkeit von Autokratien aus und lenkte unseren Blick auf die diversen Klassifikationen von Autokratien. Hierbei ergab sich ein uneiniges Bild der Forschung über die ökonomische Performanz der diversen Autokratiesubtypen untereinander und im Vergleich der Typologien. Im Zuge der Lektüre von Roller (2013) und ihrer Analyse von Typologiekonstruktionen ergab sich dann das Interesse an der Anwendbarkeit der Typologien für diese Thematik. In welchem Zusammenhang steht das Regime mit Performanz-Outcomes? Wird dieser Zusammenhang von den jeweiligen Typologien überhaupt explizit berücksichtigt? Wenn nicht, wie sinnvoll sind diese Typologien dann grundsätzlich für die Untersuchung von Performanzdimensionen, für die sie in der Forschung auch bereits verwendet wurden? Entsprechend stellten wir die Forschungsfrage, wie sensibel autokratische Regimeklassifikationen für unterschiedliche staatliche Performanz sind. Die Thematik der Performanz wurde im Zuge der weiteren Aufarbeitung des Forschungsstands um die Dimensionen des Sozialen und Ökologischen ausgeweitet. Entsprechend wurde auch die Forschungsfrage weiter konkretisiert. Bei dieser Verfeinerung der Fragestellung war auch eine erste Auseinandersetzung mit den Daten hilfreich. Aufgrund der unpräzisen Wortwahl wurde „sensibel" durch eine „Eignung für die Erklärung von Performanzunterschieden" sowie „autokratische Regimeklassifikationen" durch die ausgewählten Regimetypologien ersetzt. Somit ergab sich unsere finale Fragestellung: „Inwiefern eignen sich die Typologien für Autokratien von Geddes et al. (2014b), Hadenius et al. (2017) und Kailitz (2016) für die Erklärung von ökonomischen, sozialen und ökologischen Performanzunterschieden?" Insgesamt ging mit dieser Verfeinerung darüber hinaus eine Präzisierung unseres methodischen und theoretischen Vorgehens einher.

Bedeutung von Theorien und Konzepten

Unsere Forschungsfrage impliziert axiomatisch einen theoretischen Zusammenhang zwischen autokratischen Regimetypen und Performanzunterschieden sowie eine potenzielle Erklärungskraft der Typologien für diese. Daher benötigte die Arbeit eine theoretische Unterfütterung, die diesen postulierten Zusammenhang in ihrer Funktionsweise darstellt. Diese ergab sich durch die Heranziehung Parsons' Systemtheorie (1985). Aus dieser wurde der *Regime-Matters*-Zusammenhang als der Einfluss des politischen Subsystems und des darin enthaltenen Regimes auf die anderen Subsysteme abgeleitet. Indem Parsons' Systemtheorie mit dem Modell von Almond et al. (1996: 29–35) verbunden wurde, konnte dieser Einfluss dann als Policies und damit über die beabsichtigten und unbeabsichtigten Folgen dieser als Performanz konzeptualisiert werden (vgl. Powell et al. 2012: 33–38).

Aus der Literatur wurden die drei zentralsten Policy-Bereiche sowie die dafür am häufigsten verwendeten Indikatoren ausgesucht, mit deren Hilfe die Performanz operationalisiert wurde. Daran anschließend wurde analysiert, inwieweit die zu untersuchenden Typologien diesen *Regime-Matters*-Zusammenhang (nicht) beinhalten. Aus dieser theoretischen Diskussion ergab sich die Hypothese, dass die Typologien Performanzunterschiede nicht trennscharf abbilden können. Mithilfe von Korrespondenzhypothesen, die sich auf die Konzepte von Typologien und deren Aufgaben stützen, wurden diese empirisch messbar gemacht. Entsprechend unerlässlich war die nun folgend ausführlich dargestellte theoretische Herleitung für die Konzeptionalisierung, Operationalisierung und damit Datenauswahl und somit insgesamt für die Umsetzung der Forschung.

Parsons (1985: 12 f.) konstruiert ausgehend von seiner Theorie des allgemeinen Handlungssystems das Vier-Funktionen-Schema, auch AGIL-Schema genannt. Danach bestehen alle sozialen Systeme aus vier Funktionen, welche für deren dauerhaftes Bestehen erfüllt sein müssen (vgl. Endreß 2013: 89). Aufgrund dieser Funktionen bilden sich nach Parsons vier Subsysteme (vgl. Parsons 1975: 39): das ökonomische, politische, gesellschaftliche und kulturelle Subsystem. Die vier Subsysteme können nach Parsons in unendlich viele weitere Subsysteme unterteilt werden (vgl. Endreß 2013: 80 f.). Damit diese trotz ihrer Ausdifferenzierung integrativ bleiben, ergeben sich nach Parsons unter anderem doppelte Austauschbeziehungen (vgl. Endreß 2013: 83; Parsons 1975: 22 f.). Es besteht also ein Zusammenhang bzw. eine Einflussnahme zwischen den Subsystemen.

Hier stellt sich nun die Frage, wie sich im Folgenden das Regime einordnen lässt. Nach Parsons ist das politische Subsystem charakterisiert über die Formulierung und Durchsetzung kollektiv bindender Entscheidungen im Medium der Macht sowie die adäquate Kontrolle über die Motivation der Mitglieder der Gesellschaft (vgl. Endreß 2013: 81). Diese Funktionen finden sich in der Regimedefinition von Lenz und Rucklak wieder: „Regime [sind] [...] eine Gesamtheit von regulativen Prinzipien, die das Verhältnis und den wechselseitigen Umgang verschiedener Personen, Gruppen oder Institutionen innerhalb eines bestimmten Rahmens koordinieren" (Lenz und Rucklak 2001: 186 f.). Damit erfüllen Regime einen Teil der Funktionen, welche Parsons dem politischen System zuschreibt.

Wie gestaltet sich nun der Einfluss des politischen Subsystems auf andere Subsysteme? Aufgrund der Ausdifferenzierung der Subsysteme bilden diese spezifische Kommunikationsmedien, welche der Koordinierung und Funktion der Systeme unterliegen (vgl. Parsons 1975: 37). Innerhalb des politischen Systems stellt sich dieses Kommunikationsmedium als Macht bzw. dessen Einsatz dar (vgl. ebd.: 38). Macht definiert Parsons als die Fähigkeit, „Entscheidungen treffen und durchsetzen zu können, welche für die betroffene Gesamtheit und ihre Mitglieder bindend sind, wobei die Mitglieder nur so weit gebunden sind, als sich aufgrund ihrer Stellung und Pflichten aus diesen Entscheidungen für sie ergeben" (Parsons 1985: 28). Entsprechend ergibt sich Macht nach Parsons relational, indem Einheit A Macht über Einheit B besitzt (vgl. Parsons 1963: 242). In diesem Rahmen zirkuliert Macht nicht nur im politischen System selbst, sondern beeinflusst ebenso andere Subsysteme (vgl. ebd.: 236), indem auf die Steuerungsfaktoren innerhalb dieser eingewirkt wird (vgl. ebd.: 245). Die Anwendung von Macht des politischen Systems setzt so bindende Verpflichtungen für alle anderen Subsysteme durch (vgl. ebd.: 253) und liegt für diese als Policy-Entscheidung vor (vgl. ebd.: 245). Nach dem Modell von Almond et al. (1996: 39–45) kann nun die Implementation der Policies als Output des politischen Systems verstanden werden. Die beabsichtigten und unbeabsichtigten Folgen der Policies werden entsprechend als Outcome definiert (vgl. ebd.). Performanz kann somit insgesamt als die Auswirkungen der Machtbeziehungen des politischen Systems auf die anderen Subsysteme und deren Rückwirkungen, gemessen am Outcome, konzeptualisiert werden.

Aus der theoretischen Herleitung durch Parsons ergibt sich somit die Bedeutung *von Regime-Matters* als dem Einfluss des Regimes innerhalb des politischen Subsystems auf die anderen Subsysteme über Macht.

Die für die Zukunftsfähigkeit eines Regimes relevanten Policies stellen dabei unter anderem die Wirtschaftspolitik, die Sozialpolitik und die Umweltpolitik dar (vgl. Wurster 2011: 538 f.; Wurster 2013: 77). Darüber hinaus wurden diese Policies gewählt, da sie auch in der Literatur am häufigsten diskutiert werden (siehe z. B. McGurie 2013 zur sozialen Performanz; Wurster 2011 und 2013 zur ökologischen Performanz sowie Knutsen 2018 und 2019 zur ökonomischen Performanz). Ökonomische Performanz wurde als ökonomische Leistungsfähigkeit definiert. Unter sozialer Performanz soll die Verteilung von öffentlichen Gütern (vgl. McGuire 2013) verstanden werden. Schlussendlich wird ökologische Performanz als Entwicklung definiert, welche „die Bedürfnisse der Gegenwart befriedigt, ohne zu riskieren, daß künftige Generationen ihre eigenen Bedürfnisse nicht befriedigen können" (Hauff 1987: 46). Eine solche Konzeptspezifikation, in welcher definiert wird, was unter zentralen Begriffen zu verstehen ist, ist für eine Operationalisierung notwendig (vgl. Egner 2019: 54). Die Operationalisierung unserer Arbeit folgt unter dem Aspekt der Datenaufarbeitung.

Im Folgenden muss geprüft werden, inwieweit die Regimetypologien von Geddes et al. (2014b), Hadenius et al. (2017) und Kailitz (2016) den *Regime-Matters*-Zusammenhang miteinbeziehen, um Hypothesen über mögliche Ergebnisse aufstellen zu können. Die Typologie von Geddes et al. (2014b) benutzt als Klassifikationskriterium den Modus des Machterhalts (vgl. Geddes 1999: 123), während Hadenius et al. 2017 diesen um das zusätzliche Kriterium des Parteienwettbewerbs erweitern (vgl. Hadenius und Teorell 2007: 144; Wahman et al. 2013: 31; Roller 2013: 43). Neben diesen unterschiedlichen Klassifikationskriterien zählen beide zu den bekanntesten Typologien (vgl. Roller 2013: 36). Bei Kailitz (2016) hingegen geht es in Abgrenzung zu Geddes nicht nur darum, wer herrscht, sondern zusätzlich um die grundsätzliche Organisation eines Regimes in Form von Legitimation (vgl. Kailitz 2013b: 41). Mit der Einbeziehung von Kailitz' Typologien in diese Forschung kann damit ein breiteres Spektrum an Typologien abgedeckt werden.[8] Alle drei sind dabei mit dem Ziel konstruiert worden, Regimewechsel zu erklären, wobei Hadenius et al. (2017) und Kailitz (2016) die Typologie von Geddes et al. (2014b) weiterentwickeln (vgl. Geddes et al. 2014a: 313; Hadenius und Teorell 2007: 143; Kailitz 2013b: 40). Damit sind alle drei Typologien nicht vor dem Hintergrund der Erklärung von Performanzunterschieden zwischen Autokratien konstruiert worden. Dennoch formulieren sie einen impliziten Zusammenhang von *Regime-Matters* und werden in diesem Sinne auch verwendet.

Die Annahme eines *Regime-Matters*-Zusammenhangs findet sich in den hier betrachteten Typologien in drei Aspekten wieder. Erstens konstruiert Lauth (2016: 134) ein Kontinuum zwischen Autokratien und Demokratien, auf dem die jeweiligen politischen Regime der Staaten eingeordnet werden können. Mit diesem Kontinuum geht ein mit Autokratie steigender Herrschaftsanspruch einher (vgl. ebd.: 128 f.): je autokratischer, desto größer der Herrschaftsanspruch. Bezogen auf den *Regime-Matters*-Zusammenhang ergeben sich mit einem größeren Herrschaftsanspruch größere Einflüsse auf die Subsysteme, womit sich die Performanz der Regimetypen unterscheiden müssten.

Diese Annahme findet sich in den drei betrachteten Typologien wie folgt: Geddes et al. (2014b) geht davon aus, dass Unterschiede zwischen Regimen insoweit entstehen, als die führende Gruppe den Handlungsspielraum des oder der Herrschenden einschränken kann (vgl. Geddes et al. 2014a: 315). Die Stärke der Einschränkung des Handlungsspielraums hängt dabei von den Interessen der führenden Gruppe ab (vgl. ebd.).[9] Entsprechend wird der potenziell auszuübende Herrschaftsanspruch bei größerem Interesse der führenden Gruppe zunehmend beschränkt. Hadenius et al. (2017) wiederum spiegelt die Annahme Lauths darin wider, dass Autokratien und Demokratien entlang eines Kontinuums bestehend

---

8   Roller (2013) vergleicht die Typologien von Geddes et al. (2014b), Hadenius et al. (2017) und Cheibub et al. (2010). Da Geddes et al. (2014b) die Grundlage für andere Typologien darstellt (vgl. ebd.: 36), wird diese in unserer Arbeit analysiert. Darüber hinaus verwenden Hadenius et al. (2017) und Cheibub et al. (2010) beide das Kriterium der Wahlen, Hadenius et al. (2017) differenziert dieses jedoch gegenüber Cheibub et al. (2010) auf mehrere Gruppen aus, weshalb die Typologie von Hadenius et al. (2017) gewählt wird.

9   Dies ist eine von Geddes verwendete Abwandlung der Selektoratstheorie nach Bueno de Mesquita et al. (2003).

aus der Polity-IV-Skala und dem Freedomhouse-Index definiert werden (vgl. Wahman et al. 2013: 23). Auf einer Skala von 0 bis 10 wird dabei 0 als das niedrigste Level von Demokratie bzw. das höchste von Autokratie betrachtet (ebd.), womit der Herrschaftsanspruch bei 0 entsprechend am umfassendsten ist. Kailitz (2016) definiert Autokratien als das Fehlen von freien und fairen Wahlen und die Abwesenheit von Gewaltenteilung, welche die Herrschaft in Demokratien einschränkt (vgl. Kailitz 2013b: 42). Daraus schlussfolgernd ist der Herrschaftsanspruch in Autokratien uneingeschränkter und entsprechend umfassender. Ein Kontinuum ergibt sich dabei durch die Einbeziehung seines Kriteriums der Legitimation, da mit sinkender Legitimität ein Regime im Sinne von beispielsweise Repressionen seinen Herrschaftsanspruch ausweiten muss, um diesen zu sichern (vgl. Schmidt 2012: 83).

Zweitens findet sich die Annahme eines *Regime-Matters*-Zusammenhangs im Erklärungsanspruch der Typologien. Alle drei wollen mit unterschiedlichen Akzentuierungen Demokratisierungschancen der Regimetypen untersuchbar machen (vgl. Geddes et al. 2014a: 313; Hadenius und Teorell 2007: 143; Kailitz 2013b: 40). Zentral ist dabei unter anderem eine Input-/Output-Konzeption. Bezogen auf David Eastons (1965) politisches Systems wird davon ausgegangen, dass Regime mit einem geringeren Input diesen Mangel durch einen besseren Output ausgleichen müssen, um Legitimität zu erzeugen (vgl. Buhr und Frankenberger 2014: 402). Sonst kann ein Regimewechsel die Folge sein. Bei Geddes et al. (2014b) findet sich diese Input-/Output-Konzeption spezifisch in Form der Selektoratstheorie (vgl. Geddes et al. 2014a: 315). Hadenius et al. (2017) vollziehen die Annahme über die Fokussierung auf Wahlen und damit einhergehendem Wettbewerb (vgl. Hadenius und Teorell 2007: 144; Wahman et al. 2013: 31). Schlussfolgernd besteht bei beiden die Möglichkeit, mangelnden Output durch Input des Selektorats bzw. der Wählenden zu sanktionieren. Kailitz hingegen spricht direkt von Legitimität (vgl. Kailitz 2013b: 43 f.). Er formuliert einen unterschiedlichen Grad der Input-Legitimation zwischen seinen Autokratietypen (vgl. ebd.: 44), woraus er eine unterschiedliche Anfälligkeit dieser für schlechte Performanz ableitet. Damit spiegelt Kailitz *Regime-Matters* explizit im Sinne einer Input-/Output-Konzeption wider: „It is plausible to suggest that many people usually only voluntarily accept the rule of one party or the military as long as these regimes perform well" (Kailitz 2013b: 44). Mit diesen Annahmen lässt sich dann jeweils innerhalb der Typologien ableiten, welche der Regimetypen besser als die anderen performen müssten und somit die Ausgestaltung des politischen Subsystems in Form des Regimetypus Einfluss auf die anderen Subsysteme hat.

Beide Annahmen spiegeln dabei drittens Funktionen von Regimen wider, die nicht Teil der Definition von Geddes et al. (2014b), Hadenius et al. (2017) und Kailitz (2016) sind. Geddes et al. (2014b) definieren Regime als grundlegend formelle und informelle Regeln, welche die repräsentierten Interessen der Führungsgruppe definieren und damit beschränken (vgl. Geddes et al. 2014a: 314). Hadenius et al. (2017) hingegen fokussiert sich auf informell institutionelle Regeln, welche den Zugang zur Macht regulieren und die öffentliche Autorität aufrechterhalten (vgl. Wahman et al. 2013: 21). Kailitz (2016) wiederum bezieht sich auf Skaaning und definiert Regime als Regelwerk darüber, wer Zugang zur Macht hat, die Regierung wählt und unter welchen Bedingungen und Beschränkungen diese Autorität ausgeübt wird (vgl. Kailitz 2016: 2; Skaaning 2006: 15). Somit decken die Definitionen aller drei lediglich die Input-Konzeption bzw. Rahmenbedingungen ab, jedoch nicht, wie sich diese „Autorität" auswirkt und koordiniert und somit Outputs gestaltet werden. Alle drei formulieren damit Funktionen, die nicht Teil ihrer Definition sind. Per Definition verorten sich somit die Typologien von Geddes et al. (2014b), Hadenius et al. (2017) und Kailitz (2016) nicht in der Systemtheorie Parsons', formulieren aber dennoch entsprechende Zusammenhänge.

Zusammenfassend lassen sich diese Annahmen indirekt und direkt aus den Typologie-Konstruktionen ableiten, ohne dass diese in die theoretischen Konstruktionsüberlegungen miteinbezogen worden sind. Der *Regime-Matters*-Zusammenhang wird somit einfach angenommen. Darüber hinaus werden die Typologien auch in diesem Rahmen ohne die notwendigen Reflexionen darüber von anderen angewandt (siehe z. B. McGurie 2010; McGuire 2013; Wurster 2011; Wurster 2013; Wright 2008). Da eine adäquate Darstellung von *Regime-Matters* bei der Untersuchung von Performanz jedoch notwendig ist, ergab sich folgende H_0-Hypothese:

Hypothese H_0: Die Typologien von Geddes et al. (2014b), Hadenius et al. (2017) und Kailitz (2016) können Performanzunterschiede der autokratischen Subtypen nicht trennscharf abbilden.

Da H_0 nicht direkt empirisch überprüfbar ist, mussten im Folgenden aus der wissenschaftlichen Diskussion über die Anforderungen an Typologien Korrespondenzhypothesen abgeleitet werden.

Typologien können als organisierte Systeme von Typen oder Kategorien verstanden werden, die Konzepte formalisieren und dabei kategorische Variablen konstruieren (vgl. Collier et al. 2008: 152). Die gebildeten Typen enthalten vor einem spezifischen Forschungshintergrund, welcher einen Abstraktionsprozess beinhaltet, eine reduzierte Anzahl relevanter, spezifischer Merkmalsmodifikationen (vgl. ebd.: 163). Die Konzeption der Typologie beinhaltet damit bereits die Erklärung für das zu untersuchende Phänomen (vgl. Brown 1968: 171).

241

Zwei generelle Kriterien, die Typologien vor diesem Hintergrund erfüllen müssen, bestehen darin, dass sie zum einen erschöpfend sein müssen und sich zum anderen gegenseitig ausschließen (vgl. Lijphart 1968: 6). Entsprechend sollten sie so konstruiert sein, dass alle Fälle Typen zugeordnet werden können und jeder Fall dabei genau und ausschließlich einem Typen zugeordnet werden kann (vgl. ebd.). Dabei ist es besonders relevant, dass diese Bedingungen empirisch zutreffend sind und die Typologie damit nicht nur logisch korrekt ist (vgl. ebd.: 6 f.).

Statistisch wurde dieses Argument erweitert und drückt sich insbesondere in einer möglichst hohen internen Homogenität (niedrige Varianz) der Fälle innerhalb einer Kategorie bei gleichzeitig möglichst hoher externer Heterogenität (hohe Varianz) zu den anderen Kategorien der Typologie aus (vgl. Collier et al. 2008: 169 f.). Aus diesem Kriterium der internen Homogenität (vgl. Kluge 2000: 2; Keller und Kluge 2010: 85) bei gleichzeitiger externer Heterogenität ergab sich folgende Korrespondenzhypothese H_1:

Korrespondenzhypothese H_1: Die Typologien weisen bezüglich der Performanz ihrer Gruppen keine substanzielle interne Homogenität und externe Heterogenität auf.

Ein drittes Kriterium sieht Lijphart (1968: 7) darin, dass Typologien möglichst „natürlich" sein sollten. Je natürlicher eine Typologie, desto stärker hilft sie dabei, empirische Beziehungen zu entdecken und zu erklären (vgl. ebd.). Diese Beschreibung Lijpharts spiegelt sich statistisch in Eta² als Maß für die Reduktion des Vorhersagefehlers wider. Entsprechend folgt Korrespondenzhypothese H_2:

Korrespondenzhypothese H_2: Der Regimetyp kann den Vorhersagefehler der Performanz nicht substanziell reduzieren und/oder ist nicht signifikant.

Methode der Datenerhebung und Operationalisierung

Aus den theoretischen Überlegungen ergaben sich wie bereits angemerkt Implikationen für die Fallzusammensetzung und die Operationalisierung der Daten. Da es sich bei unserer Arbeit um eine statistische Auswertung von Strukturdaten aller Autokratien der Welt handelte, war eine eigene Datenerhebung unmöglich, sodass auf eine Sekundärdatenanalyse zurückgegriffen wurde. Die Datengrundlage stellt hierbei verschiedene Datensätze dar, die im Rahmen des Standard-Längsschnittdatensatzes des Quality of Government (QoG) Instituts zusammengetragen wurden (vgl. Teorell et al. 2021). Eine Sekundärdatenanalyse entlastete zwar von der Zusammenstellung einer Erhebungsmethodik, machte allerdings eine Überprüfung der bereits erhobenen Daten und deren Randbedingungen notwendig. Im Rahmen dieser Überprüfung stellten sich mehrere Probleme.

Bezüglich der Fallzusammensetzung können erstens asymmetrische Periodeneffekte Einfluss auf Strukturdaten von Staaten besitzen, sodass ein Zeitraum auszuwählen war, in dem solche Periodeneffekte minimiert wurden. Da dies den theoretisch dargestellten *Regime-Matters*-Zusammenhang verfälscht, ergibt sich daraus die Implikation, auf diese zu kontrollieren. Deshalb wurde der Zeitraum von 2000 bis 2005 ausgewählt. Zum einen können Effekte der Weltwirtschaftskrise Ende 2007 ausgeschlossen werden, die maßgebliche Wirkung auf die globalen Finanzmärkte und die wirtschaftliche Leistungsfähigkeit der Länder hatte (vgl. Otker-Robe und Podpiera 2014: 6 ff.). Zum anderen liegt der Analysezeitraum hinter der Finanzkrise in Südostasien 1997–1998, die dort ebenfalls die Performanz beeinflusste (vgl. Tambunan 2012: 14 ff.). Drittens wurden durch den Zeitraum die Regimewechsel und Systemtransformationen nach dem Ende des Kalten Kriegs 1989 und dem Zusammenbruch der Sowjetunion in Mittel- und Osteuropa berücksichtigt, die sich zu Demokratien wandelten (vgl. Schmidt 2019: 392 ff.).

Zweitens musste ebenfalls abgeleitet aus dem theoretischen Zusammenhang spezifisch auf Regimewechsel kontrolliert werden. Denn diese machen es schwer, Aussagen darüber zu treffen, ob die Performanz eines Regimes noch von dem alten Regimetyp oder bereits von dem neuen ausging. Es wurde entsprechend die Annahme getroffen, dass nach einem Regimewechsel zwei Jahre vonnöten sind, bis sich die Policies des neuen Regimes in Outcomes widerspiegeln und als Performanz gemessen werden können. Deshalb wurden alle Länderjahre des Regimewechsels sowie die folgenden zwei Jahre aus der Analyse entfernt. Zum anderen war im Rahmen dieser Arbeit nicht ausfindig zu machen, ob die Regimewechsel internen oder externen Effekten geschuldet waren. So könnten Regimewechsel das Resultat einer schlechten Performanz, jedoch auch von Naturkatastrophen oder Kriegen sein. Da eine solche Ursachenanalyse aufgrund der Fallzahl bzw. der Zahl an Regimewechseln der jeweiligen Typologien nicht möglich war, wurden zur Kontrolle alle Länder mit Regimewechsel komplett aus der Analyse ausgeschlossen. Damit wird sichergestellt, dass die Performanz nicht unter- oder überschätzt wird. Hierbei zeigen die deskriptiven Statistiken jedoch keine Veränderung zur ersten Fallauswahl, weshalb die Analyseverfahren nicht über diese hinaus getätigt wurden. Damit stellen die Autokratien je nach Typologie die Fälle dar, während die Länderjahre die analysierten Beobachtungen sind.

Innerhalb dieses aggregierten Datensatzes werden die Datensätze der Typologien von Geddes et al. (2014b; vgl. Teorell et al. 2021: 220), Hadenius et al. (2017; vgl. ebd.: 232) und Kailitz (2016) benutzt. Für die Analyse wurden dabei alle Regimetypologien mit ihren Haupttypen benutzt und Untertypen entsprechend den

Angaben (vgl. Geddes et al. 2014b: 12; Hadenius et al. 2017: 6 f.) in die Hauptkategorien transformiert. Im Zeitraum 2000–2005 ergeben sich für Geddes et al. (2014b) vier, für Kailitz (2016) sieben und Hadenius et al. (2017) fünf Hauptkategorien.

Des Weiteren wurden mit Blick auf die Typologien mehrere Entscheidungen getroffen, die das Sample maßgeblich beeinflussen und sich als erklärungsbedürftig darstellen. Erstens wurden in der jeweiligen Typologie die Länder, welche als Demokratie klassifiziert worden sind, entfernt, da das Erkenntnisinteresse dieser Arbeit auf Unterschieden zwischen autokratischen Subtypen lag. Zweitens wurden darüber hinaus alle Länderjahre in den jeweiligen Typologien ausgeschlossen, die als Residualkategorie[10] klassifiziert wurden, da hier ebenfalls von einer die Performanz beeinflussenden Instabilität ausgegangen werden kann.

Bezüglich der Operationalisierung der Daten galt es zunächst, die Anwendung von Daten autokratischer Länder zu reflektieren (vgl. Martinez 2021; Hollyer et al. 2011). Autokratien erfassen die inländisch wirtschaftlichen, politischen und sozialen Entwicklungen tendenziell weniger sorgfältig und produzieren entsprechend Daten, die in ihrer Qualität eingeschränkt sind (vgl. Roller 2013: 37). Gerade das Bruttoinlandsprodukt ist für manipulierte Daten anfällig (vgl. Martinez 2021: 10 ff.). Niedrige Wachstumsraten, anstehende Wahlen sowie die Eignung für finanzielle Zuschüsse stellen zudem Anreize, relevante Maßzahlen zu fälschen (vgl. ebd.: 25 ff.). Tiefergreifende Analysen zeigen dabei auf, dass die Qualität der Daten von Demokratien höher ist als der Autokratien (vgl. Hollyer et al. 2011: 1200 f.). Es fehlen allerdings Analysen, die untersuchen, ob die Qualität der Daten von dem Subtyp der Autokratie abhängt. Entsprechend wurde in der Arbeit angenommen, dass innerhalb der Untersuchung von Autokratien entlang der Regimetypologien das Qualitätsniveau der Daten zufällig verteilt ist.

Die ökonomische Performanz wurde wie in der vorhandenen Forschung üblich (vgl. Knutsen 2012) durch das Bruttoinlandsprodukt pro Kopf operationalisiert. Das Bruttoinlandsprodukt wird hier entlang der World Bank als Summe aller Bruttowertschöpfungen gemessen, die gebietsansässig produziert wurden, inklusive der Produktsteuer und abzüglich potenzieller Subventionen, die Einfluss auf den Warenwert besitzen, wobei keine Abschreibung für fabrizierende Vermögenswerte und natürliche Ressourcen geschieht (vgl. Teorell et al. 2021: 573). Kritisch zu bemerken ist, dass das BIP pro Kopf keinen Aufschluss auf die Verteilung von Einkommen gibt. Darüber hinaus lässt sich beim BIP nicht nach Wirtschaftszweigen diversifizieren, womit unklar bleibt, ob die Länder aus dem

---

10 Als Residualkategorie wird bei Hadenius et al. (2017) die Kategorie „Andere", bei Kailitz (2016) die Kategorien „Besetzung, Krieg oder State Failure" sowie „Regimeübergang" verstanden.

Verkauf von natürlichen Ressourcen ihr Bruttoinlandsprodukt erzielen; also den Einkünften im Vergleich zu ressourcenärmeren Ländern geringere Produktionskosten gegenrechnen müssen. Somit kann der Indikator BIP pro Kopf das Konzept der ökonomischen Performanz nicht vollständig messen.

Die soziale Performanz wurde durch den Indikator der Säuglingssterblichkeit operationalisiert. Dieser Indikator wurde ebenfalls gewählt, da er den vorherrschenden Indikator innerhalb der Forschung darstellt (vgl. McGuire 2013). Darüber hinaus kann Säuglingssterblichkeit relativ einfach durch grundlegende medizinische Infrastruktur verhindert werden und liegt durch Schätzungstechniken auch für Länder mit unvollständiger Registrierung vor (vgl. ebd.: 55). Lebenserwartung wurde als Indikator abgelehnt, da diese in vielen Ländern auf Schätzungen der Säuglingssterblichkeit beruht (vgl. ebd.). Die Säuglingssterblichkeit wird im Quality-of-Government-Datensatz über den Indikator der World Bank als Anzahl der Kinder, welche vor Erreichen des ersten Lebensjahres sterben, berechnet (vgl. Teorell et al. 2021: 601). Auch hier ist kritisch anzumerken, dass die soziale Performanz weitere Dimensionen beinhaltet, die durch den Indikator der Säuglingssterblichkeit nicht richtig abbilden können, wie beispielsweise Ausgaben für Bildung oder gesundheitliche Infrastruktur.

Die ökologische Performanz wurde durch den Indikator Anteil erneuerbare Energie operationalisiert. Die Daten wurden von der World Bank erhoben und als prozentualer Anteil des gesamten Energieverbrauchs angegeben (vgl. ebd.: 565). Der Indikator wurde auch hier gewählt, da er in der vorhandenen Literatur als Indikator für die ökologische Performanz verwendet wird (vgl. Wurster 2011; Wurster 2013) und damit eine höhere Vergleichbarkeit zwischen den Forschungen besteht. Es sei angemerkt, dass sich als Indikator unter anderem auch die Biodiversität gemessen an mehreren Indizes bzw. CO_2-Emissionen pro Kopf in metrischen Tonnen anbieten würde. Ersterer ist jedoch für den Analysezeitraum nicht verfügbar, während letzterer den CO_2-Ausstoß wirtschaftlicher Teilbereiche wie der Landwirtschaft vernachlässigt (vgl. Teorell et al. 2021: 553).

Insgesamt ist somit anzumerken, dass die gewählten Indikatoren die Konzepte der Performanz nicht in Gänze messen können und durch zusätzliche Indikatoren zu ergänzen wären. Durch diese kritische Reflexion wird der Anforderung der Inhaltsvalidität nachgekommen. Darüber hinaus wird jedoch davon ausgegangen, dass zusätzliche Indikatoren stark mit diesen korrelieren und sich somit bestehende Tendenzen weiter verstärken würden. Diese Konstruktvalidität prüften wir über die Korrelationen mit alternativen Indikatoren. Reliabilität ergab sich in unserem Fall dadurch, dass die Daten aller Performanzdimensionen von der World Bank gemessen wurden und sich die Messung für den gewählten Analysezeitraum nicht veränderte.

Methode der Datenanalyse

Die Forderungen der Korrespondenzhypothesen nach interner Homogenität und externer Heterogenität sowie der Vorhersagefehler lassen sich durch einfaktorielle Varianzanalysen beantworten, womit diese als Methode der Datenanalyse gewählt wurde. Für eine mathematische Herleitung der Varianzanalyse und ihrer Funktionsweise ist Ahrens (2021) zu empfehlen. Eine anwendungsorientierte Einführung der Varianzanalyse entlang SPSS bietet Backhaus et al. (2021) sowie grundlegend für SPSS Neueinsteiger Janssen und Laatz (2017). Eine Ausführung der Varianzanalyse in R bieten Handl und Kuhlenkasper (2017) sowie Luhmann (2020). Für Excel-Nutzer:innen stellt Kronthaler (2021) eine Einführung dar. Daniels und Minot (2020) bieten eine entsprechende Alternative für STATA. Des Weiteren stellen Rasch et al. (2021) insbesondere für Arbeiten mit Stichproben einen didaktischen Rahmen dar.

Die Varianzanalyse lässt sich als quantitatives Verfahren innerhalb dieser Arbeit der Wissenschaftstheorie des kritischen Rationalismus nach Karl Popper zuordnen. Damit wird zum einen das Axiom angenommen, dass es eine Welt a priori gibt (vgl. Kromrey et al. 2016: 24). Aus diesem Axiom leitet sich zweitens das Falsifikationsprinzip ab. Danach müssen Beschreibungen und Erklärungen an der Realität überprüfbar sein bzw. daran scheitern können (vgl. Tausendpfund 2017: 31). Diesem Prinzip entsprechend wurde in dieser Arbeit die Hypothese H_0 durch Korrespondenzhypothesen messbar gemacht. Daraus ergibt sich wiederum das Basissatzproblem. Dies bedeutet, dass nur über zwischengeschaltete Beobachtungen Aussagen über die Korrespondenzhypothesen bzw. H_0 getroffen werden können (vgl. Tausendpfund 2016: 31). Diese könnten jedoch fehlerhaft sein (vgl. ebd.). Aufgrund dessen ergibt sich die Anforderung der Intersubjektivität und Nachprüfbarkeit des Vorgehens (vgl. Kromrey et al. 2016: 29). Diesen wurde in dieser Arbeit durch die Bereitstellung einer mit Arbeitskommentaren versehenen Syntax Folge geleistet. Darüber hinaus wurde möglichst präzise und kritisch operationalisiert, um sowohl Stärken und Schwächen dieser offenzulegen.

Mathematisch können mit einer Varianzanalyse zwei Ziele verfolgt werden. Erstens wird mit der Varianzanalyse überprüft, inwiefern signifikante Unterschiede in den Mittelwertdifferenzen zwischen den Faktorstufen (Merkmalsausprägungen einer unabhängigen Variablen) bezüglich der Zielvariable vorliegen (vgl. Janssen und Laatz 2017: 345). Ergeben sich hierbei signifikante Unterschiede kann davon ausgegangen werden, dass die Faktorstufen eine unterschiedliche Wirkungsstärke auf die Zielvariable aufweisen (vgl. Backhaus et al. 2021: 164). Sind hingegen keine signifikanten Unterschiede erkennbar, kann davon ausgegangen werden, dass die Faktorstufen keine Wirkung auf die Zielvariable besitzen (vgl. ebd.). Die Varianzanalyse folgt damit der Logik des T-Tests bzw. des Tests auf Mittelwertunterschiede, kann allerdings für mehr als zwei Faktorstufen angewendet werden (vgl. Rasch et al. 2021: 5; Backhaus et al. 2021: 164). Zweitens untersucht sie den Einfluss eines bzw. mehrerer Faktoren X (unabhängige Variablen) auf eine Zielvariable Y (abhängige Variable), indem der Anteil, welchen der Faktor an der Gesamtvarianz der Zielvariable erklärt, ermittelt wird (vgl. Backhaus et al. 2021: 162 ff.; Janssen und Laatz 2017: 345). Entsprechend wird ein Kausalzusammenhang von X auf Y untersucht (vgl. Backhaus et al. 2021: 162). Im Rahmen unserer Arbeit zeigt sich dieser Kausalzusammenhang durch *Regime-Matters*. Das erste Ziel findet sich in unserer Arbeit als interne Homogenität und externe Heterogenität in der Korrespondenzhypothese H_1 und das zweite Ziel als Eta^2 in Korrespondenzhypothese H_2 wieder.

Die Verwendung der Varianzanalyse stellt zuvor jedoch einige Anforderungen an das Datenmaterial. *Erstens* muss die Zielvariable ein metrisches Skalenniveau aufweisen, während die Faktoren ein kategoriales Skalenniveau (Nominal oder Ordinal) besitzen bzw. bei metrischen Variablen entsprechende kategoriale Ausprägungen durch Klassen gebildet werden müssen (vgl. Janssen und Laatz 2017: 345). Weiterführend dürfen die Fälle nur einer Faktorstufe zugeordnet sein (vgl. Backhaus et al. 2021: 219). Für Zielvariablen, die nicht metrisch bzw. intervallskaliert sind, liegen eigene Verfahrensweisen vor (siehe dafür Rasch et al. 2021: 106 ff. und 126). In unserem Fall stellen die Regimetypologien als nominale Variablen die relevanten Faktoren dar, während die Perfomanzdimensionen durch BIP, Säuglingssterblichkeit und Anteil an erneuerbaren Energien metrisch operationalisiert wurden. Dadurch mussten keine Anpassungen vorgenommen werden.

Zweitens sollte innerhalb der Faktorstufen Varianzhomogenität herrschen (vgl. Backhaus et al. 2021: 220). Dies liegt daran, dass die ANOVA unter anderem auf dem F-Test beruht, welcher die Annahme trifft, dass die Varianz innerhalb der Faktorstufen homogen ist und damit große Varianzunterschiede innerhalb der Gruppen diesen maßgeblich verzerren können (vgl. ebd.: 174, 220).[11] Eine Prüfung dieser Anforderung kann durch den Levene-Test erfolgen (vgl. Blasius und Thiessen 2021: 253). Die Nullhypothese des Levene-Tests besagt, dass die Varianz in den Faktorgruppen bezüglich der Zielvariable gleich groß ist (vgl. Backhaus et al. 2021: 179). Ist der Levene-Test entsprechend signifikant, ist dies ein Indiz dafür, dass Varianzheterogenität vorliegt (vgl. Rasch et al. 2021: 35). Der Levene-Test wird dabei insbesondere durch zu kleine Stichproben oder stark ungleiche Fallzahlen

---

11   Für den Fall, dass keine Varianzhomogenität gegeben ist, kann statt dem F-Test der Brown-Forsythe-Test verwendet werden, welcher die Homogenität der Gruppenmittelwerte testet (vgl. Janssen & Laatz 2017: 351).

in den Faktorstufen verzerrt (vgl. ebd.). In unserem Fall deutet der Levene-Test auf Varianzheterogenität hin; da es sich bei der Fallauswahl jedoch um eine Vollerhebung handelt, konnte dies vernachlässigt werden.

Drittens beanspruchen insbesondere die Teststatistiken der Varianzanalyse eine Normalverteilung der Beobachtungen der Zielvariable entlang der jeweiligen Faktorstufe (vgl. Backhaus et al. 2021: 220). Entsprechende numerische Tests stellen hier der Kolmogorow-Smirnov-Test sowie der Shapiro-Wilk-Test dar, die bei Signifikanz zu einer Ablehnung der Annahme der Normalverteilung führen. Histogramme, Q-Q-Plots und Boxplots können als grafische Tests verwendet werden (vgl. Tiemann 2019: 72 ff.; Blasius und Thiessen 2021: 251). In unserem Fall zeigten sowohl Histogramme als auch die beiden numerischen Tests schiefe Verteilungen auf. Allerdings sind Abweichungen von der Normalverteilung generell weniger schwerwiegend, da die Teststatistiken hiergegen relativ robust sind und trotzdem zu reliablen Ergebnissen führen (vgl. Rasch et al. 2021: 35). Dies trifft insbesondere bei größeren Fallzahlen bzw. Beobachtungsmengen, wie in unserer Arbeit, zu (vgl. Blasius und Thiessen 2021: 253).

Viertens sollte der Faktor mindestens drei Faktorstufen besitzen, denn ansonsten wäre auch ein T-Test ausreichend (vgl. Backhaus et al. 2021: 220). Auch diese Voraussetzung war in unserem Fall gegeben, da die Regimetypologien mindestens vier Faktorstufen beinhalteten.

Fünftens sollten als Faustregel mindesten 20 Beobachtungen in einer Faktorstufe enthalten sein (vgl. Backhaus et al. 2021: 220). Die Faktorstufen sollten, soweit es sich nicht um Vollerhebungen handelt, aus unabhängigen Zufallsstichproben bestehen (vgl. Janssen und Laatz 2017: 345). In unserer Arbeit stellte diese Anforderung trotz teilweise weniger als 20 Beobachtungen pro Faktorstufe kein Problem dar, da es sich um eine Vollerhebung handelte.

Sechstens merken Backhaus et al. (2021: 221) an, dass Ausreißer die Varianzen maßgeblich beeinflussen und deshalb identifiziert und ausgeschlossen werden sollten. Es gilt dabei jedoch anzumerken, dass im Fall einer Vollerhebung dadurch maßgeblich die Empirie beschnitten wird und daher eine entsprechende Abwägung vorzunehmen ist, denn auch Ausreißer können einer bestimmten Systematik folgen. In unserem Fall wurden daher und aufgrund der Fallauswahl keine Ausreißer eliminiert.

Die allgemeine Form einer Varianzanalyse lautet dann wie folgt:

$$y_{gi} = \mu + \alpha_g + \varepsilon_{gi}$$

mit y_{gi} als Beobachtungswert i (i = 1, 2, ..., N) der abhängigen Variable in Faktorstufe g (g = 1, 2, ..., G), μ als Gesamtmittelwert der Grundgesamtheit, α_g als wahrer Effekt von Faktorstufe g (g = 1, 2, ..., G) sowie ε_{gi} als Fehlerterm bzw. Störgröße (vgl. ebd.). Die Störgrößen stellen Einflüsse nicht miteinbezogener Variablen und Messfehler dar, wobei die Annahme getroffen wird, dass diese Störgrößen εgi zwischen den Faktorstufen tendenziell gleich stark sind (vgl. Backhaus et al. 2021: 167). Es gilt dabei αg = μg − μ, wobei μg den Mittelwert der Faktorstufe g in der Grundgesamtheit darstellt (Backhaus et al. 2021: 166). Beispielhaft übertragen auf die Typologie von Geddes et al. (2014b) wäre die abhängige Variable der Regimetyp, der in den Faktorstufen g = Militärregime, personalistisches Regime, Parteienregime und Monarchie vorkommt, während die Beobachtungswerte i der abhängigen Variablen im Falle der ökonomischen Performanz das BIP pro Kopf darstellen.

Um einen ersten Überblick über das erste Ziel der Varianzanalyse zu erhalten, eignet sich die Betrachtung von Boxplots. Bei diesen stellt die mittlere Box den Bereich dar, welcher die mittleren 50 % der Fälle einer Gruppe abdeckt (vgl. Janssen und Laatz 2017: 740). Die davon ausgehenden Whisker stellen jeweils die unteren 25 % bzw. die oberen 25 % der Fälle dar, wobei die Enden der Whisker jeweils Auskunft über den Maximal- bzw. Minimalwert einer Gruppe bezüglich einer abhängigen Variablen angeben (vgl. ebd.: 739 f.). Der Strich innerhalb der Box stellt den Median dar. Ist dieser mittig in der Box positioniert, kann er als Indiz für eine Normalverteilung interpretiert werden (vgl. ebd.). Zudem werden im Boxplot Ausreißer aufgezeigt, die einen 1,5- bis maximal 3-fachen Interquartilsabstand aufweisen sowie Extremwerte die einen mehr als dreifachen Interquartilsabstand besitzen (vgl. ebd.: 741). Anhand dieser Angaben können erste Aussagen bezüglich der aufgestellten Korrespondenzhypothese gemacht werden. Interne Homogeni-

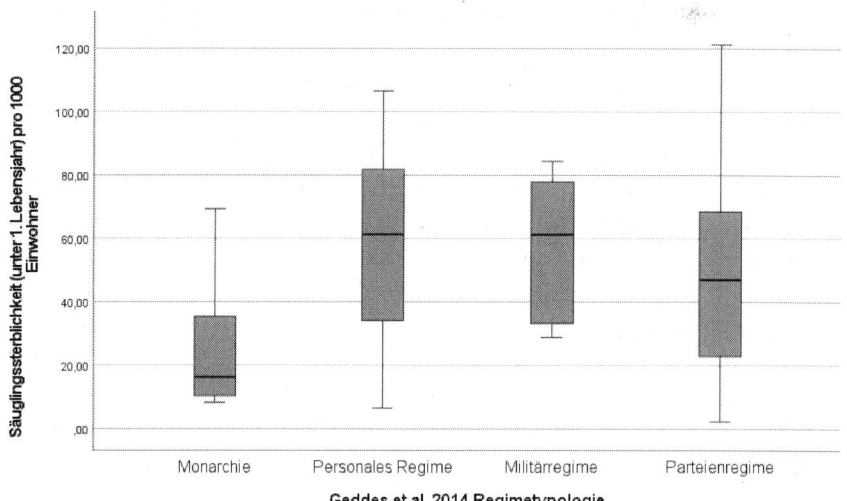

Abb. 13: Boxplot Geddes et al. (2014b) – soziale Performanz (Quelle: eigene Darstellung nach Geddes et al. 2014b und Teorell et al. 2021).

tät zeigt sich darin, dass die Boxen und Whisker klein sind bzw. eng aneinander liegen und wenige Ausreißer vorliegen. Externe Heterogenität zeigt sich darin, Wertebereich abdecken. In unserem Fall zeigte z. B. das Boxplot von Geddes et al. (2014b) in Abb. 13 bei sozialer Performanz, bei welcher die Gruppen der Parteienregime und personalistischen Regime in ihrer Spannweite zueinander fast deckungsgleich sind und auch den Wertebereich aller anderen Gruppen abdecken, dass keine externe Heterogenität vorliegt. Darüber hinaus umfassen diese zwei Gruppen auch die Mehrheit der Beobachtungen. Lediglich Monarchien grenzen sich marginal von diesem Muster ab, indem 75 % ihrer Beobachtungen in die unteren 25 % der Beobachtungen dieser zwei Gruppen fallen. Auch eine interne Homogenität konnte nicht beobachtet werden, da bei allen drei Performanzdimensionen meist nicht nur die 50 % der Fälle innerhalb des Boxplots sehr weit gestreckt sind, sondern auch der Großteil der Whisker eine große Varianz der Daten andeutet.

Ein ähnliches Muster zeichnet sich bei der Betrachtung der Boxplots von Hadenius et al. (2017) ab. Der größte Regimesubtyp der Mehr-Parteien-Regime zeigt über alle drei Performanzdimensionen hinweg eine hohe Streuung der Fälle auf und deckt fast den kompletten Fallbereich der anderen Regimesubtypen ab. Darüber hinaus weisen auch die Boxplots der Regimesubtypen Monarchie und Ein-Parteien-Regime starke Überschneidungen auf. Bei der Gruppe der Kein-Parteien-Regime ist eine Aussage dazu aufgrund der geringen Fallzahl (n = 5) nur schwer zu treffen.

Auch die zwei größten Gruppen bei Kailitz (2016) in Form der elektoralen Autokratien und Monarchien überschneiden sich mindestens zu 50 % in ihrer Spannweite. Darüber hinaus befinden sich auch alle anderen Regimesubtypen in dem nahezu selben Bereich. Dahingegen deuten die Boxplots von Kailitz (2016) eine geringe Spannweite bei ökonomischer Performanz bezüglich militärischer Autokratie (n = 10), kommunistischer Ideokratie (n = 24), islamistischen Ideokratien (n = 6) und Ein-Parteien-Autokratie (n = 6) und bei sozialer und ökologischer Performanz bezüglich militärischer Autokratien (soziale Performanz, n = 10; ökologische Performanz, n = 10) an. Die interne Homogenität könnte jedoch auch mit der geringen Beobachtungsanzahl innerhalb der Gruppen zusammenhängen.

Insgesamt zeigten somit die Betrachtungen der Boxplots, dass interne Homogenität und externe Heterogenität bei allen Regimetypologien und Performanzdimensionen nicht erfüllt werden bzw. mit Blick auf die jeweiligen Ausnahmen und deren geringe Fallzahl keine abschließende Aussage diesbezüglich getroffen werden konnte.

Diese ersten grafischen Interpretationen lassen sich weiterführend durch die ANOVA numerisch überprüfen. Dafür können erstens der F-Test und zweitens Eta^2 herangezogen werden.

Die Varianzanalyse nimmt wie bereits erwähnt an, dass die Faktorstufen ausschlaggebend für die Varianz zwischen den Faktorstufen bezüglich der Zielvariable sind (vgl. Backhaus et al. 2021: 171). Diese „Varianz zwischen" den Gruppen wird über die Unterschiede der Faktorenstufenmittelwerte als quadrierte Abweichungen dieser Mittelwerte berechnet (vgl. Rasch et al. 2021: 13). Es gilt dabei, dass die „Varianz zwischen" größer wird, je weiter die Faktorenstufenmittelwerte voneinander entfernt liegen (vgl. ebd.). Die Residualvarianz stellt „die mittlere quadrierte Abweichung jedes Messwerts von seinem Gruppenmittelwert" dar (Rasch et al. 2021: 11).

Um die statistische Signifikanz dieser Unterschiede und daraus ableitend die Frage zu klären, ob der Faktor einen signifikanten Effekt bei der Erklärung der Streuung in der Zielvariable besitzt, verwendet die Varianzanalyse den F-Test (vgl. Backhaus et al. 2021: 174). Die Nullhypothese des F-Tests besagt, dass der Faktor bzw. alle Faktorenstufen keinen Einfluss auf die Zielvariable besitzen (vgl. Janssen und Laatz 2017: 349). Die Nullhypothese wird abgelehnt, wenn der p-Wert kleiner als das Signifikanzniveau ist, und lässt so die Aussage zu, dass zwischen den Faktorstufen bezüglich der Zielvariable statistisch signifikante Unterschiede vorliegen (vgl. Backhaus et al. 2021: 178). Entsprechend besitzt der Faktor dann einen signifikanten Einfluss auf die jeweilige Zielvariable (vgl. ebd.). Für den F-Wert werden die Varianzen zwischen den Faktorstufen bezüglich der Zielvariable durch die Varianzen innerhalb der Faktorstufen dividiert (vgl. Rasch et al. 2021: 17). Resultiert hieraus ein F-Wert von F = 1, dann beträgt der Anteil der erklärenden Varianz den Wert null, sodass der Faktor keinen Einfluss auf die Zielvariable besitzt (vgl. ebd.). Gilt für den F-Wert hingegen F > 1, ist der Anteil der erklärten Varianz größer als null, sodass ein Einfluss des Faktors auf die Zielvariable besteht (vgl. ebd.).

Entgegen dem ersten Eindruck aus den Boxplots ist der F-Test bei allen durchgeführten ANOVA unserer Arbeit signifikant. Bei der Interpretation des F-Tests ist jedoch zu berücksichtigen, dass der F-Wert ausschließlich anzeigt, dass sich mindestens eine Faktorstufe signifikant von dem Mittelwert einer anderen Faktorstufe unterscheidet (vgl. ebd.: 20). Da die Boxplots dieser Arbeit zeigten, dass sich häufig nur eine Gruppe von den anderen unterscheidet, ist die Signifikanz der F-Werte möglicherweise darauf zurückzuführen und führt nicht zu einer Verwerfung der ersten Ergebnisse. Um aufzuklären, um welche Gruppen es sich dabei handelt, in welche Richtung die signifikanten Unterschiede vorliegen und wie stark die Effekte sind, müssten in weiteren Arbeiten Post-hoc-Verfahren durchgeführt werden (vgl. Rasch et al. 2021: 21; Blasius und Thiessen 2021: 251; sowie zu Post-hoc-Verfahren Janssen und Laatz 2017: 356 ff.; Backhaus 2021: 183).

Weiterführend kann durch die Varianzanalyse Eta² berechnet werden, welches in dieser Arbeit die Ergebnisse erneut untermauert. Eta² berechnet sich formal als Quotient aus der durch die Faktorstufen erklärten Varianz durch die nicht erklärte Varianz (vgl. Janssen und Laatz 2017: 349). Eta² dient damit als Kennzahl zur Varianzaufklärung und beschreibt ein normiertes Maß zwischen 0 und 1, wobei ein höherer Wert für einen prozentual höheren erklärten Anteil der Streuung interpretiert werden kann (vgl. Blasius und Thiessen 2021: 244 ff.): Je höher der Wert von Eta², desto besser erklärt der Faktor die Unterschiede in der Zielvariable (vgl. Backhaus et al. 2021: 174).

In unserer Arbeit zeigte Eta² bei Geddes et al. (2014b) eine Vorhersagefehlerreduktion für die ökonomische Performanz von 29,5 %, für die soziale Performanz von 13,1 % und für die ökologische Performanz von 11,2 %,[12] wenn man den Regimetyp kennt. Auch bei Hadenius et al. (2017) ist Eta² bezüglich sozialer und ökologischer Performanz mit 17,3 % und 14,3 % besonders niedrig und selbst die Vorhersagefehlerreduktion der ökonomischen Performanz mit 34,6 % nicht ausreichend. Desgleichen findet sich bei der Betrachtung von Eta² bei Kenntnis der Regimetypologien nach Kailitz (2016). Lediglich die Vorhersagefehlerreduktion bezüglich sozialer Performanz verbessert sich hierbei etwas, ist jedoch mit 22,9 % noch immer niedrig.

Insgesamt zeigen die durchgeführten einfaktoriellen Varianzanalysen einen Zuspruch zu beiden Korrespondenzhypothesen. Dennoch hat die Wahl einer einfaktoriellen Varianzanalyse als Methode dieser Arbeit Schwachpunkte, welche sich erstens aus der fehlenden Betrachtung von Interaktionseffekten (vgl. Janssen und Laatz 2017: 365) und zweitens aus der fehlenden Betrachtung mehrerer Zielvariablen gleichzeitig ergeben (vgl. Backhaus et al. 2021: 211 ff.). Durch den implizierten Kausalzusammenhang A → B liegt der Varianzanalyse ein simplistisch theoretisches und operationalisiertes Modell zugrunde. Mit einer mehrfaktoriellen Varianzanalyse können hingegen die Wechselwirkungen, die sich aus Parsons' Systemtheorie zwischen den Subsystemen ergeben, miteinbezogen werden. Anhand einer multivariaten Varianzanalyse können zusätzliche Indikatoren für die jeweiligen Performanzdimensionen einfacher in die Rechnung miteinbezogen werden als durch multiple einfaktorielle Varianzanalysen.

Ergebnisse

Die Arbeit hatte das Ziel zu untersuchen, inwiefern die Autokratietypologien von Geddes et al. (2014b), Hadenius et al. (2017) und Kailitz (2016) für die Analyse von

---

12 Eta² überschätzt die aufgeklärte Varianz systematisch (vgl. Okada 2013: 143). Robuster sind hingegen Epsilon- und Omega-Quadrat, welche im Vergleich über alle Regimetypologien hinweg minimal schlechter ausfallen.

ökonomischen, sozialen und ökologischen Performanzunterschieden geeignet sind. Die einfaktoriellen Varianzanalysen bestätigten die Korrespondenzhypothesen H_1 und H_2, indem zum einen interne Homogenität und externe Heterogenität unzureichend erfüllt werden und zum anderen Eta^2 eine durchgehend niedrige Varianzaufklärung zeigt. Die Unterschiede, welche sich bei den statistischen Analysen zwischen den Typologien ergeben, sind zu vernachlässigen, da alle drei auf einem sehr niedrigen Niveau die Performanzdimensionen vorhersagen. Typologieübergreifend stellt sich somit keine der drei substanziell als überlegen dar. Weder die Regimetypologie von Geddes et al. (2014b), Hadenius et al. (2017) noch Kailitz (2016) kann damit Performanzunterschiede ihrer autokratischen Subtypen trennscharf abbilden. Insgesamt lassen sich diese Ergebnisse auf die mangelhafte theoretische Reflexion des *Regime-Matters*-Zusammenhangs in der Typologiekonstruktion zurückführen.

Grenzen der Interpretation ergeben sich mit Blick auf die Operationalisierung der Performanzdimensionen. In folgenden Arbeiten sollten sie deshalb erweitert werden, um zu kontrollieren, ob die mangelnde Operationalisierung der Performanzdimensionen die niedrige Varianzaufklärung verursacht.

Eine weitere Lücke ergibt sich mit Blick auf die theoretische Herleitung durch Parsons. Aus dieser lässt sich die Hypothese ableiten, dass Regime mit einem größeren Herrschaftsanspruch schlechter performen müssten als diejenigen mit geringerem. Eine Aussage hierzu übersteigt die interpretativen Grenzen unserer Befunde. Wie bereits erwähnt, ist nach Parsons das zentrale Kommunikationsmedium des politischen Systems jenes der Macht, womit es im Sinne des Machterhalts auf die anderen Subsysteme übergreift (vgl. Parsons 1963: 236 ff.). Jedoch funktionieren nach ihm Geld und Märkte, sprich das ökonomische Subsystem, nur dann, wenn es von den anderen Subsystemen, besonders denen des politischen Subsystems, differenziert ist (vgl. Parsons 1985: 29). In dieser Arbeit wurde aufgezeigt, dass die Typologien ein Kontinuum und damit einen steigenden oder sinkenden Herrschaftsanspruch implizit annehmen. Allerdings wurde nicht explizit untersucht, ob mit einem sinkenden bzw. steigenden Herrschaftsanspruch ein entsprechender Performanzunterschied einhergeht. Zum anderen konnten keine Aussagen darüber getroffen werden, inwieweit die Subtypen von Geddes et al. (2014b), Hadenius et al. (2017) und Kailitz (2016) tatsächlich einen ähnlichen Herrschaftsanspruch nachweisen. Es bleibt die theoretische Frage bestehen, wie sich ein solches Kontinuum funktional verhält bzw. ob es sich beispielsweise um einen linearen oder nicht linearen Verlauf handelt. Eine Untersuchung dessen wäre für eine zukünftige Regimetypologisierung maßgeblich. Hierfür müssten auch demokratische Regime miteinbezogen werden. Damit könnte die Arbeit einen wichtigen Beitrag zur Debatte *Difference of Kind* oder *Diffe-*

rence of Degree von Typologien bzw. zu einem möglichen Autokratie- oder Demo-
kratievorteil leisten (vgl. Lührmann et al. 2018: 61 f.; Schmidt 2021). Hierbei ist
auch kritisch zu fragen, vor allem mit Blick auf die bereits erwähnte Vorordnung
des kulturellen Subsystems bzw. die Wechselwirkungen der Subsysteme untereinander, ob der *Regime-Matters*-Zusammenhang überhaupt quantitativ zu fassen ist
oder ob hier nicht Fallanalysen besser geeignet wären.

Zusammenfassend lässt sich der Schluss zum anfangs gestellten Zitat von
Brown ziehen: Der Adressatenbezug bzw. die Frage danach, was ein System abbilden oder erklären soll, ist essenziell (vgl. Brown 1968: 171). Es muss daher konsta-
tiert werden, dass diese Arbeit ein dringend nötiges Überdenken bezüglich der
Anwendbarkeit von Regimetypologien auf Performanzdimensionen anstößt. Dieses Bewusstsein würde die Struktur der zukünftigen Forschung an und mit Regimetypologien maßgeblich beeinflussen. Wie bereits Brown bemerkte: „Unless
data are organized with a view to revealing explanatory connections between
classes of events, there is no point in talking about the completeness an precision
of the system" (ebd.).

Lessons learned

Neben den dargestellten theoretischen und methodischen Einblicken konnte uns
das Lehrforschungsprojekt bezüglich der Durchführung und Planung von Forschung, Kommunikation und Teamarbeit und wissenschaftlichem Prozess neue
praktische Einblicke bieten.

Erstens hat uns der Forschungsprozess aufgezeigt, dass der idealtypische,
stark lineare Forschungsablauf einer quantitativen Arbeit in der Praxis doch auch
immer wieder mit Rückkopplungen verbunden ist, für welche entsprechend Zeit
einzuplanen ist. Dies ist beispielsweise an der Evolution unserer Forschungsfrage
gut nachvollziehbar. Diese veränderte sich nach Sichtung der Daten im fortgeschrittenen Forschungsprozess und ergab sich nicht allein aus der theoretischen
Aufarbeitung des Forschungsstands. Darüber hinaus ist bei der Arbeit mit Statis-
tikprogrammen zu beachten, dass für die Aufarbeitung des Datensatzes, die Erstellung der Syntax bzw. die Einarbeitung in das Programm selbst ausreichend
Zeit einzuplanen ist, die zunächst möglicherweise nicht ersichtlich ist.

Aufgrund des teilweise unvorhersehbaren und großen Arbeitsaufwands waren dabei zweitens insbesondere eine klare Aufgabenteilung und die offene Kommunikation über die Erwartungen in Bezug auf diese zentral, um Unmut in der
Gruppe zu vermeiden. Insgesamt ist es zentral zu lernen, Ideen in Teamarbeit verständlich und nachvollziehbar für andere argumentieren zu können. Nur wenn

alle Gruppenmitglieder vom gleichen Sachverhalt ausgehen und keine unterschiedlichen diskutiert werden, ist es möglich, Fortschritte zu machen. Entsprechend unabdingbar ist eine respektvolle und offene Diskussionskultur. Dabei lernten wir schnell, wie wichtig es ist, Diskussionsergebnisse auch immer wieder festzuhalten. Gerade am Anfang merkten wir, dass wir dazu tendierten, über Probleme zu diskutieren, für die wir eigentlich schon Lösungen gefunden hatten.

Auf einer stärker wissenschaftlich praktischen Ebene hat uns das Lehrforschungsprojekt drittens einen tiefgreifenden Einblick in das Berufsfeld der Wissenschaft und des wissenschaftlichen Arbeitens geboten. Nicht nur wurden wir im Forschungsprozess immer wieder mit Problemen konfrontiert, für die es Lösungen zu suchen galt, es war auch wichtig, externe Sichtweisen einzuholen. Insbesondere wenn man nach längeren Diskussionen mehrere potenzielle Lösungen herausgearbeitet hat, hat es uns immer geholfen, diese jemandem mit mehr oder anderer Erfahrung und Wissen zu präsentieren. Dies bietet auch die Möglichkeit, von seinem Projekt einen Schritt zurückzutreten und festgefahrene Sichtweisen wieder im breiteren Kontext zu sehen.

Zusammenfassend sind wir dankbar, dass wir diese ersten tiefgreifenden Erfahrungen in der eigenständigen Umsetzung von wissenschaftlicher Methodik und Theorie innerhalb eines Lehrforschungsprojekts frühzeitig kennenlernen durften. Einen kompletten Forschungsprozess in klein mit kompetenter Unterstützung durchführen zu können, hat uns dabei geholfen, dessen Herausforderung frühzeitig kennenzulernen, selbstbewusst meistern zu können, und weckte unsere Begeisterung für Forschung und Wissenschaft.

19 Regressionsanalyse

Regressionsanalysen sind die wohl bekanntesten und am meisten verwendeten statistischen Analyseverfahren in der Politikwissenschaft. Sie zählen zu den Verfahren, mit denen Hypothesen über den Zusammenhang von Variablen geprüft werden können. Hauptfragen sind dabei: Welchen Einfluss haben Variablen auf ein Phänomen? Wie stark ist der Einfluss der unabhängigen Variable x auf die abhängige Variable y?

Bei Regressionsanalysen wird die Ausprägung einer zu erklärenden (abhängigen) Variable auf die Ausprägung(en) einer oder mehrerer erklärender (unabhängiger) Variablen zurückgeführt, regrediert (daher der Name Regressionsanalyse). Die einfachste Form dieses Zusammenhangs ist linear und lässt sich mit der einfachen mathematischen Geradengleichung oder Funktion y = a + bx beschreiben. x ist hier die unabhängige Variable, y die abhängige Variable, a eine Konstante und b die Steigung der Geraden.

Lineare Zusammenhänge werden in der Regel mit der sogenannten linearen Einfachregression oder OLS-Regression (Ordinary Least Squares = kleinste Quadrate) analysiert. Dabei geht es darum, den Zusammenhang zwischen zwei Variablen durch eine Geradenfunktion so zu beschreiben, dass die quadrierte Abweichung der einzelnen Fälle von der Geraden so klein wie möglich gehalten wird. Dann ist die Regressionsgerade die beste Beschreibung für den Zusammenhang. Typische Formen der Analyse sind Ursachenanalysen (Wie stark ist der Einfluss von x auf y?) und Wirkungsprognosen. Wenn wir den Zusammenhang zwischen zwei Variablen kennen, können wir Prognosen ableiten, was passieren wird, wenn wir einen Einflussfaktor ändern. Weiß man beispielsweise, dass der Lernerfolg von Schüler:innen mit der Klassengröße zusammenhängt, dann kann man Prognosen über die Veränderung des Lernerfolgs bei einer Reduktion der Klassengröße um 1, 2, 5 oder x Schüler:innen berechnen. Regressionsanalysen ermöglichen es, mathematisch-statistisch die Auswirkungen einzelner Variablen zu isolieren und andere Einflussvariablen zu kontrollieren. Es ist also möglich zu überprüfen, ob neben der Klassengröße etwa das Alter der Schüler:innen oder gar das Fortbildungsniveau der Lehrkraft Einfluss auf den Lernerfolg hat und ob sich möglicherweise Effekte der einzelnen unabhängigen Variablen gegenseitig aufheben oder verstärken. Werte für die Stärke des Zusammenhangs sind der Determinationskoeffizient R^2 (0 = kein Zusammenhang, 1 = perfekter Zusammenhang) und der standardisierte Regressionskoeffizient B, der die Effektstärke des Zusammenhangs angibt (um wie viele Einheiten verändert sich die abhängige Variable, wenn sich die unabhängige Variable um eine Einheit ändert?). Wichtig sind zudem die Signifikanzwerte, die angeben, ob die Zusammenhänge zufällig oder nicht zufällig sind. Sind die Signifikanzwerte (Sig.) kleiner 0,05, spricht man von Signifikanz, sind sie kleiner 0,01, von höchster Signifikanz. Die Interpretation ist die folgende: Signifikant sind Werte, bei denen mit mindestens 95 % Wahrscheinlichkeit die Nullhypothese („Es besteht kein Zusammenhang") zurückgewiesen werden kann. Höchst signifikant sind sie, wenn diese Wahrscheinlichkeit bei 99 % oder mehr liegt (0,01).

Die Voraussetzung dafür, dass Regressionsanalysen durchgeführt werden können, ist zunächst einmal das Vorliegen der entsprechenden Daten. Diese Daten wiederum müssen einige Anforderungen erfüllen. Statistische Voraussetzung ist, dass sowohl die unabhängige(n) als auch die abhängige Variable(n) ein metrisches Messniveau aufweisen, also die Zahlen hinsichtlich Gleichheit/Ungleichheit, Rangfolge und mindestens Abständen sinnvoll interpretiert werden können. Das mag bei Klassengröße und Alter gegeben sein, bei Lernerfolg und Fortbildungsniveau wäre dies zumindest kritisch zu hinterfragen. Das Kernproblem dahinter ist, dass sozialwissenschaftliche Daten oft nicht eindeutig diesen Anforderungen entsprechen, weil die dahinterliegenden Konzepte dies nicht hergeben (z. B. Grad oder Qualität der Demokratie). Zweitens muss der vermutete Zusammenhang auch tatsächlich linear und nicht exponentiell oder u-förmig sein. Die Art eines Zusammenhangs kann man beispielsweise grafisch abschätzen, wenn man ein Streudiagramm für die Variablen x und y anfertigt. Je ähnlicher die daraus entstehende Punktewolke einem Rechteck, einer Ellipse oder am besten einer Geraden ist, desto linearer ist der Zusammenhang. Drittens sollte es möglichst keine Ausreißer geben, da diese die Berechnung der Regressionskoeffizienten verzerren. Ausreißer sind Fälle, deren Ausprägungen stark vom arithmetischen Mittel der Variablenausprägung aller Fälle abweichen (mehr als 1,5 Standardabweichungen).

Das Problem nominaler unabhängiger Variablen kann in OLS-Regressionen über die Verwendung von Dummies (1 = Das Phänomen liegt vor; 0 = Das Phänomen liegt nicht vor) gelöst werden. Damit können bei sparsamer Verwendung auch einzelne nominale Variablen in Regressionsmodelle mit ansonsten metrischen Variablen einbezogen werden.

Da Zusammenhänge in den Sozialwissenschaften meist nicht linear sind, wurden für nicht lineare Zusammenhänge spezielle Regressionsverfahren entwickelt, wobei zwischen linearisierbaren (intrinsisch linearen) und nicht linearisierbaren (intrinsisch nicht linearen) Modellen unterschieden wird. Zu ersteren gehören

Quadratwurzelmodelle und multiplikative Modelle, zu letzteren Potenzmodelle. Zudem gibt es logistische Modelle, die diskrete abhängige Variablen untersuchen und daher nicht eindeutig zuordenbar sind. Die genannten Verfahren sind komplex und erfordern große Rechenleistungen, da die Schätzwerte für die Regressionsgleichung durch sogenannte iterative, also eine Berechnung schrittweise wiederholende Verfahren berechnet werden.

Das Problem nominaler abhängiger Variablen (z. B. demokratisch vs. nicht demokratisch) kann mit der sogenannten logistischen Regression gelöst werden. Sie überprüft, welcher von zwei oder mehreren alternativen Zuständen eintreffen wird oder zutrifft und welche Variablen einen Einfluss darauf haben. Zum Beispiel kann so überprüft werden, welchen Einfluss ökonomische Entwicklung auf das Zustandekommen von Demokratie hat.

Neben den spezifischen Problemen der Existenz von relevanten Daten und der Datenqualität (etwa hinsichtlich des Messniveaus und der Zusammenhänge zwischen Variablen) sind zudem Fragen der Überprüfbarkeit von kausalen Zusammenhängen zu beachten. Dazu müssen explizite Annahmen über die kausale Richtung des Zusammenhangs ebenso wie über mögliche Einflussgrößen formuliert und theoretisch begründet werden. Hinzu kommt, dass bei Kausalität die Ursache vor der Wirkung eintreten muss und dass dies in den Daten (etwa durch die Verwendung von Zeitreihen und sogenannten Timelags, bei denen die abhängige Variable zum Zeitpunkt t, die unabhängige Variable aber zum Zeitpunkt t - 1 verwendet wird) abgebildet wird.

20 Regressionsanalyse: Steuermoral und Steuervermeidung – warum vermeiden deutsche Staatsunternehmen Steuerzahlungen?

Leon Ninow, Georg Thunecke und Manuel Wagner

Das Thema unseres Lehrforschungsprojekts und der daraus entstandenen Publikation in der Zeitschrift *German Politics* (Ninow et al. 2021) ist die aggressive Steuervermeidung von deutschen Staatsunternehmen. Aggressive Steuervermeidung ist die legale und gezielte Ausnutzung von rechtlichen Grauzonen und Schlupflöchern im Steuergesetz, um die Steuerlast zu senken. Dieses Verhalten wird vor allem bei multinationalen Privatunternehmen (MNUs) und wohlhabenden Individuen beobachtet mit gravierenden Folgen für den Fiskus. Es wird geschätzt, dass Staaten durch dieses Verhalten im Durchschnitt 10 % ihres Unternehmenssteueraufkommens verloren gehen (Tørsløv et al. 2018: 31). Daher haben sich vor allem die OECD-Länder seit 2013 durch das Maßnahmenpaket zur Bekämpfung der Aushöhlung der Steuerbemessungsgrundlage und der Gewinnverschiebung (BEPS – base erosion and profit shifting) zusammengeschlossen, um aggressive Steuervermeidung zu verhindern und zusätzliches Steueraufkommen zu generieren. Die Veröffentlichung der Paradise und Panama Papers, zwei mehrere Terabyte große Datenleaks von Dokumenten mit vertraulichen Informationen, über Briefkastenfirmen in der Karibik hat diesen Bemühungen nochmals Nachdruck verliehen. Überraschenderweise finden sich neben MNUs, wohlhabenden Privatpersonen und Politikern auch einige deutsche Staatsunternehmen. Das ist vor allem deswegen überraschend, da Staatsunternehmen, anders als Privatunternehmen, eigentlich keinen Grund haben sollten, ihre Steuerlast durch aggressive Steuervermeidung zu senken, da die dadurch entstehenden höheren Gewinne an den Fiskus zurückfließen. Deutsche Staatsunternehmen, wie die Fraport AG, sind aber nicht nur in der Karibik aktiv, sondern auch im europäischen Steuerparadies Malta, für eine „Optimierung der Steuerposition" (Hessischer Landtag, 2013: 2).

Dieses scheinbar inkonsistente Verhalten von deutschen Staatsunternehmen stellte für uns ein empirisches Forschungs-*Puzzle* dar, dass unsere Forschungsarbeit motivierte. Speziell gingen wir der Frage nach, ob deutsche Staatsunternehmen im Allgemeinen aggressive Steuervermeidungsstrategien anwenden und, falls ja, welche Faktoren die Anwendung solcher Strategien treiben könnten. Der erste Schritt unserer Analyse war daher induktiv, da wir untersuchten, ob die Staatsunternehmen, denen aggressive Steuervermeidung nachgewiesen wurde, Einzelfälle sind oder ob sich ihr Verhalten auf alle deutschen Staatsunternehmen verallgemeinern lässt. Dafür verglichen wir das Steuervermeidungsverhalten von Staatsunternehmen mit dem von vergleichbaren Privatunternehmen in Deutschland. Die Hypothese hierbei war, dass Privatunternehmen einen Anreiz haben, Steuern zu vermeiden, und somit weniger Steuern bezahlen als Staatsunternehmen, die diesen Anreiz nicht haben sollten. Hierfür nutzten wir Propensity Score Matching (PSM), um für jedes Staatsunternehmen ein vergleichbares Privatunternehmen zu finden. Im zweiten Schritt gingen wir deduktiv vor und testeten eine größere Bandbreite an politik- und wirtschaftswissenschaftlichen Theorien, um die aggressive Steuervermeidung von deutschen Staatsunternehmen zu erklären. Für diese Analyse nutzten wir Random (RE) und Fixed Effects (FE) Regressionen. Als Grundlage für diesen Vergleich griffen wir auf Unternehmensinformationen von mehr als 2000 deutschen Unternehmen aus der *Bureau van Dijk Orbis* Datenbank und Informationen aus den Bundes- und Länderbeteiligungsberichten über Staatsunternehmen für den Zeitraum von 2004 bis 2013 zurück. Unsere Ergebnisse deuten darauf hin, dass deutsche Staatsunternehmen im Allgemeinen aggressive Steuervermeidungsstrategien anwenden. Deren Anwendung scheint vor allem durch die Anzahl der staatlichen Anteilseigner, den insgesamten Anteil in staatlichem Besitz und die relative Stärke des größten privaten Anteilseigners getrieben zu sein. Sowohl die Stärke des Wettbewerbs als auch die politische Ausrichtung der regierenden Koalition, die das Staatsunternehmen kontrolliert, scheinen keinen Einfluss auf aggressive Steuervermeidung zu haben.

Konzepte und Hypothesen

Der gedankliche Ausgangspunkt des Forschungsprojekts war die anekdotische Evidenz für aggressive Steuervermeidung seitens einzelner Staatsunternehmen, die durch die Veröffentlichungen der Panama und Paradise Papers vorlag. Eine das ganze Projekt umfassende, strukturierende oder zu testende Theorie gab es nicht. Vielmehr haben wir auf verschiedene Theorien und Konzepte zurückgegriffen. Unseres Wissens nach gab es erst wenig bis keine Forschung zu aggressiver Steuervermeidung von Staatsunternehmen im Kontext liberal-demokratisch verfasster und marktwirtschaftlich wirtschaftender Gesellschaften. Wir haben uns entsprechend auch deshalb für eine konzeptuelle und theoretische Pluralität entschieden, um den explorativen Wert des Forschungsprojekts zu stärken. Im Folgenden wollen wir kurz die für unser Forschungsprojekt zentralen Konzepte und Theorien definieren und erläutern.

So haben wir Staatsunternehmen (im Original: state owned enterprises) zunächst sehr breit als Unternehmen definiert, die sich zu mindestens 10 % in Staatsbesitz befinden. Dieser Schwellenwert ist der finanzwissenschaftlichen Literatur entnommen und soll eine gewisse Einflussmöglichkeit des Staates auf Unternehmensentscheidungen sicherstellen (La Porta et al. 1999). In unserer zweiten Stichprobe, die für einzelne Hypothesen und generelle Robustheitstests genutzt wurde, lag der Schwellenwert bei einem Staatsanteil von 25 %. Zusätzlich haben wir mit einer Regression den statistischen Zusammenhang zwischen der Höhe des Staatsanteils und unseren Indikatoren für aggressive Steuervermeidung in beiden Stichproben getestet.

Ein weiteres zentrales Konzept für unsere Arbeit war das der aggressiven Steuervermeidung. Das Konzept „Steuervermeidung" umfasst grundsätzlich alle legalen, das Konzept „Steuerhinterziehung" alle illegalen Steuersenkungsstrategien. Aggressive Steuervermeidung stellt einen dazwischenliegenden Graubereich dar und umfasst Strategien, die formell legal sind, jedoch so nicht vom Gesetzgeber intendiert waren und eine Umgehung der Gesetze darstellen. Beispielhaft sei hier die Einrichtung von Briefkastenfirmen in Steuerparadiesen genannt, in die etwa über konzerninterne Kreditvergabe Gewinne verschoben werden, um diese dort zu niedrigeren Sätzen zu versteuern.

Eine klare Definition und Operationalisierung dieses Konzepts war gerade deshalb so relevant, weil die korrekte Interpretation der Ergebnisse in diesem Punkt den Unterschied zwischen legalen und problemlosen, legalen und möglicherweise problematischen sowie illegalen Handlungen ausmacht und wir uns in diesem Punkt einer besonderen Publikationsverantwortung bewusst waren.

Das Kernproblem bei der Frage nach aggressiver Steuervermeidung und Steuerhinterziehung war, dass sie nicht direkt gemessen werden können und daher einer angemessenen Operationalisierung bedürfen, um entsprechend messbar gemacht werden zu können. Die Hauptaufgabe bestand darin, vom Gesetzgeber vorgesehene Steuervermeidung von nicht vorgesehener (aggressiver) Steuervermeidung zu unterscheiden. Bei der vorgesehenen Steuervermeidung handelt es sich z. B. um die Abschreibungen von Anlagevermögen oder den Abzug von Fremdkapitalzinsen. Zur Messung von aggressiver Steuervermeidung haben wir daher das Konzept des Effektivsteuerdifferentials (ETRDif) entwickelt und operationalisiert. Das ETRDif ist eine Kombination von verschiedenen Theorien, Konzepten und messbaren Variablen, die wir im Folgenden kurz darstellen. Die wichtigste Variable für die Steuerlast ist der statutarische Steuersatz, d. h. der

Steuersatz, der im Steuergesetz festgeschrieben ist. In unserem Fall ist das der Körperschaftssteuersatz, der im Körperschaftssteuergesetz festgeschrieben ist und gegenwärtig (Stand 2021) 15 % beträgt. Die Körperschaftssteuer wird ergänzt durch den Solidaritätszuschlag und Steuern auf der Gemeindeebene, wodurch der Unternehmenssteuersatz in Deutschland insgesamt durchschnittlich 29,9 % beträgt (OECD 2022).

Zwei weitere wichtige Maße sind die tatsächlichen Effektivsteuersätze und die fiktiven Effektivsteuersätze. Der tatsächliche Effektivsteuersatz gibt die reale Steuerlast eines Unternehmens an und lässt sich berechnen (beobachten), indem man die gezahlten Steuern durch den vorsteuerlichen Gewinn teilt. Der fiktive Effektivsteuersatz wiederum gibt die hypothetische Steuerlast an, die ein Unternehmen zahlen müsste, wenn es das Steuerrecht wie vom Gesetzgeber vorgesehen anwenden würde. Dieser Steuersatz lässt sich nicht direkt beobachten, sondern ist ein theoretisches Konzept, das sich mit Informationen über den statutarischen Steuersatz, Abschreibungsregelungen, der Kapital- und Finanzierungsstruktur eines Unternehmens berechnen lässt. Vereinfacht gesagt spiegelt der fiktive Effektivsteuersatz die Steuerlast eines Unternehmens wider, dass die Mittel der gewollten Steuervermeidung ausgeschöpft hat, während der tatsächliche Effektivsteuersatz sowohl die gewollte als auch die aggressive Steuervermeidung abbildet. Zusätzlich bildet der tatsächliche Effektivsteuersatz auch andere firmenspezifische Abweichungen ab, da wir den fiktiven Steuersatz nur für die durchschnittliche Firma berechnen. Das bedeutet, dass beide Effektivsteuersätze kleiner sein sollten als der statutarische Steuersatz und dass der reale Effektivsteuersatz kleiner gleich dem fiktiven Effektivsteuersatz sein sollten. Wir versuchen jetzt, den aggressiven Teil der Steuervermeidung zu isolieren, indem wir den realen Steuersatz vom fiktiven Steuersatz abziehen:

ETRDif =   gewollte Steuervermeidung - (gewollte Steuervermeidung + aggressive Steuervermeidung + andere unbeobachtete Einflüsse).

Das ETRDif ist also die Differenz der beiden Effektivsteuersätze und misst die aggressive Steuervermeidung, allerdings können wir nicht ganz ausschließen, dass auch andere Einflüsse eine Rolle spielen können. Beim ETRDif handelt sich also um eine Approximation, die nicht exakt, aber immerhin größtenteils die aggressive Steuervermeidung misst. Das Konzept des ETRDifs haben wir, basierend auf vorangegangenen Studien zu den beiden Effektivsteuermaßen, selbst erarbeitet, um aggressive Steuervermeidung für unser Projekt messbar zu machen.

Zur Untersuchung möglicher Ursachen von aggressiver Steuervermeidung im zweiten Schritt unserer Analyse haben wir Hypothesen aus unterschiedlichen Theorien abgeleitet. In der Auswahl der zu testenden Theorien wurde Wert darauf gelegt, verschiedene Zugänge zum Phänomenbereich aus möglichst unterschiedlichen Fachbereichen einzuschließen. So haben wir letztendlich von grundsätzlichen Markttheorien über Theorien zu den internen Machtverhältnissen in Unternehmen bis zu klassisch politikwissenschaftlichen Parteiendifferenzthesen sowohl aus der Volkswirtschaft als auch aus der Politikwissenschaft und den dazwischenliegenden Forschungsfeldern Theorien getestet. Eine Reihe von Theorien wurde zwar initial berücksichtigt, konnte aber letztendlich aufgrund von mangelnden Daten nicht überprüft werden und ist aus der letztendlichen Publikation gestrichen worden.

So hatten wir beispielsweise zunächst auch Hypothesen aus der historischen Institutionalismusforschung generiert. Zur Überprüfung dieser Hypothesen hätten wir jedoch zeitlich weiter zurückreichende Daten gebraucht, welche von öffentlicher Seite nicht bereitgestellt werden. Den Zugriff auf unsere Forschungsfrage durch die Perspektiven unterschiedlicher Theorien, die letztendlich jedoch auf ähnliche Art und Weise quantitativ getestet werden sollten, hat uns einen interessanten Theorievergleich ermöglicht, immer wieder neue Fragen aufgeworfen und uns dazu gezwungen, uns unserem Forschungsprojekt wiederholt auf eine andere Art zu nähern.

Die Parteiendifferenzthese (Hibbs 1977) besagt grundsätzlich, dass es einen Unterschied macht, welche Parteien eine Regierung bilden. Aus der hieran anschließenden Forschungsliteratur wurde die Hypothese abgeleitet, dass aggressive Steuervermeidung bei Staatsunternehmen dann stärker vorliegt, wenn die beteiligte Landes- oder Bundesregierung durch konservative oder ökonomisch libertäre Parteien gebildet wird.

Mit Ausnahme des Bundeslands Bremen liegt in allen Untersuchungseinheiten eine Richtlinienkompetenz bei den Regierungschefs. Daher wurde als erster Indikator die Parteizugehörigkeit des Regierungschefs jenes Staates genutzt, welcher den größten staatlichen Anteil an dem Unternehmen hält.

Bedingt durch das geltende Verhältniswahlrecht werden sowohl auf Bundes- als auch auf Landesebene vorrangig Koalitionsregierungen gebildet. Um auch die Machtverhältnisse innerhalb von Regierungen mit in die Messung einzubeziehen, wurde der jeweilige Anteil der Parteien an allen Kabinettsposten als Indikator genutzt.

Ein grundsätzliches Postulat neoklassischer Wirtschaftstheorie ist, dass Unternehmen durch einen hohen Wettbewerbsdruck dazu gezwungen werden, ihre Produktivität zu steigern oder Kosten zu senken. Steuerzahlungen stellen für Unternehmen Kosten dar. Hieraus wurde die These abgeleitet, dass aggressive Steuervermeidung in einem positiven Zusammenhang mit dem Wettbewerbsdruck steht. Unternehmen wurden über NACE-Industrie-Codes unterschiedlichen Märkten zugewiesen. Als Indikator für den Wettbewerbsdruck auf ein gegebenes Unternehmen haben wir zum einen den Herfidahl-Index (Hirschmann 1964), der die Marktkonzentration misst, genutzt. Hierbei wurde angenommen, dass eine geringe Marktkonzentration mit höherem Wettbewerb einhergeht. Zur Steigerung der Robustheit unserer Messung haben wir außerdem die absolute Anzahl an Unternehmen, die in einem gegebenen Jahr in einem gegebenen Markt tätig waren, als Indikator genutzt. Hierbei wurde angenommen, dass eine höhere Anzahl an Unternehmen mit einem höheren Wettbewerbsdruck korreliert.

Aufbauend auf Überlegungen zur föderalen Struktur des Fiskalstaats von Brennan und Buchanan (1980) haben wir ebenfalls einen Prinzipal-Agent-theoretischen Ansatz überprüft. In Deutschland teilen sich Bund, Länder und Kommunen die Einnahmen aus der Unternehmensbesteuerung. Sie werden hier entsprechend alle als Prinzipal angesehen. Allerdings kann nur die Anteile besitzende staatliche Einheit direkten Einfluss auf die Steuerplanung eines Unternehmens nehmen. Diese Einheit stellt hier den Agenten dar. Sie profitiert wiederum auch davon, die Unternehmensgewinne nach der Steuer zu maximieren. Diese Situation konstituiert daher möglicherweise ein Problem ungleich ausgerichteter Interessen zwischen Prinzipal(en) und Agent(en). Eine höhere Anzahl an öffentlichen Anteilseignern in einem Unternehmen korreliert tendenziell mit niedrigeren Dividenden für jeden Einzelnen, während mehr Anteilseigner auch von den Steuereinnahmen profitieren. Das Verhältnis von Prinzipalen und Agenten bzw. zwischen Dividenden- und Steuerzahlungen sollte in diesem Fall zugunsten der Prinzipale bzw. der Steuerzahlung ausfallen. Entsprechend wurde die Hypothese abgeleitet, dass eine höhere Anzahl an staatlichen Anteilseignern in einem negativen Zusammenhang mit aggressiver Steuervermeidung steht.

Ein weiterer Forschungsstrang behandelt die Frage, wie sich die Machtverhältnisse innerhalb von Unternehmen auf Unternehmensentscheidungen, etwa die Steuergestaltung, auswirken (z. B. Shleifer und Vishny 1986). Eine hieraus abgeleitete allgemeine These lautet, dass insbesondere Anteilseigner, die im Verhältnis zu den anderen Anteilseignern große Unternehmensanteile halten, einen größeren Einfluss auf Unternehmensentscheidungen nehmen können. Private Anteilseigner haben ein Interesse an der Senkung von Steuerzahlungen. Daher haben wir die These getestet, dass aggressive Steuervermeidung in einem positiven Zusammenhang mit der relativen Macht des größten privaten Anteilseigners steht. Hierzu wurde das Verhältnis der Anteile des größten privaten zu denen des größten staatlichen Anteilseigners als Indikator für die relative Macht des größten privaten Anteilseigners genutzt.

Methoden der Datenanalyse

Dieses Kapitel soll einen Überblick über die von uns verwendeten Methoden und die dahinterstehende Intuition vermitteln. Wir stellen die Methoden sehr vereinfacht dar und haben nicht den Anspruch, diese vollumfänglich zu diskutieren. Hierfür verweisen wir auf die gängigen Lehrbücher und unsere originale Publikation.

Da unsere Forschungsfrage sich nicht auf ein einzelnes oder eine kleine Gruppe von deutschen Staatsunternehmen bezog, sondern diese im Allgemeinen untersuchte, benötigten wir zur korrekten Auswertung unseres Mikrodatensatzes mit rund 6.000 Beobachtungen (Large-N) quantitative Methoden. Im Wesentlichen nutzten wir zwei Methoden der Datenanalyse. Für die Untersuchung des ersten Teils unserer Forschungsfrage, ob Staatsunternehmen im Allgemeinen aggressive Steuervermeidungsstrategien anwenden, verglichen wir unseren oben eingeführten Indikator für Steuervermeidung (ETRDif) von Staatsunternehmen mit dem von Privatunternehmen. Es wäre falsch gewesen und hätte irreführende Ergebnisse produziert, wenn wir alle Staatsunternehmen mit allen Privatunternehmen verglichen hätten, da eine staatliche Eigentümerschaft nicht das Ergebnis eines Zufallsexperiments ist und wir nur Beobachtungsdaten hatten. Staatsunternehmen und Privatunternehmen unterscheiden sich in vielen anderen Eigenschaften, die auch mit den Eigentumsverhältnissen zusammenhängen. Diese strukturellen Unterschiede hätten bei einem einfachen Vergleich zu einer Stichprobenverzerrung (Selection Bias) geführt. Zu diesen Eigenschaften gehören z. B. Größe (Umsatz, Anzahl der Mitarbeiter, Anzahl der Tochtergesellschaften), der Industriezweig, nationale oder multinationale Aktivität etc. Bei einem einfachen Vergleich hätte es beispielsweise passieren können, dass wir die Stadtwerke einer deutschen Kleinstadt mit den großen deutschen, multinational tätigen und börsennotierten Energiekonzernen vergleichen. Um eine Vergleichbarkeit zwischen Staats- und Privatunternehmen herzustellen, nutzten wir Propensity Score Matching (PSM), eine häufig verwendete und in der Wissenschaft gut etablierte Methode. Mithilfe von PSM ist es möglich, aus Beobachtungsdaten eine quasizufällige Stichprobe zu konstruieren (Angrist und Pischke 2014). PSM folgt im Grunde der Idee eines Most Similar Systems Designs (MSSD), d. h., dass wir jedem Staatsunternehmen ein bis auf die Eigentümerschaft möglichst ähnliches Privatunternehmen zuordnen wollen. Anschließend können wir testen, ob sich die so gepaarten Unternehmen hinsichtlich unseres Indikators für Steuervermeidung unterscheiden. Anders als beim MSSD brauchen wir keine exakte Übereinstimmung in den Variablen, über die wir Pärchen bilden wollen, sondern nur eine hinreichende Ähnlichkeit anhand unterschiedlich gewichteter Variablen (Confounder). Mithilfe einer linearen Regression der Eigentumsverhältnisse auf diese Confounder ist es möglich, jeder Beobachtung einen sogenannten Propensity Score zuzuordnen. Vereinfacht gesagt spiegelt der Propensity Score die Wahrscheinlichkeit wider, ein Staatsunternehmen zu sein. Im Folgenden wird dann jedem Staatsunternehmen das Privatunternehmen mit dem ähnlichsten Propensity Score als Vergleichsgruppe zugewiesen (Nearest Neighbor Matching). Die Annahme hierbei ist, dass es für beide Unternehmen (fast) gleich wahrscheinlich war, ein Staatsunternehmen zu werden, und es quasizufällig ist, welches der beiden staatlich und welches privat ist. Unsere Confounder waren der Industriesektor, in der das Unternehmen arbeitet, die Anzahl der Mitarbeiter und die Bilanzsumme. Wichtig beim PSM ist es, die „richtigen" Confounder auszuwählen. Die Confounder müssen beobachtbar sein und so gewählt werden, dass keine unbeobachtbaren Eigenschaften oder nicht verwendeten Confounder sowohl die staatliche Eigentümerschaft als auch das ETRDif beeinflussen. Wenn das nicht gelingt, bleibt der Selection Bias bestehen, und die Ergebnisse sind verzerrt. Zusätzlich muss man darauf achten, dass der Nearest Neighbor potenziell sehr weit weg liegen kann. Daher sollte man eine maximale Entfernung festlegen, ab der Beobachtungen nicht mehr im Sample auftauchen, weil keine vergleichbare Beobachtung existiert.

Für den zweiten Teil der Untersuchung, über die potenziellen Einflussfaktoren von Steuervermeidung von Staatsunternehmen nutzten wir eine Fixed-Effects-Regressionsanalyse. Diese folgt im Prinzip demselben Grundgedanken wie die standardmäßig verwendete und gelehrte Regressionsanalyse (OLS). Die Besonderheit unserer Daten ist jedoch, dass manche Beobachtungen deutlich ähnlichere Bedingungen haben als andere, da sie im gleichen Jahr erhoben wurden oder die Firmen im gleichen Bundesland beheimatet bzw. im gleichen Industriesektor tätig sind. Es gibt eine Vielzahl von Faktoren, die in Verbindung mit diesen Eigenschaften stehen, die potenziell sowohl unsere abhängige Variable als auch unsere unabhängigen Variablen beeinflussen, beispielsweise die Finanzkrise 2008 oder die Internationalität eines Industriesektors. Daher hätte eine OLS-Regression, die nicht für diese Variablen kontrolliert, also sie als separate unabhängige Variable ins Modell aufnimmt, vermutlich zu verzerrten Ergebnissen geführt (Omitted Variable Bias). Die FE-Regression ermöglicht es relativ einfach für alle Faktoren, die auf einer bestimmten Ebene konstant sind, zu kontrollieren. In unserem Fall bauten wir Jahres-, Bundesländer- und Industriesektor-Fixed-Effects in unsere Modelle ein, wodurch wir implizit für die Effekte aller Variablen kontrollieren, welche alle Firmen betreffen, die beispielsweise im gleichen Bundesland ansässig sind. Der große Vorteil des FE-Schätzers ist also nicht nur, dass man einen Omitted Variable Bias vermeidet, sondern auch, dass man für viele Faktoren implizit kontrolliert und sich dadurch auch viel Datenarbeit ersparen kann, wenn man kein spezielles Interesse an bestimmten Variablen hat.

Die Ergebnisse der FE-Regressionen lassen keine klaren Rückschlüsse auf Kausalbeziehungen zu. Es handelt sich lediglich um Korrelationen, bei denen wir aber bestimmte Ursachen ausschließen und so einen möglichen kausalen Zusammenhang aufzeigen konnten.

Daten

Die quantitative Analyse basierte auf verschiedenen Datensätzen, die sich sowohl in der Analyse- bzw. Aggregationsebene als auch in der Verfügbarkeit unterschieden. Für die Untersuchung unserer Arbeitshypothese benötigten wir vor allem Daten auf Firmenebene. Die wichtigste Datenquelle für unser Projekt war daher die *Orbis* Datenbank des Bureaus van Dijk. Diese Datenbank ist die größte internationale Unternehmensdatenbank und daher vor allem in der wirtschaftswissenschaftlichen Forschung häufig verwendet. Sie enthält Bilanzinformationen, Informationen über Eigentumsstrukturen und Niederlassungen sowie andere Kennzahlen für mehrere Hundert Millionen Unternehmen. Die Nutzung der Datenbank ist lizenzpflichtig. Leider bietet die Orbis Datenbank nur sehr grobe Informationen über Eigentumsstrukturen eines Unternehmens, auf welche sich drei unserer fünf Hypothesen direkt bezogen. Daher haben wir zusätzlich öffentlich zugängliche Informationen zu Eigentumsstrukturen von deutschen Staatsunternehmen aus den Beteiligungsberichten des Bundes und der Länder zusammengetragen.

Im Wesentlichen haben wir dazu die entsprechenden Berichte im Internet gesucht und heruntergeladen oder auf Anfrage von den entsprechenden Finanzämtern zur Verfügung gestellt bekommen. Anschließend haben wir die detaillierten Eigentumsstrukturen in Excel-Arbeitsmappen übertragen, um sie für unsere Zwecke nutzbar zu machen. Die Daten über die Parteizugehörigkeit der jeweiligen Ministerpräsidentin, die Zusammensetzung der Regierungskoalition und die jeweiligen Mehrheitsverhältnisse haben wir mithilfe von verschiedenen Dokumenten der Bundesländer auf sehr ähnliche Weise erhoben. Für die Berechnung der Effektivsteuersätze benötigten wir die statutarischen Unternehmenssteuersätze sowie die Abschreibungsraten und Methoden, die im deutschen Steuergesetz festgeschrieben sind. Diese Informationen haben wir aus den jährlich erscheinenden und frei zugänglichen EY *Worldwide Corporate Tax Guides* gesammelt. Bei unserer quantitativen Analyse benötigen wir zusätzlich noch Kontrollvariablen, um verschiedene andere Faktoren, die einen Einfluss auf unsere Untersuchung haben könnten, auszuschließen. Hierzu gehörten Informationen über das jährliche Bruttosozialprodukt und die Arbeitslosenquote jeweils auf Bundesländer-Ebene. Für diese Daten haben wir auf die frei zugängliche GENESIS Datenbank des Statistischen Bundesamts zurückgegriffen.

Für unser Projekt hat sich die Datenerhebung vor allem auf das Sammeln der Eigentumsstrukturen aus den Beteiligungsberichten und politischen Verhältnissen der Landesregierungen beschränkt. Die eigentliche Datenerhebung war daher zeitlich nicht besonders aufwendig, was zum Teil daran gelegen hat, dass einzelne Teammitglieder bereits über vorangegangene Erfahrung im Umgang und Sammeln von Daten verfügten. Nichtsdestotrotz gab es einige Herausforderungen, aus denen wir lernen konnten. Bei der Datenerhebung ist es enorm wichtig, sich vorher genau Gedanken darüber zu machen, welche Daten benötigt werden und wie diese gesammelt werden sollen. Das bedeutet vor allem, dass man die entsprechenden Quellen zusammenträgt und sich eine Struktur überlegt, in der die Daten später analysierbar sind. Hierzu gehören Fragen wie: Long oder Wide Format? Welche Variablen werden gebraucht? Welche Variablen werden nicht unbedingt gebraucht, aber könnten interessant sein? Müssen die Daten händisch gesammelt werden oder kann man das Datensammeln automatisieren (z. B. durch Web Scraping oder das Nutzen von APIs)? Durch eine klare Struktur und gute Planung erspart man sich häufig viel Zeit, da man das gleiche Dokument nicht mehrfach analysieren muss. Daher lehrt die Erfahrung, lieber mehr zu sammeln, als am Anfang für notwendig erachtet wurde, und dann ein paar Variablen nicht zu verwenden, als später festzustellen, dass man die Variablen doch besser hätte sammeln sollen.

Eine weitere Herausforderung unseres Projekts war die Datenverfügbarkeit. Diese ist generell ein Problem, wenn man lizenzpflichtige bzw. kommerzielle Datenbanken nutzen möchte, wie in unserem Fall die Orbis Datenbank. Diese Datensätze bieten häufig eine große Menge an Mikrodaten (Firmen- oder Personen-Ebene), die eine genauere und bessere Untersuchung der Forschungsfrage erlauben. Auch wenn die Nutzung dieser Datensätze in aller Regel sehr teuer ist, lohnt es sich zu recherchieren, ob es einen Datensatz für den eigenen Forschungsgegenstand gibt und ob die eigene Institution eine Lizenz besitzt. In unserem Fall konnten wir z. B. Orbis problemlos nutzen, da der Fachbereich Wirtschaftswissenschaften der Universität Tübingen eine Lizenz besitzt.

Interessanterweise hatten wir die größten Probleme in der Datenerhebung bei der Suche nach den Beteiligungsberichten einiger Bundesländer, darunter Baden-Württemberg, Hessen und Mecklenburg-Vorpommern. Diese hatten entweder keine jährlichen Auskünfte für unseren Beobachtungszeitraum oder nur kurze Zusammenfassungen. Zusätzlich wurden unsere Anfragen, die entsprechenden Informationen zugänglich zu machen, teilweise ignoriert. Andererseits wurden uns auf Anfrage durch andere Bundesländer auch wertvolle Daten zur Verfügung gestellt.

Diese unvollständige Abdeckung der Beteiligungsberichte trug dazu bei, dass wir vor einer sehr typischen Herausforderung der quantitativen Datenanalyse standen: dem Trade-off zwischen der Maximierung der Beobachtungen und der Datenqualität der einzelnen Beobachtung. Die Orbis Datenbank enthält 7.144 Firmen, die für unsere Analyse verwendet werden konnten. An 2.035 dieser Firmen ist der Staat direkt oder indirekt der größte Anteilseigner, weshalb sie nach der von uns verwendeten Definition als Staatsunternehmen klassifiziert werden können. Jedoch waren lediglich 215 dieser Staatsunternehmen in den uns vorliegenden Beteiligungsberichten enthalten. Dies lag zum einen daran, dass wir wie oben beschrieben nicht auf alle Beteiligungsberichte zugreifen konnten. Neben der Reduktion der betrachteten Fälle schränkt dies natürlich auch die Generalisierbarkeit der Ergebnisse ein, da manche Bundesländer in der Stichprobe unterrepräsentiert sind. Zum anderen konnte die deutlich kleinere Zahl an Staatsunternehmen in den Beteiligungsberichten darauf zurückgeführt werden, dass die Beteiligungsberichte im Normalfall keine Informationen über indirekte Beteiligungen (Unternehmen, die anderen Staatsunternehmen gehören) und sehr kleine Staatsunternehmen oder Unternehmen in kommunalem Besitz enthalten. Wir hatten also sehr detaillierte und gesicherte Informationen zu der relativ kleinen Stichprobe von 215 Staatsunternehmen und gröbere Informationen zu 2.035 Unternehmen. Um trotz oder gerade wegen dieses Umstands möglichst zuverlässige und robuste Ergebnisse zu erhalten, führten wir alle unsere Analysen, für die dies möglich war, mit beiden Stichproben durch. Somit konnten wir sichergehen, dass die Ergebnisse weder ausschließlich von den 215 Staatsunternehmen, über die wir detaillierte Informationen hatten, noch von der Ungenauigkeit der Daten im größeren Sample getrieben wurden.

Datenanalyse

Zur Analyse unserer Daten verwendeten wir das Software-Programm Stata. Stata ist ein in der Wissenschaft weit verbreitetes Statistikprogramm, dass sich für die Analyse von größeren Datensätzen eignet. Alternativ hätten wir auch R oder Python verwenden können.

Die größte Schwierigkeit für den Test unserer primären Hypothese, dass Staatsunternehmen aggressiv Steuern vermeiden, war, dass unsere Messgröße für aggressive Steuervermeidung (ETRDif) eine stetige Variable ohne klaren Schwellenwert ist. In anderen Worten, die Variable misst, wie oben beschrieben, den Unterschied zwischen dem tatsächlich gezahlten Steuersatz und einem auf Basis der Kennzahlen des Unternehmens berechneten, hypothetisch zu zahlenden Steuersatz. Hierbei ist davon auszugehen, dass eine größere Differenz mit größerer Steuervermeidung einhergeht. Um das Problem des fehlenden Schwellenwerts zu adressieren, zogen wir die bestehende Forschung zu aggressiver Steuervermeidung zu Hilfe. Diverse Studien legen relativ eindeutig dar, dass private Unternehmen aggressiv Steuern vermeiden (Riedel 2018; Beer et al. 2020). Somit konnten wir das ETRDif von privaten Unternehmen als Vergleichswert nutzen, um festzustellen, ob auch die Staatsunternehmen aggressiv Steuern vermeiden. Wir verglichen also das ETRDif der Staatsunternehmen mit dem von vergleichbaren privaten Unternehmen, die wir durch die Anwendung von Propensity Score Matching ermittelt hatten. Da wir mithilfe eines t-Tests keine statistisch signifikanten Unterschiede zwischen den ETRDifs der privaten und Staatsunternehmen in unseren Stichproben finden konnten, kamen wir zu dem Ergebnis, dass auch Staatsunternehmen aggressiv Steuern vermeiden. Diese Überprüfung der Hypothese beruhte jedoch sehr stark auf der (aus der Literatur entnommenen) Annahme, dass private Unternehmen aggressiv Steuern vermeiden. Die Abwesenheit eines signifikanten Unterschieds zwischen den ETRDifs der beiden Unternehmensgruppen hätte natürlich auch dadurch entstehen können, dass beide nahezu keine Steuern vermeiden. Daher war es wichtig, nicht nur auf den einen Wert des t-Tests zu schauen, sondern auch die generelle Verteilung der ETRDifs zu betrachten. Hierbei wurde klar, dass eine Vielzahl von Staats- und privaten Unternehmen deutlich niedrigere tatsächliche Steuerraten hatten als die berechneten hypothetischen Raten. Dies stützte eindeutig die Interpretation der Ergebnisse, dass sowohl die privaten als auch die Staatsunternehmen in unserer Stichprobe aggressiv Steuern vermeiden.

Die fünf Hypothesen, die potenziell die aggressive Steuervermeidung von Staatsunternehmen erklären sollten überprüften wir mit Hilfe der oben beschriebenen Fixed Effects (FE) Regressionsanalyse mit dem ETRDif eines Staatsunternehmens als abhängige Variable. Diese Methode stößt jedoch an ihre Grenzen sobald die erklärende Variable nicht auf der Individualebene (in unserem Fall der Firma), sondern auf einer der höheren Ebenen (in unserem Fall das Bundesland, das Jahr oder der Industriesektor) variiert. Dies war der Fall bei unserer zweiten Hypothese, welche annimmt, dass die Parteizugehörigkeit der jeweiligen Landesregierung, zu welcher das Staatsunternehmen gehört, einen Einfluss auf dessen aggressive Steuervermeidung hat. Die Landesregierung variiert bekanntlich nicht mit jeder Firma, sondern, zumindest in einem bestimmten Jahr, nur zwischen den Bundesländern. Wenn wir nun das Bundesland durch Fixed Effects konstant gehalten hätten, wodurch prinzipiell nur Firmen innerhalb eines Bundeslands direkt miteinander verglichen worden wären, hätte es keine Variation in der erklärenden Variablen mehr gegeben, wodurch ihr Einfluss auf die aggressive Steuervermeidung nicht hätte gemessen werden können. Daher verwendeten wir für diese Analyse eine Random Effects Regression. Da wir nun jedoch nicht mehr die unbeobachteten Effekte auf der Bundesländer-Ebene kontrollieren konnten, inkludierten wir die zusätzlichen Kontrollvariablen der länderspezifischen Arbeitslosenquoten und BIPs, um zumindest deren Effekte auf die Steuervermeidung zu kontrollieren.

Ein wichtiger Aspekt der quantitativen Datenanalyse, den wir in unserem Paper ein wenig vernachlässigt haben, ist die Differenzierung zwischen statistischer und praktischer Signifikanz. Ein statisch signifikantes Ergebnis sagt lediglich aus, dass ein auftretender Unterschied mit sehr großer Wahrscheinlichkeit nicht zufällig ist, jedoch nicht, ob dieser in der Praxis auch relevant ist, da er auch sehr gering sein kann. Daher sollte neben der statistischen Signifikanz auch die Effektstärke interpretiert werden. Teilweise war uns dieses Problem auch schon während des Schreibprozesses bewusst, jedoch war uns nicht klar, wie wir die Effektstärke in unserem Modell sinnvoll diskutieren sollten, da die Skala unserer abhängigen Variablen (ERTDif) nicht wirklich aussagekräftig ist. Eine Aussage wie „Das Hinzukommen eines weiteren öffentlichen Anteilseigners erhöht das ETRDif durchschnittlich um 0,00939" würde daher nicht sonderlich viel Erkenntnisgewinn liefern. Wir hätten dieses Problem jedoch beispielsweise durch die Standardisierung der abhängigen Variablen lösen können. So hätten wir Aussagen darüber treffen können, um wie viele Standardabweichungen das ETRDif steigt, wenn die jeweilige unabhängige Variable um eine Einheit steigt. Dies ist deutlich besser interpretierbar. Im Allgemeinen wäre es für zukünftige Projekte wichtig, nach solchen Möglichkeiten zu suchen.

Ergebnisse

Unsere primäre Forschungsfrage war, ob die aggressive Steuervermeidung von einzelnen deutschen Staatsunternehmen eine Ausnahme darstellt oder ob Staatsunternehmen strukturell aggressiv Steuern vermeiden. Zumindest unter der Annahme, dass die Privatunternehmen in unserem Datensatz aggressiv Steuern vermeiden, konnten wir starke Evidenz dafür liefern, dass sich auch die von uns untersuchten Staatsunternehmen dieser Praktiken bedienen. Dieses Ergebnis hat weitreichende Implikationen, da es gängige Annahmen über die Funktion und Führungsweise von Staatsunternehmen infrage stellt. Der zweite Teil unserer Forschungsfrage zielte darauf ab, dieses Verhalten der Staatsunternehmen zu erklären. Aufgrund des explorativen Charakters unserer Studie war hier von vornherein klar, dass wir nur vorsichtige erste Erklärungsansätze würden liefern können. Hierfür testeten wir fünf Hypothesen, die aus verschiedenen größeren Theorien der Politik- und Wirtschaftswissenschaft abgeleitet waren.

In unserer Analyse fanden wir jedoch lediglich einen statistisch signifikanten Effekt, der eine formulierte Hypothese stützte: Das Verhältnis zwischen dem Firmenanteil des größten privaten und des größten öffentlichen Anteilseigners hat einen positiven Effekt auf die aggressive Steuervermeidung eines Unternehmens. Dies stützt die Hypothese, dass die Entscheidungsmacht von (einzelnen) privaten Anteilseignern relevant ist. Unsere Hypothese, welche besagt, dass die Ideologie der Regierung, die an dem Unternehmen beteiligt ist, einen Einfluss auf dessen Steuervermeidung hat, wird auf den ersten Blick auch bestätigt, da Staatsunternehmen, die SPD-geführten Regierungen gehören, signifikant weniger Steuern vermeiden als solche, die in der Hand von CDU-geführten Regierungen sind. Genauere Untersuchungen zeigen jedoch, dass der gleiche Effekt mit einem etwas stärken Koeffizienten auftritt, wenn man nicht das Bundesland, welchem das Unternehmen gehört, sondern das, in welchem es sich befindet (und in welchem es Steuern zahlt), betrachtet. Dieser Effekt tritt zudem auch unter den privaten Unternehmen in unserer Stichprobe auf. Daher müssen wir davon ausgehen, dass es kein die spezifische Einflussnahme in Staatsunternehmen betreffender Ideologie-Effekt ist.

Zwei unserer Hypothesentests führten auch zu statistisch signifikanten Ergebnissen, die unseren Hypothesen widersprechen. Zum einen finden wir, dass ein höherer absoluter öffentlicher Anteil am Unternehmen zu einer höheren Steuervermeidung führt. Zum anderen erhöht die Anzahl einzelner öffentlicher Anteilseigner die Steuervermeidung eines Unternehmens. Wir können nun natürlich im Nachhinein Erklärungsansätze für diese Ergebnisse formulieren. Beispielsweise könnte das Ergebnis, dass eine höhere Anzahl von beteiligten staatlichen Akteuren zu höherer Steuervermeidung führt, auf ein Prinzipal-Agent-Problem zwischen dem Management und den Anteilseignern hindeuten, da eine Fragmentierung der öffentlichen Anteilseigner die Kontrolle des Managements deutlich erschwert. Im Allgemeinen können unserer Ergebnisse aber keine eindeutige Antwort auf die Frage liefern, weshalb Staatsunternehmen aggressiv Steuern vermeiden. Sie sollten lediglich als Startpunkt für weitere Untersuchungen dieser Fragestellung gesehen werden, welche eine vorsichtige Voreinschätzung liefern, worauf bei solchen Studien besonders geschaut werden könnte. So zeigen unserer Hypothesentest, dass die Variablen, welche sich mit den Machtstrukturen innerhalb der Staatsunternehmen befassen, eine stärkere Erklärungskraft haben als die Variablen, die aus klassischeren Theorien der Politik- und

Wirtschaftswissenschaft abgeleitet sind, da sie auf die Parteiideologie oder den wirtschaftlichen Wettbewerb schauen. Da wir aber eine explorative Analyse, in welcher viele verschiedene Ansätze eher oberflächlich getestet wurden, durchgeführt haben und sich die signifikanten Effekte nicht immer mit unseren theoretischen Erwartungen decken, sollten wir bei der Interpretation sehr vorsichtig sein und exaktere Aussagen zukünftigen spezifischeren Studien überlassen.

Lessons learned

Rückblickend können wir feststellen, dass unser Projekt maßgeblich von der geteilten Begeisterung für das Forschungsfeld und der Überzeugung getragen war, am Ende in einem Reer-reviewed-Journal publizieren zu wollen. Zusätzlich zu persönlichen Freundschaften der Teammitglieder haben die Begeisterung und der Ehrgeiz das Team über mehrere Jahre und Ländergrenzen hinweg zusammengehalten.

Je vorausschauender, desto besser: Dass wir uns von vornherein einig waren, das Projekt zu einer Publikation zu führen, hat uns motiviert und den Forschungsprozess an vielen Stellen fokussiert. Rückblickend können wir aber auch feststellen, dass eine eingehendere Beschäftigung mit den konkreten Publikationsbedingungen des anvisierten Journals zu Beginn des Projekts uns am Ende viel Arbeit erspart hätte. So mussten wir während des Publikationsprozesses unter anderem den Text drastisch kürzen, Quellenformate komplett überarbeiten und auch die Daten und digitalen Statistik-Skripte aufwendig für die Publikation aufarbeiten. Etwa eine vorige Entscheidung darüber, ob wir unsere Daten und Skripte mit publizieren wollen oder nicht, hätte hier sicherlich vieles erleichtert.

Teamarbeit: Stärken nutzen und Arbeit solidarisch und flexibel verteilen: Als Team haben wir Entscheidungen stets gemeinsam getroffen und waren alle an der Erarbeitung aller Teile der Publikation aktiv beteiligt. Zeitgleich wurde der erste Aufschlag für einen bestimmten Textteil beispielsweise oft von der Person erarbeitet, die in dem konkreten Bereich (theoretische Einbettung, methodischer Zugriff, Datenverarbeitung etc.) besondere Stärken hatte. So haben wir unsere jeweiligen Stärken genutzt, während das Team die individuelle Arbeit stets als Korrektur- und Resonanzraum begleitet hat. Unser Projekt hat sich insgesamt über mehr als zwei Jahre erstreckt. Es gab immer wieder Phasen, in denen einzelne Teammitglieder aus beruflichen oder privaten Gründen weniger zeitliche Ressourcen hatten. Dies haben wir stets offen kommuniziert. Die übrigen Teammitglieder waren immer bereit, die Arbeit zu übernehmen. So ist schnell eine sehr schöne Arbeitskultur entstanden, in der wir flexibel auf die Bedürfnisse der jeweiligen anderen Teammitglieder reagiert und uns gegenseitig solidarisch unterstützt haben. Unser Arbeitsprozess hat sich auf diese Art unserem sonstigen Leben angepasst, was es allen erleichtert hat, das Projekt über so lange Zeit konzentriert zu verfolgen.

Unterstützung suchen: Als Studierende haben wir nicht immer nur zuvorkommende und hilfsbereite Dozierende kennengelernt. Als *forschende* Studierende, die ein konkretes Publikationsprojekt verfolgt haben, wurden wir allerdings an vielen Stellen von sehr hilfsbereiten Professor:innen und Doktorand:innen unterstützt. Die Begleitung und Beratung durch erfahrenere Wissenschaftler:innen, etwa bei der Suche nach passenden Datensätzen oder der Auswahl möglicher Journals für die Einreichung, haben uns sehr geholfen. Eine freundliche Anfrage kann sich lohnen!

Mut zur Eigeninitiative: Nicht immer sind alle nötigen Bausteine für ein Forschungsprojekt direkt verfügbar. Wie oben beschrieben, stellten die Bundesländer sehr unterschiedlich ausführliche Informationen über ihre Beteiligung an Unternehmen öffentlich zugänglich zur Verfügung. Während manche Länder auf ihrer Homepage ausführliche Beteiligungsberichte veröffentlichten, fanden sich auf den Websites anderer Länder nur spärliche oder überhaupt keine Informationen. Dies bedeutete aber nicht unbedingt, dass diese Informationen nicht vorhanden waren. Auch wenn unsere Anfragen an die jeweils zuständigen Stellen teilweise ignoriert wurden, waren andere Mitarbeiter sehr kooperativ und stellten uns auf Nachfrage ausführliche Dokumentationen zur Verfügung. Somit konnten wir unsere Datenabdeckung deutlich erweitern. Es kann sich also lohnen, sich nicht direkt von fehlenden öffentlich zugänglichen Informationen abschrecken zu lassen, sondern noch einmal aktiv nachzuforschen, ob weitere verwendbare Daten vorhanden sind.

Veränderung annehmen: Am Anfang unseres Projekts hatten wir konkrete Vorstellungen davon, welche Frage wir wie bearbeiten wollen. Im Laufe der Zeit hat unser Projekt allerdings viele Veränderungen durchlaufen. Unter anderem waren eingeplante Daten nicht zugänglich, notwendige Konzepte in der Literatur nicht ausreichend behandelt oder haben sich Operationalisierungen als nicht tragend herausgestellt. Außerdem gibt es viele weitere Gründe, warum sich Projekte verändern oder in Teilen verworfen werden: Die Identifikationsstrategie lässt sich nicht auf das vorliegende Problem anwenden, die Forschungsfrage wurde schon wie ursprünglich vorgehabt bearbeitet, oder im Laufe der Bearbeitung ergeben sich neue und spannende(re) Forschungsideen, die einen mehr interessieren oder eine attraktivere Forschungslücke schließen. Es hat uns geholfen, solche Änderungen als Chance zu begreifen, die das Forschungsprojekt bereichern und verbessern. Zeitgleich hätten wir hierdurch entstehenden und im Voraus schwer vorhersagbaren Mehraufwand besser antizipieren sollen. Diskutiert mögliche Änderungen ausgiebig und habt das Vertrauen in euer Projekt, die Änderungen dann auch umzusetzen.

Es wird nicht perfekt: In jedem Projekt gibt es Punkte, die man noch verbessern könnte, und am Ende eines jeden Projekts ist man nicht mit allem zufrieden. Auch Jahre später haben wir noch Fehler in unseren Texten gefunden und uns gewundert, wie wir diese übersehen konnten. Einer der Gutachter bei der Einreichung bei German Politics wies uns darauf hin, dass wir „Principal Agent" konsequent als „Principle Agent" falsch geschrieben hatten. Dieser Fehler, so offensichtlich er erscheint, ist uns dreien bei rund einem Dutzend Korrekturzyklen nicht aufgefallen. Auch unseren Kommiliton:innen, unserem Betreuer und dem anderen Gutachter ist dieser Fehler nicht aufgefallen. Auch bei gewissenhafter Arbeit geschehen Fehler. Es kann Sinn ergeben, den eigenen Perfektionismus etwas einzuschränken und sich vor Augen zu führen, was für einen selbst „gut genug" bedeutet.

21 Faktorenanalyse

Mit dem Begriff Faktorenanalyse wird eine Gruppe statistischer Verfahren bezeichnet, die darauf abzielen, große Gruppen von Variablen so zusammenzufassen, dass die darin enthaltenen Informationen mit wenigen neuen Variablen, den sogenannten Faktoren oder Komponenten, abgebildet werden können. Es werden also nicht beobachtbare Hintergrundvariablen aus den Daten extrahiert. Sehr gebräuchlich sind dabei Varianten, die diese Extraktion auf der Basis der (linearen) Korrelationen zwischen den analysierten Variablen und den Faktoren (R-Typ-Faktorenanalyse) durchführen (vgl. Schendera 2010: 179).

Hauptfragen, die mit der Faktorenanalyse beantwortet werden können, sind: Hängen Variablen zusammen? Was steckt dahinter? Gibt es nicht beobachtbare Strukturen, Erscheinungen, Prozesse, die eine gemeinsame Varianz der Variablen erklären? Lassen sich mehrere Merkmale zur Messung eines bestimmten Sachverhalts auf wenige zentrale Faktoren reduzieren? Gibt es Hintergrundvariablen?

Faktorenanalysen dienen also in erster Linie der Dimensionsreduktion. Um diese durchführen zu können, müssen Daten mit metrischem Messniveau für mehr Fälle vorliegen, als es Variablen gibt. Die Daten müssen zudem strukturierungsfähig sein, d. h., es muss Zusammenhänge in den Daten geben, die über die Berechnung von Korrelationen identifiziert werden. Faktorenanalysen können entweder explorativ und hypothesengenerierend eingesetzt werden, wenn nur vage Vermutungen über Zusammenhänge existieren. Oder sie können konfirmatorisch eingesetzt werden, wenn konkrete Hintergrundfaktoren bei empirisch beobachtbaren Korrelationen von Variablen vermutet werden. Man würde dann die nachzuweisenden latenten Faktoren definieren und die Variablen festlegen, die die Faktoren erfassen sollen. Das Vorgehen ist dann hypothesentestend. Die Entscheidung für eine explorative oder konfirmatorische Verwendung hängt also sehr stark von der theoretischen Strukturiertheit des Forschungsfeldes und der Forschungsfrage ab.

Die sogenannte Hauptkomponentenanalyse ist eines der häufig verwendeten Verfahren der Faktorenanalyse und soll hier als Beispiel für die Vorgehensweise dienen. Die Hauptkomponentenanalyse extrahiert Faktoren so, dass voneinander statistisch unabhängige Komponenten gebildet werden, die sukzessive und in ihrer Gesamtheit die Varianz der beobachteten Variablen vollständig erklären. Die erste Komponente wird so gebildet, dass die Summe der quadrierten Abweichungen aller Variablen minimiert wird. Zur Extraktion der ersten Komponente wird der erklärte Varianzanteil maximiert. Danach wird schrittweise versucht, die verbleibende Varianz aufzuklären. Das heißt, die zweite Hauptkomponente soll so viel wie möglich der verbleibenden Varianz aufklären. Dieses Verfahren wird so lange fortgesetzt, bis alle Varianz aufgeklärt ist.

Ausgangspunkt der Faktorenanalyse ist die sogenannte Korrelationsmatrix, in der die Korrelationskoeffizienten, also die Maße der Stärke des Zusammenhangs zwischen den Variablen des Datensatzes, und deren Signifikanz dargestellt werden. Korrelationen und deren Stärke zeigen an, ob es eine Struktur im Datensatz gibt und eine Faktorenanalyse überhaupt sinnvoll ist. Auf dieser Basis werden die Kommunalitäten geschätzt – die Varianzanteile jeder einzelnen Variablen an der gesamten Varianz aller Variablen. Diese Kommunalitäten bilden die Grundlage der Extraktion der Faktoren, die wie schon beschrieben möglichst große Anteile an der Gesamtvarianz erklären sollen. Den Anteil, den ein Faktor an der Gesamtvarianz hat, nennt man den Eigenwert dieses Faktors. Ein Eigenwert größer 1 bedeutet, dass der Faktor mehr Varianz aufklärt als eine einzelne Variable. Geht man explorativ vor, kann die Zahl der zu extrahierenden Hauptkomponenten aus den Eigenwerten bestimmt werden. In der Regel werden alle Faktoren mit Eigenwerten größer 1 in das Modell aufgenommen. Geht man konfirmatorisch vor, so wird man vorher die Anzahl der zu extrahierenden Faktoren festlegen, die Eigenwerte dienen dann der Kontrolle. Alle Faktoren sollten Eigenwerte über 1 haben. Beide Varianten führen dazu, dass mit den resultierenden Modellen nicht 100 % der Gesamtvarianz aufgeklärt werden können, oft aber sehr erhebliche Anteile. Die weniger bedeutsamen Komponenten mit sehr niedrigen Eigenwerten unter der Schwelle von 1 können meist ohne große Informationsverluste ignoriert werden.

Bei der Extraktion von Faktoren werden sogenannte Faktorladungen für die untersuchten Variablen berechnet. Je stärker die Faktorladungen einer Variablen auf einem Faktor, desto höher korrelieren Variable und Faktor und desto wichtiger ist die Variable inhaltlich für die Interpretation des Faktors.

Nach der Faktorextraktion kann eine Rotation der Komponenten erfolgen. Dies bedeutet, dass die Lage der Faktorgeraden, also der grafischen Darstellung des Faktors, im n-dimensionalen Raum gedreht werden kann. Bei der Hauptkomponentenanalyse verändert sich dabei nicht deren relative Position zueinander, sie bleiben statistisch unabhängig voneinander. Aber in inhaltlicher Hinsicht kann die Rotation dazu führen, dass sich die Faktorladungen der einzelnen Variablen verändern und damit inhaltlich besser interpretierbare Lösungen entstehen. Es gibt jedoch auch Rotationslösungen, die die statistische Unabhängigkeit der Faktoren aufheben (z. B. die sogenannte Oblimin-Rotation) und Korrelationen zwischen den Faktoren zulassen. Auch dies kann zu einer besseren inhaltlichen Interpretierbarkeit der Lösungen führen.

Ein weiteres Ergebnis der Faktoranalyse sind sogenannte Faktorwerte. Jeder Fall erhält für jeden Faktor einen spezifischen Faktorwert. Dieser entspricht der Merkmalsausprägung hinsichtlich des jeweiligen Faktors (der Hintergrundvariable). Sind die Faktoren inhaltlich interpretierbar, dann kann mithilfe dieser Faktorwerte als Variablen weiter gerechnet werden, etwa in Regressions- oder Clusteranalysen.

Faktorenanalysen können maßgeblich zur Komplexitätsreduktion in Datensätzen beitragen, indem sie Hintergrundvariablen identifizieren und für jeden Fall Werte für diese Hintergrundvariablen berechnen. Herausforderungen sind die benötigten Dateneigenschaften und die Auswahl der für die jeweilige Fragestellung angemessenen Varianten der Faktorenanalyse. Besonders schwierig gestaltet sich mitunter die Interpretation der Ergebnisse der Faktorenanalysen: Denn nicht immer sind die Faktorlösungen inhaltlich klar interpretierbar oder die Anzahl der zu verwendenden Faktoren eindeutig bestimmbar. Die Ergebnisse sollten über verschiedene Methoden der Extraktion hinweg robust, also sehr ähnlich sein, und sie sollten empirisch wie theoretisch Sinn ergeben. Die Interpretation erfordert daher seitens der Wissenschaftler:innen Erfahrung und ein breites Fallwissen.

22   Faktorenanalyse: Die postmoderne Gesellschaft und ihr Charakter

Rolf Frankenberger

Gesellschaften verändern sich. Diese Veränderungen können graduell oder tiefgreifend sein, sie haben jedoch immer kurz-, mittel- oder langfristig Auswirkungen auf das Leben der Menschen, die in den jeweiligen Gesellschaften leben. Sie müssen Anpassungsleistungen erbringen, um sich unter neuen sozioökonomischen und politischen Rahmenbedingungen zurechtzufinden.

Der tiefgreifende gesellschaftliche Wandel in westlichen Gesellschaften seit spätestens Mitte des 20. Jahrhunderts fordert die Basisprämissen der Moderne heraus: Nationalstaatlichkeit, Rationalität und Kontrollierbarkeit gesellschaftlicher Abläufe, Vollbeschäftigungsgesellschaft und Reichtumsdynamik, geschlechtsspezifische Arbeitsteilung und Rollendifferenzierungen werden ebenso transformiert wie das Subjekt und seine Identität dezentralisiert werden. Das moderne Selbstverständnis wird zerstört. Konzepte wie Einheit, Kontinuität, Kohärenz und Fortschritt verlieren an Bedeutung, während Konzepte wie Kontingenz, Diskontinuität, Fragmentierung oder Reflexivität als Marksteine neuer Welterfahrungen an Bedeutung gewinnen. Vor diesem Hintergrund habe ich mir im Rahmen eines Forschungsprojekts (vgl. Frankenberger 2007; Frankenberger und Meyer 2008; Funk 2005) zusammen mit anderen Forscher:innen die Frage gestellt, wie sich die veränderten sozioökonomischen Bedingungen und Anforderungen auf die Menschen auswirken, genauer, wie sie sich in kollektiv geteilte Persönlichkeitsstrukturen von Individuen einschreiben. Die Grundlage der Überlegungen bildete Erich Fromms analytisch-sozialpsychologische Gesellschaftscharaktertheorie (vgl. etwa Fromm 1970; 1977; 1976; 1979). Fromm ging davon aus, dass der Inhalt eines „sozial typischen Charakters" durch die Funktionsanforderungen der jeweiligen Gesellschaft bestimmt wird und so jede Gesellschaftsformation ihren spezifischen, für ihr Funktionieren notwendigen Charaktertypus hervorbringt. In einer Aktualisierung der Theorie Fromms hat Rainer Funk aus psychoanalytischer Sicht die sogenannte „postmoderne Ich-Orientierung" als für die Postmoderne typische Form des Gesellschaftscharakters formuliert (Funk 2005), dem er eine sogenannte „moderne produktive Orientierung" gegenüberstellte.

In der Folge war von Interesse, ob sich die Existenz der postmodernen Ich-Orientierung und der produktiven Orientierung in einer aktiven und einer passiven Variante (vgl. Funk 2005; Frankenberger 2007; Frankenberger und Meyer 2008) anhand von Befragungen empirisch prüfen lässt. Um dieses Erkenntnisinteresse zu bearbeiten, haben wir im Team die postmodernen Persönlichkeitsstrukturen so operationalisiert, dass für jeden der Typen Variablen für einen Survey formuliert wurden, die sich zu Skalen verdichten lassen, welche die entsprechenden Persönlichkeitsstrukturen anzeigen. Es wurde also der Versuch unternommen, eine qualitative, psychoanalytisch fundierte Theorie in ein quantifizierendes Messinstrument zu übersetzen und anzuwenden. Die Variablen dieser Skalen wurden im Rahmen einer Online-Befragung im Januar 2005 einem Pre-Test unterzogen und faktorenanalytisch geprüft. Die Überprüfung im Rahmen der Faktorenanalyse konnte zeigen, dass die formulierten Items sich tatsächlich zu statistisch konsistenten Skalen verdichten lassen: die AIO-Skala für die Aktive Ich-Orientierung, die PIO-Skala für die Passive Ich-Orientierung und die MPO-Skala für die Moderne Produktivitäts-Orientierung. Die Variablen der drei Skalen wurden im Rahmen einer Untersuchung des SIGMA-Instituts zur Erfassung der Entwicklung von Milieustrukturen und Wertorientierungen in Deutschland (D-Sensor 2005) zusammen mit einer Reihe weiterer Variablen, u. a. zur Soziodemografie, im Juni 2005 erhoben. Es wurden bundesweit 1.100 Personen durch IPSOS Deutschland repräsentativ befragt. Die Analyse konnte zeigen, dass der postmoderne Wandel „Tiefenwirkung" hat und sich die durch strukturellen Wandel verändernden Funktionsbedingungen und Machtverhältnisse an individuelle Persönlichkeitsstrukturen rückkoppeln, um zu bewirken, dass „die Menschen das tun wollen, was sie tun müssen" (Fromm 1979: 307).

Erkenntnisinteresse und Fragestellung

Das Erkenntnisinteresse der Arbeit bezog sich auf verschiedene Aspekte. Grundlegend ging es darum, inwieweit sich der gesellschaftliche Wandel auf individuelle Persönlichkeitsstrukturen auswirkt. Da dies eine sehr umfassende Perspektive war, wurde diese unter Einbezug eines spezifischen Ansatzes, der Gesellschaftscharaktertheorie Erich Fromms, dahingehend präzisiert, dass klar eingegrenzt wurde, auf welches Konzept sich die Erfassung von Persönlichkeit bezieht.

Dies wiederum ging einher mit einem weiteren Erkenntnisinteresse: Eignet sich dieser Ansatz beziehungsweise kann dieser Ansatz so aktualisiert und ergänzt werden, dass er auch im 21. Jahrhundert einen Beitrag zur Analyse von Entfremdungsdynamiken leisten kann? Zudem war die Frage aufgekommen, ob ein komplexer, psychoanalytisch fundierter Ansatz, der normalerweise mit psychoanalytischen und tiefenpsychologischen, also weitgehend qualitativen Methoden arbeitet, so operationalisiert werden kann, dass er in einer quantitativen Studie mit weitgehend standardisierten Fragebögen und statistischer Auswertung zum Einsatz kommen und valide Ergebnisse liefern kann. Zur empirischen Untersuchung der soziopsychologischen Auswirkungen des gesellschaftlichen Wandels in der Postmoderne konzipierten wir daher eine Studie, welche neben der postmodernen Ich-Orientierung auch das Potenzial an Produktivität im Sinne Fromms sowie einen vermuteten Zusammenhang zwischen Sozialcharakter und sozialen Milieus zum Gegenstand hatte. Erkenntnisleitende Fragen des Projekts waren:

— Welche spezifischen Veränderungen von individuellen und kollektiven Persönlichkeitsstrukturen ergeben sich aus den gesellschaftlichen Wandlungsprozessen? Auf der Grundlage der Gesellschaftscharakter-Theorie Erich Fromms wird ein dynamischer und wechselseitiger Zusammenhang zwischen Persönlichkeit und Gesellschaft angenommen, der zur Ausbildung spezifisch postmoderner Charakterstrukturen führt. Die postmodernen Ich-Orientierungen werden als Objekte und Subjekte der postmodernen Gesellschaft verstanden, welche durch gesellschaftliche Bedingungen geformt werden, die diese Gesellschaft aber gleichzeitig auch selbst gestalten und verändern.

— Gibt es einen Zusammenhang zwischen sozialen Milieus und individueller Persönlichkeit? Nach dem Ansatz von Ueltzhöffer/Flaig (1980) unterliegen soziale Milieus als empirisch erfasste „vergleichsweise stabile, wenn auch veränderbare sozialästhetische Strukturen" (Ueltzhöffer 1999: 631) dem gesellschaftlichen Wandel und stellen in diesem Sinne ein neues Stratifikations- und Klassifikationsmodell postmoderner Gesellschaften dar. Da dies nach Erich Fromm für Charakter-Orientierungen ebenso zutrifft, ist die Frage nach übereinstimmenden Tendenzen und Entwicklungen bei beiden naheliegend.

— Kann sich unter postmodernen gesellschaftlichen Bedingungen ein spezifisch postmodern-produktiver Persönlichkeitstypus entwickeln, der sowohl Elemente postmoderner Charakterstrukturen als auch der produktiven Orientierung aufweist? Da in der Logik Fromms Produktivität und der je sozial typische Charakter sich diametral entgegenstehen, wurde im Rahmen dieser Studie mit dem Modell der modernen Produktivitäts-Orientierung ein dezidiert nicht postmoderner Entwurf von Produktivität erfasst.

Aus diesen erkenntnisleitenden Fragen entwickelten wir vier Hypothesen unterschiedlicher Ordnung für jeden der drei Persönlichkeitstypen:

- Die postmoderne Gesellschaft, die sich unter anderem durch einen hohen Grad an Digitalisierung, Technologisierung und Vernetzung, eine postfordistische Wirtschaftsweise und den Handel mit Sinn- und Lebenswelten auszeichnet, erzeugt eine spezifisch postmoderne Charakter-Orientierung. Diese ist gemäß der Logik von Angebot und Konsum in eine aktive und eine passive Variante zu unterscheiden. Diese beiden Varianten der postmodernen Ich-Orientierung sind empirisch messbar auf der Ebene von Wertorientierungen, Motiven und Selbstkonzepten.
- Auch in der postmodernen Gesellschaft ist Produktivität im Sinne Fromms möglich. Daher sind produktive Selbstentwürfe – zumindest annäherungsweise – auf der Ebene von Wertorientierungen, Motiven und Selbstkonzepten empirisch messbar.
- Gemäß der Logik der Gesellschaftscharakter-Theorie sind moderne Produktivitäts-Orientierung und postmoderne Ich-Orientierung voneinander unabhängig. Dies sollte sich auch empirisch in einer statistischen Unabhängigkeit zeigen. Aktive und Passive Ich-Orientierung können hingegen als „zwei Seiten einer Medaille" durchaus miteinander korreliert sein.
- Die drei formulierten Typen sind Idealtypen. Daher sollten auch Mischtypen existieren, bei denen sowohl moderne Produktivität als auch Ich-Orientierung in einem bestimmten Maß ausgeprägt sind. In der Regel jedoch ist eine Orientierung dominant ausgeprägt.

Da das Interesse der Forschungsgruppe ausschließlich den Typen der postmodern Ich-Orientierten sowie der produktiven Orientierung galt, wurden nur ca. 30 % der Befragten hinsichtlich ihrer Persönlichkeitsstrukturen ausdifferenziert. Daher waren auch nur über diesen Teil der Stichprobe detaillierte Aussagen möglich, die Ausprägung der Persönlichkeitsstrukturen der restlichen 70 % bleibt unbestimmt. Für die gesamte Stichprobe waren jedoch Aussagen über soziodemografische Merkmale möglich. Dies schränkte die Reichweite der Studie zwar ein, was jedoch angesichts der Herausforderungen einer Operationalisierung aller Gesellschaftscharaktertypen als lediglich sekundärem Erkenntnisziel zwar schade, aber akzeptabel war. Der Versuch, einen Screening-Fragebogen mit wenigen Variablen zu entwickeln, erwies sich in diesem Zusammenhang als unterkomplex und kontrovers in Hinblick auf die Komplexität des theoretischen Ansatzes.

Theoriegeleitete Analyse

Wie schon die Darstellung des Erkenntnisinteresses zeigt, waren Theorien und Konzepte für die Studie von zentraler Bedeutung. Erstens baute das gesamte Vorhaben auf einer Analyse gesellschaftlicher Veränderungsprozesse auf, die theoretisch verdichtet wurden zum Befund der postmodernen Gesellschaftsformation (Frankenberger 2007). Zweitens wurde der Ansatz der Alltagsästhetik und der sozialen Milieus (Flaig et al. 1994) herangezogen, und drittens bildete die Gesellschaftscharaktertheorie nach Fromm den theoretischen Kern der Studie (vgl. etwa Fromm 1970; 1977; 1976 und 1979).

Erich Fromm versteht unter Gesellschaftscharakter den „Kern der den meisten Menschen einer Gesellschaft oder Klasse gemeinsamen Charakterzüge" (Fromm 1970; 1977: 250). Er geht dabei davon aus, dass ein in einem bestimmten gesellschaftlichen System lebender Mensch einen sozial typischen Charakter entwickelt, der diesem System entspreche. Der Inhalt dieser Charakterstruktur werde bestimmt von den Funktionserfordernissen dieser Gesellschaft und forme den Charakter des Einzelnen so, dass „die Menschen das tun wollen, was sie tun müssen" (Fromm 1979: 307), um das Funktionieren der Gesellschaft zu gewährleisten. Dabei stehen

> die Charakterstruktur des durchschnittlichen Individuums und die sozioökonomische Struktur der Gesellschaft, der dieses angehört, miteinander in Wechselbeziehung [...]. Das Ergebnis der Interaktion zwischen individueller psychischer Struktur und sozioökonomischer Struktur bezeichne ich als Gesellschafts-Charakter (Fromm 1976: 299).

Gesellschaftscharakter dient auch der Einordnung des Einzelnen in die Gesellschaft. Darüber hinaus sorgt er für die Vermittlung zwischen gesellschaftlicher Struktur und Ideologie. Ideen und Ideologien fungieren dabei in wechselseitiger Abhängigkeit von der sozioökonomischen Basis der Gesellschaft wie vom Gesellschaftscharakter für eine Verstärkung der Prägekraft der sozioökonomischen Produktions- und Lebensweise in der Formierung des Gesellschaftscharakters. Die verschiedenen Charakter-Orientierungen als Spielarten des Gesellschaftscharakters lassen sich nach Fromm unterscheiden nach der Wirkung bezüglich Entfaltung, Wachstum und Integration der psychischen Kräfte. Erich Fromm selbst hat in seinen Werken insgesamt sechs verschiedene idealtypische Orientierungen formuliert. Dabei unterscheidet er fünf nicht produktive Charakter-Orientierungen von einer produktiven Orientierung (vgl. dazu Fromm 1941 und 1947 sowie Funk 1995: 25–73):

– Der autoritäre Charakter. Die sadistische Variante zeichnet sich durch die Grundstrebung aus, andere und sich selbst beherrschen zu wollen und sich Güter in ausbeuterischer Weise anzueignen. Die masochistische Variante hingegen wird „beherrscht" von der Grundstrebung nach Unterwerfung, Selbstverleugnung und Aufopferung sowie in Bezug auf Güter einer rezeptiven Haltung.

- Der Marketing-Charakter. Er zeichnet sich durch „ein chamäleonhaftes Sich-Anpassen" an den Markt aus, „ohne sich zu binden und zu identifizieren" (Funk 1995: 26). Dabei ist er weder zu tieferen Bindungen und Gefühlen noch zum „Eigensein" fähig, da diese hinderlich wären, seine Grundstrebung des Flexibelseins und Sich-Anpassens zu befriedigen.
- Der hortende Charakter ist gekennzeichnet durch die Grundstrebung, „sich alles aneignen und aufbewahren zu wollen" (Funk 1995: 26).
- Der narzisstische Charakter. In seiner leichten Variante strebt er nach der Verzweckung anderer Menschen, mit denen Umgang stattfindet, um selbst erfolgreich, bedeutsam zu scheinen oder zu sein. In seiner starken Variante ist der narzisstische Charakter nicht an Verzweckung interessiert, denn die anderen werden entweder vereinnahmt oder angefeindet.
- Der nekrophile Charakter wiederum „zeigt sich im Umgang mit Gütern als Grundstrebung des Vernichtens und Verbrauchens, während er im Umgang mit anderen als Wunsch, zerstörerisch, bzw. im Umgang mit sich als Wunsch, selbstzerstörerisch zu sein, in Erscheinung tritt" (Funk 1995: 28).
- Der produktive Charakter zeigt sich nach Fromm hingegen in der vollzogenen Individualität, die auf Autonomie und Subjektivität sowie einem lebendigen Wirklichkeitsbezug, der Fähigkeit zu Objektivität und der Fähigkeit zu lieben beruhe (Funk 1995: 28).

Die Auswirkungen der postmodernen Formation auf den Gesellschaftscharakter sind ein junges Phänomen, das Fromm selbst nicht mehr erlebte. Den postmodernen Typus des entfremdeten Gesellschaftscharakter hat Rainer Funk (2005) herausgearbeitet und als postmoderne Ich-Orientierung bezeichnet. Mit Enttraditionalisierung und Individualisierung, Pluralisierung, Subjektivierung und Ästhetisierung individueller Lebenszusammenhänge, mit der Entgrenzung von Raum und Zeit durch technologische Entwicklungen, der Flexibilisierung und Mobilisierung von Arbeit und Kapital, der Entwicklung und Ausbreitung von postfordistischer Produktion und Dienstleistungsrevolution, mit der zunehmenden Kapitalisierung von Lifestyles, Erlebnis- und Erlebenswelten und der Vermarktung von Emotionen und Identitäten öffnen sich in der postmodernen Gesellschaft neue Kontingenzen, Möglichkeitsräume und Wirklichkeiten. Auf dieser Logik basieren zunehmend die sozioökonomischen Zusammenhänge zwischen Anbietern und Nutzern in postmodernen Gesellschaften. „Statt Sachgütern und Dienstleistungen werden nun Wirklichkeiten – Lifestyles, Lebens- und Erlebniswelten – produziert und verkauft. Dabei geht es meist nicht um das Verkaufen, sondern um das Anbieten von Nutzungsmöglichkeiten" (Funk 2005: 31, vgl. auch Rifkin 2000). Es findet eine Verknüpfung von Produkt, Marketing und Kundenbindung statt, in deren Rahmen es zu einer Entkoppelung des Wertes einer Ware oder Dienstleistung von ihrem eigentlichen Zweck oder Nutzen zugunsten eines symbolisch generierten Mehrwerts der Ware und der Vermarktung von Erlebnissen und Gefühlen kommt.

Über komplexe Marketingstrategien werden dem zu verkaufenden Produkt Eigenschaften eingeschrieben, die es eigentlich gar nicht besitzt und die Gefühle ebenso wie Bedürfnisse und Qualitätsansprüche zu befriedigen suchen.

Der Logik des postmodernen Kapitalismus des Angebots von und der Nachfrage nach Wirklichkeiten und Lebensstilen folgend, unterscheidet Funk (2005) denn auch die postmoderne Ich-Orientierung in eine aktiv-anbietende und eine passiv-nutzende Variante unterscheiden. Denn nicht notwendigerweise wird jeder postmodern Ich-Orientierte Wirklichkeit erzeugen und Identitäten konstruieren wollen. Auch das Anteilhaben, das Eintauchen in erzeugte Wirklichkeiten und konstruierte Identitäten ist Ausdruck der gleichen leidenschaftlichen Strebung. So verwirklichen beide Typen den Leitsatz von Astrid Lindgrens Pippi Langstrumpf: „Ich mache mir die Welt, wie sie mir gefällt", auf ganz unterschiedliche Weise: Die aktive Ich-Orientierung ist dabei durch das Ausleben der Wirklichkeitserzeugung, die Konstruktion und Inszenierung seiner eigenen Identität und seines Selbsterlebens, die passive Ich-Orientierung durch das „teilhabende Erleben" an erzeugter Wirklichkeit und die Nutzung der Angebote und Inszenierungen an Identitätserleben gekennzeichnet: „Der aktiv Postmoderne ist ein selbstbestimmter Anbieter, der passiv Postmoderne ein selbstbestimmter Nutzer von erzeugter Wirklichkeit" (Funk 2005: 61). Beide sind die sich ergänzenden Seiten einer Medaille in der postmodernen Gesellschaft, und nur durch ihr Zusammenspiel funktioniert die oben angeführte Logik von Angebot und Nutzung der postmodernen Wirtschaft.

Operationalisierung und Datenerhebung

Die Aufgabe im Projekt war es nun, die postmoderne Ich-Orientierung so zu operationalisieren, dass sie anhand von Fragebögen untersucht werden kann und Aussagen über die empirische Verteilung in der Bevölkerung getroffen werden können. So weit, so gut. Ein zentrales Problem empirischer Sozialwissenschaft ist es jedoch, theoretisch formulierte Konstrukte wie z. B. Persönlichkeitsstrukturen oder Persönlichkeitseigenschaften quantitativ zu erfassen, da ihre Merkmalsausprägungen nicht direkt beobachtbar sind. Daher müssen diese Konstrukte über direkt beobachtbare (manifeste) Eigenschaften, Verhaltensweisen oder gar über Einstellungen und Ansichten zu bestimmten Fragen/Items erfasst werden. Solche als schlussfolgernd bezeichnete Indikatoren (Kromrey 1998: 169) werden dann für

Rückschlüsse auf die eigentlich gefragten „Hintergrundvariablen" herangezogen und können letztlich nur als größtmögliche Annäherung an die Merkmalsausprägung betrachtet werden. Das ist von Bedeutung für die Validität der Indikatoren, welche insbesondere bei schlussfolgernden Variablen nur schwierig abzuschätzen ist. Damit bildet in der Regel die Operationalisierung theoretischer Konstrukte einen der kritischen Punkte jeder empirischen Untersuchung. Für die vorliegende Studie gilt dies insbesonders, da Persönlichkeitseigenschaften sehr schwer zu operationalisieren und die psychoanalytische Theorie in den Sozialwissenschaften ein durchaus umstrittenes Konzept ist.

Die Operationalisierung der geschilderten Charakterzüge erfolgte über die Formulierung von insgesamt 62 Variablen in Form von Selbstaussagen, die in einem umfangreichen Pre-Test getestet wurden. Ziel war es, für jeden Persönlichkeitstypus eine kleine und doch möglichst präzise Skala zu konstruieren. Die Auswahl der Variablen erfolgte auf der Basis einer Faktorenanalyse der im Pre-Test erhobenen Daten. Dabei wurden jeweils nur die erklärungsstärksten Variablen für die endgültige Operationalisierung der drei zu erfassenden Charaktertypen herangezogen. Die 36 ausgewählten Variablen wurden im Rahmen der Datenauswertung erneut faktorenanalytisch geprüft, wie im nächsten Abschnitt erläutert wird. Das Ergebnis sind drei Skalen, die jeweils zentrale und typische Dimensionen der drei Charakter-Orientierungen auf der Basis von Wertorientierungen, Motivationen und Selbstkonzepten erfassen. Da die subjektiv geäußerten Wertorientierungen, Motive und Selbstkonzepte sich in der Regel auf mehr als einen der oben dargestellten Charakterzüge beziehen, wurden sie für die empirische Untersuchung in jeweils mehrere Dimensionen eingeteilt, welche die infrage stehenden Manifestationen der Charakterzüge repräsentieren und treffend zu beschreiben suchen. Sie sind jeweils nicht als eindimensional zu verstehen, sondern ergeben zusammen ein komplexes Abbild der infrage stehenden Orientierung. Es wurde versucht, für alle drei zu erfassende Typen analoge Dimensionen zu formulieren, was sich im Laufe der Untersuchung als nicht gänzlich statistisch reproduzierbar erwies. Tab. 11 gibt einen Überblick über die Variablen und Dimensionen der drei Skalen.

Die 15 Variablen der AIO-Skala sind sechs Dimensionen zugeordnet, welche zentrale Aspekte oder Charakterzüge der aktiven Ich-Orientierung erfassen. *Dimension 1 „Offene Identitätskonstruktion"* repräsentiert zentrale Züge des Identitätserlebens, des Bezugs zu Wirklichkeit und Kultur sowie gesellschaftlichen und individuellen Wertorientierungen aktiv Ich-Orientierter. Diese sind gekennzeichnet durch die spielerische, nach allen Seiten offene, patchworkartige postmoderne Konstruktion der eigenen Identität, bei der man sich überall dort bedient, wo es am besten gefällt.

Tab. 11: Skalen, Dimensionen und Variablen der Studie „Postmoderne und Persönlichkeit"

AIO-Skala	PIO-Skala	GL-Skala

Dimension 1: Identitätskonstruktion

Offene Identitätskonstruktion	Trendgeleitete Identitätskonstruktion	
V13: In meiner Lebensphilosophie kombiniere ich ganz unterschiedliche Ideen und Prinzipien.	V07: Wenn es um den Sinn des Lebens geht, orientiere ich mich an Leuten und Ideen, die mich überzeugen.	Implizit negativ definiert als Ablehnung der Idee einer Konstruktion von Identität
V14: Fremde Kulturen sind für mich eine Art Fundgrube für Dinge, die mich inspirieren.	V08: In meiner Einstellung zum Leben folge ich gerne den Erfahrungen anderer.	
V31: Für mich ist es eine faszinierende Idee, die eigene Persönlichkeit ständig weiterzuentwickeln.	V24: Von einer Marke, die mir gefallen soll, erwarte ich, dass sie meinem persönlichen Lebensstil entspricht.	
V29-F: Für mich ist es eine faszinierende Idee, die eigene Persönlichkeit ständig neu zu definieren		

Dimension 2: Ich-Setzung/Entfaltung des Eigenen

Ich-Setzung durch Selbstinszenierung	Ich-Setzung/Dazugehören durch Konsum	Entfaltung des Eigenen
V15: Ich bin ich – immer neu und immer anders.	V01: Von einer Marke, die mir gefallen soll, erwarte ich, dass sie etwas ganz Eigenes zum Ausdruck bringt.	
V16: Es macht mir Spaß, ab und zu originelle Events zu inszenieren.	V02: Von einer Marke, die mir gefallen soll, erwarte ich, dass sie zu mir und meinen Freunden passt.	
V29: Für mich ist es eine faszinierende Idee, die eigene Persönlichkeit ständig neu zu definieren.	V03: Von einer Marke, die mir gefallen soll, erwarte ich, dass sie voll im Trend liegt.	V31: Für mich ist es eine faszinierende Idee, die eigene Persönlichkeit ständig weiterzuentwickeln
V30: Ich mag Dinge, die etwas Unverwechselbares und Eigenes zum Ausdruck bringen.	V24: Von einer Marke, die mir gefallen soll, erwarte ich, dass sie meinem persönlichen Lebensstil entspricht.	V30: Ich mag Dinge, die etwas Unverwechselbares und Eigenes zum Ausdruck bringen.

AIO-Skala	PIO-Skala	GL-Skala

Dimension 3: Lebendigkeit

Autarkie des Ich	*Belebt werden*	*Lebendig sein*
Konnte nicht nachgewiesen werden	V09: Erlebnisparks wie Disneyland finde ich einfach langweilig (negativ gepolt).	V25: Langeweile empfinde ich nur selten.
	V10: Manche Filme oder Fernsehshows wecken in mir so starke Gefühle, wie ich sie sonst kaum erlebe.	V26: Ich kann gut allein sein.
		V27: Es gibt mir zusätzliche Energie, wenn ich meine Fähigkeiten einsetzen kann.

Dimension 4: Leistungsorientierung

Selbstverwirklichung im Beruf	*Ich bin ich im Wir Miteinander im Beruf*	*Freude an eigener Leistung*
V20: Um mein Ziel zu erreichen, arbeite ich auch nachts und am Wochenende.	Konnte nicht nachgewiesen werden	V20-F: Um mein Ziel zu erreichen, arbeite ich auch nachts und am Wochenende.
V21: Ich habe an mich den Anspruch, in meinem Beruf etwas Eigenes zu schaffen.		V21-F: Ich habe an mich den Anspruch, im Beruf etwas Eigenes zu schaffen.
		V28: Etwas zu leisten macht mir einfach Spaß

Dimension 5: (Un-)Verbunden sein

Ungebundenheit/ Unverbindlichkeit	*Teilhabe*	*Interesse am Anderen, Mitgefühl, Verstehen*
V22: Aus einer Partnerschaft möchte ich jeder Zeit auch aussteigen können.	Konnte nicht nachgewiesen werden	V11-F: Ein Team, in dem man sich toll versteht, ist mir bei der Arbeit fast wichtiger, als Karriere zu machen.
V23: In einer Partnerschaft sollte jeder nach seinen eigenen Regeln leben.		V35: Ich kann mitfühlen, wenn es einem anderen psychisch schlecht geht.
		V36: Auch wenn ich anderer Meinung bin, höre ich anderen zu und kann ihre Argumente nachvollziehen.

AIO-Skala	PIO-Skala	GL-Skala
Dimension 6: Konfliktfähigkeit		
		Offenheit/Konfliktfähigkeit
Implizit negativ definiert: Ablehnung der Items 33, 34, 18	Implizit negativ definiert: Ablehnung der Items 33, 34, 18	V33: Mit Konflikten in Partnerschaft und Beruf kann ich gut umgehen.
		V34: In meiner Partnerschaft sage ich offen, was mir am anderen gefällt und was nicht
		V18: Was ich nicht wirklich will, das tue ich auch nicht.
Dimension 7: Konsumstil		
Selbstgestalteter Konsum	*Selbstgestalteter Konsum*	
V17: Beim Einkaufen liebe ich es, meine Kreativität spielen zu lassen.		Implizit negativ definiert
V04-F: Beim Shoppen lebe ich richtig auf.		
Dimension 8: Erlebnisorientierung		
Erlebnisorientierung	*Erlebnisorientierung*	
V05: Ich will immer etwas erleben.		Implizit negativ definiert
V06: Wo mir etwas geboten wird, fühle ich mich wohl.		

Quelle: Frankenberger 2007.

Dimension 1 wird abgebildet durch die Variablen V13, V14, V29 und V31. *Dimension 2 „Ich-Setzung durch Selbstinszenierung"* sucht die selbstbestimmte, nach außen gewandte Darstellung und In-Szene-Setzung des eigenen Ich zu erfassen. Der Erfassung dieser Aspekte in Identitätserleben, Lebensstil und Alltagsästhetik dienen die Variablen V15, V16 und V30. Zudem bringt Variable V29 die enge Verbindung zwischen den Dimensionen 1 und 2 zum Ausdruck. *Dimension 4 „Leistungsorientierung/Selbstverwirklichung im Beruf"* wird über die Variablen V20 und V21 erfasst. Entscheidend an dieser Dimension ist die hohe Leistungsbereitschaft, die untrennbar mit der Verwirklichung des Selbst verbunden ist. *Dimension 5 „Ungebundenheit/Unverbindlichkeit"* bezieht sich auf diejenigen Aspekte des Bezugs zu anderen und zur Wirklichkeit, die mit der Art und Weise des Vollzugs von Beziehungen zu tun haben. Diese sind projektartig als Verbindungen auf Zeit angelegt, die bei

„Nicht-mehr-Gefallen" beendet werden und in denen die Selbstbestimmung dominiert. Die Variablen V2 und V23 repräsentieren diese Dimension. *Dimension 7 „Konsumstil/Selbstgestalteter Konsum"* sucht die Art des Konsumverhaltens sowie Bedeutung von Konsum im Identitätserleben der aktiv Ich-Orientierten zu fassen. Auch hier geht es um das Erleben und Inszenieren des Ich, dem das Konsumverhalten Ausdruck verleiht. Insofern weist Dimension 7 eine enge Verbindung zu den Dimensionen 1 und 2 auf, deren Grundlagen sich im Vollzug des Konsums manifestieren. Dimension 7 wird mit den Variablen V17 und V04 erfasst. Diese Dimension teilen sich aktive und passive Ich-Orientierung, weshalb zur Bestimmung der Ich-Orientierung die Ausprägung bezüglich der anderen Dimensionen entscheidend ist. *Dimension 8 „Erlebnisorientierung"* bezieht sich auf den das Identitätserleben prägenden „Eventhunger" der aktiv Ich-Orientierten. Diese Erlebnisorientierung findet ihre Operationalisierung in den Variablen V05 und V06. Da auch die passive Ich-Orientierung diese Dimension aufweist, zeigt sich die aktive Orientierung erst im Zusammenspiel mit den anderen Dimensionen der AIO-Skala. Darüber hinaus kann eine *Dimension 6 „Konfliktfähigkeit"*, die als ein Kennzeichen der produktiven Orientierung formuliert wurde (s. u.) bestimmt werden. Aktiv Ich-Orientierte haben große Probleme mit Konflikten jedweder Art. Dies sollte sich in der Ablehnung der Variablen V33 und V34 zeigen. Eine theoretisch formulierte *Dimension 3 „Lebendigkeit/Autarkie des Ich"* konnte für die aktiv Ich-Orientierten im Gegensatz zu den beiden anderen Typen nicht nachgewiesen werden.

Die PIO-Skala zur Erfassung der passiven Ich-Orientierung setzt sich aus 13 Variablen zusammen, die sich über fünf Dimensionen verteilen und damit die wesentlichen Besonderheiten der passiven Ich-Orientierung erfassen. Die Dimensionen sind weitgehend als analog zu den Dimensionen der AIO-Skala zu verstehen und spiegeln so auch den Unterschied zwischen anbietender aktiver Ich-Orientierung und nutzender passiver Ich-Orientierung wider. *Dimension 1 „Trendgeleitete Identitätskonstruktion"* spiegelt sich in den Variablen V07, V08 und V29 wider. Sie zielt auf die Kernelemente des Identitätserlebens, des Wirklichkeitsbezugs sowie der gesellschaftlichen und individuellen Wertorientierungen der passiven Ich-Orientierung, die in einem ebenso patchworkartigen wie trendgeleiteten Konstruieren der eigenen Identität Ausdruck finden. *Dimension 2 „Ich-Setzung/Dazugehören durch Konsum"* zeigt noch viel stärker das Bestreben passiv Ich-Orientierter, ihr Identitätserleben, ihren Lebensstil und ihre Alltagsästhetik über das Konsumverhalten zu gestalten. Die doppelte utilitaristische Bedeutung des Konsums ist die, dass er erstens die Ich-Setzung durch Konsum und zweitens ein Dazugehörenwollen über die Symbolik des Konsumierten zum Ausdruck bringt. Konsumption wird so zu einer zentralen Kategorie der Gestaltung des eigenen Ich und des eigenen sozialen Zugehörigkeitsgefühls. Dimension 2 wird abgebildet durch die Variablen V01, V02, V03 und V24. Auch hier gilt analog zur AIO-Skala die enge Verbindung dieser Dimension mit Dimension 1. *Dimension 3 „Lebendigkeit/Belebt werden"* konnte für die passive Ich-Orientierung – im Gegensatz zur aktiven Ich-Orientierung – erfasst werden über die Variablen V09 und V10. Sie erfasst den für das Identitätserleben passiv Ich-Orientierter typischen Drang, durch starke, gemachte Gefühle einen Kontakt zum eigenen Selbst herzustellen. *Dimension 7 „Konsumstil/Selbstgestalteter Konsum"* mit den Variablen V17 und V04 und *Dimension 8 „Erlebnisorientierung"* mit den Variablen V05 und V06 können als gemeinsame Dimensionen von aktiver und passiver Ich-Orientierung nur in Verbindung mit den anderen Dimensionen, insbesondere den Dimensionen 1 und 2, eindeutig interpretiert werden. Darüber hinaus kann auch für die passive Ich-Orientierung eine *Dimension 6 „Konfliktfähigkeit"* über die Ablehnung der Variablen V33 und V34 bestimmt werden. Eine theoretisch formulierte *Dimension 4 „Leistungsorientierung/ Miteinander im Beruf"* konnte für die passive Ich-Orientierung ebenso wenig explizit bestätigt werden wie die theoretisch formulierte *Dimension 5 „Verbunden sein/ Teilhabe"* als Ausdruck des Bezugs zu anderen. Wie die weiter unten dargestellte Analyse allerdings zeigt, kann für die passive Ich-Orientierung durch die Ablehnung der Variablen V20 und V21 eine *Dimension 4 „Ablehnung von Leistung"* erfasst werden, welche die passive Ich-Orientierung signifikant von aktiver Ich-Orientierung und produktiver Orientierung trennt.

Die GL-Skala zur Erfassung der produktiven Orientierung besteht aus 14 Variablen, die sich auf fünf Dimensionen verteilen. Auch hier finden sich Entsprechungen zu den Dimensionen der AIO- und PIO-Skala, allerdings auch signifikante Unterschiede. So finden sich *Dimension 1 „Identitätskonstruktion"*, *Dimension 7 „Selbstgestalteter Konsum"* und *Dimension 8 „Erlebnisorientierung"* als implizit negativ definiert wider. Aufgrund der inhärenten Logik der produktiven Orientierung muss ein Individuum mit produktiver Orientierung sowohl die Idee einer konstruierbaren Identität als auch ein gelungenes Identitätserleben über das Konsumverhalten ablehnen. Auch ein postmoderner Erlebnishunger, wie er für die beiden Ich-Orientierungen typisch ist, wird sich nicht finden. *Dimension 2 „Entfaltung des Eigenen"* wird repräsentiert durch die Variablen V30 und V31. Im Unterschied zur AIO geht es hier nicht um die Neusetzung oder Definition des Ich, sondern um die „Arbeit an sich selbst", das durchaus mühevolle Entfalten eigener Fähigkeiten und Kompetenzen. *Dimension 3 „Lebendig sein"* ist in der GL-Skala definiert durch die Variablen V25, V26 und V27. Diese Dimension steht in scharfem Kontrast zur passiven Ich-Orientierung. Während diese sich „beleben" lassen, ist die produktive Orientierung gekennzeichnet durch ein Gefühl der inneren Vitalisierung und

Selbstbestätigung. *Dimension 4 „Leistungsorientierung/Freude an eigener Leistung"* mit den Variablen V20, V21 und V28 zielt in eine ähnliche Richtung. Leistung hat eine vitalisierende und selbstbestätigende Wirkung auf die produktive Orientierung. Zwar findet sich eine starke Leistungsorientierung auch bei der aktiven Ich-Orientierung. Beide unterscheiden sich jedoch durch das Moment der Ich-Setzung und Selbstinszenierung, das jede Leistung der aktiv Ich-Orientierten auf diese Aspekte ausrichtet, wohingegen Leistung bei produktiv Orientierten nicht notwendigerweise zielgerichtet sein muss. Letztlich bestimmt werden kann die Qualität der Leistungsorientierung erst über die Ausprägung der anderen Dimensionen. *Dimension 5 „Verbunden sein/Interesse am Anderen, Mitgefühl, Verstehen"* mit den Variablen V11, V35 und V36 kontrastiert die produktive Orientierung deutlich von den beiden Ich-Orientierungen. Dieses emphatische Moment im Bezug zu Anderen steht der Ungebundenheit und Unverbindlichkeit der aktiven Ich-Orientierung diametral entgegen und ist eines der zentralen Erkennungszeichen produktiver Orientierung. *Dimension 6 „Konfliktfähigkeit"* wird über die Variablen V33 und V34 erfasst. Produktiv Orientierte sind weder unverbindlich und oberflächlich noch vergnügungs- oder ich-orientiert in Bezug auf andere, sondern offen, konfliktfähig und am anderen interessiert. Dies impliziert auch eine enge Verbindung zwischen den Dimensionen 5 und 6 bei der GL-Skala.

Analysemethoden

Das entscheidende Problem bei der Konstruktion von Skalen ist, dass sie eine latente, also nicht direkt messbare Eigenschaft, hier eine Charakter-Orientierung, messen sollen. Daher muss die Operationalisierung der theoretischen Konzepte ausreichend theoretisch fundiert sein und die Formulierung der Variablen sehr präzise erfolgen. Darüber hinaus muss gewährleistet sein, dass die ausgewählten Variablen auch tatsächlich so miteinander in statistischem Bezug stehen, dass sie die theoretisch formulierten Dimensionen und die Zuordnung dazu abbilden. Nicht zuletzt müssen sie auch eindeutig die drei hier infrage stehenden Hintergrundvariablen, also die Charakter-Orientierungen AIO, PIO und GL, abbilden. Dies kann anhand einer faktorenanalytischen Untersuchung erfolgen.

Die Auswertung der Daten des Pre-Tests und der eigentlichen Erhebung erfolgte daher auf der Basis einer Hauptkomponentenanalyse mit Varimax-Rotation. Dieses faktorenanalytische Verfahren basiert auf der theoretischen Annahme, mehrere Variablen seien auf einen Hintergrundfaktor zurückzuführen, der die Variablenausprägung bestimmt. Das entspricht genau der Annahme, dass das Antwortverhalten der Versuchspersonen von einer relativ stabilen Persönlichkeitsstruktur her zu erklären ist. Die faktorenanalytische Auswertung der Daten ermöglicht mehrere Aussagen. Erstens kann mit diesem Verfahren die Qualität des Messinstrumentes, insbesondere der (Konstrukt-)Validität, aber auch in Hinblick auf den Pre-Test der Reliabilität, eingeschätzt werden. Reproduziert die Faktorenanalyse die Skalenstruktur, so kann dies als Bestätigung der Existenz der theoretisch formulierten Hintergrundfaktoren, d. h. der postmodernen Persönlichkeitsstrukturen, interpretiert werden. Zweitens werden im Rahmen der Faktorenanalyse sogenannte Faktorwerte berechnet, welche die Befragten hinsichtlich des jeweiligen Faktors und der relativen Position bezüglich der anderen Befragten eindeutig charakterisiert. Damit ist zum einen die Vergleichbarkeit der Befragten untereinander einfacher und zum anderen auch die Ermittlung eventuell existenter Mischtypen, indem man die Kombination der Werte über die ermittelten Faktoren analysiert. Insgesamt ergaben die im Rahmen einer faktorenanalytischen Untersuchung üblichen statistischen Verfahren zu Stichprobeneignung des Variablensets sowie zu Datenstruktur und Faktorladungsmatrix gute bis sehr gute Ergebnisse. In der Korrelationsmatrix war eine deutliche Clusterbildung mit drei Hauptclustern zu erkennen. Sowohl die Korrelationen und Signifikanzen als auch die Ergebnisse von Bartlett-Test (Chi-Quadrat = 11751,395; df = 630; Signifikanz nach Bartlett = 0,000) und Kaiser-Meyer-Olkin-Kriterium (0,864) sowie die MSA-Maße der einzelnen Variablen (für 10 Variablen > 0,9, für weitere 12 Variablen > 0,8 und weitere 8 Variablen > 0,7) unterstreichen die Eignung des Variablensets für eine Faktorenanalyse.

Die nachfolgende Hauptkomponentenanalyse wurde in erster Linie konfirmatorisch eingesetzt. Mit der Beschränkung auf drei zu extrahierende Faktoren sollte die Annahme überprüft werden, die drei Skalen bildeten drei voneinander weitgehend unabhängige Persönlichkeitsstrukturen ab. Das Ergebnis der in der Regel als konfirmatorische Faktorenanalyse eingesetzten Maximum-Likelihood-Methode unterscheidet sich graduell vom Ergebnis der Hauptkomponentenanalyse, bestätigt aber weitgehend die Faktorladungsmatrix und die Datenstruktur der Hauptkomponentenanalyse.

Dieser Beschränkung auf drei Faktoren ist methodisch gesehen auch der mit 33,955 % der Gesamtvarianz eher mäßige Anteil der Varianzaufklärung geschuldet. Betrachtet man die rotierte Lösung, so verteilen sich die Anteile mit 12,059 % (1), 11,859 % (2) und 10,038 % (3) sehr viel gleichmäßiger, was dahingehend interpretiert werden kann, dass die extrahierten Komponenten in etwa gleichwertig sind. Dies wiederum spricht für die zu überprüfende Annahme. Eine weitere Erklärung der niedrigen Varianzaufklärung ist in der Tatsache zu sehen, dass nicht der Anspruch einer vollständigen Varianzerklärung erhoben wird, da eine ganze

Reihe von Persönlichkeitsstrukturen nicht abgefragt wurde. Tab. 12 zeigt die rotierte Komponentenmatrix der Hauptfaktorenanalyse.

Tab. 12: Rotierte Komponentenmatrix mit Beschränkung auf drei Faktoren[13]

Nr.	Item	Komponente		
		1	2	3
V16	Es macht mir Spaß, ab und zu originelle Events zu inszenieren.	0,702		
V05	Ich will immer etwas erleben.	0,617		0,415
V15	Ich bin ich – immer neu und immer anders.	0,602		
V14	Fremde Kulturen sind für mich eine Art Fundgrube für Dinge, die mich inspirieren.	0,599		
V17	Beim Einkaufen liebe ich es, meine Kreativität spielen zu lassen.	0,550		0,366
V13	In meiner Lebensphilosophie kombiniere ich ganz unterschiedliche Prinzipien und Ideen.	0,517		
V29	Für mich ist es eine faszinierende Idee, die eigene Persönlichkeit ständig neu zu definieren.	0,513		0,321
V22	Aus einer Partnerschaft möchte ich jeder Zeit auch aussteigen können.	0,509		
V31	Für mich ist es eine faszinierende Idee, die eigene Persönlichkeit ständig weiterzuentwickeln.	0,488	0,476	
V23	In einer Partnerschaft sollte jeder nach seinen eigenen Regeln leben.	0,483		
V21	Ich habe an mich den Anspruch, in meinem Beruf etwas Eigenes zu schaffen.	0,474	0,393	
V20	Um mein Ziel zu erreichen, arbeite ich auch nachts und am Wochenende.	0,402	0,302	
V28	Etwas zu leisten, macht mir einfach Spaß.		0,722	
V27	Es gibt mir zusätzliche Energie, wenn ich meine Fähigkeiten einsetzen kann.		0,698	
V36	Auch wenn ich anderer Meinung bin, höre ich anderen zu und kann ihre Argumente nachvollziehen.		0,608	

---

13 Extraktionsmethode: Hauptkomponentenanalyse. Rotationsmethode: Varimax mit Kaiser-Normalisierung. Die Rotation ist in fünf Iterationen konvergiert.

Nr.	Item	Komponente		
		1	2	3
V35	Ich kann mitfühlen, wenn es einem anderen psychisch schlecht geht.		0,595	
V25	Langeweile empfinde ich nur selten.		0,586	
V33	Mit Konflikten in Partnerschaft und Beruf kann ich gut umgehen.		0,566	
V34	In meiner Partnerbeziehung sage ich offen, was mir am anderen gefällt und was nicht.		0,555	
V11	Ein Team, in dem man sich toll versteht, ist mir bei der Arbeit fast wichtiger, als Karriere machen.		0,419	
V30	Ich mag Dinge, die etwas Eigenes und Unverwechselbares zum Ausdruck bringen.	0,391	0,412	
V26	Ich kann gut allein sein.		0,386	
V18	Was ich nicht wirklich will, tue ich auch nicht.		0,375	
V02	Von einer Marke, die mir gefallen soll, erwarte ich, dass sie zu mir und meinen Freunden passt.			0,683
V03	Von einer Marke, die mir gefallen soll, erwarte ich, dass sie voll im Trend liegt.			0,671
V01	Von einer Marke, die mir gefallen soll, erwarte ich, dass sie etwas Eigenes zum Ausdruck bringt.			0,665
V24	Von einer Marke, die mir gefallen soll, erwarte ich, dass sie meinem persönlichen Lebensstil entspricht.			0,550
V06	Wo mir etwas geboten wird, fühle ich mich wohl.	0,418		0,535
V04	Beim Shoppen lebe ich richtig auf.	0,425		0,434
V07	Wenn es um den Sinn des Lebens geht, orientiere ich mich an Leuten und Ideen, die mich überzeugen.			0,416
V09	Erlebnisparks wie Disneyland finde ich einfach langweilig.			-0,374
V10	Manche Filme oder Fernsehshows wecken in mir starke Gefühle, wie ich sie sonst kaum erlebe.			0,370
V08	In meiner Einstellung zum Leben folge ich gerne den Erfahrungen anderer.			0,369

Quelle: Frankenberger 2007. Faktorladungen < 0,3 nicht berücksichtigt. Fett gedruckte Items: Leitvariablen der jeweiligen Komponente (Faktorladung > 0,5).

Die Rotation führte zu einem inhaltlich klar interpretierbaren Ergebnis. Insgesamt betrachtet war das Ergebnis der Hauptkomponentenanalyse als sehr zufriedenstellend zu bezeichnen. Die berechneten drei Hauptkomponenten konnten aufgrund der Logik der Hauptkomponentenanalyse und der orthogonalen Varimax-Rotation als unabhängig voneinander gelten. Zudem entsprach die Datenstruktur der Faktorladungsmatrix weitgehend der Forderung der Einfachstruktur, und die Faktorladungen sind weitestgehend eindeutig zuzuordnen.

Die Ergebnisse untermauern damit statistisch gesehen die Existenz der drei Persönlichkeitsstrukturen aktive Ich-Orientierung, passive Ich-Orientierung und moderne Produktivitäts-Orientierung: Die Variablen je einer Skala bilden in ihrer *gemeinsamen* Ausprägung eine Persönlichkeitsstruktur ab. Gleichzeitig zeigt sich, dass es statistisch gesehen in einigen Variablen Verbindungen zwischen je zwei Persönlichkeitsstrukturen gibt. Bei der weiteren Auswertung und der Interpretation sind diese bifaktoriellen Ladungen einiger weniger Variablen gesondert und besonders zu berücksichtigen. Dabei ist es die aktive Ich-Orientierung (Komponente 1), die sowohl zur passiven Ich-Orientierung (Komponente 3) als auch zur modernen Produktivitäts-Orientierung (Komponente 2) solche Anschlussstellen aufweist. Zwischen passiver Ich-Orientierung und moderner Produktivitäts-Orientierung gibt es diese nicht. Insgesamt erscheinen die Mehrfachladungen als durchweg plausibel. Die Besonderheiten und Motivationen der einzelnen Typen bezüglich der bifaktoriell ladenden Variablen erweisen sich aber insgesamt erst durch deren Kombination mit den weiteren Variablen der einzelnen Skalen, den sogenannten „Syndromen", die ja sehr eindeutig in ihrer Trennschärfe bestätigt wurden.

Die Verknüpfungen zwischen aktiver und passiver Ich-Orientierung beziehen sich auf die Dimensionen *Erlebnisorientierung*, *Konsumstil* sowie auf die zur Dimension *Identitätskonstruktion* gehörende Variable V29 und untermauern die Annahme einer gemeinsamen Ausrichtung an postmodernen Prinzipien von Identität, Erlebnis und Konsum. Aus faktorenanalytischer Sicht sind für beide postmodernen Ich-Orientierungen eine gewisse Event- oder Erlebnisorientierung ebenso wie Konsum und Einkauf als zentrales Element der Lebensführung und -gestaltung von Bedeutung. Vor allem hinsichtlich des Konsumstils sind jedoch unterschiedliche Motivationen zu vermuten, was sich anhand der Ladung der Variablen mit Markenbezug untermauern lässt, die ausschließlich bei der passiven Ich-Orientierung laden und damit die spezifische Gruppen- und Trendorientierung des passiven Konsums unterstreichen, die bei den Aktiven nicht zu finden ist. Ein kreatives Element scheint bei beiden Orientierungen, wenn auch bei der aktiven ungleich stärker, auffindbar. Dass die Variable V29 die dritte Schnittstelle zwischen den beiden postmodernen Ich-Orientierungen bildet, überrascht wenig, da

Identitätskonstruktion ein zentrales Merkmal beider Orientierungen darstellt, auch wenn diese offensichtlich unterschiedlich gestaltet wird.

Die Anschlussstellen zwischen aktiver Ich-Orientierung und moderner Produktivitäts-Orientierung beziehen sich auf der Basis der Hauptkomponentenanalyse auf die Dimensionen *Leistungsorientierung* sowie die Variablen V30 und V31. Es ist daher davon auszugehen, dass Leistungsbereitschaft und Eigenständigkeit im beruflichen Leben eine wesentliche gemeinsame Vorstellung beider Typen ist. Gemeinsam ist beiden Typen darüber hinaus das Interesse an Unverwechselbarem und an der Weiterentwicklung der eigenen Persönlichkeit, wie die Ladungen der Variablen V30 und V31 auf beiden Komponenten zeigen. Allerdings ist es hier die postmoderne Offenheit und Konstruierbarkeit des Ich, die ganz klar zwischen den beiden Orientierungen trennt, wie die Ladungen der Variablen V29 und V31 deutlich belegen.

Die Befunde der Faktorenanalyse und deren Interpretation wurden in der Folge anhand von Mittelwertvergleichen für die Variablen abgesichert. Die Ergebnisse der durchgeführten T-Tests bestätigten die theoretischen Annahmen bezüglich des Antwortverhaltens der drei Persönlichkeitstypen und unterstrichen damit deren Konsistenz. Für die Variablen der drei Skalen fanden sich weitestgehend signifikante und theoretisch erwartete Abweichungen vom jeweiligen Stichprobenmittelwert. Zudem wurde eine einfaktorielle ANOVA zur Bestimmung der Mittelwertunterschiede zwischen den Persönlichkeitstypen durchgeführt. Dabei sind es insbesondere die Leitvariablen der jeweiligen Skalen sowie die Link-Variablen, die maßgeblich sind für Aussagen über die Differenzierungskraft zwischen den Persönlichkeitstypen. Die F-Werte für die Variablen variieren zwischen maximal $F = 50,278$ für V16 und minimal $F = 8,441$ für V26. Alle F-Werte haben eine Signifikanz von $< 0,001$. Die Nullhypothese, es bestehe kein Unterschied zwischen den Mittelwerten der Gruppen für die einzelnen Variablen, kann also mit über 99-prozentiger Sicherheit zurückgewiesen werden. Für die weitere Untersuchung der Mittelwertunterschiede wurde ein multipler Vergleichstest mit der Scheffé-Prozedur durchgeführt. Auch dieser bestätigte die Befunde.

Befunde und deren Interpretation

Der Vorteil einer konsistenten Faktorenanalyse ist, dass für jeden untersuchten Fall spezifische Werte für jeden Faktor berechnet werden, die dann als neue Variablen zur Beschreibung der latenten Variablen Charakter-Orientierung gespeichert und in der weiteren Analyse verwendet werden können.

Auf der Basis der im Zuge der Hauptkomponentenanalyse für die drei Komponenten berechneten Faktorwerte als relatives Maß der räumlichen Positionierung der Befragten bezüglich des Durchschnitts und der damit möglichen eindeutigen Identifizierung von Persönlichkeitstypen und Mischtypen wurde ein Index entwickelt, der die Quantifizierung der Persönlichkeitstypen ermöglicht. Dazu wurden die Faktorwerte der drei Komponenten in jeweils vier Bereiche eingeteilt. Aufgrund mehrerer Überlegungen wurden Trennwerte bei +/- 1 Standardabweichung, also bei - 1 und + 1 sowie beim Mittelwert 0 gesetzt. Aus den gemeinsamen Eigenschaften der Verteilungen der Faktorwerte und der Logik der Berechnung der Faktorwerte ergibt sich der Trennwert 0 zwischen unter- und überdurchschnittlichen Ausprägungen. Dabei werden negative Faktorwerte als unterdurchschnittliche, positive Faktorwerte als überdurchschnittliche und Faktorwerte von 0 als durchschnittliche Ausprägung des Merkmals interpretiert. Die Trennwerte von +/- 1 Standardabweichung wurden gewählt, da die Standardabweichung allen drei Verteilungen auch bei unterschiedlicher Spannweite aufgrund der Z-Standardisierung gemein ist. Daraus ergeben sich folgende Typologisierungen: Werte $\leq$ - 1 stark unterdurchschnittliche Ausprägung; Werte > - 1 $\leq$ 0 leicht unterdurchschnittliche Ausprägung; Werte > 0 $\leq$ 1 leicht überdurchschnittliche Ausprägung; Werte > 1 stark überdurchschnittliche Ausprägung. Insgesamt weisen 19,8 % der Befragten stark überdurchschnittliche Ausprägungen einer postmodernen Ich-Orientierung und 10,3 % eine stark überdurchschnittliche Ausprägung der modernen Produktivitäts-Orientierung auf:

- 10,2 % der Befragten weisen eine stark überdurchschnittliche Ausprägung der aktiven Ich-Orientierung auf.
- 9,6 % der Befragten zeigen eine stark überdurchschnittliche Ausprägung der passiven Ich-Orientierung.
- Bei 10,3 % der Befragten konnte eine stark überdurchschnittliche Ausprägung der modernen Produktivitäts-Orientierung festgestellt werden.

Somit kann die Studie 30,1 % der Stichprobe statistisch solide nach einer dominanten Persönlichkeitsstruktur segmentieren. Hinzu kommen 8,7 % der Befragten, bei denen Mischtypen starker Ausprägungen festgestellt werden konnten: 2,6 % der Befragten zeigen den Mischtypus Aktiv-Passiv. Sie erreichen sowohl für die aktive als auch die passive Ich-Orientierung stark überdurchschnittliche Werte. 1,9 % der Befragten zeigen sowohl eine starke aktive als auch eine starke produktive Ausprägung. Dies ist der Mischtypus Aktiv-Produktiv. Der Mischtypus Passiv-Produktiv ist bei 3,2 % der Befragten zu finden. Zudem weisen 1,0 % der Befragten starke Ausprägungen bei allen drei Skalen auf. Da diese Mischtypen aufgrund ihrer z. T. sehr geringen Größe (1 % entspricht 10 Befragten) statistisch nicht aussagekräftig sind, sind sie in der weiteren Analyse zu vernachlässigen.

Anhand der Ergebnisse konnten die Hypothesen weitgehend überprüft und die Forschungsfragen beantwortet werden. Erstens bestätigte sich, dass die postmoderne Gesellschaft eine spezifisch postmoderne Charakter-Orientierung erzeugt. Die postmoderne Ich-Orientierung ist in zwei deutlich voneinander unterschiedenen Varianten empirisch messbar. Zweitens lassen sich auch postmoderne Formen der Produktivität anhand der MPO-Skala messen. Nicht bestätigt hat sich jedoch die Annahme, dass moderne Produktivitäts-Orientierung und postmoderne Ich-Orientierung statistisch voneinander unabhängig sind. Wie erwartet gibt es auf statistisch-mathematischer Ebene Zusammenhänge zwischen aktiver und passiver Ich-Orientierung, die sich in den bi-faktoriellen Ladungen einiger Variablen zeigt. Der auf der gleichen Ebene festgestellte Zusammenhang zwischen aktiver Ich-Orientierung und moderner Produktivitäts-Orientierung hingegen war auf der Basis der Theorie von Erich Fromm nicht erwartet worden. Wie dieser zu interpretieren ist, konnte durch weitere Forschung nicht eindeutig beantwortet werden. Viertens zeigten sich in der Analyse auch Mischtypen, die aktive, passive und produktive Orientierungen zu unterschiedlichen Anteilen aufwiesen.

Forschungsethische Fragen

Da es sich bei dem Projekt um Forschung mit Menschen handelte, wurden forschungsethische Kriterien bei der Datenerhebung berücksichtigt. Diese erfolgte von Anfang an auf der Basis von freiwilliger Teilnahme und kompletter Anonymisierung der Daten. Obwohl eigentlich Standard in Befragungen, war eine solche Vorgehensweise gerade vor dem Hintergrund der Gesellschaftscharaktertheorie, die davon ausgeht, dass die meisten Menschen sich und ihrer Umwelt entfremdet und damit gewissermaßen pathologisch sind, angezeigt. Rückschlüsse auf Individuen waren also nicht möglich, auch wenn dies durchaus interessant für mögliche Folgestudien gewesen wäre.

Interessant ist auch die Abwägung zwischen Risiken und Nutzen einer solchen Studie. Möglicherweise könnten die Befunde destabilisierend auf Menschen und Gesellschaften wirken, wenn sie dazu führen, dass Menschen die Vergemeinschaftungs- und Wirtschaftsform hinterfragen, die zu einer Entfremdung führt. Der Nutzen für eine Emanzipation von unterdrückenden Herrschaftsformen ergibt sich aus exakt derselben Überlegung, sodass es vor allem ideologische und normative Standpunkte sind, die hier zu Bewertungsmaßstäben werden. Dies zeigt, dass auch forschungsethische Überlegungen nicht immer so eindeutig anzustellen sind. Nimmt man die hinter der Forschung liegende Theorie ernst, so bietet sie auch einen Bewertungsmaßstab, wie ein gesundes und produktives Leben aussehen und gelingen und Forschung zur gesellschaftlichen Emanzipation beitragen kann: Wenn also über das Zusammenspiel von Person und Situation hinaus und jenseits von mehr oder weniger expliziten Machtbeziehungen gesamtgesellschaftliche Strukturen und Funktionsanforderungen so massive Auswirkungen auf Individuen haben, wenn sozioökonomische Rahmenbedingungen zu einem nicht unbedeutenden Grad die Persönlichkeitsstrukturen der Menschen formen, wie dies Erich Fromms Theorie des Gesellschaftscharakters nahelegt und wie dies diese und andere Studien zu bestätigen scheinen, hat dies Implikationen auch für Politik und politische Bildung. Zum einen kann und muss in emanzipatorisch-demokratischer Absicht der Bildungsauftrag für Träger politischer Bildung Aufklärungsarbeit über die hier skizzierten Zusammenhänge zwischen Gesellschaftsform und Persönlichkeitsstrukturen beinhalten. Denn ohne Wissen keine Emanzipation. Zum anderen ist auch die politische Bildungsarbeit selbst gefordert. Wie etwa die zahlreichen Studien zu politischer Partizipation und bürgerschaftlichem Engagement zeigen, verändern sich mit individuellen Werten auch die Ansprüche an Engagement und die Formen der Partizipation. Dies gilt umso mehr, wenn der postmoderne Wandel tief in die Charakterstrukturen eingeschrieben wird, wie dies nicht zuletzt für die postmoderne Ich-Orientierung gilt. Nicht einfacher wird diese Aufgabe dadurch, dass es offensichtlich mehrere Charakterstrukturen gibt und dass „alte" Typen aufgrund der tiefen Internalisierung überdauern. Will Wissenschaft also gesellschaftliche Wirkung entfalten, ist weitere „Übersetzungsarbeit" notwendig.

Lessons learned

Wer sich mit Theorie beschäftigt und diese weiterentwickeln will, muss sich mit Methoden beschäftigen. Insbesondere dann, wenn die Theorie in der Empirie verankert sein soll. Dies wird umso herausfordernder, je komplexer und voraussetzungsvoller die verwendete Theorie ist und je mehr Vorannahmen sie trifft. Dies ist gerade bei Fromm der Fall, der einerseits an die Psychoanalyse Freuds anknüpft und andererseits an den historischen Materialismus von Marx. Insbesondere die Frage, ob Charakter-Orientierungen überhaupt durch standardisierte Fragebögen erfasst werden können, ist vor diesem Hintergrund umstritten, weil gerade die Bezüge und Interdependenzen des Antwortverhaltens eine wichtige Rolle spielen.

Daher war es sehr hilfreich, im Projektteam einen ausgewiesenen Fachmann für Fromm und die Psychoanalyse zu haben, der die Operationalisierungen immer wieder kritisch hinterfragte und wertvolle Formulierungshilfen gab. Allerdings äußerte er immer wieder grundlegende Bedenken gegenüber der Methodik, die so nicht haltbar sind, da multivariate Analysemethoden wie die Faktorenanalyse durchaus in der Lage sind, auch komplexere Konstrukte zu prüfen. Die Herausforderung der Operationalisierung war dennoch enorm, und ohne die Ressourcen für einen umfassenden Pre-Test wäre das „Ausprobieren" von über 60 Variablen kaum möglich gewesen. Die zur Verfügung stehenden Ressourcen sind daher immer mitzudenken, wenn ein Projekt geplant wird. Im Unterschied zur Arbeit mit Sekundärdaten wie etwa im Beispiel der Clusteranalyse ist die Arbeit mit Primärdaten deutlich aufwendiger. Hier muss erstens die Operationalisierung der Begriffe und Konzepte erfolgen und zweitens die Datenerhebung durchgeführt werden. Für eine Repräsentativbefragung bedeutet dies mindestens 1.000, besser 3.000 Befragte, was in Eigenarbeit nur von einer größeren Gruppe leistbar ist, die über die entsprechende technische Ausstattung, etwa ein CATI-Labor, verfügt. Alternativ ist die Erhebung von Primärdaten durch ein beauftragtes Institut sehr kostenintensiv und beläuft sich schnell auf mehrere Zehntausend Euro.

Auch die Arbeit in Teams kann sehr herausfordernd sein, wenn Personen mit sehr verschiedenen Interessen, Hintergründen und Methodenkenntnissen zusammenarbeiten. Der Vorteil solch heterogener Teams ist es, dass die unterschiedlichen Erfahrungen und Wissensbestände konstruktiv genutzt werden können, um den Forschungsgegenstand von verschiedenen Seiten her zu beleuchten. In unserem Fall waren dies die Perspektiven von Psychoanalyse, Politik- und Sozialwissenschaft sowie Marktforschung. Andererseits bergen solche Konstellationen auch Konfliktpotenzial, wenn sich Forscher:innen im Projekt mit der Zeit aufgrund unterschiedlicher Interessen und Interpretationen entfremden. Dies ist besonders kritisch, wenn dabei Personen auf unterschiedlichen Hierarchiestufen involviert sind und/oder Abhängigkeitsverhältnisse bestehen. In diesem Projekt führten die Konstellationen dazu, dass eine Person das Projekt frühzeitig und im Groll verließ, eine andere Person eine Zusage für eine gemeinsame Publikation aufgrund dieses Dissens zurücknahm und eine langjährige Freundschaft zerbrach. Zum Glück konnte die Studie in veränderter Form abgeschlossen werden, sodass zumindest valide Ergebnisse vorlagen. Die angezeigten Folgeprojekte zur Vertiefung der Erkenntnisse sowie zur Erweiterung des Fragebogens um Items zur Erfassung der anderen fünf von Fromm formulierten Charakter-Orientierungen konnten leider nicht verwirklicht werden.

Sehr klar zeigte sich jedoch die Leistungsfähigkeit der Faktorenanalyse bei der Entwicklung des Fragebogens. Die Methode erfordert jedoch einige statistische Kenntnisse, um die angemessenen Entscheidungen zu treffen und auch die Daten zu interpretieren. Dabei ist die Auswahl der genauen methodischen Vorgehensweise gut zu durchdenken, und die Entscheidungen sind theoretisch zu begründen. So stellt sich beispielsweise die Frage, ob eine Hauptkomponentenanalyse die geeignetste Methode zur Identifikation von Komponenten ist. Einerseits ist die Annahme der statistischen Unabhängigkeit der Faktoren untereinander eine zentrale Bedingung dafür, dass man von unterschiedlichen Konstrukten oder Hintergrundvariablen sprechen kann. Andererseits ist der Effekt, dass die erste Komponente per Definition den größten Beitrag zur Varianzaufklärung leistet, aus theoretischer Sicht nicht notwendigerweise zielführend. Die Abwägung zwischen den Alternativen fiel aufgrund der statistischen Unabhängigkeit zugunsten der Hauptkomponentenanalyse aus, zumal die Effekte durch die Rotation der Lösung nivelliert wurden. Auch die Frage, ob die Faktorenlösung rotiert werden sollte, kann auf unterschiedliche Arten beantwortet werden. Hier lieferte sie eine inhaltlich klar interpretierbare Lösung, was jedoch erst nach einigem „Ausprobieren" offensichtlich wurde. Die Beschäftigung mit einer Methode beinhaltet also neben dem Erlernen der statistischen Grundlagen und Regeln auch und vor allem das praktische Erproben und Experimentieren mit den Möglichkeiten, die die Methode und das verwendete Statistikprogramm bieten. Zum Erproben gehört dann auch das (gemeinsame) Diskutieren und Interpretieren der statistischen Befunde, wenn es sich um ein komplizierteres Vorhaben wie das Prüfen von Dimensionalität handelt. Denn hier sind die Ergebnisse von Faktorenanalysen zwar immer statistisch eindeutig, aber oftmals inhaltlich nicht so klar interpretierbar. Hier helfen dann wieder die Erfahrung und der Austausch mit anderen Forscher:innen.

23 Clusteranalyse

Clusteranalysen dienen der Analyse von Ähnlichkeiten und Unterschieden zwischen Fällen. Diese werden auf der Basis vorab ausgewählter und theoretisch begründeter Variablen berechnet. Hauptfragen, die mit einer Clusteranalyse beantwortet werden können, sind: Wie ähnlich oder unterschiedlich sind Fälle? (Wie) Können Gruppen von Fällen gebildet werden, sodass sich die Gruppenmitglieder minimal voneinander, die Gruppen untereinander aber maximal unterscheiden? Wer ist wem entlang der Variablenausprägung (un-)ähnlich?

Clusteranalysen werden den strukturentdeckenden Verfahren zugerechnet, da es darum geht, Cluster (auf Deutsch „Klumpen") von Fällen zu identifizieren, die sich sehr ähnlich sind und die sich von den Fällen anderer Gruppen möglichst maximal unterscheiden. Es werden also Gruppen gebildet, die in sich homogen sind. Clusteranalysen sind klassifizierend und nicht sinnstiftend. Ein zentraler Schritt für die Clusteranalyse ist deshalb die Auswahl der Merkmale, auf deren Basis die Cluster gebildet werden sollen. Dies ist in der Regel abhängig von der Forschungsfrage und den getroffenen theoretischen Annahmen. So könnte man z. B. Cluster von Personen auf der Basis ihrer ästhetischen Präferenzen oder ihrer Wertorientierungen bilden. Die Daten könnten aus Fragebögen stammen. Oder man könnte Cluster von Staaten auf der Basis politökonomischer Variablen wie Innovativität, Produktivität, Rechtsstaatlichkeit und Bürokratisierung bilden. Auch hier gilt wie bei den meisten anderen statistischen Verfahren, dass sie der theoretisch-konzeptionellen Vorarbeit bedürfen, um anschließend die Ergebnisse sinnvoll interpretieren zu können, hier beispielsweise im Sinne von Produktionsregimen.

Auch bei Clusteranalysen gibt es Anforderungen an die Daten. Diese sollten ein metrisches Messniveau aufweisen und in gleichen Einheiten vorliegen oder z-standardisiert werden, um die Einflüsse unterschiedlicher Messgrößen zu eliminieren. Die z-Standardisierung rechnet Werte, die in verschiedenen Einheiten gemessen werden, z. B. Einkommen in Euro und Alter in Jahren, in vergleichbare Einheiten, nämlich Standardabweichungen vom Mittelwert, um. Zudem sollten sie eine Struktur aufweisen, d. h., es müssen Zusammenhänge zwischen den einzelnen Variablen existieren.

Clusteranalyse ist ein Sammelbegriff für mehrere Verfahren. Häufig wird die sogenannte hierarchische Clusteranalyse durchgeführt, daneben gibt es noch die

Clusterzentrenanalyse und die Two-Step-Clusteranalyse. Die Verfahren unterscheiden sich sowohl in der Vorgehensweise als auch im Ausgangspunkt der Clusterbildung. Hinzu kommen Unterschiede hinsichtlich der verwendeten Maße (Distanz- oder Ähnlichkeitsmaße), der verwendeten Fusionsalgorithmen (Wie werden die Fälle zu Gruppen zusammengefasst?) und der Vorgehensweise (agglomerativ, also zusammenfassend, oder partitionierend, also in Teile zerlegend).

Erstens muss eine Entscheidung getroffen werden, ob Distanz- oder Ähnlichkeitsmaße verwendet werden sollen. Distanzmaße werden in der Regel gewählt, wenn die absoluten Abstände zwischen den Fällen relevant sind. Die gängigsten Distanzmaße sind die quadrierte euklidische Distanz und die Block-Metrik. Bei ersterer werden größere Abweichungen stärker gewichtet als kleine, bei letzterer werden diese gleich gewichtet. Ähnlichkeitsmaße kommen zum Einsatz, wenn das Profil der untersuchten Fälle von Interesse ist. Hier kommen unter anderem Korrelationsmaße nach Pearson (r und r^2) und Cosinus-basierte Maße zum Einsatz.

Die Auswahl der Fusionsmethode hängt von dem Ziel ab, das man mit der Clusterbildung verfolgt. Die Single-Linkage-Methode basiert auf der kleinsten Einzeldistanz zwischen Gruppenmitgliedern neuer und schon bestehender Cluster. Sie erzeugt tendenziell große Gruppen mit vergleichsweise geringer Homogenität. Die Complete-Linkage-Methode erzeugt kleine Gruppen mit großer interner Homogenität, weil hier die Maximalabstände bestimmt werden. Die häufig verwendete Ward-Methode vereinigt wiederum diejenigen Objekte, die die Streuung einer Gruppe möglichst wenig erhöhen. Sie bildet möglichst homogene Cluster bei der Erwartung möglichst gleich großer Gruppen, benötigt metrisches Skalenniveau, voneinander statistisch unabhängige Variablen und keine Ausreißer. Die Vorgehensweise bei der Clusterbildung kann agglomerativ oder partitionierend erfolgen, d. h., man geht entweder davon aus, dass jeder Fall zunächst ein eigenes Cluster bildet und führt die Fälle dann schrittweise zusammen, oder man geht zunächst von einem einzigen Cluster aus, in dem alle Fälle enthalten sind, und diese werden dann aufgeteilt. Ein häufig verwendetes Verfahren ist die sogenannte hierarchische Clusteranalyse, bei der schrittweise Fälle zu Clustern zusammengeführt werden; einmal einem Cluster zugeordnet, können Fälle nicht mehr umgruppiert werden.

Die Ergebnisse von solchen Clusteranalysen können grafisch oder durch Zahlen dargestellt werden: in Dendrogrammen und Agglomerationsmatrizen. Dendrogramme beispielsweise zeigen die Zusammenführung von Fällen auf jeder Stufe der Clusterbildung an und helfen bei der Interpretation der Ergebnisse sowie der Entscheidung, wie viele Cluster gebildet werden sollen. Für die Bestimmung der Clusterzahl findet sich eine theoriegeleitete Vorgehensweise, bei der sachlogisch und theoretisch begründbare Vorstellungen zur Fallgruppierung herangezogen werden, und eine explorative Vorgehensweise, bei der statistische (Heterogenitätsmaß F-Wert) und grafische Kriterien (wie das Dendrogramm) zusätzlich zum sogenannten Elbow-Kriterium herangezogen werden. Letztlich sollten die gebildeten Cluster vor dem Hintergrund der zusammengefassten Fälle und der verwendeten Variablen interpretierbar sein.

Die Stärken von Clusteranalysen liegen vor allem darin, dass sie durch die Analyse von Ähnlichkeiten zwischen Fällen strukturentdeckend und fallreduzierend sind, d. h., ähnliche Fälle werden zu Gruppen zusammengefasst und diese Gruppen können dann Grundlage für weitere Analysen sein. Schwierigkeiten bestehen darin, dass Clusteranalysen meist sehr voraussetzungsvoll hinsichtlich der Interpretation der Ergebnisse sind. Auch variiert die Clusterbildung mitunter sehr stark in Abhängigkeit von den verwendeten Distanzmaßen und Fusionsalgorithmen. Es gilt also, möglichst verschiedene Varianten zu berechnen und genau zu prüfen, wie stabil die Clusterlösungen über die Vorgehensweisen hinweg sind. Ebenso sind die Ergebnisse auf theoretische und empirische Konsistenz zu kontrollieren, was sehr detaillierte Kenntnisse der untersuchten Fälle erforderlich macht. Untersucht man etwa Produktionsregime, so sollten diese in Deutschland und Frankreich ähnlich sein, Gleiches gilt für Qatar und Kuwait. Sind sich aber Qatar und Deutschland ähnlicher als Deutschland und Frankreich, so sollte das kritisch hinterfragt werden. Hinzu kommt, dass die getroffenen Aussagen über Ähnlichkeit in der Regel nur für die untersuchten Fälle gelten. Dies ist gerade bei der Clusteranalyse von Staaten relevant. Bei der Untersuchung von Menschen ist dieses Problem über eine repräsentative Auswahl der Fälle lösbar.

24 Clusteranalyse: Produktionsregime und deren Unterschiede

Rolf Frankenberger und Daniel Buhr

Der moderne Kapitalismus hat sich in der globalisierten Welt als ökonomisches Interaktionsmuster weitestgehend durchgesetzt. Auch wenn nicht alle Staaten der Welt gleichermaßen in das kapitalistische Wirtschaften eingebunden sind und auch nicht alle ökonomischen Systeme als Marktwirtschaften bezeichnet werden können, so lassen sie sich doch mit Max Webers Definition von modernem Kapitalismus als „Streben nach Gewinn, im kontinuierlichen, rationalen kapitalistischen Betrieb: nach immer neuem Gewinn" (Weber 1947: 4) fassen. Dass dieser moderne Kapitalismus nicht einheitlich ist, sondern sich entlang der jeweiligen institutionellen Arrangements verschiedene Spielarten des Kapitalismus entfalten und dabei gerade auch die politischen Institutionen eine zentrale Rolle spielen, ist Gegenstand einer wachsenden Zahl an Forschungsarbeiten zu den sogenannten Varieties of Capitalism (VoC; Hall und Soskice 2001). Dabei findet sich bis Mitte der 2010er-Jahre nur wenig Literatur, die sich systematisch aus der Perspektive des VoC mit den Staaten jenseits der OECD-Welt auseinandersetzt. Meist sind es die Staaten Osteuropas (vgl. Lane 2005; Nölke und Vliegenhart 2009; Myant und Drahokupil 2011) und gelegentlich die BRIC-Staaten (Nölke 2010), die in die Diskussion einbezogen werden. Gerade makrovergleichende Studien schließen zahlreiche Staaten jedoch aus, insbesondere diejenigen, die zwar am Welthandel teilhaben, aber staatsgesteuert und/oder von Rohstoffrenten (also Einkommen aus dem Verkauf von Ressourcen wie Öl und Gas) geprägt sind.

Ausgehend von diesen Überlegungen wollten Daniel Buhr und ich mit unserem Aufsatz „Spielarten des Inkorporierten Kapitalismus" (Buhr und Frankenberger 2014a) einen Beitrag dazu leisten, unterschiedliche Spielarten des Kapitalismus auch jenseits der OECD-Welt und auf der Basis einer makroquantitativen Studie zu identifizieren. Entlang makroökonomischer Variablen wie dem Organisationsgrad der Arbeitnehmer, dem Kündigungsschutz, der menschlichen Entwicklung, der Kapitalisierung am Wertpapiermarkt und ausländischen Direktinvestitionen haben wir die klassischen Dimensionen des VoC industrielle Beziehungen, Einbindung der Mitarbeiter, Aus- und Weiterbildung sowie Unternehmensfinanzierung operationalisiert und um weitere Aspekte wie Ungleichheit und politisch-institutionelle Rahmenbedingungen ergänzt, um den Stand der VoC-Debatte abzubilden. Die Daten wurden anhand von Cluster- und Varianzanalysen untersucht mit dem Ziel, empirisch fundierte globale Spielarten des Kapitalismus zu identifizieren und damit strukturelle Muster des globalen Kapitalismus aufzuzeigen. Mit der Analyse lassen sich die von Hall und Soskice (2001) formulierten liberalen und koordinierten Varianten des Kapitalismus ebenso nachweisen wie eine südosteuropäische Variante. Dies kann als Gütekriterium für das Indikatormodell gewertet werden. Ein neuer Befund ist die Existenz eines quer zu Nord und Süd liegenden Finanzmarkt-Clusters. Für den globalen Süden können sowohl transregionale als auch regionale Gruppen gebildet werden, die sich in Performanz und institutioneller Ausgestaltung unterscheiden. Während die sogenannten Rentenökonomien eine konsistente Gruppe bilden, kann die immer wieder vorgebrachte These einer Brasilien, Russland, Indien und China umfassenden BRIC-Variante des Kapitalismus (Nölke 2010) eindeutig widerlegt werden. Gemeinsam ist den Clustern des sogenannten globalen Südens die Rolle des Staates als (zentraler) kapitalistischer Akteur, der die Ökonomie inkorporiert und kontrolliert.

Erkenntnisinteresse, theoretischer Rahmen und Fragestellung

Das Erkenntnisinteresse des Aufsatzes lag zunächst einmal darin herauszufinden, ob das VoC-Modell auch zur Analyse von Nicht-OECD-Staaten verwendet werden kann. Dazu gab es zum Zeitpunkt der Studie eine Reihe von Ansätzen, die den Ansatz entweder durch Fallstudien oder den Vergleich weniger Fälle weiterentwickelten (vgl. z. B. Buhr und Frankenberger 2014b; Schneider 2013; Robinson 2011; Schlumberger 2008), jedoch kaum quantitativ vergleichende Arbeiten, aber kaum quantitativ-statistische Studien (Witt und Redding 2013). Hinzu kam also das Erkenntnisinteresse, ob eine solche statistische Untersuchung zielführend sein und plausible Befunde liefern kann. Es handelte sich also um eine Kombination aus theoretischem und empirischem Erkenntnisinteresse. Daher spielte für die Formulierung und Präzisierung der Fragestellung der theoretische Rahmen eine zentrale Rolle, und zwar in doppelter Hinsicht. Erstens diente er dazu, die Fragestellung selbst zu schärfen, und zweitens dazu, Indikatoren zur Erfassung und Vermessung von Kapitalismen zu definieren, die einerseits die theoretischen Dimensionen des Ansatzes abbildeten und andererseits auch messbar waren.

Ein zu lösendes theoretisches Grundproblem bestand zunächst darin, dass in der Literatur nicht alle Staaten der Welt einheitlich als Kapitalismen aufgefasst werden, sodass wir einer Definition bedurften, die einerseits anerkannt und andererseits breiter als andere einschlägige Definitionen war. Ausgehend von der grundlegenden Definition Webers zeichnet sich in diesem Verständnis moderner Kapitalismus durch Privateigentum an den Produktionsmitteln, den monetär vermittelten Austausch von Gütern zum Zwecke der Generierung von Profit und eine Reihe institutioneller Arrangements aus, die einen angemessenen Regierungstypus und eine kapitalistische Ideologie umfassen. Wir gingen in unserer Analyse von Immanuel Wallersteins Argumentation aus, dass Kapitalismus ein auf Wandel abzielendes Produktionssystem ist, dessen hervorstechendstes Kennzeichen die Kapitalakkumulation durch Re-Investitionen sei (Wallerstein 2004). Nach dieser Definition können dann sowohl Unternehmen als auch Staaten am kapitalistischen Weltsystem teilhaben. Staatsgelenkte und Rentenökonomien können damit als potenziell eigenständige Variationen des Kapitalismus betrachtet werden. Diese erste theoretische Erweiterung war notwendig, um potenziell alle Staaten und deren Ökonomien als Analysegegenstände möglich zu machen.

Um die politischen Ökonomien wiederum operationalisieren zu können, bedienten wir uns des Ansatzes von Hall und Soskice (2001). Dieser unterscheidet, welche Art von Koordinierung des Wirtschaftsgeschehens einer Firma (intern, aber eben auch mit verschiedenen Akteuren außerhalb des Unternehmens: Zulieferer, Partner, Gewerkschaften, Verbände und Regierung) die vorherrschende ist. Dabei fokussieren sie auf fünf relationale Sphären, in denen Unternehmen als Akteure je spezifische Koordinationsprobleme lösen müssen: (1) Wie werden die industriellen Beziehungen zwischen Arbeitnehmern und Arbeitgebern, die Verhandlungen über Löhne, Arbeitsbedingungen etc. koordiniert? (2) Wie wird die Aus- und Weiterbildung organisiert, sodass ausgebildete Arbeitskräfte zur Verfügung stehen? (3) Wie werden die Unternehmen finanziert und wie gestaltet sich die Beziehung zu den Kapitalgebern? (4) Wie sind die Beziehungen zwischen Unternehmen geregelt? Davon hängt z. B. die Sicherung von Angebot und Nachfrage ebenso ab wie der Zugang zu Technologien. (5) Wie geschieht die Einbindung der Arbeitnehmer, wie werden sie zur Kooperation gebracht? Entscheidend ist, dass sich je nach den vorherrschenden Anreiz- und Koordinationsmechanismen unterschiedliche Komplementaritäten – also relativ stabile Systeme sich gegenseitig stützender Institutionen – mit unterschiedlichen komparativen institutionellen Vorteilen entwickeln. Da an diesem Ansatz kritisiert wurde, er vernachlässige die Beziehungen zwischen Staat und Wirtschaft und die Organisation von Interessenverbänden (Hancké et al. 2007), erweiterten wir die Perspektive um den Aspekt der institutionellen Komplementaritäten nationaler Ökonomie und deren Beziehungen zum Staat. Dies wiederum brachte die Schwierigkeit mit sich, Indikatoren für diese Staat-Wirtschafts-Beziehungen zu finden, die sich quantifizieren lassen.

Aus dem Erkenntnisinteresse heraus entwickelten wir unsere konkreten forschungsleitenden Fragen: Lässt sich der historisch-institutionalistisch und fallstudienzentrierte Ansatz des VoC so operationalisieren, dass valide Ergebnisse produziert werden können? Diese Frage ist insbesondere von methodologischem und methodischem Interesse, da häufig kritisiert wird, dass komplexe Theorien, die zudem von Annahmen wie Interdependenz und Komplementarität von Institutionen ausgehen, nur sehr schwer zu operationalisieren sind, ohne entweder zu stark zu vereinfachen oder den theoretischen Kern aufzugeben. Diese Frage wurde zwar im Beitrag nicht explizit formuliert. Sie kann aber aufgrund der Befunde relativ eindeutig beantwortet werden – mit Jein. Denn einerseits zeigte sich, dass Staaten der OECD-Welt, die bei Hall und Soskice zu einem Typus gehören, auch in der Analyse zusammen gruppiert wurden. Andererseits jedoch wurden vereinzelt Staaten jenseits der OECD-Welt, von denen aufgrund von Fallstudien und Vergleichsstudien in anderem Kontext zu erwarten wäre, sie gehörten zum selben Typus, unterschiedlich gruppiert bzw. war die Gruppierung nicht immer unmittelbar einleuchtend und müsste qualitativ geprüft werden. Die weiteren Fragen waren explizit Teil des Aufsatzes: Zeigen sich globale Variationen des Kapitalismus? Welche Spielarten des Kapitalismus finden sich im Globalen Süden? Wie lassen sich diese theoretisch fassen? Die ersten beiden sind stark empirisch orientiert, die dritte theoretisch. Sie zielt also auf den verallgemeinerbaren Beitrag der Studie. Die erste Frage („Zeigen sich … ?") ist nicht besonders glücklich formuliert, denn sie könnte mit Ja oder Nein beantwortet werden, was dann wenig Aufschluss über die Befunde geben würde. Die zweite Frage schränkt die Perspektive auf den sogenannten Globalen Süden (Ziai 2010) ein, was erstens dem Thema der Konferenz, auf der der Beitrag zuerst vorgestellt wurde, geschuldet ist und zweitens implizit an Frage 1 anknüpft, ohne den Globalen Norden nochmals als wichtiges Element der Forschung zu explizieren. Denn genau die Befunde zum Globalen Norden oder genauer zur OECD-Welt können gemäß der Frage der Operationalisierbarkeit des Ansatzes als externes Validitätskriterium genutzt werden. Denn wenn sich dort die einschlägigen Muster abbilden, sollte dies auch für den Rest der Fälle valide Ergebnisse erbringen. So zumindest die Annahme.

Operationalisierung und Datensammlung

Die Operationalisierung erfolgte über 16 Variablen, die als Indikatoren für die vier Dimensionen Produktionsregime, Beziehungen zwischen Staat und Unternehmen, politisch-institutionelle Rahmenbedingungen sowie Performanz und Innovation dienen (vgl. Tab. 13).

Dabei handelt es sich in den meisten Fällen um sogenannte Proxy-Variablen, also annäherungsweise Abbildungen der jeweiligen Dimension. Dies ist eine suboptimale und diskussionswürdige Praxis, da sie aufgrund der begrenzten semantischen Validität nahezu immer zu Unschärfe in der Messung führt. Diese Vorgehensweise muss begründet werden und ist nur statthaft, wenn eine direkte Messung des zu untersuchenden Phänomens nicht möglich ist. Die klassischen Dimensionen des VoC-Ansatzes messen wir mit den Variablen „Organisationsgrad der Arbeitnehmer" als Indikator für die industriellen Beziehungen, „Kündigungsschutz" zur Erfassung der Einbindung der Mitarbeiter, „menschliche Entwicklung" als Proxy für Aus- und Weiterbildung sowie die „Kapitalisierung am Wertpapiermarkt" (vgl. Hall und Soskice 2001) und „ausländische Direktinvestitionen" als Indikatoren für die Unternehmensfinanzierung. Die *Beziehungen zwischen Staat und Unternehmen* operationalisieren wir über den Grad an Ungleichheit in einer Gesellschaft (Gini), die Staatsquote sowie die Steuerlast gemessen am Index of Fiscal Freedom für Unternehmen. Der Gini-Koeffizient spiegelt die Ungleichheit von Einkommensverteilungen wider und kann insofern als Indikator für die Umverteilungskapazität bzw. den Umverteilungswillen des Staates und damit den Eingriff des Staates in die Wirtschaft verwendet werden. Die Staatsquote kann verwendet werden, um die Rolle des Staates als Unternehmer zu messen. Je höher die Staatsquote am BIP, desto größer die Rolle des Staates. Der Index of Fiscal Freedom (Steuerlast) spiegelt die Steuerlast von Unternehmen wider und ist ein Indikator für Staat-Wirtschafts-Beziehungen. Je niedriger die Steuerlast, desto freier sind die Unternehmen.

Die politisch-institutionellen Rahmenbedingungen ökonomischen Handelns werden erfasst durch den Grad an Korruption über den Corruption Perception Index (CPI), Rechtsstaatlichkeit über den Rule-of-Law-Indikator der Weltbank und Einkünfte einer Volkswirtschaft aus Rohstoffrenten. Der CPI gibt Aufschluss über die politisch-institutionellen Rahmenbedingungen für ökonomisches Handeln. Je höher die Korruption, desto größer ist die Rolle informeller Institutionen wie patrimoniale Netzwerke gegenüber den staatlichen Institutionen. Korruption kann dabei einerseits als Hemmnis für kapitalistische Entwicklung, andererseits als Umverteilungsmechanismus interpretiert werden. Dieser Indikator trägt der Kritik an Hall und Soskice Rechnung und integriert Staat-Unternehmens-Beziehungen sowie die Organisation von Interessen.

Rechtsstaatlichkeit ist ein Indikator für die Durchsetzungsfähigkeit formaler Regeln und ist – bezogen auf die Durchsetzung von Eigentumsrechten – eine zentrale Grundlage für kapitalistisches Wirtschaften. Denn nur wenn Eigentumsrechte durchsetzbar sind, macht das Erzielen von Profit auch Sinn. Korruption kann allerdings als funktionales Äquivalent dazu interpretiert werden, das gänz

Tab. 13: Die Variablen der Studie „Spielarten des Kapitalismus" im Überblick

Variable	Definition	Maßeinheit	Zeit-raum Ø	Quelle	N
BIP/Kopf	Bruttoinlandspro-dukt/Bevölkerung	constant US-$; Basis-jahr 2000	2004–2007	World Bank	97
Gini	Ungleichheit der Einkommens-verteilung	0–100 (0 = perfekte Gleichheit; 100 = perfekte Ungleichheit)	2000–2007;	World Bank; Global Peace Index[14]	97
HDI	Index menschlicher Entwicklung, gemes-sen an Lebenserwar-tung, Bildung, Einkommen	0–1 (0 = niedrigste, 1 = höchste)	2000–2008	UNDP	97
Weltmarkt-integration	Summe der Exporte und Importe von Gütern und Dienst-leistungen	% des GDP (constant US-$; Basisjahr 2000)	2000–2007	World Bank	97
Arbeits-produktivität	Output pro Arbeitseinheit	GDP pro arbeitende Person (constant US-$; Basisjahr 1990)	2004–2007	ILO; eigene Berechnun-gen	90
Marktkapi-talisierung	Aktienpreis mal ausgegebene Aktien börsennotierter Unternehmen	% des GDP (constant US-$; Basisjahr 2000)	2004–2007	World Bank	93
Staatsquote	Staatsausgaben für Güter und Dienstleis-tungen (inkl. Löhne, Gehälter, Zinsen, Sub-ventionen, Sozial-leistungen, Renten, Dividenden.	% des GDP (constant US-$; Basisjahr 2000)	2000–2007	World Bank; Heritage Foundation[15]	97

14 Für Kuba: http://www.reuters.com/article/2008/04/10/us-cuba-reform-inequality-idUSN 1033501920080410.
15 Für Botswana, Cuba, Ecuador, Japan, Malawi, Mozambique, Saudi Arabia; Syria, Tanzania, Vietnam, Usbekistan, UAE verwenden wir Daten von 2012; http://www.heritage.org/in dex/explore?view=by-variables.

Variable	Definition	Maßeinheit	Zeit-raum Ø	Quelle	N
Korruption	Wahrnehmung des Korruptionsgrads durch Geschäftsleute/ Öffentlichkeit, gemessen am CPI	10–0 (10 = keine, 0 = höchste)	1998–2010	Transparency International	97
Rechtsstaatlichkeit	Vertrauen in Rechtssystem und Durchsetzung von Eigentumsrechten (Rule-of-Law-Index/WGI)	-2,5 – +2,5 (-2,5 = keine; +2,5 = höchste)	2007	World Bank	97
Renten	Summe aller Renteneinkünfte aus natürlichen Ressourcen	% des GDP (constant US-$; Basisjahr 2000)	2000–2007	World Bank	97
Kündigungsschutz	Kündigungsschutz, Beschränkungen und Bestimmungen, die Arbeitgeber bei Entlassungen einzuhalten haben (*difficulty of firing workers*)	0–100 (0 = niedrige; 100 = starke und rigide Regulierung)	2004–2010	World Bank	96
FDI	In eine Volkswirtschaft einfließende ausländische Direktinvestitionen	% des GDP (constant US-$; Basisjahr 2000)	2000–2007	World Bank; IMF	97
F & E	Ausgaben für Forschung und Entwicklung	% des GDP (constant US-$; Basisjahr 2000)	2000–2007	World Bank, UNESCO[16]	97
Steuerlast	Steuerlast	0–100 (100 = keine Steuerlast)	2000–2007	Heritage Foundation	97

16 Für Qatar: Qatar R&D: http://unesdoc.unesco.org/images/0018/001899/189958e.pdf; für die VAE; Usbekistan, Venezuela, Mali, Simbabwe, Tansania, Namibia, Nigeria, Ghana, Kenia, den Libanon, Syrien, Bangladesch, Nepal R&D: http://www.prosperity.com/prosperiscope.

Variable	Definition	Maßeinheit	Zeit-raum Ø	Quelle	N
Organisations-grad	Relation Gewerk-schaftsmitglieder zu Arbeiter bzw. Anteil tarifär geregelter Arbeitsverhältnisse	% der Arbeiter	2007	ILO; eigene Berechnun-gen[17]	97
Patente	Im Rahmen des *Patent Cooperation* Treaty oder einem nationalen Patentamt registrierte Patente pro Person	Patente/ Person	2000–2007	World Bank	97

Quelle: eigene Zusammenstellung; alle Datenquellen abgerufen 15.09.2014.

lich anderen Anreizsystemen folgt, welche auf der Umgehung formaler Regeln beruhen. Renten als Einkünfte aus natürlichen Rohstoffen ohne unternehmerische Gegenleistung erweitern die Handlungsfähigkeit und Umverteilungskapazität von Staaten unabhängig von der sonstigen ökonomischen Performanz und beeinflussen daher maßgeblich die Ausprägung des Produktionsregimes. Performanz und Innovation als Ausdruck unterschiedlicher Produktionsregime (Hollingsworth und Boyer 1997) und deren Einbindung in das kapitalistische Weltsystem können über die Indikatoren Integration in den Weltmarkt, BIP/Kopf,

---

17   Basierend auf: http://www.nationsencyclopedia.com/Africa/Algeria-LABOR.html (Algerien); http://www.warwick.ac.uk/~syrbe/pubs/SocialPartnership.pdf; (Usbekistan); http://train ing.itcilo.it/actrav/courses/2005/A1-00389_web/resource/Report/Country%20Report%20 UGANDA.doc (Uganda); http://www.dol.gov/ilab/media/reports/usfta/mlrr.pdf (Marok-ko); http://www.indexmundi.com/g/g.aspx?c=ti&v=72 und http://en.wikipedia.org/wiki/ Tajikistan_Federation_of_Trade_Unions (Tadschikistan); ftp://repec.iza.org/SSRN/pdf/dp 2016.pdf (Ecuador, Costa Rica, Panama, Paraguay, Peru, Trinidad & Tobago); http://www.it uc-ap.org und http://actrav-courses.itcilo.org/en/a3-01269/presentations/hiro-ishibashi /trade-union-movement-in-asia-and-pacific/at_download/file (Nepal, die Mongolei, Indo-nesien, Bangladesch); http://www.commonwealth-of-nations.org/Botswana/Organisatio ns/Trade_Unions (Botswana); http://www.worker-participation.eu/National-Industrial-Relations/Countries/Slovenia/Trade-Union#note3 (Slowenien); http://www.gurn.info/en /topics/Wages%20and%20Collective%20Bargaining/africa/namibia-1/trade-unions-in-n amibia-defining-a-new-role-larri-jun-04 (Namibia); Für Sambia Schätzung durch die FES unter http://library.fes.de/pdf-files/bueros/sambia/50015.pdf. Zusätzlich: http://laborsta .ilo.org/applv8/data/TUM/UNIONS2011.xls; http://www.wageindicator.org/documents/ WIBAR%20documents/WIBAR-No7_Industries-update070720.pdf; http://laborsta.ilo.org/a pplv8/data/TUM/TUD%20and%20CBC%20Technical%20Brief.pdf; http://www.ilo.org/wc msp5/groups/public/---ed_dialogue/---dialogue/documents/genericdocument/wcms_16 5196.pdf (ILO); eigene Berechnungen für Kasachstan und Nigeria.

Arbeitsproduktivität, Ausgaben für Forschung und Entwicklung (F&E) sowie Patente pro Person gemessen werden. Die Integration einer Volkswirtschaft in den Weltmarkt als Summe von Importen und Exporten gemessen in Prozent des BIP verdeutlicht die unterschiedlichen Integrationsniveaus und gibt damit indirekt Aufschluss über die Anreizsysteme innerhalb der jeweiligen Produktionsregime. Das Bruttoinlandsprodukt pro Kopf erfasst die durchschnittliche ökonomische Leistungsfähigkeit einer Volkswirtschaft. Arbeitsproduktivität dient als Indikator für die Wettbewerbsfähigkeit einer Volkswirtschaft, denn effektive Arbeit ist eine Hauptquelle ökonomischen Wachstums. Die Ausgaben für Forschung und Entwicklung (F&E) geben ebenso wie die Anzahl der Patente pro Person (Patents) Aufschluss über das Innovationssystem einer Volkswirtschaft. Während erstere Variable die Investitionsquote in Innovation anzeigt, indiziert letztere die Innovationskapazität und -dichte.

Es handelt sich bei den verwendeten Daten durchgängig um Sekundärdaten, also Daten, die schon von Anderen erhoben wurden. Es wäre zu vermuten, dass diese Daten vornehmlich internationaler Organisationen durchgängig für alle Staaten vorliegen. Dies war jedoch für den Untersuchungszeitraum nicht der Fall. Für viele Länder lagen entweder zum Basisjahr 2007 oder im Zeitraum 2000–2010 keine oder unvollständige Daten vor.

Daher haben wir uns dafür entschieden, weitere Datenquellen zu suchen, und haben die vorliegenden Daten so gut wie möglich ergänzt. Die zahlreichen Fußnoten an der Datentabelle verweisen auf diese zum Teil informellen Daten, die als Ergänzung verwendet wurden und jeweils auf ihre Verlässlichkeit zu prüfen waren. Zweitens haben wir, um halbwegs vergleichbare Datengrundlagen mit so wenig wie möglich fehlenden Werten herzustellen, jeweils Durchschnittswerte über den Zeitraum von 2004 bis 2007, zum Teil länger, gebildet. Dies hat den Vorteil, fehlende Werte zu ersetzen und jährliche Schwankungen etwas auszugleichen. Dass dies nur bedingt gelungen ist, zeigt die letzte Spalte der Tabelle, in der die Anzahl der Länder mit vorliegenden Daten angegeben ist. Diese variiert zwischen 93 und 97. Werden nur Länder in die Analyse eingeschlossen, für die Daten für alle Variablen vorliegen, dann bleiben bei listenweisem Fallausschluss von 193 völkerrechtlich anerkannten Staaten noch 87 übrig. Das Ziel einer umfassenden Analyse der Produktionsregime der Welt scheitert damit teilweise schon an der Nichtverfügbarkeit der Daten, was die Reichweite der Befunde einschränkt.

Eine weitere Möglichkeit wäre es, in einschlägigen Datenbanken alternative Indikatoren zu finden, die ähnlich wie die ausgewählten als Proxy-Variablen für die zu erforschenden Dimensionen dienen könnten. Oder es müssten jeweils Fallstudien mit der identischen Methodik und den identischen Definitionen der Kernkonzepte durchgeführt werden, um die fehlenden Daten zu erheben. In einer wieteren Prüfung der Indikatoren haben wir entschieden, das BIP pro Kopf und den Corruption Perception Index aus der Analyse auszuschließen, sodass am Ende noch 14 Variablen Eingang in die Clusteranalyse fanden. Das BIP wird als integraler Bestandteil durch den HDI repräsentiert, sodass eine doppelte Gewichtung entstehen würde, welche die Ergebnisse potenziell verzerren könnte. Der CPI wurde aufgrund einer extrem hohen Korrelation mit der Variable Rechtsstaatlichkeit ($r^2 = 0,941$, bei einer Signifikanz von 0,000) eliminiert, da dies zu Verzerrungen der Clusteranalyse führen könnte. Bei allen anderen Variablen überstieg lediglich das Variablenpaar Arbeitsproduktivität und menschliche Entwicklung (0,841; signifikant auf dem 0,01-Level) die Schwelle von 0,8, sodass es angemessen erschien, die anderen Variablen alle in die Clusteranalyse mit einzubeziehen, auch um inhaltliche Verluste hinsichtlich der Dimensionen zu vermeiden.

Datenanalyse

Die erhobenen Daten haben wir entsprechend dokumentiert und für die Verwendung von SPSS als Analysesoftware aufbereitet. Aus Excel können die Daten hier entsprechend einfach importiert werden. Als erster Schritt der Datenanalyse wurden die deskriptiven Statistiken für die einzelnen Variablen erstellt. Dadurch erhält man einen ersten Überblick über die Lage und Streuung der Daten.

Hier zeigte sich, dass die einzelnen Variablen zum Teil extreme Streuungen aufwiesen. Dies ist bei der später durchzuführenden Clusteranalyse ebenso zu berücksichtigen wie die Maßeinheiten und Skalierungen. Während der Rule-of-Law-Index beispielsweise zwischen - 1,595 und + 1,942 variierte, war das Minimum des Bruttoinlandsprodukts pro Kopf 139,1 und das Maximum 53.369,8. Die unterschiedlichen Maßeinheiten würden in der später durchzuführenden Clusteranalyse unter Umständen dazu führen, dass große Wertebereiche einen großen Einfluss auf das Ergebnis haben, während kleine Wertebereiche kaum ins Gewicht fallen. Das würde dann auch bedeuten, dass die dahinter liegenden Indikatoren ungleich zur Berechnung der Distanzen zwischen den Fällen beitragen. Dies ist gerade bei der (quadrierten) euklidischen Distanz als einem der häufig verwendeten Distanzmaß von Bedeutung, da hier größere Abweichungen stärker gewichtet werden als kleine. Bei der Block-Metrik werden die Distanzen hingegen gleich gewichtet. Daher bietet es sich an, die Originalwerte zu standardisieren, also so umzuwandeln, dass sie ähnliche Eigenschaften hinsichtlich der Streuung und des Mittelwerts annehmen. Eine gängige Möglichkeit ist die Relativierung der Werte am Mittelwert. Um die Skaleneffekte auszugleichen, erfolgt dies jedoch nicht durch den Abstand des Wertes zum Mittelwert, sondern anhand der Standardabweichung der Verteilung um den Mittelwert. Bei der Z-Standardisierung wird vom Beobachtungswert x_i das arithmetische Mittel der Werte x abgezogen und durch die Standardabweichung der Werte x S_x geteilt. Die resultierenden Werte können dann so interpretiert werden, dass Fall x_1 um soundso viele Standardabweichungen vom Mittelwert entfernt ist. Andere Transformationen transformieren die Originalwerte auf einen bestimmten Wertebereich, z. B. zwischen 0 und 1. Der Vorteil der Z-Transformation ist, dass sie Informationen über die Richtung der Abweichung enthält.

Vorarbeit durch Faktorenanalyse

Eine weitere Möglichkeit wäre es gewesen, die Indikatoren zunächst einer Faktorenanalyse zu unterziehen, diese dimensional zu verdichten und mit den daraus entstehenden Faktorwerten weiterzurechnen.

Die im Rahmen der Studie durchgeführte konfirmatorische Faktorenanalyse ist zudem für die Frage nach der Quantifizierbarkeit der zugrunde liegenden Theorie von Bedeutung, da die Dimensionalität der Indikatoren überprüft werden kann. Mit anderen Worten: Bilden die Indikatoren auch die Dimensionen ab, die sie abbilden sollen? Und laden tatsächlich diejenigen Indikatoren auf den Faktoren, die gemeinsam zur Abbildung der jeweiligen Dimension ausgewählt wurden? Die Ergebnisse der Hauptkomponentenanalyse zeigten erstens, dass die Variablen aufgrund des Kaiser-Meyer-Olkin-Maßes (0,753) und des Bartlett-Tests auf Sphärizität (Chi² von 685,697 bei 91 Freiheitsgraden hochsignifikant) für die Analyse geeignet sind. Insgesamt kann das Variablenset als angemessen für eine Hauptkomponentenanalyse betrachtet werden. Zweitens zeigte sich in der rotierten Komponentenmatrix, dass durch die Extraktion vier Komponenten entstehen. Diese weichen zwar vom theoretischen Modell in der Zuordnung etwas ab, bilden im Kern jedoch vergleichbare Dimensionen und sind sinnvoll interpretierbar. Drittens ist die gesamte Varianzaufklärung mit 70,157 % als gut bis sehr gut zu bezeichnen. Es wurden vier Komponenten mit einem Eigenwert > 1 extrahiert und nach der Varimax-Methode mit Kaiser-Normalisierung rotiert. Die vier Faktoren erklären insgesamt 70,157 % der Gesamtvarianz. Die Werte und Variablenzuordnungen der einzelnen Komponenten ergeben sich wie folgt: Komponente 1: 36,618 % (Arbeitsproduktivität, F&E, Rechtsstaatlichkeit, HDI, Gini Staatsquote, Patente); Komponente 2: 16,773 % (FDI, Weltmarktintegration, Marktkapitalisierung); Komponente 3: 9,652 % (Organisationsgrad, Steuerlast, Kündigungsschutz); Komponente 4: 7,115 % (Renten). Letztendlich haben wir uns dagegen entschieden, mit den Faktorwerten weiterzurechnen, weil wir der Auffassung sind, dass die einzelnen Indikatoren gleich zu gewichten sind. Eine unterschiedliche Gewichtung wäre nur schwer zu rechtfertigen, würde aber bei der Verwendung von Faktorwerten eine Rolle spielen

Die so aufbereiteten Daten können nun für die Clusteranalyse verwendet werden. Allerdings ist zunächst zu entscheiden, welche Art von Clusteranalyse durchzuführen ist. Wir haben uns in unserer Studie für die hierarchische Clusteranalyse nach der Ward-Methode (Ward 1963) entschieden.

Die hierarchische Clusteranalyse hat den Vorteil, dass auf jeder Stufe der Clusterbildung nachvollziehbar ist, welche Fälle zueinander gruppiert werden. Die Methode startet mit der feinsten Partition, bei der jeder Fall ein eigenes Cluster darstellt. In Abhängigkeit der Auswahl eines Ähnlichkeits- oder Distanzmaßes werden im zweiten Schritt die Abstände zwischen den Clustern berechnet und diejenigen Cluster bestimmt, die den geringsten Abstand zueinander aufweisen. Diese werden dann zu einem neuen Cluster zusammengeführt. Daraufhin erfolgt die Neuberechnung zwischen dem neu gebildeten Cluster und den restlichen Clustern. Diese Schritte werden so lange wiederholt, bis alle Fälle in einem Cluster zusammengeführt werden. Die hierarchische Clusteranalyse nach Ward (1963) dient der Identifikation von Gruppen möglichst wenig unähnlicher Fälle bzw. hier Staaten. Ausgehend von allen verwendeten Fällen als eigenständigen Clustern werden mit dieser Methode auf jeder Stufe diejenigen Cluster identifiziert, deren Verschmelzung eine minimale Zunahme der gesamten Varianz innerhalb des neu zu bildenden Clusters hervorrufen. Die Varianzzunahme wird berechnet als die quadrierte Distanz zwischen den Clusterzentren, welche wiederum definiert sind als der quadrierte euklidische Abstand zwischen zwei Datenpunkten. Der Vorteil dieser Methode besteht darin, dass sich die Fälle innerhalb eines Clusters aufgrund der minimierten Fehlerquadratsummen ähnlicher sind als Fälle in unterschiedlichen Clustern. Damit werden ausgeglichene Gruppengrößen erreicht.

Als hierarchische, agglomerative und harte Methode, bei der sich nicht überlappende Gruppen von Fällen gebildet werden, entspricht die Ward-Methode auf jeder Agglomerationsstufe den von Giovanni Sartori (1970) geforderten Kriterien der Klassenbildung: Sie sind „mutually exclusive" und „jointly exhaustive", denn jeder Fall wird genau einem Cluster zugeordnet. Dies ist auch aus theoretischer Sicht interessant, sollten doch erstens Länder mit ganz ähnlicher Ausprägung der Variablen auch gleiche Komplementaritäten aufweisen und so tatsächlich auch in der Realität die gleichen Produktionsregime haben. Eine Wanderung zwischen Clustern ist aus dieser Sicht kaum möglich und ein Fall sollte nur zu einer Gruppe gehören. Neben der Ward-Methode sind auch die Single-Linkage und die Complete Linkage gängige Fusionsalgorithmen. Die Single-Linkage-Methode erzeugt tendenziell große Cluster mit einer vergleichsweise geringen Homogenität. Für die Berechnung der Abstände zwischen einem neu gebildeten Cluster und den anderen Clustern wird die kleinste Einzeldistanz der Mitglieder des neuen Clusters verwendet, was jedoch zu einer höheren Varianz innerhalb des Clusters führen kann als bei der Ward-Methode. Bei der Complete Linkage werden kleine Gruppen mit großer Homogenität erzeugt, da hier die Maximalabstände bestimmt werden und diejenigen Merkmalskombinationen ausgewählt werden, bei denen der Abstand minimal ist. Alle drei Methoden sind sogenannte Distanzmaße. Diese werden immer dann verwendet, wenn die absoluten Distanzen zwischen den Objekten relevant sind. Im Unterschied dazu werden Ähnlichkeitsmaße dann verwendet, wenn das Profil der untersuchten Fälle von Interesse ist. In unserer Studie wäre auch ein Vorgehen mit Ähnlichkeitsmaßen vertretbar gewesen, um die Komplementaritäten der Typen abzubilden, auch wenn sie auf einem unterschiedlichen absoluten Niveau zu finden wären. Interessanterweise liefert eine Verwendung von Ähnlichkeitsmaßen beim gleichen Datensatz ein weniger differenziertes Bild und unterscheidet zwar globalen Norden und Süden recht zuverlässig voneinander, differenziert jedoch nicht so sauber in verschiedene Typen.

Die verwendete Ward-Methode ist hinsichtlich der Daten recht voraussetzungsvoll. Erstens erfordert sie metrisches Skalenniveau, was zwar bei den hier vorliegenden Daten fast ausschließlich der Fall ist, da beispielsweise auf den Freedom-House-Index als Maß für politische Freiheit verzichtet wurde. Dieser wäre ähnlich wie der Status als Demokratie oder Nicht-Demokratie durchaus interessant, ist aber aufgrund des lediglich ordinalen bzw. bei der Demokratie nominalen Skalenniveaus der Daten nicht möglich. Auch sollten keine Ausreißer bei der Fallauswahl berücksichtigt werden. Dies ist ein generelles Problem varianzbasierter Verfahren, da Ausreißer hier besonders ins Gewicht fallen. Allerdings gibt es gerade hinsichtlich der Performanz-Indikatoren in der Realität einige Ausreißer, die zudem von theoretisch hoher Relevanz sind, da sie ggf. paradigmatische Fälle für einzelne Typen von Produktionsregimen sind. Wir haben Ausreißer wie Singapur oder Qatar im Bewusstsein der Verzerrungseffekte zugunsten der umfassenderen Analyse im Sample behalten. Gerade bei Vollerhebungen kann auch argumentiert werden, dass die Welt eben auch Ausreißer kennt und diese in der Analyse berücksichtigt werden müssen. Die verwendeten Variablen oder Indikatoren sollten weitgehend unkorreliert sein, was im vorliegenden Fall mit wenigen Ausnahmen gegeben war. Allerdings korrelierten beispielsweise der HDI und Rule of Law mit $r = 0{,}702$ sowie der HDI und die Arbeitsproduktivität mit $r = 0{,}839$ höchst signifikant und stark. Ähnliches gilt für die Zusammenhänge zwischen Investitionen in Forschung und Entwicklung und Weltmarktintegration sowie Forschung und Entwicklung und Rule of Law. Hier steht dem methodischen Argument ein theoretisches Argument entgegen: Wenn wir von Produktionsregimen sprechen, die auf dem Zusammenspiel einzelner Elemente beruhen, sollte es durchaus auch Korrelationen zwischen den Variablen geben können. Wir haben diese Korrelationen daher bewusst in Kauf genommen, auch wenn dies zu statistischen Verzerrungen der Analyse führen kann.

Ergebnisse und Interpretation

Die Grundlage der Clusterbildung ist die sogenannte Distanzmatrix, in der die Distanzen zwischen den Fällen in einer Art Kreuztabelle aufgeführt sind. Diese ist jedoch gerade bei vielen Fällen wenig übersichtlich. Die Ergebnisse einer Clusteranalyse lassen sich auf der Basis der Distanzen jedoch sehr gut grafisch in einem Dendrogramm oder einem Eiszapfendiagramm darstellen. Das Eiszapfendiagramm als grafische Darstellung der Zusammenführung von einzelnen Fällen und Clustern erlaubt es nachzuvollziehen, auf welcher Stufe der Agglomeration Fälle zusammengeführt werden, und das Dendrogramm ermöglicht eine übersichtliche Analyse der Clusterzugehörigkeit. Die Clusterzugehörigkeit kann auch tabellarisch dargestellt werden, wenn einmal entschieden ist, wie viele Cluster überhaupt als Lösung oder Ergebnis der Analyse gebildet werden sollen. Dies ist eine der Hauptherausforderungen bei der Interpretation, wie auch Abb. 14 zeigt.

Dieses zeigt anhand der Längen der horizontalen Balken die auf einen Bereich von Null bis 25 re-skalierten Distanzen zwischen den jeweils zusammengeführten Klassen. Je länger die Balken, desto größer sind die Distanz-Koeffizienten. Die Bestimmung der Clusteranzahl kann entweder anhand von theoretischen oder von statistischen und grafischen Kriterien erfolgen. Idealerweise würden sich beide Herangehensweisen decken. Aus theoretischer Sicht sind hier insbesondere die Lösungen mit zwei, acht und dreizehn Clustern interessant, da sich hier Befunde zum Globalen Süden (2), zu den Variationen des Kapitalismus im globalen Norden mit der Reproduktion der Typen von Hall und Soskice sowie zur Frage der Ausdifferenzierung im Globalen Süden (8 und 13) finden.

Auch die gängigen grafischen und statistischen Kriterien lassen diese Lösungen zu. Denn neben solchen sachlogischen Argumenten gibt es eine Reihe standardisierter Verfahren, um zu entscheiden, welches Agglomerationsniveau bzw. welche Clusteranzahl für die Interpretation adäquat ist. Dies sind vor allem das sogenannte Elbow-Kriterium und die Entwicklung des Dendrogramms, die Vorgabe eines maximalen Heterogenitätsmaßes sowie die Entwicklung des Heterogenitätsmaßes und die Varianzaufklärung der jeweiligen Lösung. Nach dem Elbow-Kriterium lassen sich Lösungen mit zwei und acht ebenso wie dreizehn Cluster rechtfertigen. Extreme Sprünge im Heterogenitätskoeffizienten finden sich bei

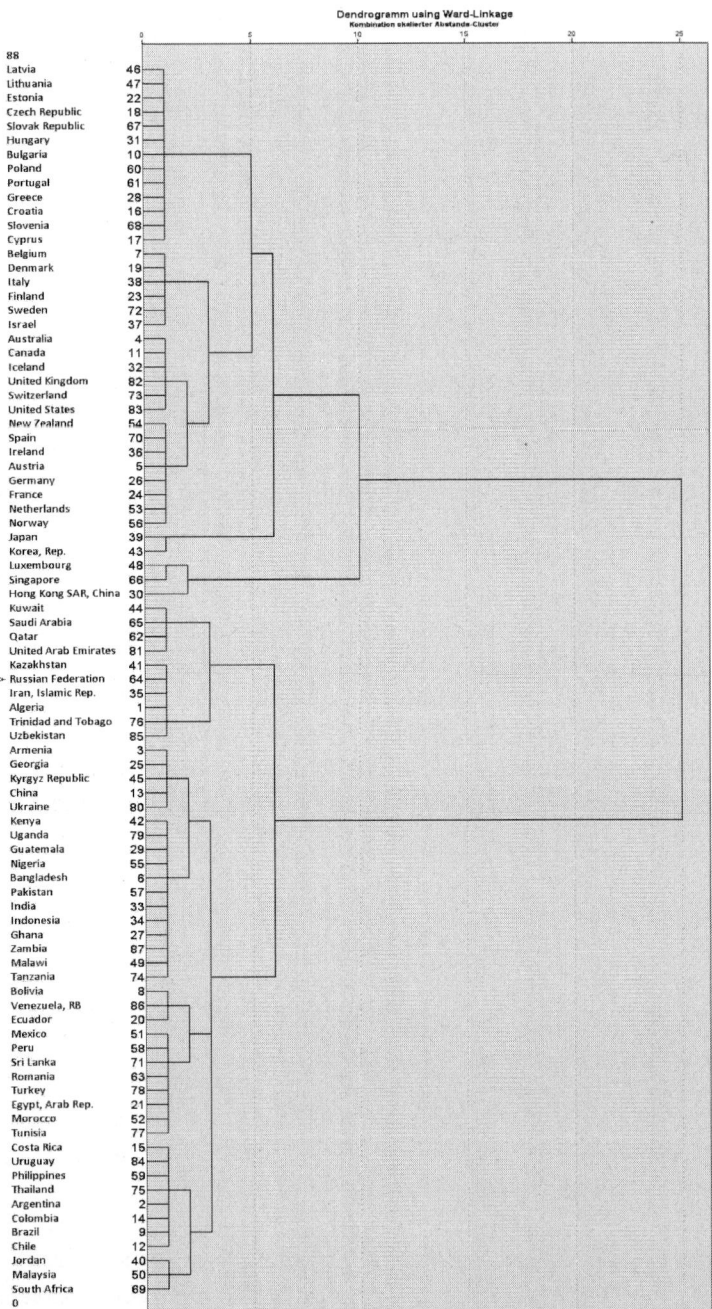

Abb. 14: Dendrogramm aus der Studie „Spielarten des Kapitalismus" (Quelle: eigene Darstellung).

zwei Clustern. Das Kriterium der Varianzaufklärung kann zusätzlich zur Entscheidung herangezogen werden: Bei einer 13-Cluster-Lösung liegt diese bei erstaunlichen 73,1 %, während sie danach deutlich abnimmt.

Für die 8-Cluster-Lösung beträgt sie immerhin noch 62,8 %. Bei der Interpretation der Befunde sind in diesem Fall alle drei Lösungen aus theoretischer und methodischer Sicht denkbar, aufschlussreich und zu berücksichtigen. In anderen Fällen kann es jedoch sein, dass keine theoretisch schlüssigen Begründungen vorliegen, weil die Gruppierung der Theorie zuwiderläuft und die methodisch-statistischen Begründungen nicht zur inhaltlichen Klärung beitragen. In einem solchen Fall empfiehlt sich eine gründliche Prüfung der verwendeten theoretischen Konstrukte, der Operationalisierung und/oder der verwendeten Daten. Hinzu kommt, dass Clusteranalysen abhängig von den eingeschlossenen Fällen sind. Je nachdem welcher Fall fehlt oder in die Analyse eingeschlossen wird, werden die Clusterzuordnungen aufgrund der Berechnung der Distanzen zwischen den Fällen unterschiedlich ausfallen. Zwar wird eine gewisse Ähnlichkeit zwischen den Lösungen bestehen, dennoch wären sie mit zunehmender Fallzahl ein adäquateres und stabileres Abbild der Wirklichkeit.

Das Dendrogramm in Abb. 14 lässt nun einige Schlussfolgerungen zu, anhand derer die Forschungsfragen beantwortet werden können. Es werden verschiedene Cluster gebildet, die sich deutlich unterscheiden (wie eine multiple Varianzanalyse bestätigt). Dabei zeigen sich globale Variationen des Kapitalismus. So teilt sich die Clusteranalyse auf der vorletzten Agglomerationsstufe in zwei große Gruppen. Die obere Hälfte des Dendrogramms umfasst die klassischen liberalen und koordinierten Marktwirtschaften sowie die südosteuropäischen Marktwirtschaften und die globalen Finanzzentren Luxemburg, Singapur und Hongkong, welche ein eigenes Cluster bilden. Auch wenn es auf den ersten Blick verwirren mag, dass Hongkong und Singapur trotz eines Mangels an bürgerlichen Freiheiten und politischen Rechten (beide werden von Freedom House als nur teilweise frei eingestuft) zur oberen Hälfte gehören, erscheint dieser Befund sinnvoll. Denn beide Staaten sind höchst integriert in die globalen Finanzmärkte und vergleichsweise zuverlässig hinsichtlich der Rechtsstaatlichen Performanz. Es zeigt sich eine eindeutige Differenzierung der analysierten Staaten, die weitgehend mit der Unterscheidung in einen Globalen Süden und einen Globalen Norden (Ziai 2010) identisch und also auch empirisch entlang der Variationen des Kapitalismus zu finden ist. Der Globale Süden zeichnet sich dabei jeweils signifikant durch höhere Ungleichheit, niedrigere menschliche Entwicklung, niedrigere Integration in die Weltmärkte, Börsenmarktkapitalisierung und ausländische Direktinvestitionen, niedrigere Arbeitsproduktivität und F&E-Investitionen, weniger Patente pro Kopf, einen negativen Wert bezüglich der Rechtsstaatlichkeit, niedrigere Steuerlast und höhere Renteneinkünfte (no taxation, no representation?) sowie eine niedrigere Staatsquote als der Globale Norden aus, was insbesondere hinsichtlich der Performanzindikatoren die immer wieder geäußerte These der globalen Peripherie bestätigt. Ein etwas differenzierteres Bild liefert die Agglomerationsstufe mit acht Clustern. Diese kann vor allem Antworten auf die implizit gestellte Frage nach der Differenzierung im Globalen Norden als auf diejenige im Globalen Süden geben. Aber es zeigt sich, dass die These einer BRIC-Variante des Kapitalismus aus empirischer Sicht zurückzuweisen ist, denn zwar sind Indien und China in einem Cluster zu finden, Brasilien jedoch in einem anderen und Russland in einem wieder anderen.

Betrachtet man abschließend die Lösung mit 13 Clustern, die insgesamt einen Anteil von 73,1 % der Gesamtvarianz erklären kann, so zeigt sich die Güte der Clusteranalyse in mehrerlei Hinsicht. Dabei wird auch die Beantwortung der methodologischen Frage „Lässt sich der historisch-institutionalistisch und fallstudienzentrierte Ansatz des VoC so operationalisieren, dass valide Ergebnisse produziert werden können?" möglich. Erstens werden für den Globalen Norden sowohl liberale als auch koordinierte Marktwirtschaften sauber unterschieden und weisen höchst signifikante Unterschiede hinsichtlich der Variablen Marktkapitalisierung, Staatsquote, Kündigungsschutz, F&E-Ausgaben sowie Steuerlast aus, welche konform sind mit den Annahmen von Hall und Soskice (2001). Damit kann das Variablenset als leistungsfähig beurteilt werden, was die Relevanz und Validität der Gesamtergebnisse zusätzlich unterstreicht. Zweitens ergeben sich auch für den globalen Süden auf der Basis der Differenzierung von sechs Clustern drei höchst interessante Befunde. Die vorliegenden Cluster sind homogen. Darüber hinaus weisen alle Variablen höchst signifikante Interaktionseffekte mit partiellen Eta²-Werten von 0,483 (Kündigungsschutz) bis 0,933 (Patente pro Person) auf. Die Clusterzugehörigkeiten sind mit 99-prozentiger Wahrscheinlichkeit nicht zufällig, sondern beruhen auf den unterschiedlichen Variablenwerten der einzelnen zugehörigen Staaten.

Die Variante mit 13 Clustern zeigt deutlich, dass es Varianten des Kapitalismus im Globalen Süden wie im Globalen Norden gibt. Allerdings findet sich dabei keine BRIC-Variante. Ebenso wenig zeigen die Daten eine konsistente BICS-, BIICS- oder BRIICS-Version. Dafür können zwei Varianten von Rentierstaaten unterschieden werden. Die zusammen geclusterten Golfmonarchien weisen jeweils signifikant höhere Werte bei menschlicher Entwicklung (vermutlich vermittelt durch die hohen BIP-Werte), Börsenmarktkapitalisierung, Staatsquote (30,94 % des BIP vs. 22,21 %) und Rechtsstaatlichkeit (+ 0,574 vs. - 0,755), F&E-Ausgaben (was maßgeblich durch die Werte von Katar bestimmt wird) sowie signifikant niedrigere ausländische Direktinvestitionen und Steuerlast aus als die Staaten aus dem Cluster mit Russland, Kasachstan und Iran. Sie sind daher stärker auf die Umverteilung von Renten angewiesen, als dies etwa Russland oder Iran sind, die zumindest ein gewisses Maß an industrieller und technologisierter Produktion aufweisen. Es finden sich zudem regionale ebenso wie panregionale Cluster. So bilden Indien, Indonesien, Bangladesch und Pakistan zusammen mit Kenia, Nigeria und Uganda ein regionenübergreifendes Cluster aus zwei regional relativ homogenen Gruppen. Ähnlich ist es mit Südafrika, das mit Thailand, Malaysia und den Philippinen sowie mit Brasilien und Argentinien eine Gruppe bildet. Regional sehr heterogen ist zudem das Cluster mit Ägypten, Mexiko und Venezuela. Auf der anderen Seite finden sich starke regionale Elemente, die für die Entwicklung regionaler Typen stehen. Dies gilt etwa für die Golfregion oder Subsahara-Afrika (Ghana, Kenia, Malawi, Nigeria, Uganda, Sambia, Tansania).

Die Befunde, so unsere Interpretation, unterstreichen die Existenz globaler Muster kapitalistischer Entwicklungen ebenso wie regionale Besonderheiten. Insgesamt legen die Befunde von Clusteranalyse und MANOVA nahe, dass es erstens ein kapitalistisches Weltsystem gibt, in dem zweitens unterschiedliche Typen von kapitalistischen Regimen existieren. Im globalen Norden sind dies neben der koordinierten und der liberalen mindestens eine süd- und mittelosteuropäische Variante sowie die Superfinanzplätze. Im globalen Süden lassen sich ebenso distinkte Varianten von Kapitalismen identifizieren, die offensichtlich auf unterschiedliche Produktions- und Innovationsregime (F&E, Patente, Arbeitsorganisation) und unterschiedliche politisch-institutionelle Rahmenbedingungen (vor allem Rechtsstaatlichkeit und Renten) zurückzuführen sind.

Letztlich nur ansatzweise beantwortet werden konnte die Frage nach der theoretischen Begründung sowie den Mechanismen und Komplementaritäten, welche ursächlich für die phänotypische Ähnlichkeit sind, die in der Clusteranalyse zum Ausdruck kommt. Denn dafür sind die Befunde zu heterogen beziehungsweise unser auf den in der Studie quantitativen Daten beruhendes Wissen über die Fälle zu gering. Wir haben vorgeschlagen, dass eine Unterscheidung in bürokratischen und patrimonialen inkorporierten Kapitalismus (vgl. Buhr und Frankenberger 2014a; 2014b) hier einen Beitrag zur theoretischen Erklärung der Clusterbildung leisten kann, dies ist jedoch nicht erschöpfend.

Komparative Vorteile entstehen vor allem durch die Wettbewerbsfähigkeit inkorporierter Kapitalismen in den internationalen Märkten, wenn durch den Staat als Unternehmer interne Transaktionskosten gesenkt werden. Die Vorteile resultieren dann aus der größeren Entscheidungskapazität und schnelleren Adaptionsfähigkeit von autoritären Staaten mit einem niedrigeren Grad an Verantwortlichkeit gegenüber der Bevölkerung im Vergleich zu Staaten mit hohem Grad an Verantwortlichkeit (vgl. Wintrobe 1998: 338). Anstatt sich auf ein nicht verantwortliches Gewaltmonopol zu verlassen, streben autoritäre Regime eine Institutionalisierung und Ausschöpfung aller koexistenten Regulierungsmöglichkeiten an (Mayntz 2004: 66), um ihre Herrschaft zu sichern. Die Ausbildung institutioneller Komplementaritäten der Regulierung wiederum folgen in der inkorporierten Welt zwei verschiedenen Mustern: einer patrimonialen Variante einerseits, wie sie etwa von Oliver Schlumberger (2008) beschrieben wird und einer bürokratischen Variante andererseits (vgl. Buhr und Frankenberger 2014b). Beiden gemeinsam ist die Rolle des Staates als zentraler kapitalistischer Akteur, sie unterscheiden sich jedoch hinsichtlich der Kooptationsstrategien, der Handlungsorientierung, der institutionellen Komplementaritäten sowie der Umverteilungsmechanismen.

Das Cluster mit den lateinamerikanischen Staaten Brasilien und Argentinien sowie Südafrika, Thailand und den Philippinen steht exemplarisch für den Typus des bürokratisch-inkorporierten Kapitalismus. Die institutionelle Handlungsorientierung sowie die bürokratische Kooptationslogik zeigen sich in den im Globalen Süden vergleichsweise zweitbesten Werten hinsichtlich Rechtsstaatlichkeit und Korruption, die zudem die formale Komponente der institutionellen Komplementarität betonen. Darüber hinaus zeichnet sich dieses Cluster durch hohe Steuerfreiheit, eine vergleichsweise niedrige Staatsquote und hohe Ungleichheitswerte aus, die allesamt die Bedeutung der institutionellen Dimension unterstreichen. Nichtsdestotrotz sind diese formalen Merkmale überformt durch informelle Muster, denn auch hier gibt es Korruption.

Für den patrimonialen-inkorporierten Kapitalismus finden sich zwei paradigmatische Beispiele. Das Cluster mit Russland, Iran, Kasachstan und Algerien weist sehr hohe Werte für Korruption, vergleichsweise niedrige bei Rechtsstaatlichkeit sowie eine niedrige Staatsquote und hohe Renteneinkünfte auf. Hier zeigen sich die Komplementaritäten insbesondere in den institutionellen Rahmenbedingungen, denn gerade hohe Werte für Korruption bei gleichzeitig mangelnder Rechtsstaatlichkeit sind starke Indikatoren für paternalistische Umverteilungsmechanismen und patrimoniale Kooptation sowie ein Vorherrschen informeller Muster. Auch wenn dies angesichts der langen Tradition bürokratischer Herrschaft in der Sowjetunion und Russland auf den ersten Blick verwundert, so belegen zahlreiche Studien inzwischen den personal orientierten und patrimonialen Zuschnitt des russischen Systems. Ein zweites Beispiel liefert Cluster der Golfmonarchien, welches den von Schlumberger für den Vorderen Orient beschriebenen patrimonialen Kapitalismus weitgehend reproduziert. Einzig die hohen Werte für Rechtsstaatlichkeit liegen quer zu seiner Argumentation, sind aber über die Dominanz des Staates als politischer und ökonomischer Akteur zu erklären. Diese Regime haben es die meiste Zeit schlicht nicht nötig, auf andere Mittel zurückzugreifen, da alle relevanten gesellschaftlichen und politischen Gruppen stark inkorporiert sind.

Für die offen gebliebenen beziehungsweise nicht erklärten Cluster könnte nun entweder eine der geschilderten Varianten zutreffen (Botswana beispielsweise ähnelt dem Typus des bürokratisch inkorporierten Kapitalismus), oder es müssten neue Mechanismen und Erklärungen gefunden werden. Hier zeigt sich auch der explorative Charakter der Clusteranalyse, die erstaunliche oder zumindest nicht ad hoc erklärbare Befunde liefert. Aufbauend darauf könnten Fallstudien dazu verwendet werden, die Mechanismen und institutionellen Komplementaritäten in diesen Fällen herauszuarbeiten und neue Typen kapitalistischer Spielarten zu formulieren.

Lessons learned

Aus den Erfahrungen mit der Clusteranalyse haben wir einige wichtige Erkenntnisse gewonnen. Erstens stellte sich das Problem der adäquaten Operationalisierung eines recht voraussetzungsvollen theoretischen Ansatzes, der mit Konzepten arbeitet, die nicht unmittelbar einer Messung zugänglich sind. Die Frage der Annäherung an die Dimensionen des VoC-Ansatzes wurde zwar durch eine Reihe von vorher durchgeführten quantitativen Studien erleichtert; da diese sich jedoch hauptsächlich mit Ländern der OECD-Welt beschäftigten, stellte sich die Frage der Indikatoren erneut. Dabei zeigte sich deutlich, dass eine Quantifizierung anhand von Indikatoren meist nur eine Annäherung an das zu untersuchende Phänomen darstellen kann, wenn nicht Hunderte Indikatoren erfasst werden sollen, sondern ein möglichst treffendes, aber schlankes Modell der Operationalisierung konstruiert werden soll. Zweitens waren wir durchaus überrascht, wie wenige Daten tatsächlich flächendeckend in den Datenbanken internationaler Organisationen zur Verfügung stehen. Die Recherche einzelner Datenpunkte zugunsten einer Vergrößerung des Samples erwies sich dabei als extrem zeitraubend und leider nur bedingt erfolgreich, sodass wir uns mit 87 Staaten begnügen mussten, was zwar angesichts der Grundgesamtheit von 193 ganz gut ist, allerdings aufgrund der großen Unterschiede zwischen den Staaten nicht unbedingt die Prognosefähigkeit erhöht. Eine höhere Fallzahl wäre sicherlich wünschenswert gewesen und hätte zudem klarere Ergebnisse erbracht.

Drittens stellte sich das generelle Problem, wie vertrauenswürdig Daten sind, die von nicht demokratischen Staaten an internationale Organisationen wie die ILO oder die Weltbank geliefert werden. Zwar verfahren diese Organisationen nach einheitlichen Standards, letztgültig prüfen können sie die übermittelten Daten jedoch nicht. Und gerade bei sozioökonomischen Daten bestehen vielfältige Anreize der „Aufhübschung" von Bilanzen. Die Datenproblematik insgesamt hat uns nochmals vor Augen geführt, wie vorsichtig die Befunde solcher quantitativen Studien interpretiert werden sollten. Die Ergebnisse können nur vorläufig sein und müssten über weitere Forschung und insbesondere Fallstudien abgesichert werden.

Die Verwendung der Methode Clusteranalyse selbst stellte viertens insofern eine Herausforderung dar, als dass theoretisch zu begründen und auszuwählen war, welche konkreten Algorithmen und Verfahren zum Einsatz kommen sollten. Dies erforderte erneut eine Rückbindung an die Theorie, z. B. bei der Frage nach Ähnlichkeits- oder Distanzmaßen, Profilen oder absoluten Distanzen als Grundlage für die Clusterbildung. Dazu gehörte auch die Frage, ob verschiedene Verfahren und deren Ergebnisse kontrastiert werden sollten. Denn in Abhängigkeit von den Verfahren entstehen durchaus auch einmal substanziell unterschiedliche Befunde, bei denen dann nicht klar ist, wie sie bewertet werden sollten. Andersherum kann eine weitgehende Übereinstimmung zwischen verschiedenen Modellen als Gütekriterium der Forschung interpretiert werden.

Fünftens hat sich gezeigt, dass die Absicherung der Befunde durch weitere Methoden wie die Faktorenanalyse und die Varianzanalyse unbedingt angezeigt ist, um solide und empirisch wie theoretisch tragfähige Befunde zu erhalten. Dies bedeutet, dass breite Methodenkenntnisse erforderlich sind. Dies ist umso wichtiger angesichts der weiter oben empfohlenen Verwendung von Fallstudien zur weiteren Erklärung der Befunde.

Die eigentliche und größte Herausforderung war jedoch die Interpretation der Ergebnisse, angefangen von der Auswahl der Clusteranzahl bis hin zur inhaltlichen Interpretation. Denn es erfordert erstens ein wenig Erfahrung mit der Methode und zweitens ein breites und möglichst tiefes Wissen bezüglich der in die Analyse einbezogenen Fälle. Dies ist gerade dann unerlässlich, wenn aus den Befunden heraus allgemeinere Typen, Erklärungen oder Theorien (weiter-)entwickelt werden sollen. Denn um die möglichen Gemeinsamkeiten zwischen Ländern wie Bangladesch, Ghana und Guatemala jenseits der verwendeten Indikatoren erkennen zu können, bedarf es der Fallexpertise. Und um Typen kapitalistischer Spielarten zu formulieren, bedarf es zusätzlich methodologischer und theoretischer Kenntnisse.

25 Glossar

Wissenschaft kommt nicht ohne präzise Begriffe und Konzepte aus. Sie bilden die Grundlage für gelingende Kommunikation und die Möglichkeit der intersubjektiven Nachvollziehbarkeit wissenschaftlicher Erkenntnis. Einige wichtige in diesem Band verwendete Begriffe sind hier als kleines Nachschlagewerk beim Lesen und Forschen zusammengestellt und kurz definiert. Die Zusammenstellung erhebt keinen Anspruch auf Vollständigkeit und ersetzt weder die intensive Auseinandersetzung mit Wissenschaft im Allgemeinen und Methodologie im Besonderen noch die in der Fachliteratur einschlägig formulierten Definitionen beim Schreiben einer eigenen Forschungsarbeit. Das Glossar soll lediglich dazu dienen, einen schnellen Zugriff auf Kernbegriffe der Wissenschaftssprache zu ermöglichen.

Abbildung, strukturtreue: Bei der Messung, also der Zuordnung von Ziffern zu Merkmalsausprägungen, muss der Informationsgehalt der operationalisierten Begriffe so durch die Ziffern abgebildet werden, dass die Relationen zwischen den Ziffern den Relationen zwischen den gemessenen Merkmalsausprägungen oder Phänomenen entsprechen.

Abduktion: Logisches Schlussverfahren als erste Stufe des wissenschaftlichen Erkenntnisprozesses, bei dem man von der überraschenden Erfahrung ausgehend eine erklärende Hypothese bildet.

Ähnlichkeitsmaß: In der Clusteranalyse verwendetes Maß, um Fälle zu einer Gruppe zusammenzuführen. Wird vor allem bei nicht metrischen Daten verwendet, um die Ähnlichkeit der Profile der Fälle zu beschreiben.

Ankerbeispiel: Bei kodierenden Verfahren verwendetes Beispiel, das exemplarisch für den Code steht und seine Bedeutung illustriert. Wird im Kodierleitfaden angegeben.

Äquifinalität: In Kausalanalysen zu beachtendes Phänomen, dass unterschiedliche Ursachen zu ein und demselben Ergebnis führen können.

Aussage: Zwei Begriffe werden zueinander in Beziehung gesetzt, indem sie durch sprachliche Äußerungen miteinander verbunden werden. Sie ermöglichen es, Behauptungen über die mit den Begriffen erfassten Phänomene aufzustellen.

Befragung, offene: Form der Datenerhebung, bei der ähnliche oder exakt gleich formulierte Fragen gestellt werden, die Antworten aber offen sind, sodass die

Befragten eigene Texte produzieren. Dies maximiert die individuelle Differenzierung der Antworten, erfordert dann qualitative Auswertungsverfahren. Ist am Fall und dessen subjektiver Sichtweise interessiert.

Befragung, standardisierte: Form der Datenerhebung, bei der exakt gleich formulierte Fragen gestellt und die Antwortmöglichkeiten in der Regel vorgegeben sind. Dies maximiert die Vergleichbarkeit zwischen dem Antwortverhalten der Befragten und ermöglicht eine einfache statistische Auswertung. Ist an dem Erkenntnisinteresse und dem Wissen der Forscher:innen orientiert.

Begriff: Denkeinheit, die eine bestimmte Bedeutung (Intension) hat und sich auf einen Gegenstand oder eine Gruppe von Gegenständen bezieht, die durch diese Bedeutung beschrieben werden (Extension).

Begründungszusammenhang: Phase des Forschungsprozesses, die alle konkreten Schritte umfasst, die notwendig sind, um eine Forschungsfrage zu beantworten. Beinhaltet die Aufarbeitung des Forschungsstands, die Darstellung relevanter Theorien, die Formulierung von Hypothesen, Definition und Operationalisierung von Begriffen, die Auswahl der Untersuchungseinheiten und die Methoden der Datenerhebung und -analyse.

Beobachten: Soziales Handeln und soziale Handlungszusammenhänge im jeweiligen Kontext erfassen und systematisch dokumentieren.

Cluster: Gruppe von Gegenständen, in der Clusteranalyse werden Fälle aufgrund ihrer Ähnlichkeit oder ihrer Distanz in Bezug auf die erfassten Variablen zu Gruppen zusammengefasst.

Datenanalyse: Untersuchung der Angaben, Werte oder Befunde bezüglich der Merkmalsausprägungen einer Gruppe von Fällen. Dabei wird nach Mustern, Regelmäßigkeiten und/oder Zusammenhängen gesucht, die dann auf einer abstrakteren Ebene zusammengefasst werden. Wird in der Regel in Bezug auf statistische Methoden verwendet, bei der dann Lage-, Streuungs- und Zusammenhangsmaße zur Beschreibung der Daten berechnet werden. Umfassender kann der Begriff auch für die Untersuchung von Texten und anderen Materialien verwendet werden.

Datenerhebung: Prozess der Anwendung von Messinstrumenten zum Zwecke des Erfassens von Angaben, Werten oder Befunden. Wird auch als Messung bezeichnet.

Datum; Daten: Eine bzw. mehrere Angaben, Werte oder Befunde, die die Merkmalsausprägung von Variablen bei einem Fall beschreiben. Daten werden im Forschungsprozess konstruiert, indem Begriffe operationalisiert und gemessen werden.

Deduktion: Logisches Schlussverfahren als dritte Stufe des wissenschaftlichen Erkenntnisprozesses, bei der ausgehend von zwei als gegeben betrachteten Aussagen (Prämissen) – Gesetzmäßigkeit und Randbedingung – auf einen zu erklärenden Sachverhalt geschlossen wird. Schluss vom Allgemeinen auf das Besondere.

Definition: Einem Begriff eine exakte Bedeutung zuweisen, indem die Intension eines Begriffs genau beschrieben wird. Definitionen sind sprachliche Setzungen und daher nicht empirisch richtig oder falsch, sondern nützlich oder nutzlos.

Definition, nominale: Die Intension eines Begriffs wird durch die Gleichsetzung des Begriffs mit schon bekannten Begriffen festgelegt. Dabei muss die Extension (und die Intension) bei dem Tausch von zu definierendem Begriff und definierendem Begriff gleichbleiben. Für eine empirische Messung muss eine Operationalisierung der gleichgesetzten Begriffe erfolgen.

Definition, operationale: Die Intension eines Begriffs wird dadurch festgelegt, dass angegeben wird, wie der definierte Begriff empirisch erfasst werden kann. Es werden die einzelnen Schritte angegeben, die notwendig sind, um das Vorliegen des mit dem Begriff bezeichneten Phänomens zu messen.

Definition, reale: Die Intension eines Begriffs wird durch die Aufzählung von charakteristischen Merkmalen des zu definierenden Ausdrucks festgelegt. Diese Merkmale müssen dann gegebenenfalls noch operationalisiert werden, um sie empirisch zu messen.

Diskurs: Im alltagssprachlichen Gebrauch die Bezeichnung für eine spezifische Argumentationskette oder ein öffentlich diskutiertes Thema. Im wissenschaftlichen Kontext eine Bezeichnung für die Wechselwirkungen einzelner Sprachereignisse miteinander und mit dem größeren Kontext von symbolischen Ordnungen, Strukturen und Ereignissen.

Distanzmaß: In der Clusteranalyse verwendetes Maß, um Fälle zu einer Gruppe zusammenzuführen. Wird bei metrischen Daten verwendet, um die Abstände zwischen den Fällen zu berechnen. Je kleiner die Distanz, desto ähnlicher die Fälle. Gruppen werden auf der Basis dieser Distanzen gebildet.

Empirie: Alles das, was wir erfahren, erleben und erkennen können, sei es über unsere Sinne oder über Werkzeuge, die unsere Sinne ergänzen.

Empirisch: Erfahrungsbasiert, also auf dem beruhend, was wir beobachten können.

Entdeckungszusammenhang: Erste Phase des Forschungsprozesses, bei dem ein soziales oder wissenschaftliches Problem und dessen theoretische Zusammenhänge formuliert werden.

Epistemologie: Lehre von der Beschaffenheit des Wissens. Beschäftigt sich damit, wie wir Wissen über die Welt erlangen können, welche Voraussetzungen gegeben sein müssen, welche Annahmen getroffen werden müssen und welche Formen das Wissen annehmen kann.

Erkenntnisziel, auch *Erkenntnisinteresse:* Grobe Richtung der Forschung im Forschungskontext; das, was herausgefunden oder erklärt werden soll. Meist relativ breit formuliert und erst in einem zweiten Schritt präzisiert durch die Formulierung von konkreten Forschungsfragen.

Erklärung: Logisch und empirisch wahre Aussage darüber, warum ein Sachverhalt oder ein Zusammenhang vorliegen.

Erklärung, deduktiv-nomologische: Aussage, die auf der Basis schon bekannter unumstößlicher Gesetzmäßigkeiten und Randbedingungen ein Phänomen erklärt. Umsetzung des deduktiven Prinzips in eine Erklärung.

Erklärung, funktionale: Das Auftreten eines Phänomens wird durch seine Wirkung erklärt. Phänomene existieren, weil sie eine positive Wirkung auf ein Gemeinwesen haben, weil sie eine Funktion für das Gemeinwesen erfüllen.

Erklärung, induktiv-statistische: Aussage, die auf der Basis der Wahrscheinlichkeit einer Gesetzmäßigkeit (im Unterschied zu unumstößlichen Gesetzmäßigkeiten) und Randbedingungen ein Phänomen erklärt.

Erklärung, intentionale: Das Auftreten eines Phänomens wird durch das willentliche Herbeiführen des Phänomens durch einen Akteur erklärt. Streng genommen eine Spezialform der kausalen Erklärung, bei der der Wille des Akteurs und die auf dem Willen des Akteurs beruhende Handlung die Ursache des Phänomens sind.

Erklärung, kausale: Das Auftreten eines Phänomens wird durch seine Ursache über die Angabe von Gesetz und Randbedingung erklärt. Umfasst deduktiv-nomologische und induktiv-statistische Erklärungen.

Expert:in: Person, die als Teil des Handlungsfeldes, als Verantwortungsträger:in oder als Träger:in besonders bedeutsamer Informationen ein besonderes Wissen über das Handlungsfeld besitzt. Kann in Interviews befragt werden, um diese Informationen zu erfassen oder vorliegende Informationen auf ihre Gültigkeit zu überprüfen.

Explanandum: Phänomen, das erklärt werden soll. Auch abhängige Variable genannt.

Explanans: Phänomen, das zur Erklärung eines anderen Phänomens herangezogen wird. Auch unabhängige Variable oder Ursache genannt.

Extension: Ausdehnung oder Reichweite eines Ausdrucks oder Begriffs, Gegenstand oder Gruppe von Gegenständen, auf die sich der Ausdruck bezieht.

Faktor: In der Statistik ein Begriff für eine Hintergrundvariable, die erklärt, warum mehrere Variablen gemeinsam variieren. Kann oft, wie beispielsweise das Konzept Persönlichkeit, nicht direkt gemessen werden.

Fall: Räumlich und zeitlich abgegrenzte Untersuchungseinheit, die zu einem bestimmten Zeitpunkt oder über einen Zeitraum hinweg beobachtet, untersucht wird.

Fallstudie: Untersuchung eines einzelnen (manchmal: weniger) Falls mit dem Ziel, eine genaue Rekonstruktion oder Beschreibung von Fällen zu erstellen. Kommen sowohl bei theorietestenden als auch bei theoriegenerierenden Studien zur Anwendung und können anhand der Verwendung von verschiedenen (Hilfs-)Methoden durchgeführt werden.

Forschung: Systematisches, regelgeleitetes, kontrolliertes und sich selbst reflektierendes Vorgehen bei der Erzeugung von neuem Wissen.

Forschungsdesign: Beschreibung der im Forschungsprozess verwendeten Vorgehensweise, Theorien, Daten, Methoden der Datenerhebung und -analyse.

Forschungsprozess: Ablauf der Forschung von der Formulierung der Fragestellung über die Datenerhebung und -analyse bis zur Präsentation der Ergebnisse. Kann in die Phasen Entdeckungs-, Begründungs- und Verwertungszusammenhang unterteilt werden.

Forschungsethik: Prinzipien und Regeln, die festschreiben oder zumindest empfehlen, wie Forscher:innen in der Forschungspraxis vorgehen und sich gegenüber Personen verhalten sollen, die Teil der Forschung sind, und wie sie Forschung durchführen sollen. Regeln des „guten" oder moralisch richtigen wissenschaftlichen Arbeitens.

Framing: Form der strategischen Kommunikation, bei der bestimmte Aspekte eines Sachverhalts hervorgehoben und in einen bestimmten Bezugsrahmen gestellt werden, um ein Problem zu definieren, Ursachen zuzuschreiben, eine moralische Bewertung vorzunehmen oder Handlungsempfehlungen zu geben. Dient dazu, die eigene Position hervorzuheben und plausibel zu machen.

Funktion: Aufgabe oder Zweck eines Elements. In der Systemtheorie der Beitrag, den eine Institution oder ein Akteur zum Erhalt des Systems leistet oder leisten soll, dauerhafte Einrichtungen zur Lösung der Probleme von System. Die Politik erfüllt in einer Gesellschaft die Funktion, verbindliche Werte zu formulieren und durchzusetzen.

Funktionale Differenzierung: In der sozialwissenschaftlichen Systemtheorie die Bezeichnung dafür, dass sich verschiedene Elemente eines Systems auf eine oder mehrere Aufgaben spezialisieren, die zum Erhalt des Systems erbracht werden müssen. Während beispielsweise die Politik in einer Gesellschaft für die Formulierung und Durchsetzung von verbindlichen Werten zuständig ist, ist die Wirtschaft dazu da, natürliche Ressourcen in Güter zur Bedürfnisbefriedigung zu verwandeln und zu verteilen.

Funktionalismus: Theorieschule, die davon ausgeht, dass Elemente eines Ganzen bestimmte Funktionen für das Ganze erfüllen und dass sich darüber auch ihre Existenz erklären lässt.

Generalisierung: Abstraktion vom Besonderen auf das Allgemeine. Formulierung eines Begriffs, einer Annahme oder eines Gesetzes, die eine allgemeingültige Beschreibung der Bedeutung oder des Zusammenhangs von Elementen der Wirklichkeit darstellen. Geht mit dem Verlust an Präzision (Intension) zugunsten des Gewinns an Reichweite (Extension) einher.

Hermeneutik: Kunst oder Wissenschaft des Auslegens und Verstehens von sprachlichen Äußerungen (Texten) sowie der Untersuchung des Vorgangs des Verstehens und seiner Regeln selbst.

Hypothese: Noch unbewiesene Aussagen, die Behauptungen über die Wirklichkeit und Zusammenhänge zwischen Phänomenen in der Wirklichkeit beinhalten. Sie formulieren allgemeine, generalisierte Erwartungen über ein oder mehrere Ereignisse wie Zusammenhänge, Veränderungen oder Unterschiede. Übersetzt die Forschungsfrage in messbare Elemente bzw. Variablen.

Hypothese, Existenz-: Behauptung, dass ein Phänomen existiert.

Hypothese, Individual-: Behauptung, die sich auf individuelle Merkmale von Fällen, meist Personen, bezieht.

Hypothese, Kausal-: Behauptung über einen Ursache-Wirkungs-Zusammenhang zwischen zwei Phänomenen oder Variablen

Hypothese, Kollektiv-: Behauptung, die sich auf Merkmale von Gruppen bezieht.

Hypothese, Korrelations-: Behauptung über den Zusammenhang von zwei Phänomenen, ohne dabei notwendigerweise einen Ursache-Wirkungs-Zusammenhang zu unterstellen.

Hypothese, Null-: Behauptung, dass zwischen zwei Phänomenen kein Zusammenhang besteht.

Indikator: Variable, die stellvertretend für einen nicht direkt messbaren Begriff steht und das Vorliegen des mit dem Begriff bezeichneten Phänomens anzeigt und messbar ist.

Indikator, definitorischer: Indikator, der den zu messenden Begriff so abbildet, dass die erfasste Intension und Extension identisch mit der Intension und Extension des Begriffs ist.

Indikator, korrelativer: Indikator, dessen Intension und Extension nicht identisch mit Intension und Extension des zu messenden Begriffs ist, dieser aber ähnlich ist oder einen direkten empirischen Bezug dazu hat. Intern korrelative Indikatoren erfassen einen Teilaspekt der Begriffsdefinition. Extern korrelative Indikatoren sind nicht Bestandteil der Begriffsdefinition, aber korrelieren damit empirisch.

Indikator, schlussfolgernder: Erlaubt Rückschlüsse auf überhaupt nicht direkt messbare Merkmale. Erfordert eine theoretische Begründung, warum ein schlussfolgernder Indikator mit dem zu untersuchenden latenten Merkmal zusammenhängt.

Induktion: Logisches Schlussverfahren als zweite Stufe des wissenschaftlichen Erkenntnisprozesses, bei der ausgehend von mehreren oder vielen einzelnen Beobachtungen Gesetzmäßigkeiten formuliert werden. Schluss vom Üblichen auf das Generelle.

Inhaltsanalyse: Sammelbegriff für Methoden der Untersuchung von sprachbasierten, meist textförmig festgehaltenen (auch: audiovisuellen) Informationen aller Art. Wird unterschieden in qualitative, sinnverstehende und quantitative, zählende Varianten.

Intension: Bedeutung oder Sinngehalt eines Begriffs. Das, was mit dem Begriff „gemeint" ist.

Interdependenz: gegenseitige Abhängigkeit und Beeinflussung von zwei oder mehreren Phänomenen.

Intersubjektivität: Gütekriterium für Forschung. Begriffe, Konzepte, Theorien, Methoden und Ergebnisse der Forschung müssen so dargestellt werden, dass sie von (fachkundigen) Anderen verstanden, nachvollzogen und im Zweifel reproduzierbar sind.

Interview: Form der Befragung von Menschen, die sich durch einen unterschiedlichen Grad an theoretischer Strukturierung (also die Verwendung von theoretischen Vorannahmen bei der Formulierung der Frage und der Antwortmöglichkeiten) sowie an Offenheit der Gesprächssituation und der Antwortmöglichkeiten weiter beschreiben lässt. Offene Formen mit niedriger Strukturierung sind das narrative oder das episodische Interview. Tiefeninterviews haben eine hohe Strukturierung und sind hinsichtlich der Antwortmöglichkeiten offen. Expert:inneninterviews sind meist strukturiert und weniger offen. Hochstrukturierte und geschlossene Formen des Interviews sind standardisierte Befragungen.

Kategorie: Gruppe, in die ein einzelnes Element eingeordnet werden kann. Einordnung wird vorgenommen über das Vorliegen einer der Kategorie zugewiesenen Merkmalsausprägung oder Intension.

Kausalität: Konzept für die Analyse von Zusammenhängen von zwei oder mehr Phänomenen, das auf der Frage nach Ursachen für das Auftreten eines Phänomens beruht und die Stärke des Einflusses einer (oder mehrerer) unabhängigen Variablen für die Ausprägung eines Phänomens beruht. Im Unterschied zur Konditionalität wird hier von unabhängiger und abhängiger Variablen anstatt von Bedingungen und Outcome gesprochen.

Klassifikation: Einteilung von Fällen entlang der Merkmalsausprägung auf einer Variablen. Eine Klassifikation sollte erschöpfend und ausschließlich sein, d. h., alle untersuchten Fälle werden einer, aber auch nur einer Klasse zugeordnet. Kombiniert man zwei (oder mehr) Klassifikationen, so erhält man eine Typologie.

Klassifikatorisch: Basierend auf dem Einteilen von Fällen in Klassen auf der Basis der Unterscheidung gleich-ungleich.

Kodieren: In der Grounded Theory und der qualitativen Inhaltsanalyse (kodierende Verfahren) Vorgang des Zerlegens von Texten in einzelne Teile und Zuordnung eines Labels, Etiketts oder Codes zu den Textteilen. Codes abstrahieren den Inhalt, die Kernbedeutung oder Intension der Textstellen. Sie ermöglichen so eine Zusammenfassung von Textstellen mit gleichem Sinngehalt und eine Generalisierung der Inhalte.

Kodierleitfaden: Bei qualitativen Verfahren der Datenanalyse erstelltes Handbuch, in dem definiert wird, unter welchen Bedingungen eine Textstelle einem bestimmten Code (einer Beschreibung, einem Label) zugeordnet wird. Der Kodierleitfaden umfasst den jeweiligen Code, die Regel, wenn er vergeben wird, und ein Ankerbeispiel.

Kodierparadigma: In der Grounded Theory ein standardisiertes Analysemodell zur Formulierung von Interaktionstheorien, bei dem Codes, Kategorien und Konzepte den Dimensionen Ursache, Phänomen, Ergebnis, Kontext und Strategien zugeordnet werden und zueinander in Bezug gesetzt werden.

Komparativ: Vergleichend. Basierend auf dem Einteilen von Fällen in Klassen auf der Basis der Unterscheidung gleich-ungleich und einer Unterscheidung hinsichtlich einer Rangordnung (größer-kleiner, reicher-ärmer).

Konditionalität: Konzept für die Analyse von Zusammenhängen von zwei oder mehr Phänomenen, das auf der Frage nach notwendigen oder hinreichenden Bedingungen für das Auftreten eines Phänomens beruht. Im Unterschied zur Kausalität wird hier von Bedingungen und Outcome anstatt von unabhängigen und abhängigen Variablen gesprochen.

Konstruktivismus: Wissenschaftliche Metatheorie, deren ontologische Position ist, dass die Welt in und durch die subjektive Wahrnehmung und Interpretation existiert, deren epistemologische Position ist, dass alles Wissen kulturell gebunden und damit kontextabhängig ist, und die methodologisch davon ausgeht, dass Methoden den Besonderheiten von Fällen Rechnung tragen, intersubjektiv nachvollziehbar und gegenstandsangemessen sein müssen. Gegenposition zum Positivismus

Konzeptspezifikation: Bestandteil des Forschungsprozesses, der die Eingrenzung des Forschungsproblems durch Erläuterung des Forschungsstands und der theoretischen Vorannahmen ebenso umfasst wie Begriffsdefinitionen, die Auswahl von Methoden und Fällen und die Konkretisierung der Forschungsfragen.

Korrelation: Statistischer Zusammenhang zwischen zwei Variablen. Werden Veränderungen einer Variablen von der systematischen Veränderung einer anderen Variablen begleitet, so korrelieren sie.

Kovarianz: In der Statistik ein Maß für den linearen Zusammenhang zwischen zwei Variablen.

Lagemaße: In der Statistik Maße zur möglichst einfachen Beschreibung der durchschnittlichen Ausprägung von Merkmalen. Werden unterschieden in Extremwerte (Minimum oder kleinster Wert und Maximum oder größter Wert) und Maße der zentralen Tendenz (Modus als der am häufigsten auftretende Wert, Median als der Wert, oberhalb und unterhalb dessen jeweils 50 % der Werte liegen, arithmetisches Mittel oder Durchschnitt berechnet über die Addition aller Merkmalswerte geteilt durch die Anzahl der Merkmalswerte).

Leitfaden: Sammlung von Fragen für Interviews, die den Interviewvorgang strukturieren und eine Vergleichbarkeit zwischen den Interviews herstellen, da gewährleistet wird, dass in allen Interviews dieselben Dimensionen abgefragt werden. Je nach genauer Form der Interviews können die Fragen sehr allgemein oder spezifischer formuliert sein.

Makroebene: Analyseebene. In der Politikwissenschaft die Gesamtgesellschaft und das politische System auf nationaler Ebene.

MDCD: Most Different Cases Design. Methode des systematischen Vergleichs von wenigen Fällen, die sich hinsichtlich eines zu erklärenden Phänomens ähneln oder indentisch sind, aber ansonsten sehr unterschiedliche Merkmalsausprägungen aufweisen. Es wird nach einer Variablen gesucht, bei der die Merkmalsausprägungen gleich sind. Diese wird dann als Erklärung des untersuchten Phänomens angesehen.

Mesoebene: Analyseebene. In der Politikwissenschaft soziale Gruppen (Klassen, Schichten, Milieus, soziale Bewegungen etc.) und Organisationen (Verbände, Gewerkschaften, Kirchen etc.).

Messung: Zuordnung von Ziffern zu Fällen entsprechend den Ausprägungen der betrachteten Merkmale nach zuvor formulierten Regeln.

Messregeln: Regeln, die angeben, auf welche Weise die Zuordnung von Ziffern zu Merkmalsausprägungen erfolgt. Dazu gehört auch das Beachten des Informationsgehalts, der abgebildet werden soll. Die Relationen zwischen den Ziffern sollen den Relationen zwischen den Merkmalsausprägungen entsprechen und diese strukturtreu abbilden.

Messniveau, auch *Skalenniveau:* Gibt den Informationsgehalt an, den die jeweilige Variable umfasst.

Messniveau, nominales, auch *Nominalskala:* Bildet klassifikatorische Eigenschaften ab. Die zugeordneten Ziffern müssen lediglich Gleichheit und Ungleichheit abbilden.

Messniveau, ordinales, auch *Ordinalskala:* Bildet komparative Eigenschaften ab. Die zugeordneten Ziffern müssen Gleichheit und Ungleichheit sowie eine Rangordnung abbilden.

Messniveau, intervallbezogenes, auch *Intervallskala:* Bildet Gleichheit/Ungleichheit und Rangordnung ab. Zusätzlich sind die Abstände zwischen den Merkmalen sinnvoll interpretierbar, sodass die Ziffern auch die Abstände repräsentieren müssen.

Messniveau, verhältnisbezogenes, auch *Ratioskala:* Ratioskalen haben einen empirisch relevanten Nullpunkt. Damit wird es möglich, die Verhältnisse zwischen den Merkmalsausprägungen zusätzlich zu Gleichheit, Rangordnung und Abstand zu interpretieren. Die Ziffern müssen also Gleichheit, Rangordnung, Abstand und Verhältnisse zwischen den Merkmalsausprägungen abbilden.

Metatheorie: Werkzeuge zu Untersuchung und Vergleich von Theorien. Haben Theorien zum Gegenstand und beschäftigen sich mit Fragen, welche Gegenstände, Methoden und Motive der Realität Theorien oder Theorieströmungen teilen und was sie von anderen Theorien unterscheidet

Methoden: Konkrete Werkzeuge, Regeln und Vorgehensweisen zur Erfassung oder Analyse von Daten über die Welt.

Methodologie: Lehre von den Methoden und deren Beschaffenheit. Untersucht, wie und anhand welcher Methoden wir Daten über die Welt erheben und analysieren können.

Mikroebene: Analyseebene. In der Politikwissenschaft Individuen und deren Rollen, Einstellungen, Meinungen, Wünsche und Verhaltensmuster.

MSCD: Most Similar Cases Design. Methode des systematischen Vergleichs von wenigen Fällen, die sich hinsichtlich eines zu erklärenden Phänomens unterscheiden, aber ansonsten sehr ähnliche oder identische Merkmalsausprägungen aufweisen. Es wird nach einer Variablen gesucht, bei der die Merkmalsausprägungen unterschiedlich sind. Diese wird dann als Erklärung des untersuchten Phänomens angesehen.

Multikausalität: In der Kausalanalyse zu beachtende Möglichkeit, dass ein Phänomen nicht nur eine (Monokausalität), sondern mehrere Ursachen hat.

Nominal: Unterscheidung von Merkmalsausprägungen nach der Unterscheidung gleich-ungleich.

Objektivität: Gütekriterium für (quantitative) Forschung. Bezeichnet die unabhängig vom Betrachter neutrale Beschreibung oder Untersuchung der Realität.

Ontologie: Lehre vom Sein. Beschäftigt sich mit Vorstellungen über die Natur, die Beschaffenheit und Struktur der Objekte und der Frage, was eigentlich ein Untersuchungsgegenstand der Wissenschaft sein kann.

Operationalisierung: Zuordnung konkreter, in der Realität beobachtbarer Phänomene oder Indikatoren (welche die Phänomene anzeigen) zu theoretisch präzisierten und definierten Begriffen und Konzepten. Messbarmachen von Begriffen.

Ordinal: Unterscheidung von Merkmalsausprägungen nach den Dimensionen gleich-ungleich und Rangordnungen wie besser-schlechter, größer-kleiner.

Paradigma: Bezeichnet in der Wissenschaftstheorie eine Weltanschauung bzw. eine Gesamtheit von Annahmen und Erkenntnissen über die Beschaffenheit des Forschungsgegenstands und die Vorgehensweise bei der wissenschaftlichen Analyse, die in einer wissenschaftlichen Disziplin vorherrschen. Paradigmen sind historisch und kulturell gebunden und können von anderen Paradigmen abgelöst werden.

Peer-Review: Verfahren der wissenschaftlichen Qualitätssicherung. Begutachtung durch die Begutachtung wissenschaftlicher Arbeiten durch andere Fachwissenschaftler:innen, meist in Form des sogenannten „double-blind peer reviews", bei dem die Forscher:innen und Gutachter:innen die Identität wechselseitig nicht kennen.

Policy: Inhaltliche Dimension von Politik, politische Probleme, Programme und Gestaltungsaufgaben.

Politics: Politischer Prozess. Umfasst den Willensbildungs- und Gesetzgebungsprozess, die Aushandlung von Konflikten und Interessensvermittlung sowie die beteiligten Akteur:innen

Politik: Menschliches Handeln, das darauf abzielt, allgemeinverbindliche Regelungen und Entscheidungen in und für Gruppen von Menschen herzustellen.

Politikwissenschaft: In ihren Aussagen überprüfbare und systematische Beschäftigung mit den Typen menschlichen Handelns, die auf die Herstellung allgemein verbindlicher Regelungen und Entscheidungen in und zwischen Gruppen von Menschen zielen.

Politisches System: Strukturen und Mittel, mit denen Gesellschaften bewusst kollektive Ziele in ihrem nationalen und internationalen Umfeld formulieren und verfolgen. Geprägt durch funktionale Differenzierung und Interdependenz der einzelnen Bestandteile.

Politisches Regime: Das Herrschaftszentrum des politischen Systems und seine formale und informelle Organisation im engeren Sinne sowie seine Beziehungen zur Gesellschaft (Art und Weise der Herrschaftsausübung).

Polity: Formale Dimension von Politik, Strukturen und Normen des politischen Systems wie Verfassungsordnung, politische Kultur, internationale Abkommen.

Positivismus: Wissenschaftliche Metatheorie, deren ontologische Position ist, dass die Welt in und durch sich selbst unabhängig von den Betrachter:innen besteht. Epistemologische Grundposition ist, dass alle Dinge erkenntnisfähig sind auf der Basis unhintergehbarer Annahmen über die menschliche Natur. Die methodologische Position ist, dass die objektive Welt vermessen werden und Theorien durch standardisierte Methoden getestet werden können. Gegenposition zum Konstruktivismus

Prämisse: Als gegeben angenommener Sachverhalt, der im Forschungsprozess nicht hinterfragt wird und der nicht notwendig wahr sein muss.

Process Tracing: Methode zur Analyse von gesellschaftlichen Prozessen durch Rekonstruktion von kausalen Zusammenhängen oder die Überprüfung von Kausalhypothesen.

Qualitativ: In den Sozialwissenschaften ein Begriff, der sinnverstehende und kodierende Methoden zur Rekonstruktion von Fällen oder Bedeutungen umfasst. Qualitative Methoden sind meist fallbezogen und am Besonderen sowie am Entdecken von Neuem interessiert.

Quantitativ: In den Sozialwissenschaften ein Begriff, der statistische, mathematische und experimentelle Methoden oder allgemeiner hypothesentestende Methoden zur Überprüfung von Kausalzusammenhängen zwischen Phänomenen umfasst. Quantitative Methoden sind meist theoriebezogen und an der Überprüfung von Gesetzmäßigkeiten interessiert.

Reflexivität: Rückbezug auf sich selbst, das eigene Handeln und Denken zum Gegenstand des eigenen Nachdenkens machen.

Regression: In der Statistik ein Analyseverfahren, mit dem überprüft werden kann, ob eine oder mehrere unabhängige Variablen einen statistischen Einfluss auf die Ausprägung einer abhängigen Variablen haben. Mit dem Verfahren können Hypothesen über den Zusammenhang zwischen Variablen geprüft werden, indem die Ausprägung der abhängigen Variablen auf die Ausprägung einer oder mehrerer unabhängiger Variablen zurückgeführt (regrediert) wird.

Rekonstruktion/rekonstruktiv: Ein Phänomen, dessen Ablauf oder dessen Bedeutung im Nachhinein durch die Forscher:innen im Forschungsprozess nachvollzogen und verstanden wird.

Reliabilität, auch *Verlässlichkeit:* Überprüft, ob ein Messinstrument auch zuverlässig, also fehlerfrei und ohne Verzerrungen funktioniert, a) bei der Messung desselben Phänomens zu unterschiedlichen Zeitpunkten (intertemporale Stabilität), bei Verwendung durch verschiedene Forscher:innen (intersubjektive

Stabilität) und hinsichtlich der Ergebnisse anderer Messinstrumente, die dasselbe Phänomen untersuchen (interinstrumentelle Stabilität).

Skalenniveau, auch Messniveau: Gibt den Informationsgehalt der Ziffern an, die Variablen bei der Messung zugeordnet werden.

Standardabweichung: In der Statistik ein Maß zur Berechnung der Streuung der Werte eines Merkmals um das arithmetische Mittel. Durchschnittliche standardisierte Entfernung der Merkmalsausprägungen vom arithmetischen Mittel. Berechnet als die Quadratwurzel aus der Varianz.

Theorie: Sprachliche Abbildungen von Wirklichkeit in Form eines Systems zueinander in Bezug gesetzter Begriffe, das systematische Informationen über die Wirklichkeit enthält und in abstrakter Form darstellt. Theorien dienen dazu, das Besondere in das Allgemeinere einzuordnen, einzelne Erscheinungen in einen (kausalen) Zusammenhang zu bringen und wissenschaftlich geprüftes Wissen aufzubewahren.

Theorie, kritisch-dialektische: Theoriestrang oder Metatheorie, die davon ausgeht, dass die materiellen Verhältnisse (die Besitzverhältnisse) die Grundlage von Gesellschaftsordnungen sind. Hier werden durch die Besitzverhältnisse geformte Macht- und Herrschaftsverhältnisse analysiert und gefragt, wie diese überwunden werden können. Methodologisch meist eng mit dialektischen, hermeneutischen und historischen und fallbezogenen Herangehensweisen verbunden, es werden aber auch statistische Methoden verwendet.

Theorie, normativ-ontologische: Theoriestrang oder Metatheorie, die wertgeleitet, deduktiv, apriorisch und praktisch orientiert ist. Es geht darum, wie die gute Ordnung des Politischen aussehen kann und wie diese verwirklicht ist oder werden kann. Hier kommen hauptsächlich historische, vergleichende, hermeneutische und phänomenologische Methoden zum Einsatz.

Theorie, empirisch-analytische: Theoriestrang oder Metatheorie, die sich überwiegend an positivistischen Grundpositionen orientiert, rational, wissenschaftsorientiert und auf Erfahrung beruhend vorgeht. Sie ist am Beschreiben, Erklären und Vorhersagen von politischen Phänomenen interessiert. Methodisch ist der Theoriestrang heterogen, da neben quantitativen, statistischen Methoden auch Fallstudien und qualitative Methoden zum Einsatz kommen können.

Theorie, funktionalistische: Theoriestrang oder Metatheorie, die mit empirisch-analytischen Theorien die positivistischen Grundpositionen und das grundlegende Erkenntnisinteresse des Beschreibens, Erklärens und Vorhersagens von politischen Phänomenen teilt. Besonders ist jedoch, dass sie an den Funktionen einzelner Teile des politischen Systems und deren Zusammenspiel, den Ursachen, Zwecken und Zielen interessiert ist. Methodisch kommen vor allem kausalanalytische, rekonstruktive und an Fällen orientierte oder vergleichende Methoden zum Einsatz.

Triangulation: Kombination von verschiedenen Methoden zur Untersuchung eines Phänomens, die entweder unterschiedliche Aspekte des Phänomens in den Blick nehmen oder ein Phänomen aus verschiedenen Perspektiven untersuchen.

Typ, Typus: Ein Fall oder Merkmalsträger, der eine bestimmte Kombination von Merkmalsausprägungen für mindestens zwei Variablen aufweist. Die Anzahl der theoretisch möglichen Merkmalskombinationen bestimmt dann die Anzahl der Typen in einer Typologie.

Typologie: Einteilung und Unterscheidung von Fällen in Gruppen mit identischen Merkmalskombinationen bei zwei oder mehr Variablen. Vorstufe zur Theoriebildung. Typologien sollten alle untersuchten Fälle einem Typ zuordnen können (Kriterium der Umfänglichkeit), aber ausschließlich einem Typ (Kriterium der Ausschließlichkeit).

Validität, auch Gültigkeit: Zentrales Gütekriterium zur Beurteilung der Qualität wissenschaftlicher Studien. Überprüft, ob mit der Forschung die Realität auch exakt abgebildet wird.

Validität, semantische: Liegt vor, wenn die verwendeten Begriffsdefinitionen so operationalisiert, also in messbare Größen übersetzt sind, dass alle Aspekte der Definition auch gemessen werden.

Validität, empirische: Kann in inhaltliche, Kriteriums- und Konstruktvalidität unterschieden werden. Inhaltsvalidität liegt vor, wenn Untersuchungsergebnisse vor dem Hintergrund des Forschungsstands und hinsichtlich der zu erfassenden Dimensionen plausibel erscheinen. Die Überprüfung erfordert umfassendes Wissen über den Forschungsstand. Kriteriumsvalidität liegt vor, wenn externe Daten als Vergleichswerte herangezogen werden und mit den untersuchten Daten zusammenhängen (korellieren). Konstruktvalidität liegt vor, wenn die Ausprägung einer abhängigen Variablen durch die unabhängige Variable und eine mit der unabhängigen Variablen hoch korrelierenden Variablen jeweils konsistent erklärt werden können.

Variable: Ein sprachlich gefasstes Merkmal von Objekten, das mindestens zwei Ausprägungen haben kann (z. B. Variable Farbe; Ausprägungen blau, grün, gelb usw.). Anhand der Ausprägungen können die Objekte in Gruppen eingeteilt werden.

Variable, abhängige: Bei der Untersuchung eines Zusammenhangs zwischen zwei Variablen ist die abhängige Variable diejenige, deren Ausprägungen erklärt werden sollen. Auch Explanandum genannt.

Variable, intervenierende: Wirkt auf den (Kausal-)Zusammenhang zwischen unabhängiger und abhängiger Variable ein und beeinflusst so die Ausprägung der abhängigen Variablen.

Variable, unabhängige: Bei der Untersuchung eines Zusammenhangs zwischen zwei Variablen ist die unabhängige Variable, auch Explanans genannt, diejenige, die zur Erklärung der unterschiedlichen Ausprägungen der abhängigen Variablen herangezogen wird. In einem Kausalmodell ist die unabhängige Variable die Ursache für die Ausprägung der abhängigen Variablen.

Varianz: In der Statistik ein Maß für die Streuung von Beobachtungswerten einer Variablen um den Mittelwert (das arithmetische Mittel) der Variablen. Varianzanalysen dienen dann der Überprüfung, ob eine unabhängige Variable die Varianz der abhängigen Variablen erklären kann.

Verwertungszusammenhang: Phase des Forschungsprozesses, die sich auf die Verwendung und Wirkung der Forschungsergebnisse bezieht. Hier geht es darum, die Ergebnisse der Forschung der wissenschaftlichen Fachgemeinschaft und einer breiteren Öffentlichkeit zugänglich zu machen und ggf. Handlungsempfehlungen für die Lösung des bearbeiteten Problems zu geben.

Wissenschaft: In ihren Aussagen überprüfbare und systematische Beschäftigung mit verschiedenen Bereichen der Natur, des menschlichen Denkens, des menschlichen Zusammenlebens und seiner Gestaltungsformen.

26 Bibliografie

Ackerly, Brooke/Cabrera, Lusi/Forman, Fonna/Johnson, Genevieve Fuji/Tenove, Chris/Wiener, Antje 2021: Unearthing grounded normative theory: practices and commitments of empirical research in political theory, in: Critical Review of International Social and Political Philosophy, DOI: 10.1080/13698230.2021.1894020.

Ackerly, Brooke 2018: Just responsibility: A human rights theory of global justice. Oxford: Oxford University Press.

Ahrens, Heinz 2021: Varianzanalyse. Reprint 1967. Berlin: De Gruyter.

Albrecht, Holger 2005: Zivilgesellschaft und der Vordere Orient. Das Prinzip Hoffnung und die Grenzen eines sozialwissenschaftlichen Konzepts, in: Betz, Joachim/Hein, Wolfgang (Hg.): Zivilgesellschaft. Wiesbaden: VS Verlag für Sozialwissenschaften, 118–143.

Albrecht, Holger/Koehler, Kevin 2018: Going on the run: What drives military desertion in civil war?, in: Security Studies 27 (2), 179–203.

Alemann, Ulrich von 1995: Politikwissenschaftliche Methoden. Grundriß für Studium und Forschung. Wiesbaden: Springer Fachmedien.

Alemann, Ulrich von/Forndran, Erhard 1985: Methodik der Politikwissenschaft. Stuttgart: Kohlhammer.

Alemann, Ulrich von/Forndran, Erhard 2005: Methodik der Politikwissenschaft. Eine Einführung in Arbeitstechnik und Forschungspraxis, 7. Aufl., Stuttgart: Kohlhammer.

Almond, Gabriel A. 1965: A developmental approach to political systems, in: World Politics 17 (2), 183–214

Almond, Gabriel A./Powell, Bingham G./Mundt, Robert J. 1996: Comparative politics. A theoretical framework. 2. Aufl. New York: Harper Collins.

Almond, Gabriel A./Verba, Sidney 1963: The civic culture. Princeton: Princeton University Press.

Almond, Gabriel A./Powell, Bingham G. (Hg.) 1996: Comparative politics today. A world view. New York: Harper Collins.

Andersen, Rune Holmgaard/Schulze, Jennie L./Seppe, Külliki 2018: Pinning down democracy. A Q-method study of lived democracy, in: Polity 50 (1), 4–42.

Andert, Mareike/Potthoff, Justus/Schrade, Emma (2021): Verschwörungserzählungen auf der Straße. Eine explorativ-quantitative Analyse der „Querdenken"-Proteste. Tübingen: unveröffentlichte Lehrforschungsprojektarbeit.

Angrist, Joshua/Pischke, Jörn-Steffen 2014: Mastering metrics. The path from cause to effect. Princeton: Princeton University Press.

Backes, Uwe 2013: Vier Grundtypen der Autokratie und ihre Legitimierungsstrategien, in: Kailitz, Steffen/Köllner, Patrick (Hg.): Autokratien im Vergleich. Baden-Baden: Nomos, 157–175.

Backhaus, Klaus/Erichson, Bernd/Gensler, Sonja/Weiber, Rolf/Weibler, Thomas 2021: Multivariate Analysemethoden. Eine anwendungsorientierte Einführung. 16. Aufl. Wiesbaden: Springer Gabler.

Baden-Württemberg Stiftung (Hg.) 2015: Demokratie-Monitoring Baden-Württemberg 2013/2014. Wiesbaden: Springer VS.

Barany, Zoltan 2011: The role of the military, in: Journal of Democracy 22 (4), 24–35.

Barber, Benjamin 1984: Strong democracy. Participatory politics for a new age. Berkeley: University of California Press.

Baron, Udo 2017: Linksextremistische Proteste gegen den G20-Gipfel, in: Politische Studien 475, 60–71.

Barrenecha, Rodrigo/Mahoney, James (2017): A set-theoretic approach to Bayesian process tracing, in: Sociological Methods and Research 48 (3), 451–484.

Bassam, Laila/Perry, Tom 2015: How Iranian general plotted out Syrian assault in Moscow (Reuters). https://www.reuters.com/article/us-mideastcrisis-syria-soleimani-insigh-idUSKCN0S02BV20151006, updated on 6/10/2015, zuletzt besucht am 21.10.2022.

Beck, Klaus 2012: Das Mediensystem Deutschlands: Strukturen, Märkte, Regulierung, Wiesbaden: VS Verlag für Sozialwissenschaften.

Beck, Ulrich 1986: Risikogesellschaft: Auf dem Weg in eine andere Moderne, Frankfurt a. M.: Suhrkamp

Beck, Ulrich 2001: Das Zeitalter des „eigenen Lebens". Individualisierung als „paradoxe Sozialstruktur" und andere offene Fragen, in: Aus Politik und Zeitgeschichte B 29 (2001), 3–6.

Becker, Joachim 2009: Regulationstheorie, in: Becker, Joachim et al. (Hg.): Heterodoxe Ökonomie, Marburg: Metropolis, 89–116.

Becker, Michael 2003: Klassische und moderne politische Philosophie, in: Mols, Manfred et al. (Hg.), Politikwissenschaft: Eine Einführung, 4. Aufl., Paderborn: Schöningh, 164–195.

Becker, Ulrich/Nowak, Horst 1982: Lebensweltanalyse als neue Perspektive der Meinungs- und Marketingforschung, in: E.S.O.M.A.R. Congress Bd. 2„ Wien: European Society for Opinion and Marketing Research, 247–267.

Beer, Sebastian/De Mooij, Rund/Liu, Li 2020: International corporate tax avoidance: A review of the channels, magnitudes, and blind spots, in: Journal of Economic Surveys 34 (3), 660–688.

Beetham, David (Hg.) 1994: Defining and measuring democracy, London: Sage.

Behnke, Joachim/Behnke, Nathalie 2006: Grundlagen der statistischen Datenanalyse. Eine Einführung für Politikwissenschaftler, Wiesbaden: Springer.

Bellin, Eva 2004: The robustness of authoritarianism in the Middle East. Exceptionalism in comparative perspective, in: Comparative Politics 36 (2), 139–157.

Bennett, Andrew/Elman, Colin 2006: Qualitative research. Recent developments in case study methods, in: Annual Review of Political Science 9 (1), 455–476.

Bennett, Andrew/Checkel, Jeffrey T. (Hg.) 2015: Process tracing. From metaphor to analytic tool, Cambridge: Cambridge University Press.

Berking, Helmuth/Neckel, Sighard 1987: Politik und Lebensstile, in: Ästhetik und Kommunikation 65 und 66, 47–57.

Beyeler, Michelle 2013: Was bewirkt Globalisierungskritik? Protestkampagnen gegen die Welthandelsorganisation und das Weltwirtschaftsforum, Frankfurt a. M.: Campus.

Beyme, Klaus von 2000: Die Politischen Theorien der Gegenwart – Eine Einführung, 8. Aufl., Wiesbaden: VS Verlag für Sozialwissenschaften.

Bilden, Helga 2007: Das vielstimmige, heterogene Selbst. Zum Verständnis „postmoderner" Subjektivitäten, in: Frankenberger, Rolf/Frech, Siegfried/Grimm, Daniela (Hg.): Politische Psychologie und politische Bildung. Schwalbach/Ts.: Wochenschau.

Blasius, Jörg/Thiessen, Victor 2021: Argumentieren mit Statistik. Eine Einführung in das sozial-wissenschaftliche Studium. Opladen: Barbara Budrich.

Blatter, Joachim/Haverland, Markus 2012: Two or three approaches to explanatory case study research? American Political Science Association 2012 Annual Meeting Paper. https://ssrn.com/abstract=2105542, zuletzt besucht am 13.02.2023.

Blatter, Joachim/Kanning, Frank/Wagemann, Claudius 2007: Qualitative Politikanalyse, Wiesbaden: VS Verlag für Sozialwissenschaften.

Blatter, Joachim/Haverland, Markus 2014: Designing case studies. Explanatory approaches in small-n research, Basingstoke: Palgrave Macmillan.

Blickhan, Michael/Teune, Simon 2003: Die Lust am Ausnahmezustand. Der Berliner 1. Mai im Spiegel der Medien, in: Rucht, Dieter (Hg.): Berlin, 1. Mai 2002. Politische Demonstrations-rituale, Wiesbaden: Springer VS, 185–220.

Boeckh, Andreas 2003: The painful transition of a rentier state. Globalization and neopopulist regression in Venezuela, in: Beck, Martin et al. (Hg.): Resistance to globalization. Political struggle and cultural resilience in the Middle East, Russia, and Latin America, Berlin: LIT, 142–157.

Boeckh, Andreas/Siedlaczek, Magdalena 2006: Venezuela nach 8 Jahren Hugo Chávez: Versuch einer Bilanz. Presentation transcript.

Boeckh, Andreas/Graf, Patricia 2005: Der Comandante in seinem Labyrinth, in: Boeckh, Andreas (Hg.): Venezuela. Die Bolivarische Republik. Bad Honnef: Horlemann, 81–105.

Boris, Dieter 1998: Soziale Bewegungen in Lateinamerika, Hamburg: VSA.

Botzen, Katrin 2012: Konzeption einer wissenschaftlichen Arbeit, in: Berninger, Ina et al. (Hg.): Grundlagen sozialwissenschaftlichen Arbeitens. Eine anwendungsorientierte Einführung. Opladen/Toronto: Barbara Budrich, 17–32

Bourdieu, Pierre 2001: Das politische Feld: Zur Kritik der politischen Vernunft, Konstanz: UVK.

Brady, Henry E./Collier, David (Hg.) 2004: Rethinking social inquiry. Diverse tools, shared stand-ards, Lanham: Rowman & Littlefield.

Bratton, Michael/Mattes, Robert/Gyimah-Boadi, Emmanuel 2005: Public opinion, democracy, and market reform in Africa, Cambridge: Cambridge University Press.

Brennan, Geoffrey/Buchanan, James M. 1980: The power to tax. Analytic foundations of a fiscal constitution, Cambridge: Cambridge University Press.

Browers, Michaelle L. 2006: Democracy and civil society in Arab political thought. Transcultural possibilities, Syracuse: Syracuse University Press.

Brown, Robert 1968: Explanation in social science, 3. Aufl., London: Taylor and Francis.

Brühl, Rolf 2014: Wie Wissenschaft Wissen schafft. Wissenschaftstheorie für Sozial- und Wirt-schaftswissenschaften, Konstanz: UVK .

Bryant, Antony/Charmaz, Kathy (Hg.) 2007a: The Sage handbook of grounded theory, Thousand Oaks: Sage.

Bryant, Antony/Charmaz, Kathy 2007b: Introduction: Grounded Theory research: methods and practices, in: Bryant, Antony/Charmaz, Kathy (Hg.): The Sage handbook of grounded the-ory, Thousand Oaks: Sage, 1–28.

Bueno de Mesquita, Bruce/Smith, Alastair/Siverson, Randolph M./Morrow, James D. 2003: The logic of political survival, Cambridge: MIT Press.

Buhr, Daniel/Frankenberger, Rolf/Gensheimer, Tim 2019: Mehr Demokratie ertragen? Eine le-bensweltliche Studie von AfD-Wählerinnen und Wählern, in: Baden-Württemberg Stiftung

(Hg.): Demokratie-Monitoring Baden-Württemberg 2016/2017, Wiesbaden: Springer VS, 85–101.

Buhr, Daniel/Frankenberger, Rolf 2014a: Spielarten des inkorporierten Kapitalismus, in: Nölke, Andreas/May, Christian/Claar, Simone (Hg.): Die großen Schwellenländer. Ursachen und Folgen ihres Aufstiegs in der Weltwirtschaft, Wiesbaden: Springer VS, 61–84.

Buhr, Daniel/Frankenberger, Rolf 2014b: Emerging varieties of incorporated capitalism. Theoretical considerations and empirical evidence, in: Business and Politics 16 (4), 393–427.

Bundesassistentenkonferenz 1970: Forschendes Lernen – Wissenschaftliches Prüfen. Ergebnisse der Arbeit des Ausschusses für Hochschuldidaktik, Bonn.

Burnham, Peter/Lutz, Karin Gilland/Grant, Wyn/Layton-Henry, Zig 2008: Research methods in politics, 2. Aufl. Houndmills: Palgrave Macmillan.

Cabrera, Luis 2020: Grounded normative theory and moral justification, in: Journal of Global Ethics 16 (1): 110–115, DOI: 10.1080/17449626.2020.1727943.

Canache, Damarys 2012: Citizens' conceptualizations of democracy. Structural complexity, substantive content, and political significance, in: Comparative Political Studies 45 (9), 1132–1158.

Canache, Damarys/Mondak, Jefferey/Seligson, Mitchell A. 2001: Meaning and measurement in cross-national research on satisfaction with democracy, in: Public Opinion Quarterly 65 (4), 506–528.

Carnaghan, Ellen 2011: The difficulty of measuring support for democracy in a changing society. Evidence from Russia, in: Democratization 18 (3), 682–706.

Carney, Christopher P. 1989: International patron-client relationships. A conceptual framework, in: Studies in Comparative International Development 24 (2), 42–55.

Carrier, Martin 2006: Wissenschaftstheorie zur Einführung, Hamburg: Junius.

Charap, Samuel/Geist, Edward/Frederick, Bryan/Drennan, John/Chandler, Nathan/Kavanagh, Jennifer 2021: Russia's military interventions. Patterns, drivers, and signposts, Santa Monica: RAND Corporation.

Charmaz, Kathy 2008: Grounded theory as an emergent method, in: Hesse-Biber, Sharlene N./Leavy, Patricia (Hg.): Handbook of emergent methods, New York: Guilford Press, 155–172.

Charmaz, Kathy 2011: A constructivist grounded theory analysis of losing and regaining a valued self, in: Wertz, Frederick J. et al. (Hg.): Five ways of doing qualitative analysis. Phenomenological psychology, grounded theory, discourse analysis, narrative research, and intuitive inquiry, New York: Guilford Press, 165–204.

Charmaz, Kathy 2014: Constructing grounded theory, Thousand Oaks: Sage.

Charmaz, Kathy 2017: Special invited paper: Continuities, contradictions, and critical inquiry in grounded theory, in: International Journal of Qualitative Methods 16 (1), 1–8.

Charron, Nicholas/Lapuente, Victor 2011: Which dictators produce quality of government?, in: Studies in Comparative International Development 46 (4), 397–423.

Cheibub, Jose A./Gandhi, Jennifer/Vreeland, James R. 2010: Democracy and dictatorship revisited, in: Public Choice 143 (1/2), 67–101.

Clarke, Adele E. 2005: Situational analysis. Grounded theory after the postmodern turn, Thousand Oaks: Sage.

Collier, David/Laporte, Jody/Seawright, Jason 2008: Typologies. Forming concepts and creating categorical variables, in: Box-Steffensmeier, Janet M./Brady, Henry E./Collier David (Hg.): The Oxford handbook of political methodology. Oxford: Oxford University Press, 152–173.

Collier, David/LaPorte, Jody/Seawright, Jason 2012: Putting typologies to work. Concept formation, measurement, and analytic rigor, in: Political Research Quarterly 65 (1), 217–232.

Collier, David/Levitsky, Steven 1997: Democracy with adjectives. Conceptual innovation in comparative research, in: World Politics 49 (3), 430–451.

Collier, David/Levitsky, Steven 2009: Conceptual hierarchies in comparative research. The case of democracy, in: Collier, David/Gerring, John (Hg.): Concepts and method in the social science. The tradition of Giovanni Sartori, London: Routledge, 269–288.

Collier, David/Mahon, James 1993: Conceptual stretching revisited. Adapting categories in comparative analysis, in: American Political Science Review 87 (4), 845–855.

Coppedge, Michael et al. 2011: Conceptualizing and measuring democracy. A new approach, in: Perspectives on Politics 9 (2), 247–267.

Corbin, Juliet M./Strauss, Anselm 1990: Grounded theory research. Procedures, canons, and evaluative criteria, in: Qualitative Sociology 13 (1), 3–21.

Curran, Sara R. 2006: Ethical considerations for research in cross-cultural settings, in: Perecman, Ellen/Curran Sara R. (Hg.): A handbook for social science field research. Essays & bibliographic sources on research design and methods, Thousand Oaks: Sage, 197–216.

Czerwick, Edwin 2015: Funktionalismus, Tübingen: Mohr Siebeck.

Dahl, Robert A. 1971: Polyarchy. Participation and opposition, New Haven: Yale University Press.

Dahlberg, Stefan/Axelsson, Sofia/Holmberg, Sören 2020: Democracy in context. Using a distributional semantic model to study differences in the usage of democracy across languages and countries, in: Zeitschrift für Vergleichende Politikwissenschaft 14 (4), 425–459.

Dalton, Russell J. 2008: Democratic challenges, democratic choices. The erosion of political support in advanced industrial democracies, Oxford: Oxford University Press.

Dalton, Russell J./Shin, Doh Chull/Jou, Willy 2007: Understanding democracy. Data from unlikely places, in: Journal of Democracy 18 (4), 142–156.

Dalton, Russell J./Welzel, Christian (Hg.) 2014. The Civic Culture Transformed. From Allegiant to Assertive Citizens, Cambridge: Cambridge University Press.

Dalton, Russell J./Klingemann, Hans-Dieter 2007: The Oxford handbook of political behavior, Oxford: Oxford University Press.

Daly, Siobhan 2003: The ladder of abstraction. A framework for the systematic classification of democratic regime types, in: Politics 23 (2), 96–108.

Daniels, Lisa/Minot, Nicholas W. 2020: An introduction to statistics and data analysis using Stata. From research design to final report, Los Angeles: Sage.

Delhey, Jan/Welzel, Christian 2012: Generalizing trust. How outgroup-trust grows beyond ingroup-trust, in: World Values Research 5 (3), 49–74.

Derrida, Jacques 1981: Die Schrift und die Differenz, Frankfurt a. M.: Suhrkamp.

Deutsche Vereinigung für Politikwissenschaft DVPW (2003): Gestufte Studiengänge in der Politikwissenschaft. Empfehlungen zu einem Kerncurriculum von Vorstand und Beirat der DVPW. https://www.dvpw.de/fileadmin/docs/Stellungnahmen/Kerncurriculum_2003.pdf, zuletzt besucht am 23.09.2022.

Dewey, John (1938/1997): Experience and education, New York: Touchstone.

Diamond, Larry 2002: Thinking about hybrid regimes, in: Journal of Democracy 13 (2), 21–35.

Diamond, Larry/Morlino, Leonardo 2004: The quality of democracy. An overview, in: Journal of Democracy 15 (4), 20–31.

Dijk, Teun A. van 2015: Critical Discourse Analysis, in: Tannen, Deborah/Schiffrin, Deborah/Hamilton, Heidi E. (Hg.): The handbook of discourse analysis, 2. Aufl. London: Wiley Blackwell, 466–485.

Dokument 01 (Dok. 1): Jefferson, Thomas 1801: First inaugural speech, https://www.ruhr-uni-bochum.de/gna/Quellensammlung/03/03_jeffersoninaugural_1801.htm, zuletzt besucht am 21.10.2022.

Dokument 02 (Dok. 2): Lincoln, Abraham 1863: Gettysburg address. Bliss copy, http://www.abrahamlincolnonline.org/lincoln/speeches/gettysburg.htm; zuletzt besucht am 21.10.2022.

Dokument 03 (Dok. 3): King, Martin Luther 1963: I have a dream. Speech at the Lincoln Memorial, Washington, D.C., 28.08.1963; https://www.americanrhetoric.com/speeches/mlkihaveadream.htm, zuletzt besucht am 21.10.2022.

Dokument 04 (Dok. 4): Sanders, Bernie 2015: On democratic socialism in the US. 19.11.2015, https://web.archive.org/web/20170720220054/https://berniesanders.com/democratic-socialism-in-the-united-states, zuletzt besucht am 21.10.2022.

Dokument 05 (Dok. 5): Castro, Fidel 1959: What is a real democracy? Speech at the July meeting in the Civic Plaza, Havana, 20.07.1959, https://radicaljournal.com/essays/what_is_a_real_democracy.html, zuletzt besucht am 21.10.2022.

Dokument 06 (Dok. 6): Chavez, Hugo Frias 2005: Opening address given by the president of the Bolivarian Republic of Venezuela at the IV Social Dept Summit and Social Charter of the Americas, Caracas 25.02.2005, https://tellingstoriesofthestoryteller.com/translation-of-chavezs-twenty-first-century-socialism-speech, zuletzt besucht am 21.10.2022.

Dokument 07 (Dok. 7): Orban, Viktor 2019: Speech at the 30th Bálványos Summer Open University and Student Camp, 27.07.2019, https://visegradpost.com/en/2019/07/29/orbans-full-speech-at-tusvanyos-political-philosophy-upcoming-crisis-and-projects-for-the-next-15-years, zuletzt besucht am 21.10.2022.

Dokument 08 (Dok. 8): Putin, Vladimir 2005: Annual address to the Federal Assembly of the Russian Federation, Moskau, 25.04.2005, http://en.kremlin.ru/events/president/transcripts/copy/22931, zuletzt besucht am 21.10.2022.

Dokument 09 (Dok. 9): Duterte, Rodrigo Roa 2016: Inaugural address of his excellency Rodrigo Roa Duterte, president of the Philippines, Rizal Ceremonial Hall, Manila, 30.06.2016, https://www.officialgazette.gov.ph/2016/06/30/inaugural-address-of-president-rodrigo-roa-duterte-june-30-2016, zuletzt besucht am 21.10.2022.

Dokument 10 (Dok. 10): Modi, Narendra 2014: Speech at Red Fort on the 68th independence day, 15.08.2014, https://www.narendramodi.in/text-of-pms-speech-at-red-fort-6464, zuletzt besucht am 21.10.2022

Dokument 11 (Dok. 11): Lenin, Vladimir Ilich 1919: Thesis and report on bourgeois democracy and the dictatorship of the proletariat, First congress of the communist international, Moskau, 04.03.1919, https://www.marxists.org/archive/lenin/works/1919/mar/comintern.htm, zuletzt besucht am 21.10.2022.

Dokument 12 (Dok. 12): Nyerere, Julius 1998: Good governance for Africa, 13.10.1998, https://www.marxists.org/subject/africa/nyerere/1998/10/13.htm, zuletzt besucht am 21.10.2022.

Dokument 13 (Dok. 13): Lumumba, Patrice 1958: Speech at the Assembly of African Peoples, Accra, 11.12.1958, https://www.blackpast.org/global-african-history/1958-patrice-lumumba-speech-accra, zuletzt besucht am 21.10.2022.

Dokument 14 (Dok. 14): Xi, Jinping 2017: Secure a decisive victory in building a moderately prosperous society in all respects and strive for the great success of socialism with Chinese characteristics for a new era. Speech at the 19th National Congress of the Communist Party of China, 18.10.2017, https://www.chinadaily.com.cn/china/19thcpcnationalcongress/20 17-11/04/content_34115212.htm, zuletzt besucht am 21.10.2022.

Dokument 15 (Dok. 15): Bolivar, Simón 1819: An address of Bolivar at the Congress of Angostura, 15.02.1819, https://library.brown.edu/create/modernlatinamerica/chapters/chapter-2-th e-colonial-foundations/primary-documents-with-accompanying-discussion-questions/do cument-3-simon-bolivar-address-at-the-congress-of-angostura-1819, zuletzt besucht am 21.10.2022.

Dokument 16 (Dok. 16): Mao, Tse-tung 1949: On the people's democratic dictatorship, in com-memoration of the twenty-eighth anniversary of the Communist Party of China, 30.06.1949, https://www.marxists.org/reference/archive/mao/selected-works/volume-4/mswv4_65.htm, zuletzt besucht am 21.10.2022.

Dokument 17 (Dok. 17): Gandhi, Mahatma 1940: Democracy and Non-Violence. https://www.mkgandhi.org/ebks/political-and-national-life-and-affairs-Vol-1.pdf, zuletzt besucht am 21.10.2022.

Döring, Nicola/Bortz, Jürgen 2016: Forschungsstand und theoretischer Hintergrund, in: For-schungsmethoden und Evaluation in den Sozial- und Humanwissenschaften. Springer, Berlin/Heidelberg: Springer, DOI: 10.1007/978-3-642-41089-5_6.

Dowding, Keith 2016: The philosophy and methods of political science, London: Palgrave.

Dreier, Volker 1997: Empirische Politikforschung, München: Oldenbourg.

Dryzek, John S./Berejikian, Jeffrey 1993: Reconstructive democratic theory, in: American Politi-cal Science Review 87 (1), 48–60.

Dryzek, John S./Templeman Holmes, Leslie 2002: Post-communist democratization. Political dis-courses across thirteen countries, Cambridge: Cambridge University Press.

Dunne, Ciarán 2011: The place of the literature review in grounded theory research, in: Interna-tional Journal of Social Research Methodology 14 (2), 111–124.

Easton, David 1953: The political system. An inquiry into the state of political science, New York: Alfred A. Knopf.

Easton, David 1965: A systems analysis of political life, New York: John Wiley and Sons.

Easton, David 1975: A re-assessment of the concept of political support, in: British Journal of Political Science 5, 435–457.

Easton, David 1976: Theoretical approaches to political support, in: Canadian Journal of Political Science 9, 431–448.

Eckstein, Harry 1975: Case study and theory in political science, in: Greenstein, Fred I./Polsby, Nelson W. (Hg.): Strategies of inquiry. Handbook of political science Volume 7, Reading: Ad-dison-Wesley, 79–138.

Eco, Umberto 2015: How to write a thesis, Cambridge: MIT Press.

Egner, Björn 2019: Methoden der Politikwissenschaft. Eine anwendungsbezogene Einführung, München: UVK.

Eilders, Christiane/Neidhardt, Friedhelm/Pfetsch, Barbara 1998: Die Stimme der Medien im po-litischen Prozeß. Themen und Meinungen in Pressekommentaren, in: WZB Discussion Pa-per, No. FS III 98–106, Berlin: Wissenschaftszentrum Berlin für Sozialforschung.

Elias, Norbert 1978: Zum Begriff des Alltags, in: Hammerich, Kurt/Klein, Michael (Hg.): Materia-lien zur Soziologie des Alltags, KZfSS Sonderheft 20, 2–29.

Endreß, Martin 2013: Soziologische Theorien kompakt, 2. Aufl., München: Oldenbourg.

Erhard, Franz/Sammet, Kornelia (Hg.) 2018: Sequenzanalyse praktisch, Weinheim: Beltz.

Ertl, Sarah 2015: Protest als Ereignis. Zur medialen Inszenierung von Bürgerpartizipation, Münster: transcript.

Etzioni, Amitai 1968: The active society. A theory of societal and political processes, New York/London: Collier-Macmillan.

Euler, Dieter 2005: Forschendes Lernen, in: Spoun, Sascha/Wunderlich, Werner (Hg.): Studienziel Persönlichkeit. Beiträge zum Bildungsauftrag der Universität heute, Frankfurt a. M.: Campus, 253–272.

Fairclough, Norman 2009. Discourse and social change, Cambridge: Polity Press.

Fairfield, Tasha/Charman, Andrew 2015: Formal Bayesian process tracing. Guidelines, opportunities, and caveats, London: LSE.

Fairfield, Tasha/Charman, Andrew 2017: Explicit Bayesian analysis for process tracing, in: Political Analysis 25 (3), 363–380.

Featherstone, Michael 1991: Consumer culture and postmodernism, London: Sage.

Feaver, Peter D. 1999: Civil-military relations, in: Annual Review of Political Science 2 (1), 211–241.

Ferrín, Mónica/Kriesi, Hanspeter 2016: How Europeans view and evaluate democracy, Oxford: Oxford University Press.

Fishman, Robert M. 1990: Rethinking state and regime. Southern Europe's transition to democracy, in: World Politics 42 (3), 422–440.

Flaig, Bodo B./Meyer, Thomas/Ueltzhöffer, Jörg 1994: Alltagsästhetik und Politische Kultur. Zur ästhetischen Dimension politischer Bildung und politischer Kommunikation, 2. Aufl., Bonn: Dietz.

Flick, Uwe 1996: Qualitative Forschung. Theorie, Methoden, Anwendung in Psychologie und Sozialwissenschaften, 2. Aufl. Reinbek bei Hamburg: Rowohlt.

Flick, Uwe et al. (Hg.) 2007: Qualitative Forschung. Ein Handbuch, Reinbek bei Hamburg: Rowohlt.

Flick, Uwe 2018: Doing grounded theory, London: Sage.

Follesdal, Dagfinn/Walloe, Lars/Elster, Jon 1988: Rationale Argumentation. Ein Grundkurs in Argumentations- und Wissenschaftstheorie, Berlin: De Gruyter.

Foucault, Michel 1971: Orders of discourse, in: Social Science Information 10 (2), 7–30.

Foucault, Michel 1973: Archäologie des Wissens, Frankfurt a. M.: Suhrkamp.

Foucault, Michel 1974: Die Ordnung des Diskurses. Inauguralvorlesung am Collège de France, 02.12.1970, München: Hanser.

Foucault, Michel 1976: Mikrophysik der Macht. Michel Foucault über Strafjustiz, Psychiatrie und Medizin, Berlin: Merve.

Foucault, Michel 1988: Archäologie des Wissens, Frankfurt a. M.: Suhrkamp.

Foucault, Michel 1991: Die Ordnung des Diskurses, Frankfurt a. M.: Fischer.

Foucault, Michel 1994: Das Subjekt und die Macht: Nachwort, in: Dreyfus, Hubert L./Rabinow, Paul (Hg.): Neue wissenschaftliche Bibliothek. Michel Foucault: Jenseits von Strukturalismus und Hermeneutik, 2. Aufl. Frankfurt a. M.: Beltz Athenäum, 243–264.

Frankenberger, Rolf 2007: Gesellschaft – Individuum – Gouvernementalität: Theoretische und empirische Beiträge zur Analyse der Postmoderne, Münster: LIT.

Frankenberger, Rolf 2013a: Kritische Übergänge. Theoretische Überlegungen und empirische Befunde zur Frage der Studierfähigkeit, in: Tübinger Beiträge zur Hochschuldidaktik 9 (3), URN: nbn:de:bsz:21-opus-70738.

Frankenberger, Rolf 2013b: Mikrophysik und Makrostruktur. Überlegungen zu einer Analytik der Macht in Autokratien, in: Politische Vierteljahresschrift Sonderheft 47, 60–85.

Frankenberger, Rolf 2014: Studierfähigkeit: Theorie und empirische Befunde am Beispiel der Politikwissenschaft, in: Lin-Klitzing, Susanne/Di Fuccia, David/Stengl-Jörns, Roswitha (Hg.): Abitur und Studierfähigkeit. Ein interdisziplinärer Dialog, Bad Heilbrunn: Julius Klinkhardt, 183–205.

Frankenberger, Rolf 2021: Methoden in der Politikwissenschaft, Stuttgart: Kohlhammer.

Frankenberger, Rolf/Buhr, Daniel 2016: Heterogenität als Normalzustand? Politische Lebenswelten in Baden-Württemberg, in: Der Bürger im Staat 2–3/2016, 167–174.

Frankenberger, Rolf/Buhr, Daniel 2020: To participate or to oppose: Political lifeworlds between affirmative and aversive critique of representative democracy, in: Frankenberger, Rolf/Chernenkova, Elena (Hg.): Local governance and public wellbeing. Comparing Russian and German examples, Baden-Baden: Nomos, 141–156.

Frankenberger, Rolf/Buhr, Daniel 2021: „For me democracy is ...“ Meanings of democracy from a phenomenological perspective, in: Zeitschrift für Vergleichende Politikwissenschaft 14 (4), 375–399.

Frankenberger, Rolf/Buhr, Daniel 2023: Towards a grounded theory of democracy. A trial using political speeches from different times, places, and contexts, in: Democratic Theory (im Erscheinen).

Frankenberger, Rolf/Buhr, Daniel/Schmid, Josef 2015: Politische Lebenswelten. Eine qualitative Studie zu politischen Einstellungen und Beteiligungsorientierungen in ausgewählten Kommunen in Baden-Württemberg, in: Baden-Württemberg Stiftung (Hg.), Demokratie-Monitoring Baden-Württemberg 2013/14, Wiesbaden: Springer VS, 151–221.

Frankenberger, Rolf/Gensheimer, Tim/Buhr, Daniel 2019: Zwischen Mitmachen und Dagegen sein. Politische Lebenswelten in Baden-Württemberg, in: Baden-Württemberg Stiftung (Hg.): Demokratie-Monitoring Baden-Württemberg 2016/17, Wiesbaden: Springer VS, 149–172.

Frankenberger, Rolf/Graf, Patricia 2011: Elections, democratic regression and transitions to autocracy. Lessons from Russia and Venezuela, in: Zeitschrift für Vergleichende Politikwissenschaft Sonderheft 1: Regression of Democracy, 201–220.

Frankenberger, Rolf/Meyer, Gerd 2008: Postmoderne und Persönlichkeit, Baden-Baden: Nomos.

Freise, Matthias 2018: Forschendes Lernen in der politikwissenschaftlichen Hochschullehre, Frankfurt a. M.: Wochenschau.

Friedrichs, Jürgen 1999: Methoden empirischer Sozialforschung, 15. Aufl., Opladen: Westdeutscher Verlag.

Fromm, Erich 1941: Die Furcht vor der Freiheit. GA I, 215–392.

Fromm, Erich 1947: Psychoanalyse und Ethik. GA II, 1–157.

Fromm, Erich 1955: Wege aus einer kranken Gesellschaft. GA IV, 1–254.

Fromm, Erich 1970/1977: Freuds Modell des Menschen und seine gesellschaftlichen Determinanten. GA VIII, 231–251.

Fromm, Erich 1973: Anatomie der menschlichen Destruktivität. GA VII.

Fromm, Erich 1976: Haben oder Sein. GA II, 269–414.

Fromm, Erich 1979: Sigmund Freuds Psychoanalyse – Größen und Grenzen. GA VIII, 259–367.

Fromm, Erich 1980/1981: Gesamtausgabe. 10 Bde. (abgekürzt mit GA I–X), hg. von Rainer Funk, Stuttgart: Deutsche Verlags-Anstalt. Ergänzungsbände XI und XII, Stuttgart 1999.

Fromm, Erich 1992: Die Determiniertheit der psychischen Struktur durch die Gesellschaft. Zur Methode und Aufgabe einer Analytischen Sozialpsychologie. GA XI, 129–175.

Früh, Werner 2017: Inhaltsanalyse, Konstanz: UVK.

Funk, Rainer 1995: Der Gesellschaftscharakter. „Mit Lust tun, was die Gesellschaft braucht", in: Internationale Erich-Fromm-Gesellschaft (Hg.): Die Charaktermauer. Zur Psychoanalyse des Gesellschaftscharakters in Ost- und Westdeutschland, Göttingen: Vandenhoeck und Ruprecht, 17–68.

Funk, Rainer 2005: Ich und Wir. Psychoanalyse des Postmodernen Menschen, München: dtv.

Gagnon, Jean-Paul 2020: Democracy with adjectives database, at 3539 entries. https://cloud stor.aarnet.edu.au/plus/s/WHxpUoQV7ifLLWA, zuletzt besucht am 21.10.2022.

Gagnon, Jean-Paul 2018: 2,234 descriptions of democracy. An update to democracy's ontological pluralism, in: Democratic Theory 5 (1), 92–113.

Gallie, Walter Bryce 1956: Essentially contested concepts, in: Proceedings of the Aristotelian Society 1955–1956, 167–198.

Gandhi, Jennifer 2008: Dictatorial institutions and their impact on economic growth, in: European Journal of Sociology 49 (3), 3–30.

Gause, Gregory F. 2014: Sectarianism. The new Middle East cold war, in: Brookings Doha Center Analysis Paper 11, 1–23.

Geddes, Barbara 1990: How the cases you choose affect the answers you get. Selection bias in comparative politics, in: Political Analysis 2, 131–50.

Geddes, Barbara 2003: Paradigms and sandcastles. Theory building and research design in comparative politics, Ann Arbor: University of Michigan Press.

Geddes, Barbara/Wright, Joseph/Frantz, Erica 2014a: Autocratic breakdown and regime transitions. A new data set, in: Perspectives on Politics 12 (2), 313–331.

Geddes, Barbara/Wright, Joseph/Frantz, Erica 2014b: Autocratic regimes. Code book. Version 1.2, https://sites.psu.edu/dictators/wp-content/uploads/sites/12570/2016/05/GWF-Code book.pdf, zuletzt besucht am 15.07.2022.

Gensheimer, Tim/Buhr, Daniel/Frankenberger, Rolf 2019: Wir wollen mitbestimmen! Argumente und Narrative für und gegen Direktdemokratie im Vergleich von AfD- und Nicht-AfD-Wählerinnen und Wählern, in: Baden-Württemberg Stiftung (Hg.), Demokratie-Monitoring Baden-Württemberg 2016/17, Wiesbaden: Springer VS, 129–148.

Gensheimer, Tim/Frankenberger, Rolf 2019: Themen, Thesen, Argumente. Die Bedeutung von politischem System, Politikfeldern und Beteiligungsangeboten für AfD- und Nicht-AfD Wähler im Vergleich, in: Baden-Württemberg Stiftung (Hg.), Demokratie-Monitoring Baden-Württemberg 2016/17, Wiesbaden: Springer VS, 103–128.

George, Alexander/Bennett, Andrew 2005: Case studies and theory development, Cambridge: MIT Press.

Gergen, Kenneth 2002: Konstruierte Wirklichkeiten, Stuttgart: Kohlhammer.

Gerlach, Daniel 2015: Herrschaft über Syrien. Macht und Manipulation unter Assad, Hamburg: Edition Körber-Stiftung.

Gerlach, Daniel 2019: Der Nahe Osten geht nicht unter. Die arabische Welt vor ihrer historischen Chance, Hamburg: Edition Körber-Stiftung.

Gerring, John 2004: What is a case study and what is it good for?, in: American Political Science Review 98 (2), 341–354.

Gerring, John 2007: Case study research. Principles and practices, Cambridge: Cambridge University Press

Gerring, John 2012: Mere description, in: British Journal of Political Science 42, 721–746.

Gerring, John 1999: What makes a concept good? A criterial framework for understanding concept formation in the social sciences, in: Polity 31 (3), 357–393.

Gerring, John/Barresi, Paul A. 2003: Putting ordinary language to work. A min-max strategy of concept formation in the social sciences, in: Journal of Theoretical Politics 15 (2), 201–232.

Gerring, John/Christenson, Dino 2017: Applied social science methodology. An introductory guide, Cambridge: Cambridge University Press.

Gerring, John/McDermott, Rose 2007: An experimental template for case study research, in: American Journal of Political Science 51 (3), 688–701.

Gitlin, Todd 1980: The whole world is watching. Mass media in the making and unmaking of the New Left, Berkeley: University of California Press.

Glaser, Barney G. 1965: The constant comparative method of qualitative analysis, in: Social problems 12 (4), 436–445.

Glaser, Barney G. 1978: Theoretical sensitivity. Advances in the methodology of grounded theory. Mill Valley: Sociology Press.

Glaser, Barney G./Holton, Judith 2004: Remodeling grounded theory, in: Forum qualitative Sozialforschung/forum: qualitative social research 5 (2), Article 4.

Glaser, Barney G./Strauss, Anselm L. (1998): Grounded Theory. Strategien qualitativer Forschung, Bern: Huber.

Glaser, Barney G./Strauss, Anselm L. 1965: Awareness of dying, Chicago: Aldine.

Glaser, Barney G./Strauss, Anselm L. 1967: The discovery of grounded theory. Strategies for qualitative research, Chicago: Aldine.

Glaser, Barney G./Strauss, Anselm L. 1968: Time for dying, Chicago: Aldine.

Goertz, Gary 2013: Causal goals, case selection and multi-method work. Vortrag gehalten auf der Berlin Summer School in Social Sciences „Linking Theory and Empirical Research in the Social Sciences – Major Challenges and Current Debates", 18./19. Juli 2013, Berlin.

Goertz, Gary/Levy, Jack S. 2007: Causal Explanation, necessary conditions, and case studies, in: Goertz, Gary/Levy, Jack S. (Hg.): Explaining war and peace. Case studies and necessary condition counterfactuals, New York: Routledge, 9–45.

Gould, Andrew C. 1999. Conflicting imperatives and concept formation, in: The Review of Politics 61 (3), 439–463.

Graf, Patricia/Stehnken, Thomas 2008: Lateinamerika zwischen Stagnation, Anpassung und Aufbruch, in: Graf, Patricia/Stehnken, Thomas (Hg.): Lateinamerika. Politik, Wirtschaft und Gesellschaft, Baden-Baden: Nomos, 11–22.

Grix, Jonathan 2001: Review article: Social capital as a concept in the social sciences. The current state of the debate, in: Democratization 8 (3), 189–210.

Gruber, Helmut/Huemer, Birgit/Rheindorf, Markus 2009: Wissenschaftliches Schreiben. Ein Praxisbuch für Studierende der Geistes- und Sozialwissenschaften, Wien: Böhlau.

Hadenius, Axel/Teorell, Jan/Wahman, Michael 2017: Authoritarian regimes data set version 6.0. Codebook, https://sites.google.com/site/authoritarianregimedataset/data, zuletzt geprüft am 15.07.2022.

Hadenius, Axel/Teorell, Jan 2007: Pathways from authoritarianism, in: Journal of Democracy 18 (1), 143–156.

Hajer, Maarten 2008: Argumentative Diskursanalyse. Auf der Suche nach Koalitionen, Praktiken und Bedeutung, in: Keller, Reiner et al. (Hg.): Handbuch sozialwissenschaftliche Diskursanalyse, 3. Aufl. Wiesbaden: Springer VS, 271–298.

Hall, Peter/Soskice, David (Hg.) 2001: Varieties of capitalism. The institutional foundations of comparative advantage, Oxford: Oxford University Press.

Hancké, Bob/Rhodes, Martin/Thatcher, Mark (Hg.) 2007: Beyond varieties of capitalism. Conflict, contradictions, and complementarities in the European economy, Oxford: Oxford University Press.

Handl, Andreas/Kuhlenkasper, Toben 2017: Multivariate Analysemethoden. Theorie und Praxis mit R., 3. Aufl. Berlin: Springer Spektrum.

Hashemi, Nader 2016: Toward a political theory of sectarianism in the Middle East. The salience of authoritarianism over theology, in: Journal of Islamic and Muslim Studies 1 (1), 65–76.

Hauff, Volker 1987: Unsere gemeinsame Zukunft. Der Brundtland-Bericht der OECD, Greven: Eggenkamp.

Hepp, Gert 1994: Wertewandel. Politikwissenschaftliche Grundfragen, München: Oldenbourg.

Hepp, Gert 1996: Wertewandel und Bürgergesellschaft, in: Aus Politik und Zeitgeschichte B-52, 3–12.

Hermet, Guy 1978: State-controlled elections. A Framework, in: Hermet, Guy/Rose, Richard/Rouquié, Alain (Hg.): Elections without choice, London: Macmillan, 1–18.

Hessischer Landtag 2013: Kleine Anfrage des Abg. Frank-Peter Kaufmann (BÜNDNIS 90/DIE GRÜNEN) vom 18.04.2013 betreffend Tochtergesellschaften der Fraport AG in Steueroasen und Antwort des Ministers der Finanzen.

Hibbs, David A. 1977: Political parties and macroeconomic policy, in: American Political Science Review 71 (4), 1467–1487.

Hinnebusch, Raymond 2018: Understanding regime divergence in the post-uprising Arab states, in: Journal of Historical Sociology 31 (1), 39–52.

Hitzler, Ronald 1997: Politisches Wissen und politisches Handeln. Einige phänomenologische Bemerkungen zur Begriffsklärung, in: Lamnek, Siegfried (Hg.): Soziologie und politische Bildung, Leverkusen: Leske & Budrich, 115–132.

Hollingsworth, James/Boyer, Robert 1997. Contemporary capitalism. The embeddedness of institutions, Cambridge: Cambridge University Press.

Hollyer, James R./Rosendorff, Peter B./Vreeland, James R. (2011): Democracy and Transparency, in: The Journal of Politics 73 (4), 1191–1205.

Hooghe, Marc/Marien, Sofie 2013: A comparative analysis of the relation between political trust and forms of political participation in Europe, in: European Societies 15 (1), 131–152.

Hopf, Christel/Hopf, Wulf 1997: Familie, Persönlichkeit, Politik. Eine Einführung in die politische Sozialisation, Weinheim: Beltz.

Hopf, Christel/Schmidt, Christiane (Hg.) 1993: Zum Verhältnis von innerfamiliären sozialen Erfahrungen, Persönlichkeitsentwicklung und politischen Orientierungen. Institut für Sozialwissenschaften der Universität Hildesheim, http://w2.wa.uni-hannover.de/mes/berich te/rex93.htm, zuletzt besucht am 01.11.2013.

Hopf, Christel/Rieker, Peter/Sanden-Marcus, Martina/Schmidt, Christiane 1995: Familien und Rechtsextremismus. Familiale Sozialisation und rechtsextreme Orientierungen junger Männer, Weinheim: Juventa.

Hopf, Christel 2007: Qualitative Interviews. Ein Überblick, in: Flick, Uwe et al. (Hg.), Qualitative Forschung. Ein Handbuch, Reinbek bei Hamburg: Rowohlt, 349–359.

Huber, Ludwig 2003: Forschendes Lernen in Deutschen Hochschulen. Zum Stand der Diskussion, in: Obolenski, Alexandra/Meyer, Hilbert (Hg.): Forschendes Lernen. Theorie und Praxis einer professionellen LehrerInnenausbildung, Bad Heilbrunn: Klinkhardt, 15–36.

Huber, Ludwig 2009: Warum Forschendes Lernen nötig und möglich ist, in: Huber, Ludwig/Hellmer, Julia/Schneider, Friederike (Hg.): Forschendes Lernen im Studium. Aktuelle Konzepte und Erfahrungen, Bielefeld: Universitätsverlag Webler, 9–36.

Hughes, Geraint Alun 2014: Syria and the perils of proxy warfare, in: Small Wars & Insurgencies 25 (3), 522–538.

Inglehart, Ronald 1998: Modernisierung und Postmodernisierung. Kultureller, wirtschaftlicher und politischer Wandel in 43 Gesellschaften, Frankfurt a. M.: Suhrkamp.

Jacob, Rüdiger et al. 2011: Umfrage. Einführung in die Methoden der Umfrageforschung, 2. Aufl. München: Oldenbourg.

Jäger, Siegfried 2009: Kritische Diskursanalyse. Eine Einführung, Münster: Unrast.

Jäger, Siegfried 2012: Kritische Diskursanalyse. Eine Einführung, 6. Aufl. Münster: Unrast.

Janssen, Jürgen/Laatz, Wilfried 2017: Statistische Datenanalyse mit SPSS. Eine anwendungsorientierte Einführung in das Basissystem und das Modul Exakte Tests, 9. Aufl. Berlin: Springer.

Josua, Maria/Edel, Mirjam 2014: To repress or not to repress. Regime survival strategies in the Arab Spring, in: Terrorism and Political Violence 27 (2), 289–309.

Kaase, Max 1997: Vergleichende Politische Partizipationsforschung, in: Berg-Schlosser, Dirk/Müller-Rommel, Ferdinand (Hg.): Vergleichende Politikwissenschaft, 3., überarb. und erg. Auflage, Opladen: Leske & Budrich, 159–174.

Kaase, Max/Marsh, Alan 1979: Political action repertory. Changes over time and a new typology, in Marsh, Alan/Kaase, Max (Hg.): Political action. Mass participation in five western democracies, Beverly Hills: Sage, 137–166.

Kailitz, Steffen 2013a: Macht der Autokratietyp einen Unterschied für das Wirtschaftswachstum?, in: Politische Vierteljahresschrift Sonderheft 47, 500–527.

Kailitz, Steffen 2013b: Classifiying political regimes revisited. Legitimation and durability, in: Democratization 20 (1), 39–60.

Kailitz, Steffen 2016: Political regimes code book. Version 1.4. Dresden: Hannah-Arendt-Institute for the Research on Totalitarianism.

Karis, Tim 2013: Mediendiskurs Islam: Narrative in der Berichterstattung der Tagesthemen 1979–2010. Wiesbaden: Springer VS, DOI: 10.1007/978-3-658-01957-0.

Karl, Terry L. 1995: The hybrid regimes of Central America, in: Journal of Democracy 6 (3), 72–86.

Kelle, Udo 2007: „Emergence" vs. „forcing" of empirical data? A crucial problem of „grounded theory" reconsidered, in: Historical Social Research/Historische Sozialforschung, Supplement 19, 133–156.

Kelle, Udo/Kluge, Susann 1999: Vom Einzelfall zum Typus. Fallvergleiche und Fallkontrastierung in der qualitativen Sozialforschung, Opladen: VS Verlag für Sozialwissenschaften.

Kelle, Udo/Kluge, Susann 2010: Vom Einzelfall zum Typus. Fallvergleich und Fallkontrastierung in der qualitativen Sozialforschung, 2. Aufl. Wiesbaden: Springer VS.

Keller, Reiner 2010: Diskursforschung. Eine Einführung für SozialwissenschaftlerInnen, 4. Aufl., Wiesbaden: Springer VS.

Keller, Reiner 2011a: Diskursforschung. Eine Einführung für SozialwissenschaftlerInnen, 4. Aufl., Wiesbaden: Springer VS, DOI: 10.1007/978-3-531-92085-6.

Keller, Reiner 2011b: Wissenssoziologische Diskursanalyse. Grundlegung eines Forschungsprogramms. 3. Aufl. Wiesbaden: Springer VS.

Keller, Reiner et al. (Hg.) 2006: Handbuch Sozialwissenschaftliche Diskursanalyse, Bd. 1: Theorien und Methoden Forschungspraxis, 2. Aufl. Wiesbaden: Springer VS.

Keller, Reiner et al. (Hg.) 2008: Handbuch Sozialwissenschaftliche Diskursanalyse, Bd. 2: Forschungspraxis, 2., akt. Aufl. Wiesbaden: VS Verlag für Sozialwissenschaften.

Kiefer, Maximilian/Messing, Kira/Musial, Julia/Weiß, Tobias 2016: Westliche Jugendliche im Bann des Islamischen Staates. Radikalisierende Inhalte der IS-Propaganda am Beispiel der Online-Magazine Dabiq und Rumiyah, in: Journal for Deradicalization 9, 126–184.

King, Gary/Keohane, Robert/Verba, Sidney 1994: Designing social inquiry. Scientific inference in qualitative research, Princeton: Princeton University Press.

Klages, Helmut 1993: Traditionsbruch als Herausforderung. Perspektiven der Wertewandelgesellschaft, Frankfurt a. M.: Campus.

Klages, Helmut 2001: Brauchen wir eine Rückkehr zu traditionellen Werten?, in: Aus Politik und Zeitgeschichte B-29, 7–14.

Klages, Helmut/Gensicke, Thomas 1999: Wertewandel und bürgerschaftliches Engagement an der Schwelle zum 21. Jahrhundert, Speyer: Forschungsinstitut für Öffentliche Verwaltung.

Klauser, Fritz 1998: Problem-based learning, in: Zeitschrift für Erziehungswissenschaft 1 (2), 273–293.

Kluge, Susann 1999: Empirisch begründete Typenbildung. Zur Konstruktion von Typen und Typologien in der qualitativen Sozialforschung, Opladen: Leske & Budrich.

Kluge, Susann 2000: Empirisch begründete Typenbildung. Zur Konstruktion von Typen und Typologien in der qualitativen Sozialforschung, in: Forum Qualitative Sozialforschung 1, 1–11.

Knutsen, Carl H. 2012: Democracy and economic growth. A survey of arguments and results, in: International Area Studies Review 15 (4), 393–415.

Knutsen, Carl H. 2018: Autocracy and variation in economic development outcomes, V-Dem Working Paper 80, DOI: 10.2139/ssrn.3286949.

Knutsen, Carl H. 2019: Autocracy and variation in economic development, V-Dem Institute Policy Brief 20, https://v-dem.net/media/publications/v-dem_policybrief_20_2019_v2.pdf, zuletzt besucht am 15.07.2022.

Knutsen, Carl H./Fjelde, Hanne 2013: Property rights in dictatorships. Kings protect property better than generals or party bosses, in: Contemporary Politics 19 (1), 94–114.

Kofman, Michael 2020: Syria and the Russian Armed Forces. An evaluation of Moscow's military strategy and operational performance, in: Hamilton, Robert et al. (Hg.): Russia's war in Syria. Assessing Russian military capabilities and lessons learned, Philadelphia: Foreign Policy Research Institute, 35–66.

Kolb, David A. 1984: Experimental learning. Experience as the source of learning and development, Englewood Cliffs: Prentice-Hall.

Kolle, Christian 2012: Wissenschaftliche Literaturrecherche, in: Berninger, Ina et al. (Hg.): Grundlagen sozialwissenschaftlichen Arbeitens. Eine anwendungsorientierte Einführung, Opladen/Toronto: Barbara Budrich, 33–61

Kornblith, Miriam 2007: Venezuela: calidad de las elecciones y calidad de la democracia, in: América latina hoy: Revista de ciencias sociales 45, 109–124.

Kozhanov, Nikolaï Aleksandrovich 2016: Russia and the Syrian conflict. Moscow's domestic, regional and strategic interests, Berlin: Gerlach Press.

Kracauer, Siegfried 1952: The challenge of qualitative content analysis, in: Public Opinion Quarterly 16 (4), 631–642.

Krauß, Patrizia/Pfaff, Elisa/Schreiber, Dorina 2020: Theorien im Vergleich. Wie können die Walerfolge der AfD erklärt werden? Tübingen: unveröffentlichte Lehrforschungsprojektarbeit.

Kromrey, Helmut 2009: Empirische Sozialforschung, 12. Aufl. Stuttgart: UTB.

Kronthaler, Franz 2021: Statistik angewandt mit Excel. Datenanalyse ist (k)eine Kunst, 2. Aufl. Berlin: Springer Spektrum.

Kuckartz, Udo 1988: Computer und verbale Daten. Chancen zur Innovation sozialwissenschaftlicher Forschungstechniken, Frankfurt a. M.: Peter Lang.

Kuckartz, Udo 1995: Case-oriented quantification, in: Kelle, Uwe (Hg.): Computer-aided qualitative data analysis. Theory, methods and practice, Thousand Oaks: Sage, 158–176.

Kuckartz, Udo 2014: Qualitative Inhaltsanalyse. Methoden, Praxis, Computerunterstützung, Weinheim: Beltz Juventa.

Kuckartz, Udo 2018: Qualitative Inhaltsanalyse. Methoden, Praxis, Computerunterstützung, 4. Aufl., Weinheim: Beltz Juventa.

Küppers, Carolin 2018: Gefährlich oder gefährdet? Diskurse über Sexarbeit zur Fußball-Weltmeisterschaft der Männer in Südafrika, Wiesbaden: Springer VS, DOI: 10.1007/978-3-658-15122-5.

La Porta, Rafael/Lopez-de-Silanes, Florencio/Shleifer, Andrei/Vishny, Robert 1999: The quality of government, in: The Journal of Law, Economics, and Organization 15 (1), 222–279.

Laclau, Ernesto/Mouffe, Chantal 2001: Hegemony and socialist strategy. Towards a radical democratic politics, 2. Aufl. London: Verso.

Lakoff, George 1987: Women, fire and dangerous things. What categories reveal about the mind, Chicago: University of Chicago Press.

Lamnek, Siegfried 1993: Qualitative Sozialforschung, Bd. 2: Methoden und Techniken, Weinheim: PVU.

Lamnek, Siegfried 1995a: Qualitative Sozialforschung, Bd. 1: Methodologie, 3., korr. Aufl. Weinheim: Beltz.

Lamnek, Siegfried 1995b: Qualitative Sozialforschung, Bd. 2: Methoden und Techniken, 3., korr. Aufl. Weinheim: Beltz.

Lamnek, Siegfried/Krell, Claudia 2016: Qualitative Sozialforschung, 6. Aufl., Weinheim: Beltz.

Landman, Todd 2009: Issues and methods in comparative politics. An introduction, 3. Aufl. London: Routledge.

Landman, Todd/Carvalho, Edzia 2017: Issues and methods in comparative politics. An introduction, Abingdon: Routledge.

Landwehr, Achim 2004: Geschichte des Sagbaren. Einführung in die historische Diskursanalyse, 2. Aufl. Tübingen: Discord.

Lane, David 2005: Emerging varieties of capitalism in former state socialist societies, in: Competition and Change 9 (2), 27–47.

Lauth, Hans-Joachim 2009: Typologien in der vergleichenden Politikwissenschaft. Überlegungen zum Korrespondenzproblem, in: Pickel, Susanne et al. (Hg.): Methoden der vergleichenden Politik- und Sozialwissenschaft. Neue Entwicklungen und Anwendungen, Wiesbaden: VS Verlag für Sozialwissenschaften, 153–172.

Lauth, Hans-Joachim 2016: Regime in der Vergleichenden Politikwissenschaft. Autokratie und Demokratie, in: Lauth, Hans-Joachim/Kneuer, Marianne/Pickel, Gert (Hg.): Handbuch Vergleichende Politikwissenschaft, Wiesbaden: Springer VS, 123–139.

Lauth, Hans-Joachim/Wagner, Christian (Hg.) 2019: Politikwissenschaft. Eine Einführung, 9. Aufl. Paderborn: Schöningh.

Lehnert, Matthias/Miller, Bernhard/Wonka, Arndt 2007: Na und? Überlegungen zur theoretischen und gesellschaftlichen Relevanz in der Politikwissenschaft, in: Gschwend, Thomas/ Schimmelfennig, Frank (Hg.): Forschungsdesign in der Politikwissenschaft. Probleme – Strategien – Anwendungen, Frankfurt a. M./New York: Campus, 39–60.

Lenk, Kurt 1991: Theorie der Politik. Eine Einführung, 2. Aufl. Frankfurt a. M.: Campus.

Lenz, Carsten/Rucklak, Nicole 2001: Kleines Politik-Lexikon. Lehr- und Handbücher der Politikwissenschaft, München: Oldenbourg.

Levitsky, Steven/Way, Lucan A. 2002: Elections without democracy. The rise of competitive authoritarianism, in: Journal of Democracy 13 (2), 51–65.

Levitsky, Steven/Way, Lucan A. 2010: Competitive authoritarianism, Cambridge: Cambridge University Press.

Lijphart, Arend 1975: The comparable-cases strategy in comparative research, in: Comparative Political Studies 8 (2), 158–177.

Lijphart, Arend 1968: Typologies of democratic systems, in: Comparative Political Studies 1 (1), 3–44.

Lijphart, Arend 1971: Comparative politics and the comparative method, in: American Political Science Review 65 (3), 682–693.

Linz, Juan José 2000: Totalitäre und autoritäre Regime, hg. von Raimund Krämer. Berlin: Berliner Debatte Wissenschaftsverlag.

Lipset, Seymour Martin/Rokkan, Stein (Hg.) 1967: Party systems and voter alignments. Cross-national perspectives, Bd. 7, New York: Free Press.

Lowndes, Vivien/Marsh, David/Stoker, Gerry (Hg.) 2018: Theory and methods in political science, 4. Aufl. London: Palgrave.

Luhmann, Maike 2020: R für Einsteiger. Einführung in die Statistik-Software für die Sozialwissenschaften mit Online-Material, 5. Aufl. Weinheim: Beltz.

Luhmann, Niklas 1984: Soziale Systeme. Grundriss einer allgemeinen Theorie, Frankfurt a. M.: Suhrkamp.

Luhmann, Niklas 1990: Die Wissenschaft der Gesellschaft, Frankfurt a. M.: Suhrkamp.

Lührmann, Anna/Tannenberg, Marcus/Lindberg, Staffan I. 2018: Regimes of the world. Opening new avenues for the comparative study of political regimes, in: Politics and Governance 6 (1), 60–77.

Lund, Aron 2019: From cold war to civil war. 75 years of Russian-Syrian relations, in: UI Paper 7/2019, 1–60.

Mahoney, James/Goertz, Gary 2006: A tale of two cultures. Contrasting quantitative and qualitative research, in: Political Analysis 14, 227–249.

Makara, Michael 2013: Coup-proofing, military defection, and the Arab Spring, in: Democracy and Security 9 (4), 334–359.

Marsh, David/Furlong, Paul 2002: A skin, not a sweater. Ontology and epistemology in political science, in: Marsh, David/Stoker, Gerry (Hg.): Theory and methods in political science, 2. Aufl. Houndmills: Palgrave Macmillan, 17–42.

Martinez, Luis R. 2021: How much should we trust the dictator's GDP estimates?, in: Becker Friedman Institute for Economics Working Paper, 1–35.

Marx, Karl 1867: Das Kapital. Kritik der politischen Ökonomie, Buch 1, Hamburg: Otto Meissner.

Mayntz, Renate 2004: Governance im modernen Staat, in: Benz, Arthur (Hg.): Governance. Regieren in komplexen Regelsystemen, Wiesbaden: VS Verlag für Sozialwissenschaften, 65–76.

Mayring, Philipp 1990: Einführung in die qualitative Sozialforschung. Eine Anleitung zu qualitativem Denken, München: Psychologie Verlags Union.

Mayring, Philipp 2003: Qualitative Inhaltsanalyse. Grundlagen und Techniken, 8. Aufl. Weinheim: Beltz.

McCombes, Shona 2019: Developing strong research questions, https://www.scribbr.com/research-process/research-questions, zuletzt besucht am 03.10.2022.

McCoy, Jennifer/Myers, David (Hg.) 2004: The unraveling of representative democracy in Venezuela, Baltimore: Johns Hopkins University Press.

McGuire, James W. 2010: Wealth, health, and democracy in East Asia and Latin America, Cambridge: Cambridge University Press.

McGuire, James W. 2013: Political regime and social performance, in: Contemporary Politics 19 (1), 55–75.

McLauchlin, Theodore 2010: Loyalty strategies and military defection in rebellion, in: Comparative Politics 42 (3), 333–350.

Merkel, Wolfgang 2004: Embedded and defective democracies, in: Democratization 11 (5), 33–58.

Merten, Klaus 1981: Inhaltsanalyse als Instrument der Sozialforschung, in: Analyse & Kritik 3 (1), 48–63.

Miles, Matthew B./Huberman, A. Michael 1994: Qualitative data analysis. An expanded sourcebook, London: Sage.

Moers, Walter 2006: Die Stadt der Träumenden Bücher, München: Piper.

Mols, Manfred 2003: Was sind und zu welchem Ende betreiben wir Regionalwissenschaften?, in: Welt/Trends 37, 97–105.

Mols, Manfred 2019: Politik als Wissenschaft, in: Lauth, Hans-Joachim/Wagner, Christian (Hg.): Politikwissenschaft. Eine Einführung, 9. Aufl. Paderborn: Schöningh, 23–61.

Morgenbesser, Lee 2013: Elections in hybrid regimes. Conceptual stretching revived, in: Political Studies, DOI: 10.1111/1467-9248.12020.

Moses, Jonathon/Knutsen, Torbjørn 2012: Ways of knowing, 2. Aufl. Houndmills: Palgrave Macmillan.

Moses, Jonathon/Knutsen, Torbjørn 2019: Ways of knowing. Competing Methodologies in Social and Political Research, 3. Aufl. London: Macmillan.

Muno, Wolfgang 2009: Fallstudien und die vergleichende Methode, in: Pickel, Susanne et al. (Hg.): Methoden der vergleichenden Politik- und Sozialwissenschaft. Neue Entwicklungen und Anwendungen, Wiesbaden: VS Verlag für Sozialwissenschaften, 113–131.

Myant, Martin/Drahokoupil, Jan 2011: Transition economies. Political economy in Russia, Eastern Europe, and Central Asia, Hoboken: Wiley.

Newton, Kenneth 1997: Social capital and democracy, in: American Behavioral Scientist 40 (5), 575–586.

Ninow, Leon/Thunecke, Georg/Wagner, Manuel 2021: Evidence on aggressive tax avoidance by German state-owned enterprises and its driving factors, in: German Politics 30 (4), 541–561.

Nohlen, Dieter 2000: Wahlrecht und Parteiensystem, Opladen: Leske & Budrich.

Nölke, Andreas/Vliegenhart, Arjan 2009: Enlarging the varieties of capitalism. The emergence of dependent market economies in East Central Europe, in: World Politics 61 (4), 670–702.

Nölke, Andreas 2010: A „BRIC"-variety of capitalism and social inequality. The case of Brazil, in: Revista des Estudos e Pesquisas sobre as Américas 4 (1), 1–14.

Odell, John 2001: Case study methods in international political economy, in: International Studies Perspectives 2, 161–176.

OECD 2022: Statutory corporate income tax rates, https://stats.oecd.org/index.aspx?DataSet Code=CTS_CIT, zuletzt besucht am 01.01.2022.

Okada, Kensuke 2013: Is omega squared less biased? A comparison of three major effect sizes indices in one-way ANOVA, in: Behaviormetrika 40 (2), 129–147.

Ostovar, Afshon 2019: The grand strategy of militant clients. Iran's way of war, in: Security Studies 28 (1), 159–188.

Otker-Robe, Inci/Podpiera, Anca M. 2014: The social impact of financial crises. Evidence from the global financial crisis, in: World Bank Policy Research Working Paper, 1–36.

Parsons, Talcott 1951: The social system, Glencoe: Routledge

Parsons, Talcott 1953: Some comments on the state of the general theory of action, in: American Sociological Review 18 (6), 618–631.

Parsons, Talcott 1963: On the concept of political power, in: Proceedings of the American Philosophical Society 107 (3), 232–262.

Parsons, Talcott 1975: Gesellschaften. Evolutionäre und komparative Perspektiven, Frankfurt a. M.: Suhrkamp.

Parsons, Talcott 1985: Das System moderner Gesellschaften, Weinheim: Juventa.

Patzelt, Werner J. 1992: Einführung in die Politikwissenschaft. Grundriss des Faches und studiumbegleitende Orientierung, Passau: Rothe.

Perecman, Ellen/Curran, Sara R. (Hg.) 2006: A handbook for social science field research. Essays & bibliographic sources on research design and methods, London: Sage.

Petkoff, Theodoro 2005: Chávez und die Medien, in: Sevilla, Rafael (Hg.): Venezuela. Die bolivarische Republik, Bad Honnef: Horlemann, 113–122.

Pickel, Susanne/Pickel, Gert/Lauth, Hans-Joachim/Jahn, Detlef 2009: Differenzierung und Vielfalt der vergleichenden Methoden in den Sozialwissenschaften, in: Pickel, Susanne et al. (Hg.): Methoden der vergleichenden Politik- und Sozialwissenschaft. Neue Entwicklungen und Anwendungen, Wiesbaden: VS Verlag für Sozialwissenschaften, 9–26.

Pickel, Susanne/Pickel, Gert 2018: Empirische Politikforschung. Einführung in die Methoden der Politikwissenschaft, Berlin: De Gruyter.

Piketty, Thomas 2014: Das Kapital im 21. Jahrhundert, München: C.H. Beck.

Popper, Karl 1966: Logik der Forschung, Tübingen: J.C.B. Mohr.

Portes, Alejandro 1998: Social capital. Its origins and applications in modern sociology, in: Annual Sociology 24 (1), 1–12.

Powell, Bingham G./Dalton, Russell J./Strøm, Kaare 2012: Comparing political systems, in: Powell, Bingham G./Dalton, Russell J./Strøm, Kaare (Hg.): Comparative politics. A theoretical framework. International edition, 10. Aufl., London: Pearson, 29–43.

Prainsack, Barbara/Pot, Mirjam 2021: Qualitative und interpretative Methoden in der Politikwissenschaft, Wien: Facultas.

Przeworski, Adam/Teune, Henry (1966): Equivalence in cross-national research, in: The Public Opinion Quarterly 30 (4), 551–568.

Przeworski, Adam/Limongi, Fernando 1993: Political regimes and economic growth, in: The Journal of Economic Perspectives 7 (3), 51–69.

Przeworski, Adam/Teune, Henry (1970): The logic of comparative social inquiry, New York: Wiley-Interscience.

Putnam, Robert D. 1993: Making democracy work. Civic traditions in modern Italy, Princeton/New Jersey: Princeton University Press.

Putnam, Robert D. 1995: Tuning in, tuning out. The strange disappearance of social capital in America, in: Political Science and Politics 28 (4), 664–683.

Putnam, Robert D. 2007: E pluribus unum. Diversity and community in the twenty-first century. The 2006 Johan Skytte prize lecture, in: Scandinavian Political Studies 30 (2), 137–174.

Rasch, Björn/Friese, Malte/Hofmann, Wilhelm/Naumann, Ewald 2021: Quantitative Methoden 2. Einführung in die Statistik für Psychologie, Sozial- & Erziehungswissenschaften, 5. Aufl. Berlin: Springer Nature.

Reichenbach, Hans 1938: Experience and prediction. An analysis of the foundations and the structure of knowledge, Chicago: The University of Chiago Press.

Reinmann, G. 2009: Wie praktisch ist die Universität? Vom situierten zum Forschenden Lernen mit digitalen Medien, in: Huber, Ludwig/Hellmer, Julia/Schneider, Friederike (Hg.): Forschendes Lernen im Studium. Aktuelle Konzepte und Erfahrungen, Bielefeld: Universitätsverlag Webler, 36–53.

Reinmann, Gabi/Sippel, Silvia 2009: Königsweg oder Sackgasse? E-Portfolios für das forschende Lernen, http://gabi-reinmann.de/wp-content/uploads/2009/11/Artikel_Hamburg_Camp Innovation_final.pdf, zuletzt besucht am 04.03.2013.

Riedel, Nadine 2018: Quantifying international tax avoidance. A review of the academic literature, in: Review of Economics 69 (2), 169–181.

Rifkin, Jeremy 2000: Access – Das Verschwinden des Eigentums. Warum wir weniger besitzen und mehr ausgeben werden, Frankfurt a. M.: Campus.

Risse, Thomas/Lehmkuhl, Ursula 2006: Governance in areas of limited statehood. New modes of governance?, in: SFB-Governance Working Paper Series 1.

Robinson, Neil 2011: Russian patrimonial capitalism and the international financial crisis, in: Journal of Communist Studies and Transition Politics 27 (3–4), 434–455.

Rohe, Karl 1994a: Politische Kultur. Zum Verständnis eines theoretischen Konzepts, in: Niedermayer, Oskar/Beyme, Klaus von (Hg.): Politische Kultur in Ost- und Westdeutschland, Berlin: Akademie Verlag, 1–21.

Rohe, Karl 1994b: Politik. Begriffe und Wirklichkeiten, 2. Aufl. Stuttgart: Kohlhammer.

Roller, Edeltraut 2013: Comparing the performance of autocracies. Issues in measuring types of autocratic regimes and performance, in: Contemporary Politics 19 (1), 35–53.

Rose, Richard 1991: Comparing forms of comparative analysis, in: Political Studies 39, 446–462.

Rothstein, Bo/Uslander, Erik 2005: All for one. Equality, corruption and social trust, in: World Politics 58 (1), 41–72.

Rucht, Dieter/Teune, Simon 2007: Die G8-Proteste im Spiegel der Presse. Werden journalistische Qualitätsstandards eingehalten?, in: Forschungsjournal Soziale Bewegungen 20 (3), 104–115.

Rucht, Dieter/Teune, Simon 2008: Eine quantitative Analyse der G8-Berichterstattung in den Printmedien, in: Rucht, Dieter (Hg.): Nur Clowns und Chaoten? Die G8-Proteste in Heiligendamm im Spiegel der Massenmedien, Frankfurt a. M.: Campus, 53–76.

Sarasin, Philipp 2003: Geschichtswissenschaft und Diskursanalyse, 5. Aufl. Frankfurt a. M.: Suhrkamp.

Sarasin, Philipp 2005: Michel Foucault zur Einführung, Hamburg: Junius.

Sartori, Giovanni 1970: Concept misformation in comparative politics, in: American Political Science Review 64 (4), 1033–1053.

Sartori, Giovanni 1984: Guidelines for concept analysis, in: Sartori, Giovanni (Hg.): Social Science Concepts, Beverly Hills: Sage, 15–85.

Sartori, Giovanni 1991: Comparing and miscomparing, in: Journal of Theoretical Politics 3 (3), 243–257.

Sartori, Giovanni 2005: Parties and party systems. A framework for analysis, Colchester: ECPR Press.

Schäbler, Birgit 2007: Area Studies und die Welt. Weltregionen und neue Globalgeschichte, Wien: Mandelbaum.

Schaffer, Frederic Charles 2000: Democracy in translation. Understanding politics in an unfamiliar culture, Ithaca: Cornell University Press.

Schaffer, Frederic Charles 2014: Thin descriptions. The limits of survey research on the meaning of democracy, in: Polity 46 (3), 303–330.

Schedler, Andreas (Hg.) 2006: Electoral authoritarianism. The dynamics of unfree competition, Boulder: Lynne Rienner.

Schedler, Andreas 2002: The menu of manipulation, in: Journal of Democracy 13 (2), 36–50.

Schendera, Cristian 2010: Clusteranalyse mit SPSS. Mit Faktorenanalyse, München: Oldenbourg.

Schlotthauer, Katharina/Köninger, Hannah 2020: Populismus, Familie und Geschlecht. Welche Geschlechter- und Familienbilder werden in der AfD konstruiert und wie nutzt die Partei diese für eine populistischen Argumentation, Tübingen: unveröffentlichte Lehrforschungsprojektarbeit.

Schlumberger, Oliver 2008: Structural reform, economic order, and development. Patrimonial capitalism, in: Review of International Political Economy 15 (4), 622–649.

Schlumberger, Oliver 2021: Puzzles of political change in the Middle East. Political liberalisation, authoritarian resilience and the question of systemic change, Bonn: Deutsches Institut für Entwicklungspolitik.

Schmidt, Manfred G. 2000: Demokratietheorien, Opladen: Leske & Budrich.

Schmidt, Manfred G. 2012: Legitimation durch Performanz? Zur Output-Legitimität von Autokratie, in: Totalitarismus und Demokratie 9 (1), 83–100.

Schmidt, Manfred G. 2019: Demokratietheorie. Eine Einführung, 6. Aufl., Wiesbaden: Springer VS.

Schmidt, Manfred G. 2021: Über die Zukunftsfestigkeit von Demokratien und Autokratien, in: Buhr, Daniel et al. (Hg.): Innovation im Wohlfahrtsstaat. Neue Ideen für Wissenschaft und Politik, Baden-Baden: Nomos, 41–64.

Schmidt, Manfred G./Wolf, Frieder/Wurster, Stefan (Hg.) 2013: Studienbuch Politikwissenschaft. Berlin: Springer VS.

Schneider, Ben Ross 2013: Hierarchical capitalism in Latin America. Business, labor, and the challeges of equitable development, Cambridge: Cambridge University Press.

Schneider, Ralf/Wildt, Johannes 2013: Forschendes Lernen und Kompetenzentwicklung, in: Huber, Ludwig/Hellmer, Julia/Schneider, Friederike (Hg.): Forschendes Lernen im Studium. Aktuelle Konzepte und Erfahrungen, 2. Aufl. Bielefeld: Universitätsverlag Webler, 53–69.

Schumpeter, Joseph A. 1987 [1950]: Kapitalismus, Sozialismus und Demokratie, 6. Aufl. Tübingen: Francke.

Schütz, Alfred 1972: Gesammelte Aufsätze, Den Haag: Nijhoff.

Schütz, Alfred/Luckmann, Thomas 2003: Strukturen der Lebenswelt, Konstanz: UVK.

Scott, John 1990: A matter of record. Documentary sources in social research, Cambridge: Polity Press.

Sekhon, Jasjeet S. 2004: Quality meets quantity. Case studies, conditional probability, and counterfactuals, in: Perspectives on Politics 2 (2), 281–293.

Shevtsova, Lilia 2007: Russia – lost in transition. The Yeltsin and Putin legacies. Washington, D.C.: Carnegie Endowment for International Peace.

Shin, Doh Chull/Kim, Hannah June 2018: How global citizenries think about democracy. An evaluation and synthesis of recent public opinion research, in: Japanese Journal of Political Science 19 (2), 222–249.

Shleifer, Andrei/Vishny, Robert W. 1986: Large shareholders and corporate control, in: Journal of political economy 94 (3,1), 461–488.

Skaaning, Svend-Erik 2006: Political regimes and their changes. A conceptual framework, Stanford: Stanford University Press.

Skocpol, Theda 1979: States and social revolutions. A comparative analysis of France, Russia, and China. Cambridge: Cambridge University Press.

Smith, Catherine F. 2016: Writing public policy, 4. Aufl. New York: Oxford University Press.

Steinberg, David A./Koesel, Karrie J./Thompson, Nicolas W. 2015: Political regimes and currency crises, in: Economics & Politics 27 (3), 337–361.

Steinke, Ines 2007: Gütekriterien qualitativer Forschung, in: Flick, Uwe et al. (Hg.), Qualitative Forschung. Ein Handbuch, Reinbek bei Hamburg: Rowohlt, 319–331.

Strauss, Anselm L. 1987: Qualitative analysis for social scientists, Cambridge: Cambridge University Press.

Strauss, Anselm L./Corbin, Juliet 1990: Basics of qualitative research. Grounded theory procedures and techniques, Newbury Park/London: Sage.

Strauss, Anselm/Corbin, Juliet 1996: Grounded Theory. Grundlagen qualitativer Sozialforschung, Weinheim: Beltz.

Strübing, Jörg 2007: Glaser vs. Strauss? Zur methodologischen und methodischen Substanz einer Unterscheidung zweier Varianten von Grounded Theory [Glaser vs. Strauss? On the Methodological and Methodological Substance of a Distinction between Two Variants of Grounded Theory], in: Historical Social Research/Historische Sozialforschung Supplement 19, 157–173.

Suddaby, Roy 2006: From the editors: What grounded theory is not, in: Academy of Management Journal 49 (4), 633–642.

Tambunan, Tulus 2012: Economic crisis and vulnerability. The story from Southeast Asia, New York: Nova Science.

Tausendpfund, Markus (Hg.) 2020: Fortgeschrittene Analyseverfahren in den Sozialwissenschaften. Ein Überblick, Wiesbaden: Springer VS.

Teorell, Jan/Sundstöm, Aksel/Holmberg, Sören/Rothstein, Bo/Pachon, Natalia A./Dalli, Cem M. (Hg.) 2021: The QoG standard dataset 2021. Codebook. Version Jan21. University of Gothenburg, The Quality of Government Institute, https://www.gu.se/en/quality-government/qog-data/data-downloads/data-archive, zuletzt besucht am 15.07.2022.

Teune, Simon/Sommer, Moritz/Rucht, Dieter 2017: Zwischen Emphase und Aversion. Großdemonstrationen in der Medienberichterstattung. Forschungsbericht des Instituts für Protest- und Bewegungsforschung, https://protestinstitut.eu/wp-content/uploads/2017/11/ipb-working-paper-Grossdemonstrationen-in-den-Medien_web.pdf, zuletzt besucht am 13.02.2023.

The Fund for Peace 2022: Country Dashboard. Fragile States Index, https://fragilestatesindex.org/country-data, zuletzt besucht am 17.08.2022.

Thomas, Gary 2011: A typology for the case study in social science following a review of definition, discourse, and structure, in: Qualitative Inquiry 17 (6), 511–521.

Thornberg, Robert 2012: Informed grounded theory, in: Scandinavian Journal of Educational Research 56 (3), 243–259.

Tørsløv, Thomas R./Wier, Ludvig S./Zucman, Gabriel 2018: The missing profits of nations, Cambridge: National Bureau of Economic Research, DOI: 10.3386/w24701.

U.S. Department of Health, Education, and Welfare 1979: Protection of human subjects. Belmont Report – ethical principles and guidelines for the protection of human subjects of research, in: Federal Register, 1979, Apr 18; 44 (76), 23192-7.

Uekötter, Frank 2019: Kleine Geschichte der Klimadebatte, in: Aus Politik und Zeitgeschichte 47/48, 10–15.

Ueltzhöffer, Jörg/Flaig, Bodo B. 1980: Lebensweltanalyse. Explorationen zum Alltagsbewusstsein und Alltagshandeln, Heidelberg: SINUS.

Ueltzhöffer, Jörg 1999: Europa auf dem Weg in die Postmoderne. Transnationale soziale Milieus und gesellschaftliche Spannungslinien in der europäischen Union, in: Merkel, Wolfgang/ Busch, Andreas (Hg.): Demokratie in Ost und West. Für Klaus von Beyme. Frankfurt a. M.: Suhrkamp, 624–652.

Ueltzhöffer, Jörg/Sozialwissenschaftliches Institut für Gegenwartsfragen Mannheim (SIGMA) 2000: Lebenswelt und Bürgerschaftliches Engagement. Soziale Milieus in der Bürgergesellschaft, Stuttgart: Sozialministerium Baden-Württemberg.

Uslander, Erik M. 2008: Where you stand depends upon where your grandparents sat. The inheritability of generalized trust, in: Public Opinion Quarterly 72 (4), 725–740.

Van Deth, Jan W. 2009: Politische Partizipation, in: Kaina, Viktoria/Römmele, Andreas (Hg.): Politische Soziologie. Ein Studienbuch, Wiesbaden: VS Verlag für Sozialwissenschaften, 141–162.

Van Evera, Stephen 1997: Guide to methods for students of political science, Ithaca: Cornell University Press.

Viehöver, Willy 2006: Diskurse als Narrationen, in: Keller, Rainer et al. (Hg.): Handbuch sozialwissenschaftliche Diskursanalyse, Bd. 1: Theorien und Methoden, 2. Aufl. Wiesbaden: VS Verlag für Sozialwissenschaften, 179–208.

Viehöver, Willy 2008: Die Wissenschaft und die Wiederverzauberung des sublunaren Raumes. Der Klimadiskurs im Licht der narrativen Diskursanalyse, in: Keller, Reiner et al. (Hg.): Handbuch sozialwissenschaftliche Diskursanalyse, 3. Aufl. Wiesbaden: Springer VS, 233–270.

Viehöver, Willy 2012: „Menschen lesbar machen". Narration, Diskurs, Referenz, in: Dressel, Gert/Viehöver, Willy (Hg.): Theorie und Praxis der Diskursforschung. Erzählungen im Öffentlichen: Über die Wirkung narrativer Diskurse, Wiesbaden: Springer VS, 65–132.

Viehöver, Willy 2013: Keep on nano truckin', truck our blues away. Zur Rolle von Sprache und Narrativen in der diskursiven Governance der Wissensproduktion im Feld der Nanotechnologien, in: Viehöver, Willy/Keller, Reiner/Schneider, Werner (Hg.): Diskurs – Sprache – Wissen. Interdisziplinäre Beiträge zum Verhältnis von Sprache und Wissen in der Diskursforschung, Wiesbaden: Springer VS, 213–290.

Viehöver, Willy 2014a: Erzählungen im Feld der Politik, Politik durch Erzählungen. Überlegungen zur Rolle der Narrationen in den politischen Wissenschaften, in: Gadinger, Frank/ Jarzebski, Sebastian/Yildiz, Taylan (Hg.): Politische Narrative. Konzepte – Analysen – Forschungspraxis, Wiesbaden: Springer VS, 67–91.

Viehöver, Willy 2014b: Erzählungen und die Partizipative Governance der Grünen Nanotechnologien. Methodologischen und methodische Überlegungen, in: Gadinger, Frank/Jarzebski,

Sebastian/Yildiz, Taylan (Hg.): Politische Narrative. Konzepte – Analysen – Forschungspraxis, Wiesbaden: Springer VS, 121–148.

Voss, Martin (Hg.) 2010: Der Klimawandel. Sozialwissenschaftliche Perspektiven, Wiesbaden: VS Verlag für Sozialwissenschaften.

Wagschal, Uwe 1999: Statistik für Politikwissenschaftler, München: Oldenbourg.

Wahman, Michael/Teorell, Jan/Hadenius, Axel 2013: Authoritarian regime types revisited. Updated data in comparative perspective, in: Contemporary Politics 19 (1), 19–34.

Wallerstein, Immanuel 2004: World-systems analysis. An introduction, Durham: Duke University Press.

Ward, Joe H. Jr. 1963: Hierarchical grouping to optimize an objective function, in: Journal of the American Statistical Association 58 (301), 236–244.

Wastnidge, Edward 2020: Iran's own „war on terror". Iranian foreign policy towards Syria and Iraq during the Rouhani era, in: Zaccara, Luciano (Hg.): Foreign policy of Iran under president Hassan Rouhani's first term (2013-2017), Singapore: Springer, 107–130.

Weber, Max 1947: Gesammelte Aufsätze zur Religionssoziologie, 4. Aufl. Tübingen: Mohr Siebeck.

Weber, Max 1976: Wirtschaft und Gesellschaft. Grundriss der verstehenden Soziologie, Tübingen: Mohr Siebeck.

Wehling, Hans Georg 1987: Die Bedeutung regionaler Politischer Kultur-Forschung unter besonderer Berücksichtigung Württembergs, in: Berg-Schlosser, Dirk/Schissler, Jakob (Hg.): Politische Kultur in Deutschland, Wiesbaden: Westdeutscher Verlag, 259–266.

Weiss, Alexander 2020: Comparative democratic theory, in: Democratic Theory 7 (1), 27–47.

Welsch, Friedrich/Briceno, Héctor 2008: Populistische Milieus in der politischen Kultur Venezuelas, in: Graf, Patricia/Stehnken, Thomas (Hg.): Lateinamerika. Politik, Wirtschaft und Gesellschaft, Baden-Baden: Nomos, 193–202.

Welzel, Christian 2019: Wissenschaftstheoretische und methodische Grundlagen, in: Lauth, Hans-Joachim/Wagner, Christian (Hg.) 2019: Politikwissenschaft. Eine Einführung, 9. Aufl. Paderborn: Schöningh, 391–425.

Welzel, Christian 2021: Meanings of democracy. Mapping lay perceptions on scholarly norms, in: Zeitschrift für vergleichende Politikwissenschaft 15 (1), 107–118, DOI: 10.1007/s12286-021-00477-6.

Welzel, Christian/Inglehart, Ronald/Deutsch, Franziska 2005: Social capital, voluntary associations and collective action. Which aspects of social capital have the greatest „civic" payoff?, in: Journal of Civil Society 1 (2), 121–146.

Wengeler, Martin 2003: Topos und Diskurs. Begründung einer argumentationsanalytischen Methode und ihre Anwendung auf den Migrationsdiskurs (1960–1985), Halle/Tübingen: Niemeyer, DOI: 10.1515/9783110913187.

Westle, Bettina 2009: Methoden der Politikwissenschaft, Baden-Baden: Nomos.

White, Patrick 2017: Developing research questions, 2. Aufl. London: Palgrave Macmillan.

Wildt, Johannes 2009: Forschendes Lernen. Lernen im „Format" der Forschung, in: Journal Hochschuldidaktik 20 (2), 4–7.

Wintrobe, Ronald 1998: The political economy of dictatorship, Cambridge: Cambridge University Press.

Witt, Michael/Redding, Gordon 2013: Asian business systems. Institutional comparison, clusters, and implications for varieties of capitalism and business systems theory, INSEAD Faculty & Research Working Paper, http://ssrn.com/abstract=2104088, zuletzt besucht am 13.02.2023.

Wittgenstein, Ludwig 1968: Philosophical investigations, 3. Aufl. London: Basil Blackwell.

Wolfswinkel, Joost F./Furtmueller, Elfi/Wilderom, Celeste P. M. 2013: Using grounded theory as a method for rigorously reviewing literature, in: European Journal of Information Systems 22 (1), 45–55.

Wright, Joseph 2008: Do authoritarian institutions constrain? How legislatures affect economic growth and investment, in: American Journal of Political Science 52 (2), 322–343.

Wurster, Stefan 2011: Sustainability and regime type. Do democracies perform better in promoting sustainable development than autocracies?, in: Zeitschrift für Staats- und Europawissenschaften 9 (4), 538–559.

Wurster, Stefan 2013: Comparing ecological sustainability in autocracies and democracies, in: Contemporary Politics 19 (1), 76–93.

Young, Eoin/Quinn, Lisa 2019: The Policy Brief, https://cpb-us-e1.wpmucdn.com/blog.lrei.org/dist/c/104/files/2009/11/PolicyBrief-described.pdf, zuletzt besucht am 24.06.2019.

Zacks, Sherry 2021: Updating Bayesian(s). A critical evaluation of Bayesian process tracing, in: Political Analysis 29 (1), 58–74.

Ziai, Aram 2010: Postkoloniale Perspektiven auf „Entwicklung", in: Peripherie 30 (120), 399–426.

Znaniecki, Florian 1934: The method of sociology, Austin: Holt, Rinehart & Winst.